뜻으로 본 한국역사

*A Korean History from a Spiritual Perspective*
by Ham Sok Hon

Published by Hangilsa Publishing Co. Ltd., Korea, 2003

1980년대 어느 한때의 함석헌 선생

# 뜻으로 본 한국역사

지은이 • 함석헌
펴낸이 • 김언호
펴낸곳 • (주)도서출판 한길사

등록 • 1976년 12월 24일 제74호
주소 • 10881 경기도 파주시 광인사길 37
www.hangilsa.co.kr
E-mail: hangilsa@hangilsa.co.kr
전화 • 031-955-2000~3  팩스 • 031-955-2005

CTP 출력 및 인쇄 • 예림   제본 • 예림바인딩

제1판 제 1 쇄  2003년 4월 20일
제1판 제32쇄  2024년 3월 25일

값 22,000원

ISBN 978-89-356-5463-5 04800
ISBN 978-89-356-5462-8 (세트)

• 잘못 만들어진 책은 구입하신 서점에서 바꿔드립니다.

젊은이들을 위한 새 편집

# 뜻으로 본 한국역사

## 함석헌

한길사

■ 일러두기

1. 1982년부터 1988년에 걸쳐 '함석헌전집' 총 20권을 펴낸 바 있는
   한길사는 『뜻으로 본 한국역사』 저술 70년을 기념하여 이 책을 새롭게 펴냅니다.
2. 『뜻으로 본 한국역사』는 함석헌 선생이 1933년 12월 31일부터 1934년 1월 4일까지
   우리 역사에 대해 강연했던 것을 잡지 『성서조선』 1934년 2월호부터 1935년 12월호에
   실었던 '성서적 입장에서 본 조선역사'를 토대로 했습니다. 그 후 이 글은 1950년에
   단행본으로 출판되었습니다.
3. 1961년에 셋째 판을 펴내면서 선생님은 한국사에 대한 새로운 관점과 사관을 풀어
   밝히고 책의 제목도 『뜻으로 본 한국역사』로 바꾸어 전면적인 개편작업을 했습니다.
4. 이번에 새로 펴내는 『뜻으로 본 한국역사』는 젊은이들이 쉽게 읽을 수 있도록
   어려운 용어와 인용된 한문문장을 풀이했습니다.
5. 관련되는 그림과 사진도 실어 독자들의 이해를 돕고자 했습니다.
6. 이 책은 젊은이를 위한 새 편집 『뜻으로 본 한국역사』(2003)에서 나온 오류를
   바로잡아 펴냈습니다.

# 뜻으로 본 한국역사

머리말 11
넷째 판에 부치는 말 15


## 제1부 새로 고쳐 쓰는 역사

1 인생과 역사  27
2 사관  39
3 종교적 사관  49
4 세계역사의 테두리  65
5 한국역사의 기조  81
6 지리적으로 결정된 한국역사의 성질  97
7 한국사람  111

## 제2부 올라오는 역사 내려가는 역사

 8 당당한 출발   133
 9 열국시대의 모발   143
10 풀무 속의 삼국시대   157
11 다하지 못한 고려의 책임   181
12 궁예·왕건이 그린 나라   187
13 깨어진 꿈   197
14 고려자기 속에 숨은 빛   211
15 팔만경판에 새긴 마음   217
16 최영과 이성계   225

## 제3부 났느냐 났느냐 났느냐

17 수난의 오백 년   243
18 중축이 부러진 역사   247
19 쓸데없어진 세종의 다스림   253
20 무너진 토대   261
21 의인의 피   271
22 회칠한 무덤   283
23 살인의 역사   287
24 고질   293
25 율곡의 헛수고   299
26 첫 번째 환난   307

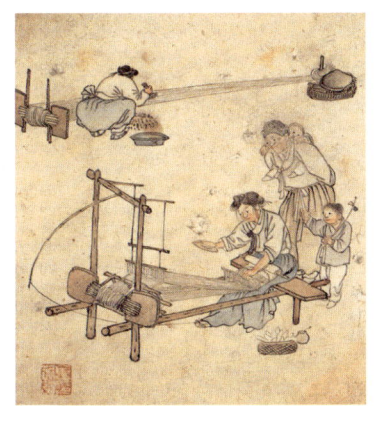

27 두 번째 환난   321
28 임경업   331
29 신생의 가는 빛   341
30 기독교의 들어옴   355
31 다시 거꾸러짐   369
32 해방   391
33 6·25   419

## 제4부 고난에 뜻이 있다

34 생활에서 나타나는 고민하는 모습   443
35 고난의 의미   459
36 역사가 지시하는 우리의 사명   469
37 역사가 주는 교훈   487

· 함석헌 연보   497
· 찾아보기   500

# 머리말

이 조그마한 글은 본래 20년 전 여남은 되는 믿음의 동지들 앞에서 이야기로 한 것이다. 그때는 우리가 "우리 거문고를 바빌론 시냇가 언덕 위의 버드나무 가지에 걸어놓던"* 때다. 밖에서 오는 억누름, 안에서 오는 슬픔으로 말이 자유롭지 못한 그때에 쓰디쓴 입에 붙여 될 수 있는 데까지 간추려서 우리 역사의 뜻을 말해보자는 것이 이 고난의 역사다.

그 후 그것을 그 동지의 한 사람이요 지금은 땅에는 있지 않은 김교신** 님이 그 다달이 내는 『성서조선』(聖書朝鮮)***지에다 이어 실었다. 광고도 선전도 아니 하는 그 잡지는 읽는 이가 고작 많을 때에도 200이 차지 못했다. 그리하다 그나마도 억누르는 자의 뜻에 거슬려 아주 내지 못하게 되는 때에, 이 역사도 그 이유의 하나였고, 책은 모두 뒤져내어 없애버린 바가 되었으니, 이 고난의 역사는 정말 그 바빌론 거친 들에서 지나가는 바람결에 잠깐 들렸다가 들끝에 사라져버리는 외로운 종의 앓는 소리같이 아주 없어져버린 듯했다.

그런데 해방이 왔다. 사람들은 어둔 밤중에 "신랑이 오니 나와 맞으라" 하는 외침을 듣고서야 비로소 기름을 찾고 등을 찾아 어두운 골목을 헤매고 더듬는 어리석은 처녀들처럼, 그때에야 새삼스레 역사를 찾게 되었다. 누구에게 기름을 나누어줄 만한 우리도 못 되지만 이러한 요구 속에서 잃어버린 고난의 역사를 다시 찾는 날이 오게 되었다.

쓴 사람은 아직 38선 북에서 한때 버드나무 가지에서 내렸던 거문고를 줄도 채 골라보기 전에 다시 그것을 시베리아 자작나무 가지에 도로 매달아버리게 되지나 않나 가슴을 두근거리며 눈물을

* 우리 거문고를……걸어놓던: 『구약성경』, 「시편」 137편 2~3절. 이스라엘 사람들이 바빌론에 포로로 잡혀간 자신들의 처지를 슬퍼하며 지은 시에 일제 치하라는 우리나라의 현실을 대비시킨 것이다.
** 김교신(金教臣, 1901~45): 무교회주의를 주창한 종교인이자 교육자. 함석헌 등과 함께 『성서조선』을 창간했다.
*** 『성서조선』: 조선성서연구회가 1927년에 창간한 잡지로, 김교신·함석헌·송두용 등 무교회주의자들이 이 잡지를 주도했다. 1942년 3월에 발행된 통권 158호 「권두언」 내용이 독립정신을 고취한다는 구실로 강제 폐간되었다.

씻고 있는 동안에, 먼저 서울로 달려온 노평구 님이 『성서연구』지를 내면서 일본 벼슬아치가 짓밟고 찢다 남은 휴지 속에서 이리저리 애써 찾아, 이것을 다시 싣게 되었으니, 고난의 역사가 또 한 번 고난의 마디를 더하고 나온 셈이다.

  이제 이것을 다달이 내기가 다 마쳐지는 때에 모아서 한 책으로 내자는 의논이 일어나 그렇게 하게 되었다. 골방에서 무릎을 걷고 앉아 친구들에게 이야기로 한 그대로를 다듬지도 못하고 세상 앞에 널리 내놓는 쓴 사람의 마음은 부끄럽고 두려울 뿐만 아니라 차라리 설움을 금할 수 없다 하여야 옳은 말이다. 본래 이것은 나 홀로의 한숨이며 돌아봄이요, 알아주는 친구에게 하는 위로요 권면이다. 우리의 기도요 믿음이지 역사연구가 아니다. 형산(荊山)에서 박옥(璞玉)을 얻은 사람같이* 다듬을 겨를도 없이 내놓기는 하면서도 그래도 한편, 될 수 있다면 고난의 역사를 연구해보자고 뜻만은 남몰래 먹었다.

  그러나 게으른데다가 주위의 사정도 좀 있고 해서, 세월은 흐르고 세상일은 어긋나고, 남북으로 헤매는 동안에 책이라고는 한 페이지도 못 읽기를 10년이 넘도록 하였으니, 그때의 뜻은 물처럼 흘러갔고, 박옥은 박옥대로 굴러다니다가 그 모양대로 나오는 수밖에 없게 되었다. 어찌 아니 슬플까?

  고치지도 깁지도 아니하는 데에는 또 하나 까닭이 있기도 하다. 그것은 이 고난의 역사는 이대로 그 잡혀 갇혔던 때의 한 가지 예술품이니, 그 모양대로 두어서 고난을 말하게 하자는 것이다. 버젓이 내놓지 못한 것도 그때의 그 공기니 그대로 두자는 것이요, 연구가 찬찬치 못하고 말하는 법이 거친 것도 고난의 곡조를 아뢰는 데 뽑힌 깨어진 악기의 저 제대로의 꼴이니 그냥 두자는 것이다.

  '성서적 입장에서 본'이라는 제목의 구절이 일반 사람에게는 걸림이 될 듯하니 빼면 어떤가 하는 의견이 잠깐 나왔으나 그것은 사슴에게서 뿔을 자르는 것 같아 그대로 두기로 하였다. 이 글이 이 글 된 까닭은 성경에 있다. 쓴 사람의 생각으로는 성경적 입장

*형산에서……사람같이: 초(楚)나라 사람 화씨가 형산(중국 후베이 성)에서 옥덩어리를 발견해 다듬지 않은 채 왕에게 바쳤다. 그 진가를 알지 못하는 여왕, 무왕은 그에게 속임수를 썼다 하여 형벌을 내렸는데 나중에 문왕이 연유를 캐내어 그 옥의 진가를 인정했다. 여기서는 자신의 원고를 다듬지 않았다는 뜻만을 취한 것이다.

에서도 역사를 쓸 수 있는 것이 아니라, 성경의 자리에서만 역사를 쓸 수 있다. 똑바른 말로는 역사철학은 성경밖에는 없기 때문이다. 서양에도 없고 동양에도 없다. 역사는 시간을 인격으로 보는 이 성경의 자리에서만 될 수 있다.

기독교에 관한 것은 이미 다 아는 것으로 하고 썼던 글이므로 성경을 읽지 않은 이에게는 불편한 점이 많을 줄 안다. 그러나 기독교를 믿고 아니 믿고 간에 성경을 한 번 읽지도 않고 인류역사를 알자는 것은 될 수 없는 일이기 때문에, 읽는 이에게 성경읽기를 권하는 의미로 스스로 수고하기를 바라고 주(註)도 아무것도 아니 달았다.

역사 사실(史實)에 관해서도 그 자세한 것을 말하자는 것이 본래의 목적이 아니기 때문에, 그보다는 뜻을 풀어 밝혀보자는 것이기 때문에 사실들을 말하는 데서는 그 사이에 저울질도 아니 하였고, 읽는 이에게 보통의 역사 지식은 있는 것으로 알고 썼으니 그 점도 널리 알아주기 바란다.

재(才), 학(學), 식(識)이 다 없고 정성은 더구나도 모자라 다듬지도 않은 채로 내놓기는 하지만, 박옥을 옥이라고 하였던 죄로 형벌을 당한 화씨(和氏) 모양으로 두 다리를 잘릴 뿐 아니라 오체(五體)가 갈라지는 한이 있다 해도 고난의 역사 속에 옥이 들어 있는 것만은 사실이다. 변할 수 없는 확신을 가진다. 읽는 이는 스스로 이것을 다듬어 우리 수난의 여왕 앞에 놓기를 바란다.

1950년 3월 28일

## 넷째 판에 부치는 말

고난의 역사, 역사는 첫머리에서 나중 끝까지 고난인가, 역사가 고난이요 고난이 역사인가? 속만 아니라 겉까지도, 뜻만 아니라 그 나타내는 말까지도 고난이어야 하는 것인가? 이 씨올의 역사를 나는 고난이라 하였고 그 고난의 모습을 그려보자는 것이 이 조그마한 책인데, 이 책을 세상에 내놓는 데도 어찌 그리 어려움이 많은가? 끝에서 끝까지 그 받는 고난을 통한 시련으로 하여금 완전한 것이 되게 하기 위해서인가? 나는 이번 이 네 번째 새 판을 내면서 속속들이 그것을 느낀다.

고난의 역사가 애당초 어째서 나타나게 되었는지 나도 모른다. 내가 한 소리라면 내가 한 소리지만 나도 어째서 그 말을 하게 되었는지를 모른다. 그저 생각난 것을 말하였을 뿐이다. 그것은 전인미답(前人未踏)이라 하고 내 입이 했지만 해놓고 보면 감히 내 말이라 할 수가 없었기 때문이다. 처음부터 있는 말이었다.

역사철학이라지만 이것은 철학이 아니요, 과학이다. 생각해낸 것이 아니라 있는 대로를 그려낸 것뿐이다. 본래 이 세상에는 엄정한 의미에서의 철학은 없다 해야 옳다. 사색이라, 상상이라, 창작이라 하지만 그것도 다 사람이 만든 것이 아니고 처음부터 있는 것을 그려낸 것뿐이다. 서술이다. 그러므로 과학이다. 반대로 만일 철학이라고 한다면 아인슈타인의 우주론도 철학이다. 생각해낸 것이다. 그렇기 때문에 공자는 자기는 '술이부작'(述而不作)*이라고 하였다.

고난의 역사를 처음으로 말할 때 내 심정은 약혼받은 거러지 처녀 같은 상태였다. 그에게 가진 것이라고는 부끄러움과 사랑과 곧음밖에 없는 모양으로, 아무것도 배우고 준비한 것 없이 역사를 가

* 술이부작: 『논어』, 「술이편」(述而篇)에 나오는 구절로, 전술하기만 하고 창작하지 않는다는 뜻이다.

르치자고 교단에 선 나에게는 가진 것 있다면 믿자는 의지와, 나라에 대한 사랑과 과학적이려는 양심 이외에 아무것도 없었다. 내 나라를 버리고 모른다고 할 수는 없지, 잘났거나 못났거나, 영광이거나 부끄러움이거나 사실을 사실이라 아니할 수는 없지, 꾸부리고 거짓 꾸밀 수도 없지, 그러나 하나님이 계신 이상 모든 일에 뜻이 없을 수는 없지, 살 수 있는 날이 오겠지, 이 세 가지 작대기 같은 생각으로 천막을 버티고 그칠 것 같지도 않은 일제시대의 폭풍우를 견디며 그 밑에서 어린 마음들에게 씨를 넣어주자는 것이 내 생각이었다.

그리하여 천막 속에서 임금의 아들을 배는 거러지 처녀 모양으로 그러는 동안에 어디서인지 까닭을 설명할 수 없이 내 마음속에 들어온 것이 이 고난의 역사라는 생각이었다. 이제 와서 보면 내 생각이라고는 할 수 없는 이 말씀은 전쟁 중에 설어서 낳았던 임경업 모양으로 환난 속에 밴 그 임의 씨올이었다.

이것을 처음 말할 때에는 겨울날 문을 닫은 골방 안에서 머리를 맞대고 하는 기도로써 하였다. 그것은 살았지만 그대로는 내놓을 수 없는 벌거숭이였다. 그러므로 그것을 밖에 내놓을 때에는 많은 고심을 하지 않으면 안 되었다. 적당한 옷을 입혀야지.

성서조선 동기(冬期) 집회에서 한 주일 동안에 한 말을 두 해에 걸쳐 매달 나오는 『성서조선』 잡지에 실을 때에는 학교 시간에 교수를 하는 이외에는 이것이 나의 주된 일이었다. 지도교수가 있는 대학도 아니지, 도서관도 참고서도 없는 시골인 오산\*이지, 자료라고는 중등학교 교과서와 보통 돌아다니는 몇 권의 참고서를 가지고 나는 내 머리와 가슴과 씨름을 하지 않으면 안 되었다. 파리한 염소 모양으로 나는 씹는 것이 일이었다. 지푸라기 같은, 다 뜯어먹고 남은 생선 뼈다귀 같은, 일본사람이 쓴 꼬부려댄 모욕적인, 또 우리나라 사람이 쓴, 과장된 사실의 나열을 나는 씹고 또 씹어 거기서 새끼를 먹일 수 있는 젖을 내보자니 쉬운 일이 아니었다. 재주 없는 것을 한도 많이 하였고, 공부 못 한 것을 후회도 많이 하

\* 오산: 평안북도 정주군 오산면. 함석헌은 남강 이승훈이 세운 오산학교를 졸업했으며, 1928년부터 38년까지 이 학교 교사로 재직했다.

였다. 또 30년 전 일이다. 문장을 다듬어보자는 어리석은 생각도 아직 있었고, 더구나 일본시대에 말의 자유가 없는 때라 당당히 할 말도 많이 스스로 깎아야 하는 때이므로 더욱 어려웠다.

어쨌거나 그렇게 되어서 나온 것이 『성서적 입장에서 본 조선역사』였다. 그때 우리나라 사학계라 할 것도 없고, 나 자신도 감히 사학계를 생각에 둔 것도 아니지만, 그 글이 발표되어 해방 때까지 10년이 되는 동안에 역사를 쓰는 이들로부터는 물론 묵살이요, 잡지의 독자래야 300을 넘지 못했으므로 읽어주는 사람은 극히 적었다.

그러나 일제 말년에 감옥살이를 해본 것은 이 글 때문이었다. 그래도 마지막에 심문하던 법관의 입으로 "그렇다면 세계역사도 결국 고난의 역사 아니냐? 일본역사를 한번 그 자리에서 쓴다면 재미있지 않으냐?"고 한 것은 역시 이 고난의 역사의 승리라 하지 않을 수 없다. 책은 물론 다 압수당하고 말았다.

해방 후 갑자기 우리말, 우리 역사의 소리가 높아지자 이 책도 잿더미 속에서 살아나왔다. 그리하여 마침내 단행본으로 출판하자는 말들이 나와서 간신히 책을 만들어놓자 6·25전쟁이 터졌으므로 이 책은 또 불더미 속으로 들어갔다. 그것이 둘째 판인데, 그때는 일본시대에 바로 쓰지 못했던 글귀들을 고쳐서 썼을 뿐, 내용은 별로 다름이 없었다. 웬일인지 나도 모른다. 내 마음은 그 글을 쓸 때나 지금이나 다름이 없는데, 그 책에 대한 세상의 태도는 매우 다르다. 읽었노라는 사람, 읽고 싶다는 사람이 퍽 많아졌다. 그리고 난즉 또 장사 셈을 치는 사람이 생긴다. 그리하여 이번에는 탄압은 아닌 다른 재난이 오기 시작하였다. 책을 보겠다는 사람은 많은데 책은 그것 때문에 옥신각신 얼마 동안을 내지 못하고 있었다.

그러나 그것만이 문제는 아니었다. 그보다 중대한 문제가 있었다. 내 믿음이 달라진 것이다. 처음에 역사를 쓸 때 나는 기독교 신자, 그중에서도 무교회 신자였다. 기독교만이 참종교요, 그 기독교는 성서에 있다고 생각하였다. 본래 우리나라에서는 성경이라 하였고 뜻으로도 그것이 좋은데 일본사람들이 성서라 하였기 때문에 우리도 어느덧 성서가 되어버렸다. 그래서 책이름도 『성서적 입장에서 본 조선역사』라 하였고, 참의미의 역사철학은 성서에만 있다고 주장하였다. 그러나 나는 언제까지나 남의 종교를 믿고 있을 수는 없었다. 처음 오산에 있을 때 나는 아직 우치무라 간조(內村鑑三)*의 '무교회신앙'**을 믿고 있었지 내 종교를 가지지 못했다. 그러나 나는 남이 해준 사상, 그 말을 그대로 외우는 것이 부끄러웠다. 그것이 싫었다. 그것은 하나님이 내게 주신 성품이었다.

나는 차차 나로서 보고 싶은 내 생각, 내 믿음을 가지고 싶었다. 나는 선생에게서 해방되고 싶었다. 하나님이 그 기도를 들어서 보내주신 대학이 서울 서대문 현저동 1번지***였다. 감옥 1년에 생각을 파는 동안 사상의 테두리는 조금 넓어지고 깊어지고 조금 더 멀리 내다보이는 것이 있게 되었다. 그랬다가 그 후 해방을 맞고 6·25를 겪는 동안 아주 결정적으로 달라지게 되었다. 그래서 나온 것이 '대선언'이요, '흰 손'이었다.

그랬기 때문에 내 역사에 대한 사회의 요구가 차차 늘어나서 1961년 그 셋째 판을 내려 할 때 나는 크게 수정을 하기로 하였다. 고난의 역사라는 근본 생각은 변할 리가 없지만 내게 이제는 기독교가 유일의 참종교도 아니요, 성경만 완전한 진리도 아니다. 모든 종교는 따지고 들어가면 결국 하나요, 역사철학은 성경에만 있는 것이 아니다. 나타나는 그 형식은 그 민족을 따라 그 시대를 따라 가지가지요, 그 밝히는 정도의 차이는 있으나, 그 알짬이 되는 참에서는 다름이 없다는 것이다.

여기 곁들여 내 태도를 결정하게 한 것이 세계주의와 과학주의다. 세계는 한 나라가 되어야 한다는 것, 그래서 국가주의를 내쫓아야 한다는 것이요, 독단적인 태도를 내버리고 어디까지 이성을 존중하는 자리에 서서 과학과 종교가 충돌되는 듯한 때에는 과학의 편을 들어 그것을 살려주고 신앙은 그 과학 위에 서서도 성립

* 우치무라 간조(1861~30): 일본의 기독교 사상가, 평론가. 무교회주의를 주창하여 지식인들에게 큰 영향을 미쳤다.

** 무교회신앙: 무교회주의. 교회제도에 반대하고 성서의 올바른 연구와 인식에서 출발하여 성서의 진리에 입각한 신앙에 의해서만 인류가 구원된다고 강조하는 주장이다.

*** 서울 서대문 현저동 1번지: 당시의 공식명칭은 서울형무소이며, 실제 주소는 101번지인데 상징적인 의미로 1번지라 한 것이다. 3·1운동 당시 유관순을 비롯해 수많은 애국지사가 수감되었던 민족 수난의 현장이었으며, 1945년 이후에도 많은 재야인사가 이곳에 투옥되어 수감생활을 했다.

될 수 있는 보다 높은 것을 찾아야 한다는 것이다.

그래서 책을 내게 되는 전해 겨울 해인사에 한 달을 가 있으면서 전체에 걸쳐 크게 수정을 하여 모든 교파주의적인 것, 독단적인 것을 없애버리고 책이름도 『뜻으로 본 한국역사』라고 고쳤다. '성서적 입장'이라는 대신 '뜻으로 본'이라고 붙일 때 나는 여러 가지로 생각하였다. 많은 기독교인 더구나 무교회 신자들을 섭섭하게 할 것과 심하면 거침돌이 될 것까지 생각하였다. 그러나 나는 이제 기독교인만 생각하고 있을 수 없다. 그들이 불신자라는 사람도 똑같이 생각하지 않으면 안 된다. 내게는 이제 믿는 자만이 뽑혀 의롭다 함을 얻어 천국 혹은 극락세계에 가서 한편 캄캄한 지옥 속에서 영원한 고통을 받는, 보다 많은 중생을 굽어보면서 즐거워하는 그런 따위 종교에 흥미를 가지지 못한다. 나는 적어도 예수나 석가의 종교는 그런 것은 아니라고 생각한다.

종교 토론을 길게 할 것은 아니나, 아무튼 내 생각이 그러하였기 때문에 그 사연을 「서문」 속에 밝혀놓고, 그때 마침 외국에 구경을 떠나게 되었으므로, 그것을 출판사에 넘겨주고 갔더니 웬일인지 그 「서문」은 불에 타서 잃어버리고 나는 여행 중에 미처 시간이 없었으므로 유달영(柳達永) 형의 발문을 얻어서 대신하고 내었던 것이다.

미리 헤아렸던 대로 '뜻으로 본'이라는 말이 몇 사람의 무교회 친구들을 섭섭하게 하였고 심지어 나를 믿음에서 타락하였다고 하였다. 내 행동을 보고 타락이라면 티끌만한 변명도 할 여지가 없으나 그 사상을 두고 한다면 나는 자신이 있다. 장차 앞에 오는 역사가 나를 옳다 할 것이다. 또 타락이니 올라가니 하는 것이 상대적이 아니겠나? 지옥에서 보면 천당이 타락 아니겠나? 그러나 천당도 지옥도 문제가 되지 않는 높은 자리에서는 남이 타락이라거나 구원이라거나 상관이 없다. 남을 천당에 올리고 지옥에 떨어뜨리는 것이 내 일이 아니라, 나는 내 믿음을 가지고 생의 대행렬에 참여할 뿐이다. 혼자서 안락하기보다는 다 같이 고난을 받는 것이 좋다. 천국이 만일 있다면 다 같이 가는 데가 아니겠나!

다 같이 가는 데가 어디일까? 의인, 죄인, 문명인, 야만인을 다 같이 구원하는 것이 무엇일까? 유신론자, 무신론자가 다 같이 믿으며 살고 있는 종교는 무엇일까? 그래서 한 소리가 '뜻'이다. 하나님은 못 믿겠다면 아니 믿어도 좋지만 '뜻'도 아니 믿을 수는 없지 않느냐. 긍정해도 뜻은 살아 있고 부정해도 뜻은 살아 있다. 져서도 뜻만 있으면 되고, 이겨서도 뜻이 없으면 아니 된다. 그래서 뜻이라고 한 것이다.

이야말로 만인의 종교다. 뜻이라면 뜻이고 하나님이라면 하나님이고 생명이라 해도 좋고 역사라 해도 좋고 그저 하나라 해도 좋다. 그 자리에서 우리 역사를 보자는 말이다. 썰물난 바다 장변의 소라 같은 정통 신앙주의자들이 타락이라고 내버리는 동안에 일반 사람들, 더구나 그중에서도 앞날의 주인인 젊은이들은 이 '뜻으로 본' 역사를 밀물처럼 환영하였다. 그리하여 다시 새 판을 낼 필요를 느꼈다.

그러기 전 내가 외국 여행에서 돌아오기를 전후하여 역사가 팔리는 것을 보자 쓴 사람은 알지도 못하는 동안에 마구 찍어낸 사람이 있었다. 나는 몰랐다가 "책이 왜 그 꼴이오?" 하고 알려주는 사람이 있어서야 비로소 알았으므로 그것을 바로잡느라 얼마 동안 분주한 다음 삼중당의 청을 받아 금년 초에 새 판 준비를 하게 되었다. 내용은 대체로 전의 것 그대로이나 한문 글자를 좀더 덜고 6·25 이후 역사에 관한 한 장을 새로 더하고 「서문」을 붙여서 내기로 하였다. 곧 인쇄소로 보내어 교정을 거의 마치고 이제 새로 써야 하는 원고가 남았을 뿐이었다. 그것은 몇 시간이면 되리라 생각하였다.

그러나 고난의 역사의 가는 길은 그렇지 않았다. 한일회담* 문제가 점점 급해졌고, 나는 그냥 있을 수 없다는 것을 느꼈다. 그리하여 몇 시간이면 쓰겠다던 원고를 제쳐놓고 나는 싸움의 소용돌이 속으로 들어가지 않으면 안 되었다. 나는 해방 후의 새나라를 제주

* 한일회담: 1965년 6월 22일 조인되고 12월 8일 발효된 한일기본조약이 체결되기까지 한국과 일본 사이에 있었던 일곱 차례의 회담. 이에 대해 굴욕외교라는 여론이 일어나 1964년 3월 24일의 학생시위에 이어 전사회적으로 극심한 반대운동이 이어졌다.

도로 상징하면서 이제 우리는 한때 우리를 아주 삼켜버리는 듯하던 남해의 사나운 물결 밑에서 기어나와 제주도 해안에 상륙한 셈이라고 하였는데, 그 눈앞에 빤한 한라산이 왜 그리 올라가기가 어려운가?

한일 교섭의 내용이 차차 밝혀지자 나는 역사의 흐름이 거꾸로 지쳐 내려감을 느꼈다. 원치도 않는데 우쭐대며 나서서 길잡이 노릇 하겠다던 것들이 이제 와보니 우리를 물속에 처넣고 이 나라를 마음대로 팔아먹으려는 도둑인 것이 분명하고, 이미 다 빠져나온 줄 알았던 죽음의 물결은 그 마수를 공중 높이 들어 덜미 뒤에 다가오지 않았는가. '이것은 3·1운동 때보다 더한 민족의 위기'라는 말이 서로 기약한 것 없이 동시에 우리 입에서 나왔다. 그리하여 우리는 싸움에 전력하게 되었다.

그러나 싸움은 순탄치 않았다. 고난에다 고난을 더하느라고, 드디어 운명의 6월 22일이 와서 매국적인 조약에 도장이 찍힌다는 소문이 떠돌아 전 국민이 분개하고 남도 나 자신도 다 같이 내가 굳세게 반대의 한마디를 부르짖어야 할 것을 느끼는 때에 나는 뜻하지 않았던 일이 터져 강원도 산골짝에 가서 엎드려 있어, 계집의 무릎에 누워 머리를 깎이고 밧줄로 동임을 받아 꼼짝을 못하는 삼손 모양으로, 나라의 부르짖음을 귀로 뻔히 들으면서도 눈물과 한숨으로 사흘을 새우지 않으면 안 되었다. 그러나 수만 학생이 데모를 하고 단식투쟁에 들어갔다는 소식을 듣고는 삼손 모양으로 가만히 머리털이 자라기를 기다리고 있을 수가 없었다. 채 회복되지도 못한 가슴의 상처를 안고 서울로 올라와 다시 싸움의 대열에 참가하게 되었다. 그리하여 2주일의 단식투쟁으로 되고, 지방강연으로 되고, 조국수호국민협의회로, 비상국민대회로 되었다.

그러는 동안에 판 짜놓은 활자는 인쇄소에서 썩고 있었다. 비준안이 날치기로 통과되고 위수령의 발동을 보고, 정의의 부르짖음이 몽둥이와 구둣발과 최루탄의 연기 밑에 깔려버려 싸움이 차차 장기전으로 들려는 기색이 보였을 때 참다 못한 출판사 측은 다시 찾아와 원고를 독촉하게 되었다. 반 해를 일을 쉬고 있었던 그 사정을 생각도 하였고 이 지쳐버리려는 민중에게 줄 것은 역시 고난의 역사밖에 없다는 생각에 속히 남은 원고를 마칠 것을 약속하였다.

그러나 웬일인지 도무지 붓이 돌아가지를 않았다. 아니다, 붓이 안 돌아간 것이 아니라 머리가 돌아가지 않았다. 붓을 잡고 뻔히 앉아 밝힌 밤은 몇 밤이었는지? 앉지도 서지도 못하고 뜰을 왔다 갔다하며 새운 날은 몇 날이었는지? 쓰면 불과 몇 페이지면 될 줄 뻔히 아는 것이지만 쓸 수가 없었다. 나도 까닭을 모른다.

그렇다, 고난의 까닭을 알 사람이 없다. 여러 날 후에야 가슴속에 들려오는 소리가 있었다. "고난의 역사는 고난의 말로 써라." 나는 이제야 비로소 역사적 현재의 쓴맛을 알았다. 가슴에 들어오는 보름달을 받아들이는 산 속 호수 모양으로 나는 '고난의 역사'를 와 비치는 대로 반사하였다. 그러나 물이 달이 되지 못하듯이 나는 고난을 말하면서 오히려 참고난의 뜻을 몰랐었다. 멀리서 바라는 눈에 제주도면 곧 한라산인 줄 알았고, 그 산은 청옥으로 갈아 세운 것인 줄만 알았다. 그것도 또 고난의 나라인 줄은 생각 못하였다.

고난의 역사라니 고난 전에 또 무엇이 있고 고난 후에 또 무엇이 온다는 말이 아니다. 그저 고난의 역사가 스스로 나타났을 뿐이다. 제가 제 까닭이다. 제(自)가 곧 까닭(由)이다. 그러므로 자유, 곧 스스로 함이다. 그러므로 고(苦)는 생명의 근본 원리다. 고를 통해 자유에 이른다. 고(苦)는 낙지모(樂之母)라는 말(괴로움은 즐거움의 어머니)이 있지만 그것은 상대세계에서만 통용되는 거짓말이다. 사뭇 참을 본 사람은 그렇게 말하지 않는다. "천하 사람이 선(善)이 선한 줄만 알지만 사실은 불선(不善)뿐이다." 고를 피하고 낙을 맞으려는 사람은 영원히 고를 못 면할 것이요, 선을 사랑하고 악을 미워하려는 사람은 영원히 선을 보지 못할 것이다.

천국에 가면 눈물도 한숨도 없는 데서 영원한 복락을 누릴 줄만 믿는 사람이 참종교가 무엇임을 모르듯 모든 싸움을 다 싸워내면 무풍지대의 유토피아가 올 줄로 생각하는 사람은 역사가 무엇인지 모르는 사람이다. 누가 과연 고난의 역사의 뜻을 알까?

  붓을 놓으니 한가위 달이 서편에 기울었구나. 테러 사건이 있었다고 문간에 와서 지켜주노라 밤새 떠는 순경을 들어오라 하여 떫은 차 한 잔을 권하니 고맙다 하고 물러간다. 아느냐? 네가 나를 지키느냐? 내가 너를 지키느냐? 테러당한 사람이 인권의 짓밟힘을 당했느냐? 남을 테러한다는 제가 먼저 테러를 당하고 있는 거냐? 끝없는 말에 끝을 맺어, 시작 없는 역사의 시작을 삼자.

1965년 9월 10일
저자 씀

## 제1부
# 새로 고쳐 쓰는 역사

현대를 건지려면 군축회의도 필요하고 경제회의도 필요하겠지만,
그보다 먼저 새로운 세계이상을 세워야 할 것이다.
머리가 달라져야 한다.
그것을 위하여 역사를 고쳐 읽자는 것이다.

# 1 인생과 역사

### 살림의 뿌리

사람의 살림은 뿌리가 있어야 한다. 그것은 나무에 비해서 하는 말이다. 삶은 낢이다. 낢은 난 것이다. 땅에서 난 것이다. 속에 묻혔던 것이 나온 것이다. 그러므로 나무 곧 낢이다. 나무인데 그것이 볼 수 있게 있는 것이기 때문에 낢이다. 나무만 아니라 생명 전체가 낢이다. 나무가 땅에서 난 것이면 생명은 우주에서 난 것이다. 나무가 생물의 전부는 아니지만 지구 위에서 가장 먼저 일어난 생명의 첫 단계가 나무니만큼 낢은 생물의 밑되는 바탈*을 드러내고 있다.

나무와 대립되는 또 하나의 생물의 바탈은 짐승이다. 짐승은 또 혹은 '김승', 기는 것이다. 나무가 서 있는 대신 짐승은 기어다닌다. 생명은 나오는 것이요, 기는 것이다. 그러나 나오는 것도 나중에 날자는 것이요, 기는 것도 나중에는 날자는 것이다. 그러므로 나무의 잎과 씨에는 날개가 돋았고 동물의 벌레와 새도 날개가 돋았다. 생물적인 생명이 그런 것같이 우주적인 전체 생명도 그렇다. 생명 전체에서 보면 이 생물적인 생명은 낢이요, 거기 대하여 정신적인 생명이란 것은 짐승의 정도다. 그러나 그 둘이 다 근본은 한 가지 바탈, 날자는 것이다.

생물의 세계에서 참 나는 일이 식물의 잎이나 씨의 날개로도 아니 되고, 그보다는 좀더 높지만 벌레 날개, 새의 날개로도 아니 되고, 그와는 도리어 딴 방식으로 한 사람에게서 마침내 더 크게 되어 지구의 테두리 밖에까지 나가게 된 것같이, 우주적인 생명에서도 자유자재하는 데 이르자는 것이 생물적인 데서나 정신적인 데

---

*바탈: 바탕의 옛말. 함석헌 선생의 사상에서 큰 뜻을 지닌 용어이다. '본래부터 있는 것'을 뜻하는 바탈(性)은 우주적 전체성을 드러내는 자연생명과 인간 얼을 나타낸다.

서나 다 같이 근본되는 바탈이기는 하지마는, 정말 나는 일은, 정말 자유하는 일은 이 이른바 인간의 정신이라는 것보다는 도무지 다른 방식의, 말하자면 초정신적인 것에 의해서야 될 것이다.

나뭇잎의 한들거림, 벌레의 나풀거림, 새의 펄럭거림이 다 지구 궤도를 뚫고 닫는 로켓을 겨누고 있었던 것같이, 원숭이가 고개를 갸웃거리고, 원시 인류가 미친 춤을 추며 돌아가고, 이 20세기 문명 인간의 종교요, 철학이요, 과학이요 떠드는 것도 그 어떤 하나 초정신이라고밖에 부를 수 없는 것을 향하고 있는 것이리라.

우리말의 '한' 혹은 '훈' '얼' 혹은 '올'이란 것도 그것을 그려보자고 그리는 한 그림(幻像, vision)이요, 그것을 맞혀보자고 던지는 한 돌던짐인지도 모른다. 이 의미에서 지금은 진화의 새 단계가 나오려 하고 있다. 유인원의 어느 한 가지에서 돌연변이에 의해 엉뚱한 '사람'이란 것이 껑충 하고 뛰어나왔듯이, 이 종교라는 것에서 또 엉뚱한 새 사람(이렇게밖에 부를 길이 없다)이 나오고야 말 것이다.

얼마나 많은 새, 벌, 사람이 꿈을 꾸었을까? 공중에 한없이, 그래, 하늘 밖을 나는 꿈을. 그와 같이 조로아스터도, 석가도, 노자도, 공자도, 예수도 꿈을 꾸었다. 우리 할아버지들도 곤륜산 기슭에서, 홍안령 마루턱에서, 천지(天池) 못가에서 꿈을 꾸었고, 그 밖에 모든 사람도 다 꿈을 꾸었고, 지금도 꾸고 있다. 그 모든 꿈이 하나도 허투루 되지 않을 것이다.

이제 엉뚱한 것이 나올 것이다. 그리하여 '사람'이 나와서 '내가 만물의 영장'이라 하고 이 세계를 통일했듯이, 그 엉뚱한 것이 나옴으로써 이 우주가 어지러움, 허투루임을 면하고 건짐을 받을 것이다. 지금 있는 우리 부족한 말로 하면, '뜻있는 것'이 될 것이다.

## 사실

그러나 지금 우리가 말하는 것은 그 엉뚱한 것이 아니고 이 땅에서 하는 우리 사람의 살림에 관해서다. 그리하여 그 살림에서 말

백두산 천지. 우리 민족의 시조인 단군은 이 천지 못가에서 처음으로 나라를 세우고자 하는 큰 꿈을 꾸었다.

하면 가장 요긴한 것이 뿌리가 있어야 한다는 말이다. 뿌리의 일은 두 가지다. 하나는 자리 잡고 서는 것이요, 하나는 양분을 빨아올리는 것이다. 생명의 목적이 마지막에는 날아다니기까지 하는 데 있지만, 그것을 위해서는 우선 자리 잡고 서는 것이 필요했다.

맨 처음에 물속에서 나서 떠돌아다니는 생명을 가지고는 큰 발달을 할 수 없었고, 그중에서 땅에 붙어 사는 식물이 나오면서부터 생물은 큰 진화를 할 수 있었다. 그리하여 땅속에 있는 것을 빨아올려 굉장한 번성을 이루었다. 그다음의 동물의 새로운, 보다 더 높은 진화가 될 수 있는 것은, 이 자리 잡고 서서 사는 식물의 층이 그 토대가 되어서 될 수 있는 것이다. 그와 같이 사람의 살림도 앞으로 발전, 발달하고 위로 올라가려면 우선 자리 잡고 서서 없음 속에서 빨아올려 있음을 만들어내는 뿌리가 있어야 한다. 뿌리가 깊을수록 나무의 키가 높이 올라갈 수 있고, 넓게 퍼질수록 많은 잎과 꽃을 피울 수 있다.

그럼 뿌리가 뭐냐? 생각함이다. 어디다 박으란 말이냐? 사실(事實)의 대지에다 박으란 말이다. 개인이나 민족이나 이따금 한때는

1 인생과 역사

매우 힘있는 듯한 살림을 하는 것을 보여주다가도 그만 얼마 못 가서 실패해버리는 일을 보게 되는데, 그것은 다 살림의 뿌리가 깊지 못했기 때문이라 할 수 있다. 그런 사람은 대개 살림을 맹렬한 감흥 속에서나 막연한 명상 속에서 찾는 사람들 가운데 있다.

물론 사람은 감흥도 있어야 하고 명상도 있어야 하지만, 보다 더 중요한 것은 사실이요, 그 사실을 삭여서 살로 만드는 사색이다. 사실을 떠난 감흥이나 명상은 마치 붙어살이(寄生)나 화분에 심은 나무와 같다. 붙어살이는 남의 만든 것을 얻어서 사는 것이요, 화분에 심은 것은 고립한 저로만 사는 것이다. 그것으로도 어느 정도 살 수 있는 것이 아닌 것은 아니나, 크게는 되지 못한다.

감흥은 밖에서 오는 것이요, 명상은 내 속만 파먹는 일이다. 정말 크게, 오래 살려면 사실에다 뿌리를 박고 그것을 삭여 빨아올려야 한다. 사실은 나보다는 큰 객관적인 존재요, 나는 사실보다는 참된 주관적 삶이다. 그 둘이 하나가 되어야 살림이다. 그것을 하는 것이 사색이다. 사색하여 나온 것이 이해인데, 이해는 이(理)로 해석하였다는 말이다. 풀었단 말이다. 사실(事實)은 사실(死實)이라 생명이 돌처럼 굳어져 엉킨 것이다. 그것을 녹이고 삭이는 것이 이성이다. 사색은 그렇게 하는 활동이다. 그러면 흙이 나무가 되듯이 사실이 살림으로 피어난다.

사실은 두 면이 있다. 인생과 역사다. 식물생활의 근본이 되는 땅이 흙과 물이 합한 것이듯이, 인간생활의 근거가 되는 사실은 인생적인 면과 역사적인 면 둘로 되어 있다. 물 없는 흙 없고 흙을 떠난 물 없듯이, 역사 없는 인생도 없고 인생을 내놓은 역사도 없다. 그러나 어쩔 수 없이 두 대립하는 면으로 되어 있는 것만은 움직일 수 없는 사실이다.

이리하여 여기서부터 우리 살림의 두 원칙인 개인적 생활체험과 세계적 역사이해가 나온다. 생활체험이란 것은 개인이 자기의 존재를 한 개 저만으로, 값을 가지는 인격적인 것으로 알고 파들어가고, 붙잡고, 나타내려는 데서 나오는 것이요, 역사이해라는 것은 자기를 뜻있는 발전으로 보는 세계의 체계 속에 있는 것으로 보아, 돌아보고 들여다보고 내려다보는 데서 나오는 것이다.

하나를 나무의 씨라면 하나는 숲이다. 씨를 메기자는 것이 숲이요, 숲을 이루자는 것이 씨다. 하나는 영(靈)·육(肉)을 갖추고 지(知)·정(情)·의(意)의 활동을 하는 한 개 사람으로, 나서 자라고 죽는, 누구나 다 같이 걷는 인생로를 걷는, 일생의 완성을 목적으로 하는, 현실의 인간으로서 하는 것이요, 또 하나는 자기 존재의 배경이 되고, 생활의 근원이 되고, 활동의 터전이 되고, 정신의 교섭자가 되는 이 세계를 영원에서 흘러나와 영원으로 흘러드는 이 생명의 행렬을 의미적으로 파악하는 정신으로서 하는 일이다. 먼젓것은 나를 나대로 완전하고 확실한 것으로 들여다보고 깊이 파자는 것이요, 뒤엣것은 세계를 그 광대무변하고 유구무한한 변천에서 붙잡고 하나를 얻자는 것이다. 이것이 전체 속에서 나를 보는 것이라면, 저것은 나 속에서 전체를 봄이다.

하나를 주관적이라면 또 하나는 객관적이다. 주관이기 때문에 그것이 있고서야 살림에 심각미가 있고 열정력이 있고 자유가 있다. 객관이기 때문에 그것이 있고서야 호대성(浩大性)을 띠고 엄숙미를 갖고 권위가 선다. 이들이 합해서 산 믿음이 생긴다. 자아에 철저하지 못한 믿음은 돌짝밭에 떨어진 씨요, 역사의 이해 없는 믿음은 가시덤불에 난 곡식이다.

오늘날은 이 두 가지가 다 흔들리는 때다. 그중에서도 역사이해는 너무나도 부족하다. 인생도 이제 옛날의 인생이 아니지만, 그래도 인생은 그대로 완결된 한 바퀴니만큼 그 근본에서는 다를 것이 없다 할 수 있다. 역사는 그와 달리, 전에 가본 일이 없는 미래의 처녀림을 열어나가는 것이기 때문에 자꾸 새로 이해를 해야 한다. 역사의 되풀이라는 것은 그 걸음이 더디던 때에 길은 아니 보고 바퀴를 보고 한 말이다. 지금은 역사의 진행이 급속도로 된다. 아주 된 돌몫*을 돌고 있다. 그렇기 때문에 역사를 전혀 새로운 각도에서 보지 않으면 안 되게 되었다. 지금 사회에 역사 소리가 높

*된 돌몫: 중요한 전환점이라는 뜻이다.

은 것은 이 때문이다.

## 역사이해

우리가 지금 여기서 문제 삼는 것은 역사이해다. 예로부터 인간을 가르치는 교훈 속에는 반드시 일종의 우주사(宇宙史)가 들어 있다. 이 세상은 어떻게, 어찌하여 생겼다는 것, 어떻게 되어가고 어떻게 되고야 말 것이라는 것을 말하는 것이다.

기독교 성경에 있는 「창세기」와 「요한복음」의 첫머리, 「요한계시록」 같은 것은 다 가장 두드러진 실례이지만, 그것뿐 아니라 모든 종교의 경전이 다 그렇다. 불교에는 불교식의 우주역사, 인도교에는 또 인도교식의 우주역사가 있다. 그뿐 아니라 사실 모든 원시적인 시대부터 있는 신화, 전설이 결국은 다 우주역사다. 그 속에 종교도, 철학도, 세계관도 있다. 그리고 그것은 그럴 수밖에 없다.

사람이 자기를 들여다보고만 있을 때에는 자기는 모든 것의 모든 것인 듯하나, 사실 자기 혼자 외따로 설 수 있느냐 하면 절대로 그렇지 못하다. 사람은 고립을 두려워한다. 비록 상상으로라도 허무의 캄캄한 소(沼)를 보여주고 너는 그 절벽에 홀로 서는 존재라 할 때에는 저는 부르르 몸을 떨고 거꾸로 떨어지려 한다. 사람은 홀로가 아니다. 외톨이가 아니다. 나는 나다 하면서도 또 자기를 의미 있는 전체 속에서 발견하고야 안심입명을 하지, 그렇지 않고는 못 산다. 그래서 나온 것이 신화요, 우주사다. 인생이 가장 튼튼함을 느끼는 때는 제가 우주사에 대한 분명한 이해를 가지는 때다. 별 하나 나 하나, 별 둘 나 둘.

그러므로 역사이해에 대한 요구는 인류생활이 있는 한 그치지 않을 것이다. 점점 더 깊어가고 넓어질 것이다. 그러나 지금은 그 어느 때보다도 더하다. 그 까닭은 이미 말한 것같이 이것이 매우 된 돌목이기 때문이다.

한옛적(太古)에는 사람의 살림은 단체적이었다. 개인이 아직 눈

경주 불국사 경내에 있는 석가탑.

을 뜨지 못한, 제 값도 뜻도 모르는 살림이었다. 따라서 사람의 살림의 원동력이요, 지도가 되는 종교에서도 개인의 영혼이니 인격이니는 문제가 되지 않았고, 그 속하여 있는 단체의 운명이 문제였다. 그러므로 교리의 종교가 아니요, 의식·주문의 종교였다.

그러던 것이 지금으로부터 2천 년이나 3천 년 전쯤에 와서야 비로소 개인의 종교가 시작되었다. 영혼의 자각이 되었다. 양심이 깨기 시작하였다. 도덕이 이때부터 훨씬 올라갔고 신비로운 체험도 이때부터 늘었다. 세계에 아직까지 권위를 가지는 위대한 종교는 다 이때에 나왔다. 인도교, 유교, 불교, 조로아스터교, 기독교. 이것은 인류역사에서 한 큰 시대다. 그리하여 2, 3천 년 인류를 이끌어

1 인생과 역사 33

1790년대 리버풀 근처의 탄전. 산업혁명의 결과 인류의 살림은 옛날같이 제각기 제 지방에서 독특한 전통에 따라서만 살아갈 수가 없게 되었다. 한마디로 살림이 세계적으로 되었다

왔다. 그때는 과학의 발달이 더딘 때이므로 세상은 별로 급격한 변동을 봄이 없이 왔다. 그리하여 동양이나 서양이나 그 세세한 부분에서는 다르나, 그 대체에서는 같은 테두리의 세계관, 인생관, 역사관을 가지고 왔다. 넓은 의미에서 개인 도덕적이라고 할 수 있다.

그러나 변하는 것이 역사요, 시계의 추같이 반대되는 두 언덕을 왔다갔다하면서야 나아가는 인간인지라, 거기에 대한 반동이 오게 되었다. 그것이 이른바 근세라는 것이다. 개인의 자유가 귀하기는 하나, 서로 자유를 주장하는 동안에 인류를 오리가리(支離滅裂) 찢어진 꼴로 만들었다.

그것은 더구나 산업혁명이 일어나면서부터 심하였다. 과학이 발달되고 교통이 편해지자 인류의 살림은 옛날같이 제각기 제 지방에서 독특한 전통에 따라서만 살 수가 없어졌다. 서로서로 복잡한 교통 교섭을 하면서 살게 되었다. 한마디로 살림이 세계적으로 되었다. 그러나 사람의 감정은 달라붙는 성질의 것이라, 생활은 세계적으로 되었는데 전통에 대한 감정은 쉬이 변할 수가 없었다.

현대의 고민이 여기 있다. 누가 말하는 것같이, 현대인은 어느 정도 다 사회주의자다. 그러나 그렇다고 사람이 다 바둑돌 같은 존재가 될 수 있느냐 하면 그것은 아니다. 경제는 똑같은 것이 이상인지 모르나 예술, 철학, 종교 등 정신의 활동은 각각 독자, 독특한 데 값이 있다. 그러므로 19세기로부터 20세기에 들어오면서 인간의 자기반성은 참 복잡해졌다. 그리하여 현재의 이 '혼란기' 혹은 '전환기'를 낳아놓은 것이다. 그런데 최근에 와서는 과학의 급속한 발달로 역사는 우주시대에 뛰어들어갔다. 그리하여 외양으로 보고 단위적으로 보면 다름없는 인생, 역사 같으나 사실은 대단히 달라졌다.

바퀴는 석가, 공자가 돌리던 그 인생의 그 바퀴지만, 역사의 길은 도저히 전에 꿈도 꾸지 못했던 데로 가고 있다. 아니다, 바퀴도 그 바퀴가 아니다. 인생도 옛날 인생이 아니다. 지금 심리학, 생리학, 사회학의 발달로 정신, 양심, 인격, 생명, 도덕 이런 것에 대한 생각은 매우 달라졌다. 이제 정말 엉뚱한 것이 언제 나올지 모른다. 도둑같이 올 것이다. 그러므로 지금은 과거의 세계관이 거의 해체되어버리고 새것은 아직 얼거리도 잡지 못한 때다. 보편적 세계사상의 결핍, 이것이 현대가 당하는 비참의 원인이다. 이 때문에 모든 정력이 쓸데없이 소모되고 만다. 지금 핵무기의 실험 같은 것은 그 한 가지다. 이 때문에 문명의 날카로운 기계가 도리어 인류가 자살하는 연모가 되지 않나 하는 두려움을 품게 되었다.

현대를 건지려면 군축회의도 필요하고 경제회의도 필요하겠지만, 그보다 먼저 새로운 세계이상을 세워야 할 것이다. 머리가 달라져야 한다. 달라져도 웬만한 정도가 아니라 아주 근본적으로 달라져야 할 것이다. 그것을 위하여 역사를 고쳐 읽자는 것이다.

### 세계가 하나되는 시대

이것이 역사의 새 장의 제목이다. 이제는 모든 인류의 아들들을 지금까지 서로 원수인 듯 서로서로 다투고 죽이던 모든 민족, 나라, 인종, 교도, 주의자를 총동원하여 한 전선에 내세워서 모든 모순, 모든 허비, 모든 오해를 다 내버리고 새로운 건설적인 하나로 향하게 하여야 한다. 그것을 못하면 가장 열심 있는 노력이 도리어 길을 더디게 하는 방해가 되고, 가장 높은 도덕이 도리어 역사를 떨어뜨리는 추가 되고, 가장 깊은 재주가 도리어 사람을 죽이는 독이 되어버린다. 그러므로 이 전일화하는 인류적 동원령은 절대로 시급하다.

그런데 그것은 세계역사의 새로운 해석이 아니고는 안 된다. 한 조상을 어서 발견하여야, 그리하여 한 형제인 줄 알아야 싸움을 그만둔다. 한 나라 백성인 줄 알아야, 그리하여 한 곳에 가서 만날 것을 알아야 서로 제 주장하기를 그칠 것이다. '하나'를 어서 의식하여야, 그리하여 각각 서로 한 몸의 지체인 것을 깨달아야 이 미친 자살적인 경련이 그칠 것이다. 그러나 그 새것, 그 하나를 가르쳐줄 자가 누구냐? 하나를 믿는 자만이 할 수 있을 것이다. 씨족이 거짓말이라는 것이 아니라, 민족을 버리라는 말이 아니라, 국가가 쓸데없다는 말이 아니라, 종교가 거짓말이라는 말이 아니라, 그 모든 것이 다 문제가 되지 않는 자리에 서야 한다는 말이다.

새 종교, 하나의 종교, 참종교가 필요하다. 있는 모든 것을 버리라는 말이 아니라 살리라는 말이다. 그러나 살리려면 일단은 버리고 높은 자리에 올라가야 한다. 이러한 기대를 가지고 오늘의 종교를 보면, 한편에서는 벌써 동이 트는 것이 보이나 대부분은 멀었다. 아마 과거에 언제나 그랬던 것같이, 기성 종교는 그대로 화석이 되어 역사의 지층 속에 남고 말 것이다. 그들은 돌같이 굳어진 신조만을 주장하고 경전의 해석은 기계적으로 되어 생명을 자라나게는 못하고 도리어 얽매는 줄이 된다. 돌 같은지라 생활 체험이 들어갈 수 없고, 기계적인지라 전체적·생장적인 역사 파악을 하지 못하고 도리어 그것을 이단시해버린다.

본래 종교경전이라는 것은 개조적(個條的)인 법률서가 아니요, 자라는 힘을 가진 원리를 보여주는 것이다. 석가요, 예수요 하는 위대한 종교의 스승은 하나도 빠짐없이 다 그때의 제도를 전적으로 깨뜨리고 나서는 혁명가들이었다. 그들이 고정된 율법서를 만들 리가 없다. 그것은 그들의 정신에는 정반대되는 것이다. 그런 것을 만든 것은 그들이 아니요, 그들에서 생동하는 인격성을 빼고 우상화하여 숭배하기를 좋아하는 추종자들이다. 경전의 생명은 그 정신에 있으므로 늘 끊임없이 고쳐 해석하여야 한다. 새로운 생활 체험이 있어야 하고, 새로운 역사이해가 있어 그것을 뒷받침해주어야 한다. 새 술은 새 부대를 요구한다. 이른바 정통주의라 하여 믿음이 살고 남은 껍질인 경전의 글귀를 그대로 지키려는 가엾은 것들은 사정없는 역사의 행진에서 버림을 당할 것이다. 아니다, 역사가 버리는 것이 아니라 자기네가 스스로 역사를 버리는 것이다.

산 진리를 들어 보여주는 이는 그 전하는 진리가 산 것이요, 현실의 인생과 사회에 대해 산 교섭을 가지는 것이기 때문에, 늘 그 시대정신을 역사적으로 붙들기를 잊지 않는다. 위대한 전도자로서 역사에 대해 무관심했던 사람은 없다. 그들은 다 시대의 부르짖음을 듣고 일어나는 산 혼들이다. 물질적 왕국의 지도자와 마찬가지로 영적 나라의 지도자도 역사의 지식 없이는 살 수 없다.

「사도행전」을 읽어보면, 거기 나오는 베드로, 바울, 스데반의 설교는 반드시 역사적 설명으로 시작된다. 이것은 까닭없이 된 것이 아니다. 들어맞는 진리를 들어맞은 때에 전하는 그들의 일로서 당연한 일이다. 말하는 자는 그저 임의로 되는대로 하는 것이 아니다. 그 뒤에 역사적 필연이 서서 떠민다. 거기에 몰려서 하는 것이다. 그러므로 열(熱)이 있고 권위가 있고 생명력이 있다. 역사적 필연이란 다른 것이 아니요, 하나님의 명령이란 말이다.

예수는 자기 말은 자기가 하는 것이 아니요, 자기를 보내신 이가 하는 것이라고 하였다. 그 보내신 이란 보통말로 하면 역사요, 종교적인 말로 하면 하나님이다. 하나님의 아들이라 하나 역사의 아들이라 하나 다른 말이 아니다. 그러므로 한 예수를 가지고 마태는 아브라함의 자손이라 했고, 누가는 아담의 자손이라 하였고, 요한은 바로 하나님 자신이라 할 수 있는 '말씀'이라 하였다.*

* 한 예수를……하였다: 마태는 유대인에게 복음을 전하기 위해 「마태복음」을 썼으므로 예수가 아브라함과 다윗의 자손이라는 유대인의 계보를 강조했다. 「누가복음」의 저자인 누가는 인류의 구원에 복음의 초점을 맞추었으므로 예수를 인류의 선조인 아담의 자손이라고 했다. 「요한복음」의 저자 요한은 당시 예수를 믿는 소외된 소수의 정체성을 강조하기 위하여 예수가 신이라는 것을 강조했다.

말씀의 전개가 역사다.「마가복음」기자의 말에 의하면 그 예수는 전도할 때 첫 말씀에 "때가 찼고 하늘나라가 다가왔으니, 마음을 고쳐먹고 복된 소식을 믿어라!" 하였다고 한다. 그것이 그의 말의 원형대로인지 혹은 요약한 것인지는 모르나 하여간 그것을 보면 그가 어떻게 역사적 관심을 가졌는지, 얼마나 똑바로 분명하게 역사 파악을 했는지를 알 수 있다. 때가 찼다는 말, 하늘나라라는 말, 다가왔다는 말, 마음을 고쳐먹으라는 말, 복된 소식이라는 말, 믿으라는 말 다 깊은 역사이해가 아니고는 할 수 없는 말이요, 마찬가지로 역사적인 태도에 서지 않고는 알아듣지 못할 말이다. 그래서 하나님을 '알파'요 '오메가'라는 것이다.

새 프로테스탄트가 나와야 한다. 종교개혁이 다시 나와야 한다. 어느 종교나 종파만이 아니라 통히 종교 그것이 새로워져야 한다. 먼저 왔던 것이 다 제때에는 제 할 일을 했지만 제때가 지나간 다음에도 그냥 서 있으면 이제는 도둑이요 강도다. 그러므로 그들을 내쫓고 새 말씀을 외쳐야 한다. 그러기 위하여 새 역사이해를 가져야 한다.

그들의 사명은 진리를 현대 속에 살리는 데 있다. 시대착오의 낡은 제도 속에서 질식되려는 진리를 구하는 것이 그들의 일이다. 그러므로 그들은 그 진리의 주장을 날카로운 역사비판으로 시작하여야 한다. 그것을 위하여 깊은 역사 지식을 가져야 한다. 한국에다가 진리를 살리려는 자는 먼저 한국을 알아야 할 것이요, 한국을 알려는 자는 먼저 한국의 역사를 알아야 할 것이다. 헤맴과 더듬이질에 지쳐 절망하려는 한국의 젊은이들 앞에 새 역사를 보여주라! 그가 거기서 새 세계관의 둥근 달을 찾아내는 순간 그의 가슴속에는 벌써 희망의 빛을 반사하는 새 생명의 힘찬 밀물이 프로테스탄트의 부르짖음과 함께 올라와 있을 것이다.

# 2 사관

### 역사의 정의

역사를 안다 함은 지나간 날의 일기장을 외운다는 말이 아니다. 역사를 쓰는 사람이나 읽는 사람이나 역사라면 지나간 일의 기록으로만 알고, 역사를 안다면 옛날이야기를 많이 아는 것으로만 생각하는 이가 적지 않으나, 그것은 잘못이다. 역사는 그렇게 쉽게 이야깃거리로 재미로 알고 쓰고 읽을 수 있는 것이 아니다. 역사를 참으로 깊이 알려면 비지땀이 흐르는 된 마음의 활동이 있어야 한다. 마치 먹을 것을 먹어 살을 만드는 것과 같은 일이다.

살이 되려면 짠 것, 신 것, 매운 것, 쓴 것, 단 것의 가지가지 물건을 그저 욕심대로 함부로 밥집 속에 집어넣어서만 되는 것이 아니다. 살이 될 만한 것을 골라 절차 있게 먹어 삭여야만 되는 것같이, 역사를 아는 것도 지나간 날의 천만 가지 일을 뜻도 없이 차례도 없이 그저 지저분히 머릿속에 기억해서만 되는 것이 아니라, 역사적 값어치가 있는 일을 뜻이 있게 붙잡아서만 된다.

그러므로 역사를 읽는 사람이 반드시 생각할 것은 먼저 좋은 책을 고름이요, 그다음은 또 읽는 방법이다. 그것을 하지 않고는 모처럼의 힘씀이 물거품으로 돌아간다. 그러면 그다음에 마땅히 일어나는 문제는 어떤 역사책이 정말 좋은 책이요, 어떻게 읽는 것이 정말 바로 읽는 법이냐 하는 것이다. 거기에 대해 대답하자는 것이 여기서 말하려는 사관(史觀)이라는 것이다. 깊고 넓은 사관에 서서 쓴 것이 좋은 역사책이요, 또 그것을 붙잡아내려 하는 것이 역사를 읽는 정신이다.

'역사란 무엇이냐?' 하면 누구나 서슴없이 지나간 일의 기록이라 대답한다. 옳은 말이다. 그러나 모든 정의가 다 그런 것같이, 이 정의도 한편에서는 설명하는 동시에 다른 한편에서는 가리는 것이 있다. 그러므로 역사를 바로 아는 일은 우선 되는대로 하는 역사의 정의를 바로잡음으로부터 시작해야 한다. 첫째, 지나간 것(過去)이라 하지만 역사는 결코 지나간 것이 아니다. 정말 지나간 것이라면 지금(現今)의 우리와는 아무 관계가 없을 것이요, 따라서 기록할 필요도 알아야 할 필요도 없고, 또 기록하고 알려 해도 알 수도 없을 것이다. 다만 조금이라도 기록할 필요, 알 필요를 느끼는 것이 있다면 그것은 결코 지나간 것이 아니다. 현재 안에 아직 살아 있다. 완전히 끝맺어진 것이 아니라 되어가고 있는 것이다.

그러므로 역사에 적히는 과거는 마구 하는 생각으로 하면 지나가버린 것이지만, 그것은 이미 죽어버린 단순한 과거가 아니요, 우리 현재의 살림 속에 살아 있는 말하자면 산 과거다. 시간이 지나갔으므로 우리로부터 매우 먼 거리에 있으나, 그것은 마치 은하수에서 반짝이는 별이 몇십만 년 거리의 어둠을 뚫고 빛을 보내주듯이, 매우 가늘기는 하지만 그 대신 한없이 맑아진 빛을 우리에게 보내고 있다.

그런데 많은 사람들이 역사라면 과거의 죽은 깍지 혹은 무덤으로만 알기 때문에 읽으려 하지도 않고, 또 읽는다 하여도 지루하게 알고 옛날은 이런 일도 있었나 하는 호기심이나 가지는 것이 고작이다. 역사는 그런 것이 아니고 새 세계관을 지어내는 풀무다. 그러나 그렇게 되려면 이런 잘못된 지나간 것이라는 생각을 고쳐야 한다.

다음은 일(事實)이라는 말이다. 지나간 일을 기록한다 하지만 지나간 날에 있었던 모든 일들을 그대로 다시 그려놓는 것이 역사는 아니다. 우선 그것은 될 수 없는 일이다. 지나간 10년간의 일을 다시 나타내려면 적어도 10년의 세월이 들어야 할 것이니, 그렇다면 역사는 영 쓸 수 없는 일이다. 또 설혹 될 수 있다 하더라도 그것은 필요 없는 일이다. 예를 들어 말하면 전에 살았던 김 아무개, 이 아

* 유리 이사금: 신라 제3대 왕. 부왕이 죽은 후 탈해에게 왕위를 양보하려 하자 탈해가 "임금의 자리는 용렬한 사람이 감당할 바가 아닙니다. 듣건대 성스럽고 지혜가 있는 사람은 이가 많다고 합니다"라며 사양했다. 이에 시험 삼아 떡을 깨물어보니 유리의 잇자국이 많아 신하들이 그를 왕위에 올리고 왕호를 이사금(잇금)이라 했다. 『삼국사기』 권1 신라본기1.

무개의 이름을 다 빼지 않고 적고 그 생김생김이 어떻고 몸맵시가 어떠했다는 것을 아무리 자세히 그린다 하더라도 그것은 거의 한 푼어치 값도 없다. 그 까닭은 그것은 우리의 지금 살림과 아무 관련이 없기 때문이다.

반대로, 만일 산 관계가 있기만 하다면 얼핏 보기에 아무리 대수롭지 않은 것이라도 자세히 적을 필요가 있다. 신라 유리 이사금(儒理尼斯今)* 이야기에는 그가 이빨이 많았다는 것이 적혀 있다. 보통 경우로 하면, 어떤 사람의 이빨이 많고 적음이 무슨 역사적 값을 가질 것은 아니지만 유리의 경우에는 그것이 임금되는 일에 관련이 되어 있고 그의 임금되는 일에서부터 신라의 나라 틀거리에 독특한 것이 있음을 알게 되므로 지금까지 그것이 역사에 적히게 된다.

그와 같이 역사에 적는 일은 단순한 사실이 아니라 골라진 사실이요, 그 고르는 표준이 되는 것은 지금과의 산 관련이다. 그러므로 그것은 사실이라기보다는 그 사실이 가지는 뜻이다. 뜻이 문제다. 또 그다음은 기록이라는 말이다. 지나간 일의 기록이라 함은 틀림없는 말이지만, 몇 개의 사실을 골라 그 시작과 끝머리를 낱낱이 적는 것만이 역사는 아니다. 그 사실을 기록하되 서로서로 사이에 산 관계를 주어가지고 체계가 있게, 통일이 있게 하는 것이라야 한다. 사실과 사실 사이에 인과관계의 고리가 맺어져가지고 전체가 한 개 통일체를 이루지 않으면 안 된다.

역사는 하나다. 하나밖에 없는 것이 역사다. 한국역사 5천 년 동안 이 민족 안에 났던 모든 사람과 일은 마디마디 떨어진 것이 아니고, 제각기 따로 된 것이 아니라, 전체가 한 생명이다. 산 것이다. 그러나 한국역사는 또 한국역사로 그것이 완전한, 따로 서 있는 것이냐 하면 아니다. 한국역사는 세계역사의 한 부분이다. 그러므로 역사적 기록은 개개의 사실을 자료로 삼아가지고 옹근 하나인 산 것을 드러내는 것이어야 한다. 그러나 그 드러낸다는 것은 현상적인 드러냄이 아니라 뜻의 드러냄이므로 그 기록은 단순한

2 사관 41

기록이라기보다는 차라리 풀이(解釋)라 함이 옳을 것이다. 그보다도 한 개 예술적인 창작이라 하는 것이 옳을지도 모른다.

## 뜻과 해석

위에서 말한 것을 한데 묶어본다면, 역사는 보통 생각해온 것같이 다 먹고 난 생선의 뼈다귀 같은 사실이라는 것보다는 그 가지는 뜻의 풀이에다 그 생명을 둠을 알 수 있다. 역사의 생명은 바름(公正)에 있고 바름은 사실을 사실대로 기록하는 데 있다는 것이 누구나 하는 판박아놓은 생각이지만, 대체 그 사실이란 무엇인가?

사실이란 내 주관과는 관계없이 따로 서서 객관적으로 뚜렷이 있는 것이라 하지만, 우리가 아는 사실에는 주관의 렌즈를 통하지 않은, 있는 그대로의 객관적 사실이란 없다. 어려운 철학이나 심리학의 설명은 그만두고라도 상식으로라도 그런 것이 있을 수 없는 것은 쉽게 알 수 있는 일이다. 주관을 막아내는 사실이란 있을 수도 없고, 또 있다 가정하더라도 그것은 우리 살림과는 아무 관련을 가지지 않는 것이요, 따라서 역사의 대상이 되지도 않는다.

사실은 결국 사실이라고 알려진, 혹은 해석된 사실이다. 있는 그대로가 아니라, 이미 현재적으로 골라진 것이다. 지금의 우리가 사실이라고 보는 대로의 사실이다. 삭아서 내 살이 된 물건이다. 이렇게 말하면 주관에 따르는 치우친 생각 때문에 역사의 생명인 바름이 깨지지 않겠나 걱정하는 이가 있을지 모르나 그것은 그렇지 않다.

바름이란 내게 좋기 위하여 역사적 판단을 구부리지 않는다는 말뿐이지, 도대체 판단하기, 해석하기를 금하는 것이 아니다. 주관의 주(主)는 누구의 나에도 통할 수 있는 참나지, 서로 충돌하는 작은 나, 거짓 나, 사(私)가 아니다. 바른 기록을 하기 위해서는 뚫어보는, 해석하는 힘이 필요한데, 그것은 산 나만이 할 수 있다.

대체 역사에서 말하는 참을, 자연과학적으로 그리는 데, 말하자면 사진을 찍는 데 있는 줄로 아는 데 크게 잘못이 있다. 사진을 사진(寫眞)이라 하지만 사진이야말로 참이 아니다. 그 사람의 사람됨을 나타내는 것은 뵈는 그대로를 찍은 사진이 아니요, 뚫어보는 화가의 눈이다. 사람의 선하고 악한 것을 그 겉에 나타난 행동으로만 알겠다는 것은 어리석은 일이다. 얼마나 많은 역사가들이 공정한, 객관적인, 과학적인 역사를 쓰려다가 죽은 뼈다귀의 이름만을 적어놓고 말았나! 그것이 역사, 적어도 산 역사를 지어가는 씨올이 살기 위해, 그 역사를 짓는 힘을 얻기 위해 읽고 싶어하는 역사는 아니다.

사실의 자세한 기록은 전문가의 일이다. 그들의 역사는 사실의 역사, 기술(記述)의 역사, 연구의 역사다. 그러나 씨올은 그것보다도 해석의 역사, 뜻의 역사를 요구한다. 세계의 밑을 흐르고 있는 정신을 붙잡게 해주는, 어떤 분명한 주장을 가지는, 말씀을 가지는 역사를 요구한다. 그리고 전문가의 사명은 마지막에 한 권의 씨올의 역사를 쓰는 데 있다. 바다같이 넓은 연구가 있어도, 산같이 쌓인 사료(史料)가 있어도 그것만으로는 부족하다.

고증으로 그 일이 다 되고, 보고로 그 보람이 다 되는 것같이 생각하는 역사가는 마치 식량을 곳간 안에 쌓아만 두는, 혹은 식품을 요리하지 않은 그대로를 식탁 위에 가져오는 어리석은 요리사와 같다. 왜 그렇게 씨올에 대해 무정한가? 요리사를 둔 것은 주인의 건강을 위해서가 아닌가? 전문 역사가를 둔 것은 씨올의 먹을 역사를 마련해주기 위하여서다. 한 권의 씨올의 역사를 써낸 후에야 그의 책임은 다해지는 것이다. 역사가의 자격은 그 기억에 있지 않고 판단에 있다.

인간사회라는 솥 위에 피어오르는 일정한 형체 없는 일(事象)의 수증기를 식혀서 한 형상을 붙잡아내는 것이 그의 일이다. 그보다도 일고 꺼지는 산맥과 언덕과 골짜기며 시내를 두루 뒤타서 그 밑으로 달리고 있는 한 줄기 광맥을 찾아내는 일이라 하는 것이 옳다. 몇만 년에 뻗는 복잡한 인류의 일을 통하여 한 개의 의미 관련을 알아낼 뿐 아니라 실로 영원한 뜻, 곧 의지, 의미를 붙잡아내는 것이 그의 일이다. 그러므로 옛날부터 학(學), 재(才), 식(識)의 겸비라 해서 역사가에게는 어려운 자격이 요구되고 있다. 아는 것이 많아야 하고, 재주가 높아야 하고, 식견이 깊어야 한다. 그중에도 가장 긴요한 것은 식이다. 식은 뚫어봄, 내다봄, 맞춰봄, 펴봄이다. 이른바 눈빛이 종이를 꿰뚫는다는 것이요, 줄 사이를 읽는다는 것이다. 중국의 여숙간(呂叔簡)이 이렇게 말한 것은 옳은 말이다.

> 무엇이 옳은지 그른지 앎은 썩어진 선비도 다 할 수가 있지만, 때가 되어감을 아는 것은 뚫린 선비가 아니고는 못 한다……. 때를 아는 것은 누구나 보기만 하면 할 수 있는 일이지만, 되어가는 것을 아는 것은 앞을 내다보지 않고는 못 한다.
> 明義理腐儒可能, 明時勢非通儒不能…….
> 識時凡有見者可能, 識勢非先見者不能.

잘된 역사책이 나타나는 꼴 뒤에 정신을 밝혀주는 글인 것같이, 잘하는 역사 읽는 법도 글자 밖의 정신을 읽어내는 해석에 있다. 이 해석하는 힘의 많고 적음에 따라 역사를 아는 데 깊고 얕은 차이가 생긴다. 깊은 해석을 할 줄 모르면 '한우충동'(汗牛充棟: 실으면 소가 땀을 흘리고 쌓으면 들보에까지 가득 찰 만큼 많다는 뜻. 많은 장서를 가리키는 말이다)이라는 많은 책도 늙은 할머니들의 이야깃거리밖에 될 것이 없고, 반대로 날카로운 눈을 가지기만 한다면 조그마한 한 조각 남은 물건에서도 크나큰 값을 찾아낼 수 있다.

저 유명한 신약성경의 시내산 원본*이 하마터면 사막 외로운 절의 어리석은 중들의 불쏘시개가 될 뻔했던 것은 앞엣것의 실례요, 로제타석**에 씌어진 알 수 없는 몇 줄 글과 20년 씨름을 하여 고유명사 하나를 읽어낸 것이 시작이 되어 오늘날에 와서는 애굽학이 6천 년 전 그때의 애굽 사람이 하던 것보다 더 환하게 밝아졌다는 것은 뒤엣것의 좋은 예다.

* 시내산 원본: 시나이 산(시내산)은 유대인 역사에서 신이 모습을 드러낸 중요한 장소로 알려져 있다. 1844년 독일인 티센도르프가 이 산에 있는 성 캐더린 수도원에서 고대의 성서 사본들을 발견했는데 이미 수도원 사람들이 양피지로 된 사본 중의 일부를 실제 불쏘시개로 사용했다. 이 고대 성서 사본들은 성서를 편집하는 데 매우 귀중한 자료가 되었다.

** 로제타석: 1799년 프랑스인이 나일 강 어귀의 로제타에서 발견한 비석. 길이 114센티미터, 폭 72센티미터의 검은 현무암에 상형문자, 민용문자, 그리스 문자가 새겨져 있다.

이집트(애급) 상형문자 해독의 열쇠가 된 로제타석. 나폴레옹의 이집트 원정군에 의해 발굴되었다.

하나님의 뜻인지 운명의 장난인지 모르나, 이 세계는 차례가 있고 이치가 있으면서도 곁에 드러내놓인 것은 아니요, 또 시간은 사정없이 모든 것을 밀어가는 듯하면서도 때때로 가장 중요한 열쇠가 되는 듯한 한 조각 두 조각을 일부러 하는 듯이 감추어 남겨두는 것이 사실이다.

정신적 값어치, 보람을 찾는 것이 사람이요, 그것을 하기 위해 타가지고 나온 것이 '지(知)·정(情)·의(意)'인데, 그 힘이 있고, 그 자연 역사가 그렇게 된 다음에는 사람의 마음은 찾게만 마련이요, 찾으면 밝아지는 것이 이른바 문화의 흐름이다.

오늘의 지질학, 고생물학, 인류학, 사회학, 우주학이 다 그렇게 해서 된 것이다. 여럿인 가운데서 될수록 하나인 것을 찾아보자는 마음, 변하는 가운데서 될수록 변하지 않는 것을 보자는 마음, 정

2 사관 45

신이 어지러운 가운데서 될수록 무슨 차례를 찾아보자는 마음, 하나를 찾는 마음, 그것이 뜻이란 것이다. 그 뜻을 찾아 얻을 때 죽었던 돌과 나무가 미(美)로 살아나고, 떨어졌던 과거와 현재가 진(眞)으로 살아나고, 서로 원수되었던 너와 나의 행동이 선(善)으로 살아난다. 그것이 역사를 앎이요, 역사를 봄이다.

시베리아 툰드라의 어떤 곳에서 매머드의 화석이 나왔다 하자. 지질학적으로 살펴본 결과, 그 나온 지층이 매우 오랜 세기라고 하자. 그런데 매머드는 매우 큰 풀을 먹는 동물이었다. 그러면 시베리아에서 그런 화석이 나는 것은 지나간 옛날에 그곳이 숲이 성했던 것을 말하는 것이요, 숲이 성한 것은 기후가 따뜻했다는 것을 말하는 것이다. 그런데 지금은 시베리아가 얼음에 덮인 것을 생각하면 일찍이 어느 때에 지구 위에는 급격한 온도의 변화가 일어났던 것을 미루어 알 수 있고 더 나아가 그 원인을 생각한다면 지구의 도는 길, 혹은 지구의 지축에 변동이 있지 않았나 하는 것도 생각하게 된다.

그렇듯 해석하기에 따라서는 한 조각 화석에서 몇백만 년 지구의 역사를 볼 수 있다. 하나가 말하는 뜻이란 그런 것이다.

북송의 문인 소식(蘇軾). 동파는 그의 호이다. 당송팔대가의 한 사람으로 「적벽부」 등을 지었다.

## 보는 자리

이와 같이 역사의 생명은 바탕으로서의 사실보다 사실의 뜻을 붙잡는 해석에 있다. 그러나 여러 가지 모양의 나타난 꼴 밑에 옹근 하나의 정신을 붙잡는 해석은 먼저 어떤 자리(觀點)가 결정되지 않고는 할 수 없다. 소동파는 여산(廬山)*을 두고 이렇게 말했다.

*여산: 중국 장시 성(江西省) 북부에 있는 산. 중국 음으로는 루산이다. 신성한 산으로 여겨진데다가 경치가 빼어나 시인 묵객들의 시와 그림에 자주 등장한다.

    모로 보니 재인 듯, 옆에서 보니 봉인 듯
    곳곳마다 보는 산 서로서로 다르고나.

여산의 참얼굴 알아볼 수 없기는
다만 이내 몸 이 산 속에 있음이네.
橫看成嶺側成峯　處處看山各不同
不識廬山眞面目　只緣身在此山中

인생을 뛰어넘지 않고는 인생을 모른단 말이다. 역사를 알아봄도 그와 같다. 보는 자리가 변함에 따라 그 보이는 바가 서로 다르다.

이성계의 혁명을 이조의 역사가가 보면 나라 세움이지만 여조(麗朝)의 역사가가 보면 나라의 무너뜨림이요, 빼앗음이다. 예수의 십자가의 죽음을 기독교의 자리에서 보면 그리스도의 이김이지만 세속적인 자리에서 보면 33세 청년의 실패의 끝맺음이다. 그러므로 역사가 참역사가 되기 위해서는, 몸을 여산 속에 두지 말고 한눈 아래 온 산의 꼴을 보아낼 수 있는 자리에 세우듯이 우주, 인생을 굽어보는 자리에서 쓴 것이라야 할 것이다.

사관이란 이것이다. 인생을 넘어뛴 자리에서 참인생을 볼 수 있듯이 역사를 넘어뛴 자리에서야 참역사를 볼 수 있다. 이런 사관 없이 쓴 역사는 참역사가 아니요, 이런 사관에 이르지 못한 역사 공부 또한 참역사의 읽음이 아니다. 이러한 사관은 그것을 가진 후에야 역사를 알 수 있고, 또 역사를 읽어서만 거기에 이를 수 있다. 마치 그림 그리는 이가 그림을 그리는 것과 마찬가지다. 헝겊 위에 빛칠을 해서만 그림이 있는 것이지만, 또 헝겊을 대해 붓을 들고 설 때 그림은 그 가슴속에 있다.

가슴속에 되어 있는 그림이 한긋한긋 붓질하는 것에 따라 달라지고 달라져 갈수록 묘해지는 것은 사실이지만, 그러나 그 그림의 생명이 되는 그 정말 그림(幻像)은 언제나 그리는 이의 가슴속에 살아 있어 그 한긋한긋을 지시해서만 그 그림은 될 수 있다. 마찬가지로 역사 쓰는 것도 사관 없이는 불가능한 것이다. 역사 쓰는 것도 그렇고 읽는 것도 그렇다. 역사의 끝머리가 사관이기도 하지만 또 역사의 시작이 사관이기도 하다.

　그럼 그 사관이란 어떤 것일까? 역사의 알파인 동시에 역사의 오메가가 되는, 역사를 뛰어넘은 사관이 어디 있을까? 사관을 말하면 여러 가지다. 유심사관, 유물사관, 민족사관, 문화사관, 계급사관, 생명사관 등등. 그 어떤 자리를 가지느냐 하는 데 따라 가지가지의 역사가 나올 수 있다. 그러나 사실은 사실이면서도 재(嶺)요, 봉우리가 됨을 면치 못하는 그런 사관이 아니고, 정말 뛰어넘은 자리는 어디 있을까? 우주, 인생 속에 있으면서도 우주, 인생을 뛰어넘자는 것은 종교다. 그러므로 참역사는 종교적인 자리에 서지 않고는 안 될 것이다. 거기 대해서는 장을 새로이 하여 말하기로 하자.

# 3 종교적 사관

### 나의 종교

일반적으로 종교적 사관이라고는 하나 사실 모든 종교를 종합한 자리란 것은 대단히 어려운 것이다. 마치 이 사람 사랑도 아닌, 저 사람 사랑도 아닌 사람 사랑이라는 것과 마찬가지다. 사랑은 구체적인 생명활동이요, 결코 추상적인 이론이 아니다. 종교도 구체적인 것이요, 추상적인 것이 아니다. 그것은 물론 보편적인 진리이지만, 보편적이기 때문에 반드시 추상적일 필요는 없다. 우리가 물질이라 부르는 세계에서는 가장 보편적이려면 추상적이 되어야 하지만, 정신의 세계에서는 그와는 반대다. 가장 구체적이 아니고는 가장 보편적일 수 없다.

하나님을 가장 잘 나타내는 것은 개성적인 인격이다. 이 의미에서 맹자가 묵자\*의 겸애설을 반대한 것은 까닭 있는 것이라 할 수 있다. 사실 무차별한 박애란 실제로는 아무도 사랑하지 않는 경우가 많다. 그래서 '무부무군'(無父無君: 아비도 없고 임금도 없다)이라고 하였다. 맹자편이 옳다 해야 할 것이다. 사랑은 개체에서 전체를 보는 일이다. 예수가 "하나님을 믿으니 또 나를 믿으라" "나를 본 자는 아버지를 본 것이니라" 한 것은 이 때문이다. 그러므로 나는 종교적 사관을 말함에서 모든 종교를 한 솥에 넣고 끓여서 거기서 승화된 것을 말해보려는, 나로서는 도저히 불가능한, 그런 일을 하려 하지는 않는다.

내가 감히 종교적인 것을 말하는 것은 모든 종교를 다 믿어보아서가 아니요, 연구해보아서도 아니다. 누구도 사람 사랑이 어떤 것인가 알기 위하여 천하의 사람을 다 만나볼 필요는 없고, 모든 사

---

\*묵자: 중국 노나라의 철학자로, 본명은 묵적(墨翟)이다. 하늘이 모든 사람을 똑같이 사랑하고 이롭게 하는 것처럼 사람도 서로 그러해야 한다는 겸애설(兼愛說)을 기본으로 하는 그의 철학은 수백 년 동안 유학과 맞섰다.

 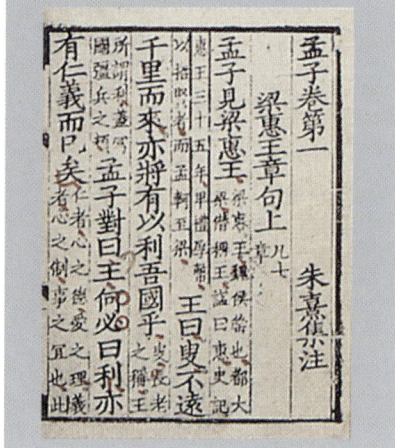

중국 고대 철학자인 맹자(원쪽)와 주자가 집주한 『맹자』. 맹자는 인정(仁政)에 바탕을 둔 왕도정치를 역설했다.

람의 경험을 다 들을 필요도 없고, 어느 한 사람을 실제로 사랑해보면 그만이듯이, 내가 종교적인 것을 말하는 것도 다만 내 믿는 것이 있기 때문에 하는 말이다. 내가 내 사랑하는 사람에 대한 것을 말하면 그것이 사랑의 원리인 줄 믿듯이, 나는 내 믿는 바를 말하면 그것이 보편적·종교적인 것인 줄 믿는다. 그러므로 나는 비교적 나와 관계가 깊은 기독교의 성경에 나타나 있는 사관을 간단히 말해보기로 한다.

그러나 그것은 기독교가 홀로 참종교라는 생각에서도 아니요, 기독교에만 참 사관이 있다 해서도 아니다. 전날에는 내가 그렇게 생각한 때가 있었다. 그러나 그것은 이제 와서 보면 역시 종파심을 면치 못한 생각이었다. 기독교가 결코 유일의 진리도 아니요, 참 사관이 성경에만 있는 것이 아니다. 같은 진리가 기독교에서는 기독교식으로 나타났을 뿐이다.

그러나 좀더 엄정히 말하면, 나는 기독교를 말할 자격도 없고 성경의 사관을 말할 자격도 없다. 나는 다만 내가 본 성경의 사관을 말할 뿐이다. 기독교를 내가 말할 자격도 없고 또 기독교란 것이 내게 문제도 아니다. 나는 나의 믿음이 있을 뿐이고, 내가 본 성경의 진리를 알 뿐이다. 종교야말로 가장 구체적·개인적인 사실이다. 가장 구체적이요, 가장 개인적이란 말은 나와 하나님의 직접 교섭이란 말이다. 그러므로 가장 내 일이지만 또 모든 사람에 통할 수 있는 줄로 믿는다. 내가 알기에는 성경은 그렇게 각 사람이 각각 제자리에서 제 식으로 직접 하나님을 대하기를, 다른 말로 하면 나에서 전체를 나타내기를 가르치는 진리다.

### 아가페

성경의 사관이 어떤 것인가를 밝히는 일은 곧 성경의 근본 뜻이 무엇이냐를 찾는 일이다. 왜냐하면 성경의 가르치는 근본 진리를 모르고는, 다시 말하면 성경의 정신을 붙잡지 못하고는, 성경의 말하는 사관을 알 수는 없을 것이요, 반대로 만일 역사를 보기를 성경을 보고 있는 것과 같은 태도로 보고 있다면 그 사람은 벌써 성경의 근본 뜻을 안 사람이다. 그 까닭은 성경의 목적은 다른 것이 아니고, 사람으로 하여금 우주, 인생의 근본 올몸인 영원한 생명을 붙잡게 하자는 것이요, 성경이 역사에 대해 말하는 것도 결국 그 목적을 위한 것이기 때문이다.

성경에는 그 내용의 분량으로도 역사에 관한 것이 많지만, 또 직접 역사적 기록이 아닌 데서도 그 서는 자리는 늘 우주사적인 데 있다. 성경이 그렇듯 역사를 중요하게 여기는 것은 그 종교가 인생의 구원을 목적하는 사실의 종교요, 생명의 종교이기 때문이다. 생각에만 의한 것이 아니요 실인생(實人生), 활역사(活歷史)에 의해 인생의 깊은 뜻, 우주를 꿰뚫는 생명, 그 자체를 붙잡게 하는 일이다. 생명을 문제로 삼는다면 역사는 무시할 수 없다. 생명은 역사적으로 발전하는 것이요, 역사를 낳는 것은 생명이기 때문이다.

우리가 성경을 읽을 때, 대우주의 생명의 흐름이 활동사진을 보듯이 눈앞에 전개되는 것을 보게 되는 것은 성경이 생명 있는 우주사이기 때문이다. 거기 우주의 맨 처음이 있고 끝맺음이 있다. 거기서 인류와 그 문화의 기원과 그 가치를 볼 수 있고, 민족과 나라의 흥망성쇠의 원리를 볼 수 있다. 성경은 참으로 한 개의 우주

역사다.

　그렇게 말하면 성경의 사관은 벌써 다 말한 셈이다. 기독교의 근본 진리가 무엇인지 그것이 분명한 이상은 그 사관이 어떤 것인가는 새삼스레 말하지 않아도 될 것이다. 성경 예순여섯 권을 한마디로 요약하면 '하나님'이라는 한 말에 다 된다. 곧 모든 것이, 천사나 인생이나 자연이나 그 가운데 있는 모든 것이 다 하나님에게서 나왔고, 하나님으로 말미암고, 하나님 안에 뛰놀고, 마침내 하나님에게로 돌아간다는 것이 성경의 근본 주장이다. 주장이라기보다 증거요, 밝힘이다.

　그 하나님은 은총의 하나님이다. 우주과정의 뒤에서, 그 흐름의 밑에서, 그 생명의 속에서, 자기 몸소의 즐거움에서 역사를 지어내기 위하여 자기를 제한해 만물 속에 나타내고 만물 위에 그 생명을 붓는 이다. 이것을 단적으로 나타낸 말이 "하나님이 이 세상을 이처럼 사랑하사 그 외아들을 주셨다" 하는 말이다. 하나님은 그저 주는 이, 자기를 한없이 주는 이란 말이다. 이 역사를 낳는 이는, 즉 역사의 근원이 되고, 그 원동력이 되고, 그 원리가 되는 이는 사랑이라는 말이다.

　이 사랑이라는 성격의 원어는 '아가페'다. 사랑이라 번역하기는 좀 부족한 말이다. 불교에서 말하는 '자비', 유교에서 말하는 '인'(仁), 인도교에서 말하는 '희생'이라 하는 것이 차라리 나을는지도 모른다.

　사랑의 근본이 그런 것은 아니지만, 사랑이란 원체 넓은 것이기 때문에 지금 쓰는 사랑이라는 말에는 '애욕' '정욕'이라는 뜻이 많이 들어 있다. 그러나 '아가페'는 그런 것이 아니다. 성경의 '아가페'는 거의 종교적인 의미에 국한되어 있다. 아무튼 성경은 하나님을 한마디로 '아가페'라 한다. 그러므로 성경의 사관은 '아가페' 사관이라 할 수 있다. 이 아래서 우리는 그것을 간단히 몇 가지로 나누어보기로 하자.

인간 원죄의 네 장면이 사실적으로 그려진 「낙원에서 쫓겨나는 아담과 이브」.

### 성경은 역사의 근본을 하나님에게 구한다

정신이나, 물질이나, 인생이나, 자연이나, 존재라는 존재, 또 그 존재들의 하는 변천이란 변천이 다 한 뜻인 하나님에서 나왔고, 그 하나님의 뜻 없이는 한 물건, 한 일도 없다고 본다. 이 점은 과학적인 사관과는 근본적으로 다르다. 과학적인 사관에서는 역사에서 뜻이란 것을 전혀 생각지 않는다. 마치 자연현상을 대하듯이 순전히 원인, 결과의 관계로 설명한다. 과학적인 사관은, 불철저한 중간적인 태도에 그치지 않는 한, 결국 유물사관으로 가는 수밖에 없을 것이다.

사실 근대 인간을 정신적으로 파산시켜 오늘의 혼란에 이르게 한 큰 원인의 하나는 이른바 역사적인 입장이라는 것이다. 그것은 자연과학과 협력하여 인간을 교회의 독단에서 구하려는 데서 나오기는 한 것이지만, 인생의 일에서 의미적인 관념을 쏙 빼버리고 사람도 순전한 과학적 실험대상으로 보자는 것이다. 사람이 뻔히 생물 이상의 의미적인, 다시 말하면 보람을 찾고 값을 찾는 존재임에도 불구하고, 사람의 바로 사람된 점이 거기 있는 줄 알면서도, 그것을 무시한 것은 크게 잘못이었다. 그야말로 비과학적인 태도였다. 그 결과로 믿음의 기둥뿌리를 흔들었고, 그 결과는 오늘에 이르렀다.

가장 담대히 거짓을 일부러 들고 나온 것이 유물사관이다. 거기서는 역사의 근본을 아무 목적 없는 우연한 물질에 돌린다. 그러고는 모든 정신적인 가치관념을 유치한 시대의 공상, 망상에서 나온 것에 돌리려 한다. 그것이 옳으냐 잘못이냐는 여러 말을 할 필요 없고, 오늘의 세계역사 자체로 말하게 하는 것이 좋다. 성경은 그와는 반대다. 역사는 뜻에서 나왔다는 것이다. 유물론의 홍수로 말미암아 세계관의 파선으로 죽을 수밖에 없게 된 오늘의 세계는 스스로를 구원한다면 다시 아가페의 닻줄을 붙드는 수밖에 길이 없을 것이다.

그러나 역사의 근본이 하나님이라는 말만 가지고는 불완전하다. 그 하나님에는 인생과 인격적으로 교섭하는 하나님이라는 설명을 붙일 필요가 있다. 역사의 근본을 신에게 돌리는 사상은 그 밖에도 있다. 그것은 범신론, 다신론이다. 그러나 만물이 곧 신이라는 범신론은 믿음이라기보다는 한 개의 철학이요, 다신론은 자연현상을 인격화한 데 지나지 않는다. 둘 다 철저히 따지면 유물론에 떨어지든지, 그렇지 않으려거든 인격신관에까지 올라오든지 해야 할 것이다.

물론 신 그 자체는 전능, 완전한 절대이기 때문에 간디의 말대로 '무신론자의 무신론까지도 될 수 있을 것이다'. 그러나 지금까지의 생명의 진화에서 가장 높은 단계가 인격이라면, 그 인격과의 교섭은 역시 인격으로 되는 수밖에 없을 것이다. 하나님이 반드시 인격신이라고 단언할 자격은 우리에게 없으나 우리가 아는, 우리와의 의미적인 교섭을 하는 하나님은 인격적이라고 할 수밖에 없다. 이것은 가설이 아니라, 우리 속에 있는 양심이 말하는 사실이다. 심리학이 무엇이라 말하거나 간에 양심은 스스로 권위를 가진다.

### 우주는 하나님이 창조하였다고 한다

이 우주와 인생은 자연적으로 있는 것이 아니라 생명의 근본인 하나님이 자기 뜻으로 지어냈다는 것이다. 성경은 변증론에서 보는 것처럼 역사를 머리, 꼬리는 다 그만두고 구름 속에 꿈틀거리는 용(龍)의 허리동만 같이 보지는 않는다. 머리도 있고 꼬리도 있다는 것이다. 그러므로 살았다. 과학이 발달하여 물질 불멸의 법칙이 움직일 수 없는 진리로 되어 있는 오늘, 창조설을 믿음은 미신 같다. 그러나 주의할 것은, 성경은 의미의 세계를 말하자는 것이지 현상의 세계를 말하자는 것이 아니다. 현상을 말하면 무한히 끝없는 변천과정일 것이다. 그러나 그 뜻에서는 그렇지 않다.

사람은 뜻을 찾는 유의적인 존재다. 창조했다는 말은 뜻에서 나왔다는 말이다. 「창세기」의 말을 글자 그대로 보는 것이 반드시 바른 해석은 아니다. 현상의 세계에서는 글자 그대로지만 의미의 세계는 볼 수 없는 세계이기 때문에 늘 글자대로가 아니라고 해석하여야 한다. 「창세기」의 해석을 어떻게 할 것이냐 하는 토론은 여기서 할 것이 아니나, 아무튼 한마디로 그것이 이 우주는 자연발생적으로 된 것도 아니요, 우연히 된 것도 아니요, 뜻에서 나온 것으로 보는 것만은 움직일 수 없는 진리다.

다른 것은 다 그만두고 사람에게는 가치관념이 있다. 도덕, 종교, 예술은 거기서 나온다. 어떠한 과학자라도 그 가치관념을 순전한 물질에서 뽑아낼 수는 없다. 가치란 생각은 역시 가치되는 그 자체에서 나왔다고 볼 수밖에 없다. 하나님은 절대적 가치의 본체요, 그것을 아는 것이 뜻이요, 그 뜻의 방향으로 운동하는 것이 역사다.

인생은 목적운동이다. 그 사상이야 유물적이건 유심적이건 사람인 다음에는 무슨 목적을 실현하려 움직이고 있는 것만은 사실이다. 그리고 그것은 늘 도덕적인 것이다. 그 정도의 차이는 있지만 그 목적을 도덕적으로, 값있는 것으로 생각하는 것만은 다름이 없다. 이것은 사실이다. 이 사실을 부인하는 것은 과학적이 아니다. 정말 과학적인 태도는 인간에게는 과학 이상의 것이 있다는 것을 인정하는 일이다. 사람은 다른 동물과 같이 과학의 대상도 되지만 또 그것만이 아니다. 그 이상 되는 것이 있다. 그것이 가치의 세계다. 값을 과학으로는 헤아리지 못한다. 뜻으로만 안다.

우리가 나면서부터 우리에게 주어지는 환경의 근본적 질서가 되는 도덕세계란 것은 생각해볼수록 이상한 것이요, 놀라운 것이다. 너무나 사실이기 때문에 평범해졌으나, 고요히 들여다본다면 반드시 대철(大哲) 칸트가 아니고라도 누구나 자기 가슴에 모든 것을 선악의 표준으로 판단하는 이 도덕률이란 것이 살아 있음에 대해 경탄과 외경을 금할 수 없을 것이다. 과학은 경이를 없앤다고 하지만, 과학이 진화론을 빌려서 "도덕은 인간 지능의 발달에 따라 생긴 것"이라 아무리 설명하여도 우리의 의심을 풀어주진 못한다.

독일의 계몽주의 사상가 칸트. 철학사를 통틀어 가장 위대한 철학자 중 한 사람으로, 인식론·윤리학·미학에 걸친 종합적·체계적인 그의 작업은 뒤에 생겨난 철학들에 큰 영향을 주었다.

성선(性善)이라 설명하거나, 성악(性惡)이라 하거나, 성무선악(性無善惡: 성에는 선도 없고 악도 없다)이라 하거나, 도덕가치를 실재하는 것이라 설명을 붙이거나, 사회생활의 방편에서 나온 것이라 설명을 붙이거나, 그 밖에 무슨 변론을 하거나 간에, 상식을 가진 정상적인 사람이라면 인간사회의 실사실(實事實)로 엄연히 있는 도덕을 부인할 수는 없을 것이요, 만일 도덕이 실존하는 사실을 인정한다면, 그것은 도대체 어디서 온 것인가? 의지 없는 곳에 도덕을 생각할 수 없고, 도덕 없는 곳에 목적을 인정할 수 없지 않은가?

인생이 목적 없다고 역설을 한다면 모르지만, 적어도 목적이 있는 것으로 인정한다면, 그리고 우주를 지지하는 정의의 법칙이 있는 것을 믿는다면, 이것은 절대의 선한 뜻의 지음이라고 믿지 않을 수 없을 것이다. 만일 그것을 아니 믿는다면 모든 것은 허무다.

나라와 나라가 서로 전쟁을 하여 죽는다는 것처럼 허무한 일은 없다.

### 종말관이다

성경이 가르치는 진리 중에 이 종말관*처럼 비과학적인 것은 없으나 또 이것처럼 독특한 사상은 없다. 이것은 참 놀라운 사상이다. 참 담대한 독단이다.

이 세상에 어떤 끝이 오고 만다는 것이다. 그리고 그날에 모든 문제가 해결된다는 것이다. 그리스도의 재림, 죽은 자의 부활, 최후의 대심판 등 놀라운 사실이 일어난다는 것이다. 그리고 그것은 인간의 활동으로 오는 것이 아니고 하나님의 권능으로 온다는 것이다. 이것은 다 이성으로는 도저히 믿을 수 없는 것들이다. 사실 이것은 현대 사람이 기독교를 믿기 어려운 가장 큰 이유일 것이다. 그러나 이것도 그 서는 자리만 바로 가지면 이해하지 못할 것이 아닐 뿐 아니라, 실로 없어는 안 되는 깊은 진리임을 알 수 있을 것이다.

이것도 역시 의미의 세계를 말한다. 물론 먼 옛날 사람은 이것을 글자 그대로 믿었을 것이다. 그러나 과학의 발달로 이 우주의 구조를 어느 정도 분명히 아는 우리는 구태여 이것을 사실적으로 생각할 것은 없다. 본래 성경은 현실세계를 설명하자는 과학이 아니고 뜻의 세계를 말하자는 것이다. 다만 설명의 자료로 이 현실계를 빌렸을 뿐이다. 마치 시인이 자기 속의 느낌을 나타내기 위하여 풍월을 그 자료로 쓰는 것과 마찬가지다.

"꽃이 웃는다. 새가 운다" 하는 것은 그 현상을 말하는 것이 아니라 뜻을 말한 것이다. 웃고 운 것은 시인 자신이지 꽃이나 새가 아니다. 그와 마찬가지로 현상계로 하면, 무한히 변천해갈 것이지, 종말이란 것이 있을 리 없다. 그러나 뜻으로 할 때에는 뜻은 반드시 이루어지는 시간이 있다는 말이다.

시인이 한 개의 자연현상인 꽃이나 새에서 웃음, 울음을 경험하

* 종말관: 유대교·기독교에서 세상의 종말을 믿고, 그때 그리스도 최후의 심판이 있으며, 신자와 불신자가 운명을 달리하여 하나님의 선이 영원히 승리한다는 신앙관.

3 종교적 사관

피에로 델라 프란체스카가 그린「부활하는 예수」.

듯이 이 세계의 뒤에 뜻을 믿는 자는 이 자연 속에서 어느 순간 천지의 창조를 보고 어느 순간 또 우주의 끝을 본다. 그에게 모든 현상은 하나님의 뜻을 전하는 말씀이다. 그러므로 그것이 현상계의 질서와 아무 충돌될 것이 없다. 오늘의 국가로서는 종교 신자가 하늘나라를 믿는다 하여 비국민으로 몰아 죽이지는 않는다. 그것은 서로 다른 질서에 속하는 두 나라이기 때문이다. 그와 마찬가지로 현상계와 의미의 세계는 서로 다른 질서에 속하는 것이다.

오늘의 사학에서는 종말관을 가질 사람은 없을 것이다. 오늘날 같이 인생관이 아주 물질적으로 되어버린 사람에게는 세계의 끝이 온다는 말은 견뎌내지 못하는 사상이다. 그들은 보이는 이 세계밖에 모르기 때문이다. 그러나 문명을 구원하는 것은 이 사상일 것이다. 그 이유는 인류의 사상은 순간적인 조건보다 영원한 미래에 의해 규정될 때 가장 원대성을 띠고 건전한 것일 수 있기 때문이다.

마치 가까운 언덕보다 저 무한한 거리의 별이 도리어 확실한 목표가 되는 것과 마찬가지다. 대심판은 역사 사실로는 영원히 안 올지 모른다. 그러나 그것을 믿음으로써만 역사를 바른 방향으로 끌 수 있다. 별을 바라보고 가도가도 별이 있는 곳에는 가지지 않는다 해서 별은 거짓이란 말은 되지 않는다. 가도가도 잡히지 않기 때문에 참이요, 지도목표가 될 수 있다.

실현되는 것이 이상이 아니라, 영원히 실현 안 되는 것이 이상이다. 실현되는 이상은 실현되는 그 순간 죽어버리나 실현되지 않는 이상은 현실적으로 안 되기 때문에 뜻으로는 순간마다, 또 영원히 계속되어 실현이 되면서 이끌어가는 산 이상이다. 종말관은 인류 역사를 이끄는 정신적 항성이다.

처녀에게 결혼날을 알려주라. 그러면 전에 볼 수 없던 미와 미덕을 나타낸다. 그리하여 처녀생활의 마지막이라는 비극과 함께 비로소 처음으로 참생활이 시작된다. 종말일은 역사상의 결혼날이다. 그날이 온다는 데 일종의 두려움이 있는 것은 면치 못할 일이다. 그러나 만일 그날이 없다면 이 무한히 계속될 고통의 운명에서 누가 능히 견뎌낼까? 종말이 온다는 말은 도리어 인류에게 희망을 약속한다.

더구나 그날이 예측할 수 없이 온다는 데 하나님의 사랑이 들어 있다. 천 년이 하루 같고 하루가 천 년 같은 날이 온다. 언제 올지 모르게 도둑같이 온다. 이것을 믿는 데 역사 추진의 힘이 있다. 오늘날 사람이 정신적 싸움을 하는 기백이 부족한 것은 우주 완성의 날을, 다시 말하면 뜻이 실현되는 날을 믿지 않기 때문이다.

**하나님의 다스림**

  시작이 있고 끝이 있으면 그 중간에서는 어떻게 번져나가는 것일까? 하나님이 다스린다고 한다. 하나님은 창조주일 뿐만 아니라 통치주다. 존재의 원인이 될 뿐 아니라 발전의 원리도 된다는 말이다. 가르치고 인도하기도 한다는 말이다. 다른 말로 하면 역사는 목적이 옳을 뿐 아니라 수단도 옳아야 한다는 말이다. 일찍이 철학자 중에는 하나님은 시계사(時計師)요, 이 우주는 한번 만들어놓은 다음에는 자동적으로 돌아가는 시계라고 생각한 사람이 있었다. 그런 세계에는 도덕이 있을 수 없다. 하나님을 인격적으로 체험하는 성경은 그렇게 보지 않는다.

  아가페의 하나님은 자동기계로는 즐거워하지 않는다. 그는 이 우주 속에 자유의지를 넣었다. 자유하는 의지가 있어서만 참정신적 생명이 있기 때문이다. 생명의 근본 원리는 스스로 함이다. 하나님은 스스로 하는 정신이기 때문에 지은 그 세계도 스스로 하는 생명에 이르기를 바란다. 하나님은 산 하나님이기 때문에 죽은 기계를 좋아하지 않는다. 그리하여 자기를 항상 자유하는 생명을 가진 인격을 통하여 나타내기를 쉬지 않는다.

  하나님은 자기의 작품을 바라보고 앉아서 만족해하는 노쇠한 예술가도 아니다. 우주를 향락하는 이가 아니다. 우리 인생은 하나님의 향락의 대상이 아니다. 예수의 말대로, 그는 오늘까지 일하는 이요, 그러므로 우리도 쉬지 않고 하여야 한다.

  그는 우리에게 자유의지를 주고 우리가 자라서 자기에게 오기를 바란다. 그리고 그 자유의지 위에서 손을 펴고 일한다. 간섭을 하는 것이 아니라 기르고 보호하고 이끈다. 그러므로 아가페다. 하나님은 섭리의 하나님이요, 역사는 그 나아가는 바퀴를 그 섭리의 축으로 꿰었다.

**도덕적 책임자**

마지막으로 성경은 인간을 역사에 대한 도덕적 책임자로 본다. 사람에게는 자기가 원하고 원치 않고 간에 도덕적 책임이 지워졌다. 바꾸어 말하면 인간은 이 우주를 도덕적 질서로 체험한다는 말이다. 그러므로 저는 집에 있거나, 전장으로 나갔거나, 골짜기에 숨었거나, 북극의 무인지경으로 갔거나, 그 어디 있거나, 적어도 살아 있는 한, 그 하는 일의 일거수일투족에도 도덕적 판단을 스스로 붙이는 것이요, 거기 대하여 책임감을 느낀다.

군자는 반드시 그 홀로를 삼간다 하지만, 저는 어느 때에도 세계를 지고 있음을 느낀다. 그러므로 저는 가는 곳마다 험로와 난관이 기다린다. 반드시 반가운 인생관이라 할 수 없다. 그러나 이보다 더 높은 인생관이 어디 있을까? 이로 인하여 인간은 하나님의 일 동무가 되었다. 하나님은 그 우주 완성을 반드시 사람을 통하여 하려 한다. 요즈음 세상의 되어가는 형편은 이것을 더 절실히 느끼게 한다.

하나님은 왜 사람 속에 도덕의식을 넣었냐를 물어도 소용없다. 그러나 그 뜻을 체험하는 자에게는 한없는 축복이다. 하나님은 이 우주를 산 생명으로 완성하기 위해 그 가운데 도덕적인 인간을 두었다. 종같이 복종하는 것만을 원치 않는다. 그러므로 자유의지를 주었다. 그러나 자유의지만으로는 위험하다. 자유는 방종과 서로 멀지 않고 의지는 늘 고집, 교만에 빠진다. 그러므로 자유하는 의지와 함께 양심을 넣어 자유의 가는 곳에는 반드시 책임이 따르게 하였다.

그리하여 인간은 도덕생활을 피할 수 없게 되었다. 그리하여 인생은 만물을 대표하여 우주역사의 도덕적 책임자로 서게 된다. 성경은 말하기를, 천지를 창조하는 날에 하나님은 아담을 시켜 만물의 이름을 짓게 하였다고 했다. 이것을 원시사회에서 남의 이름을 아는 자는 그 사람을 지배하게 된다 하여 사람의 이름을 비밀에 부치던 풍속과 아울러 생각해보면 그 뜻을 짐작할 수 있다.

인간이 만물의 영장이라는 생각은 인간의 자기중심적인 독단이요 교만이라고 비난하는 사람이 있고, 또 사실 그런 구실을 내세우고 자연을 마음대로 부리고 파괴할 염려도 없지 않다. 그러나 그것은 잘못 생각한 것이다. 인간이 만물의 영장이란 말의 근본 뜻은 독재적인 권리 주장을 위한 것이 아니라 이 우주의 근본에 도덕적인 질서를 느끼므로 거기에 대한 책임감, 의무감에서 나온 말이다.

다른 동물이 동물의 지경을 면치 못하고 있는 때에 인간만이 높은 발달을 빨리 한 것은 이 사상 때문일 것이다. 그러므로 이것은 인간이 발명한 사상이라기보다는 도덕적인 것을 이 우주의 중축으로 만든 그 의미 자체의 자기 계시라 해야 할 것이다. 엄정한 의미에서 모든 사상, 정신, 가치는 계시다. 생명 그 자체의 스스로 나타냄이다. 이것을 거부하고, 도덕도 없다, 인간은 역사의 책임자도 아니다 하는 사상을 가지는 현대는 스스로 짐승의 차례에 내려가 섞여서 감성적인 것을 마음대로 해보자는 생각에서 나온 것이요, 그 결과로 오늘의 어지러움에 이른 것이다.

영국의 시인 테니슨. 그는 엄격한 중용의 도덕을 견지하고 인도주의적 이상을 동경한 점에서 빅토리아 왕조를 대표하는 국민시인으로 평가를 받는다.

사람이 도덕적 살림을 하는 존재인 것으로 인해 역사 완성의 책임을 진다는 말은 근대 윤리학과 같이 인간을 곧 하나님으로 높이자는 뜻은 아니다. 오직 이 우주의 근본인 하나님은 아가페의 하나님이기 때문에 그 뜻의 실현과 완성을 인간을 통하여 실행한다는 말뿐이다. 사람이 곧 하나님이다, 우주의 주인이다 하는 말은 사실을 무시한, 과학적이 아닌 말이다. 양심은 순수에 가까울수록, 참일수록, 자기는 창조주가 아니라 한 개의 지음을 받은 물건이라는 것을 느낀다. 이 지음을 받았다는 생각이야말로, 자기가 자기를 알기는 하면서도 동시에 또 자기 위에 자기로서는 어떻게 할 수 없는 절대자의 의지를 느끼는 것이야말로, 인격의 본질이다.

사람은 자유지만 절대의 자유가 아니다. 절대의 자유에서 자유의식이 나왔을 리는 없을 것이다. 사람은 자유지만 또 넘을 수 없는 절대의 너에게 얼굴을 맞대인 자유다. 거기서 도덕이 나온다. 테니슨이 "우리 뜻은 우리 것, 어쩔 줄 모르는 것, 우리 뜻은 우리의 것, 당신 것으로 바치올 것"이라고 읊은 것은 인간을 대표해서 한 말이라 할 수 있다. 우리의 자유의지는 절대의 의지에 다 바치자는 의지다. 자유의 값은 제 마음대로 하는 데 있지 않고, 도리어 제 마음대로 하지 않는 데, 자진하여 하나님에게 바치는 데 있다. 근세 사람이 인간의 이성과 의지가 마지막이지 그 밖에 또 하나님이란 것이 있을 수 없다고 한 것은, 채 깨지 못한 눈에 창문이 하늘처럼 보였던 것과 같은 중간적인 철저하지 못한 생각이었다. 하나님이 곧 사람이기는 하지만 사람이 곧 하나님은 아니다. 무조건이 아니다. 어떤 조건이 있다. 그것이 도덕이다.

사람을 도덕적 책임자로 보므로 역사가 도덕적인 의미활동으로 된다. 그저 문화의 발달이 아니라 도덕적 발달이다. 그저 진화가 아니라 도덕적 향상이다. 이해와 편리를 위해서는 정의와 인도도 관계하지 않는다는 오늘날의 문명에서는 이 점을 특별히 주장할 필요가 있다. 배타적 민주주의, 사람 죽이기를 꺼리지 않는 계급투쟁주의, 모두 다 성경의 자리에서는 허락 안 되는 죄악이다. 이름을 자유에 빌려가지고, 말을 평등에 팔아가지고, 사람을 마구 짐승이나 생선같이 죽이는 오늘의 정치가들은 차라리 왕도정치\*를 이상으로 하던 옛날 전제군주에게 가서 그 책임감을 배워야 할 것이다.

어쨌건 성경으로 인하여 우리는 역사에 대해 도덕적 책임을 진다. 한국사람으로 난 것은 한 개 명령을 받은 것이다. 세계 어느 구석에 가든지 한국에 대한 책임을 면치 못한다. 국적의 변경이 되었거나 말았거나 간에 진다. 이 나라를 도덕적으로 향상시킬 책임을 진다. 그러나 그 한국은 전 우주적 과정에서 내가 서는 자리다. 바울은 말했다. "이날까지 만물이 슬피 탄식하며 하나님의 뭇 아들

---

\* 왕도정치: 유교정치사상이 추구하는 이상적인 정치. 패도(霸道)가 힘에 의해 정치적 목적을 달성하는 것이라면, 왕도(王道)는 덕으로 정치적 목적을 달성하는 것을 말한다. 공자, 맹자에 의해 왕도사상이 완성되었으며, 한대(漢代) 이후 유교가 국교로 확립되면서 유교정치 이념의 바탕이 되었다.

이 나타나기를 기다린다"고. 그런 우주, 그런 인생은 고통이 많기는 하지만 한번 살아볼 만하지 않은가.

  이것으로 우리는 매우 거칠게, 되는대로, 성경의 사관을 대체로 말해보았다. 그러나 그것만으로도 우리는 마치 봄바람을 타고 오는 야성의 부르짖음에 깨어 우리 속에서 호통하는 사자같이 이 문명이라는 마약 때문에 마비된 가슴속에서 어떤 영성(靈性)이 깨려고 그 울음을 시작하는 것을 느끼지 않나? 새 사관을 가지고 볼 것이다. 그리고 역사를 고쳐 읽을 것이다. 그리하여 인생과 문명을 오리가리한 찢어짐에서 건져야 할 것이다.

# 4 세계역사의 테두리

### 역사는 하나

역사에 대해 머리말 삼아 말한다는 것이 너무 길어진 듯하나 그 이야기에 들어가기 전에 한 가지 더 말할 것이 있다. 곧 세계역사의 테두리를 우선 마음속에 그려두자는 것이다. 이것은 우리 역사를 바로 아는 데 절대 필요한 일이다. 옛날에는 문화의 교통이 널리 되지 못한 까닭으로 각 민족은 서로 자기네만이 홀로 서 있는 줄로 생각하였다. 그 결과 역사라면 언제나 홀로 서 있는 민족사 혹은 국가사에 그쳤다. 그러나 역사가 나감에 따라 서로서로의 교통이 잦아졌고, 그러한 따로 섬이란 있을 수 없다는 것이 알려졌다.

더구나 두드러진 세계적 종교 안에는 일찍부터 각 민족은 다 한 하나님 혹은 생명에 의해 한 핏줄로 지어졌고 한 목표를 향해 나가는 것이라는 이상이 주장되어왔다. 그러므로 한국을 외톨로 서 있는 한국으로만 알아서는 참 알았다 할 수가 없고 반드시 세계 전체와 산 관련을 가진 것으로 알아서만, 세계역사의 안에서 그 자리를 발견해서만 비로소 바로 알았다 할 수 있다.

한국역사를 알기 위하여 세계역사의 테두리를 굽어볼 필요가 있다는 것은 이 때문이다. 그리해서만 우리의 지위가 어떤 것인지, 사명이 어떤 것인지, 따라서 우리나라 사람이 한 일의 옳고 그른 것이 어디 있는지, 우리 역사의 통틀어 하는 뜻이 무엇인지 알 수 있다.

그러므로 우리는 우리나라에 대한 관심이 깊으면 깊을수록 늘 세계의 한국, 우주의 한국임을 잊어서는 안 된다. 우주, 인생의 근본을 찾는 종교적·철학적인 마음의 태도를 내버리고 다만 나라와 나라 사이에 오가는 정치적·경제적 문제에만 정신을 빼앗기면서 나라를 하겠다는 것은 마치 높은 데 올라가지 않고 집터를 잡겠다는 것과 마찬가지다. 산 한국역사는 산 세계관, 인생관을 가진 사람에 의해서만 씌어질 수 있고, 그런 사람의 가슴으로만 읽을 수 있다.

## 하나님 찾음

역사를 낳는 것이 '아가페'라면 세계역사는 한 말로 사랑하는 사람을 찾는 이야기라 할 수 있다. 역사가 무엇이냐? 그것은 사람이 하나님을 찾는 기록이요, 하나님이 그 아들을 찾는 기록이다. 브라마나의 아트만*을 찾음이요, 아트만의 브라마나를 찾음이다. 보본추원(報本追遠: 자기의 근본을 잊지 않고 은혜를 갚고 조상의 덕을 추모하여 공양함)이라, 복성(復性)이라, 귀근(歸根)이라 하는 말이 다 한 뜻이다. 민족이 성하고 쇠하는 것, 나라가 일어나고 넘어지는 것, 가지가지의 문화가 꽃피고 지는 것이 다 이 '아가페'의 운동이다. 사랑을 찾음이다.

애급의 피라미드는 그 안에 묻혔던 임금을 기념하는 것이 아니라, 사실은 역사의 동틀 무렵에 생명의 근원에 대해 애타 갈급하는 마음이 인류의 가슴속에 얼마나 간절했던가를 말하는 기념탑이요, 중국의 만리장성은 직접적으로는 진시황**의 사나운 정치의 산물이지만 사실 그 속뜻을 말하면 죽음과 싸우는 인생의 쓰라린 수고를 나타내는 허물집이다.

알게 혹은 모르게 하나님이 저기 있다고 느낀 다음, 인간을 향하여 그리 나아가라고 구령을 하고 몰아치는 자가 임금이요, 종교가며, 선각자요, 그렇게 하는 활동을 정치라 하고 개혁이라 한다. 이 사랑찾기의 여행을 위하여 양식 준비를 하는 것이 경제며, 문명이요, 이따금 날카로운 느낌을 가진 자가 자연 속에 혹은 인생 속에

* 브라마나의 아트만: 브라마나(브라만)는 범(梵)이라고도 한다. 브라만교에서는 브라만을 우주작용의 근본원리인 우주의 궁극적 실재로 본다. 이와 대조되는 것이 아트만(我)으로서 인간존재의 핵이자 인격의 근본원리라 할 수 있는데, 브라만교에서는 이 아트만과 브라만이 본질적으로 동일하다(梵我一如)고 말한다.

** 진시황: 기원전 221년 중국 최초로 통일왕국을 이룬 진(秦)나라의 제1대 황제. 분서갱유 등을 통해 사상을 통제했으며, 아방궁과 만리장성 건설로 크게 위세를 떨쳤다. 16년 만인 207년 한(漢)나라 고조에게 멸망당했다.

이집트(애급)의 기자피라미드. 피라미드는 역사가 동틀 무렵 생명의 근원에 대해 갈급하는 마음이 인류의 가슴 속에 얼마나 간절했던가를 말하는 기념탑이다.

하나님의 그 모습의 번쩍하는 한 그림자를 본 것이 예술이다.

그 벅찬 느낌을 말로 나타내면 시가 되고, 그 즐거움을 소리에 나타내면 음악이 되고, 그 장엄하고 묘한 것을 빛에 나타내면 그림이요, 형상에 나타내면 아로새김이다. 끔찍한 전쟁조차도 죄악의 세력이 그 속에 들어 있기는 해도 역시 그 사랑의 운동에서 벗어날 수 없다. 그것은 말하자면 어머니의 사랑을 다 알지 못하여 그 품을 독차지하려고 서로 싸우는 심술궂은 형제의 다툼질이다.

모든 악은 선의 뒷면이요, 모든 싸움은 다 사랑싸움이다. 가시 없는 장미를 볼 수 없듯이 아픔 없이 하나님을 찾아 만날 수는 없다. 그러므로 인류의 길은 고통의 길이요, 역사의 나아감은 수난의 과정이다. 세계역사를 배우는 자가 배워야 할 첫째 공과는, 그것이 터벅이는 찾음의 기록이라는 것이다. 황금시대보다는 어지러운 때에, 영화보다는 떨어짐에, 이긴 자보다는 진 자에, 평안보다는 고통에, 즐거움보다는 죽음에 보다 더 귀히 여기고 보람 있게 여기고 존경할 것이 들어 있으며, 참으로 영원한 감격이 될 보화가 들어 있다.

중국의 만리장성. 만리장성은 직접적으로는 진시황의 사나운 정치의 산물이지만 사실 그 속뜻은 죽음과 싸우는 인생의 쓰라린 수고를 나타내는 허물집이다.

   서로서로 찌르는 목구멍에서 내쏘는 핏줄기에서 정의를 배우지 않으면 안 되고, 할딱할딱 마지막 숨을 거두는 어린것의 새파란 얼굴을 무릎 위에 들여다보면서 사랑이 무엇인지를 깨닫지 않으면 안 되는 인류의 역사는 비참이지만, 다시금 생각하면 그렇기 때문에 얼음 밑에 파릇파릇한 새싹을 보듯이 도리어 이따가 올 맑은 날에 대한 기다림이 더 간절해진다.
   또 그렇듯 물결이 일고 굽이침이 많기 때문에 만나야 할 그이에 대한 그리움, 사모함이 더욱 타오르는 것이요, 만나는 때의 기쁨과 벅참이 더 커진다. 인류의 역사는 제법 롱펠로의 「에반젤린」같다. 그 이야기를 들어볼까?

롱펠로와 그의 서재. 미국의 시인 롱펠로는 시집 『밤의 소리』로 대중들의 인기를 얻었으며, 아카디아의 목가적인 이야기 「에반젤린」이 대표작으로 꼽힌다.

## 에반젤린

지금 미국이 아직 영국의 식민지가 되기 전, 아카디아 지방의 원시숲을 등지고 프랑스 사람의 식민의 한 평화로운 농촌이 있었다. 그들은 거기서 평온과 만족 속에 크리스천다운 살림을 짓고 있었다. 그중에 에반젤린이라는 꽃다운 아가씨가 있어서 그 생김새로나 마음씨로나 마을에서 으뜸이요, 사람들로부터 마을의 자랑이라고 칭찬을 듣고 있었다. 그리하여 제각기 신랑이 되겠다는 많은 젊은이 중에서 특별히 튼튼하고 힘있고 씩씩하고 대가 곧은 대장장이 아들 가브리엘을 택해 약혼을 하게 되었다.

그런데 두 사람이 즐거운 결혼식을 하려는 바로 전날 그 그랜드 프레리의 평화촌에서는 갑자기 대낮에 벼락이 떨어졌다. 갑자기 난데없는 영국 군대가 항구로 올라와 마을 백성들을 모아놓더니 하는 말이, 모든 가족을 다 데리고 이 촌으로부터 떠나가라는 것이었다.

이 소리를 듣고 마을사람들은 분개하여 겨뤄대려는 기세를 보였다. 노한 욕지거리가 나오고 저주의 부르짖음이 일어났다. 그때 이것을 본 늙은 신부 펠리샨은 일어서서 마을사람들을 보고 타일

렀다. 40년 동안이나 자기가 하루같이 가르쳐온 것을 돌이켜 생각해보라 하면서 믿음으로 참고 순종할 것과, 십자가에 달린 예수를 바라보아 위로를 얻으라고 권면했다. 그 말에 감동하여 이 불행한 농민들은 도리어 눈물로 회개하고 대적을 위하여 그 죄를 사해주시기를 비는 기도로 그리운 고향을 등지고 정처없이 제각기 헤맴의 길을 떠났다.

에반젤린의 늙은 아버지는 떠날 때, 바닷가에서 기가 막혀서 아주 가버리고, 에반젤린 혼자 늙은 신부를 따라 배를 타고 떠났다. 어지러운 중에 서로 정신을 못 차리고 눈물로 갈라지니 가브리엘이 어디로 갔는지 미처 알지 못했다. 그러나 마음속에 그 사람을 잊을 수는 없었다. 그리하여 이리 묻고 저리 물었으나 종시 알 길이 없었다. 가브리엘 편에서도 일단 남부지방에 자리를 잡은 다음에 에반젤린을 찾으러 떠났으나 몇 해를 두고 찾아도 만나지 못했다. 서로서로 찾는 중에 한번은 제각기 탄 배가 서로 올라가거니 내려가거니 스치고 지나가면서도 그런 줄을 모르고 지나간 일도 있었다. 그러면서도 웬일인지 종내 만나지 못했다.

가브리엘의 집을 찾아갔더니 그는 또 자기를 찾으러 떠났다고 하므로 다시 길을 돌려 풍문에 들리는 대로 혹은 프레리로 혹은 루이지애나로, 굶으며 헐벗으며 더듬으며 넘어지며 사랑하는 사람을 찾아 헤매고 또 헤매었다. 그리 갔다 해서 일껏 찾아가면 바로 어제 떠났다 하고, 옮직하다고 해서 기다리다가 기다리다가 못해 떠나면 바로 그 뒤로 오게 되고, 이리하여 두 사람은 서로 마음속에 못 잊고 찾고 찾으면서 종시 만나지 못했다. 그러는 동안 한때는 따를 사람이 없이 아름다웠던 에반젤린의 얼굴에도 한 오리 두 오리 그만 주름살이 생기고 늙음이 찾아오게 되니 일생을 두고 찾던 것도 이젠 절망이 되고 말았다.

의탁할 곳도 없고 믿을 이도 없고 헤매어 다니다 못해 나중에는 델타웨어에 있는 퀘이커교도의 촌 중에 가서 주저앉게 되었다. 절망으로 인해 잠가지고 닫혔던 그의 마음도 이 믿음 깊고 서로 간격 없이 '너' '나'로 부르는 사랑의 분위기 속에서 위로를 얻어 차차 빛을 보게 되었다. 땅 위에서 실패한 사랑은 비로소 저세상을 봄으로써 정화되었다.

그리하여 그는 남은 생애를 자선에 쓰게 되었다. 그때 마침 그 지방에 심한 열병이 유행하여 많은 사람이 죽게 되었다. 에반젤린은 날마다 수용소에 메워오는 그 환자들을 간호하고 그 마지막 가는 눈을 감겨주기에 바빴다. 그러던 중 하루 아침은 아침 햇빛에 빛나는 꽃이 하도 아름다움을 보고 불쌍한 사람의 마지막 눈에 그 아름다운 것으로 위로를 주자는 생각에 그것을 한아름 꺾어 안고 병실로 들어섰다. 그때 문득 아침 광선에 비쳐 바로 숨을 넘기려는 한 백발이 성성한 노인 환자의 얼굴에서 젊었을 때의 가브리엘 모습을 알아볼 수 있었다. 에반젤린은 꽃이 자기 손에서 떨어지는 줄도 모르고 달려가 "오, 사랑하는 가브리엘!" 하고 끌어안았다. 가브리엘은 떠돌아다니다가 사랑하는 사람은 종내 못 찾고 결국 거기까지 왔다가 열병에 걸렸던 것이다.

에반젤린을 보고 그는 일어나려고 몸을 움직이려 했으나 이미 그럴 힘이 없었다. 사랑하는 사람의 이름을 부르려는 혀는 공연히 움직일 뿐이지 소리를 내지는 못했다. 그리하여 가브리엘은 처음으로 또 마지막으로 숨이 넘어가는 그 입술에 사랑하는 사람의 키스를 받고 그 가슴에서 운명하였다. 모든 것이 끝났다. 모든 희망, 모든 기쁨, 슬픔, 고통이 다 끝이 났다. 에반젤린은 다시 한 번 더 죽은 애인의 얼굴을 가슴에 안으며 "아버지여, 감사하옵니다!" 하였다.


### 되풀이와 자람

인류의 역사도 이러하지 않을까? 우리는 결국 사랑의 임을 찾아 헤매는 에반젤린이다. 때로는 그 임이 우리를 일부러 피하는 것같이 모든 힘씀과 애탐이 다 거품으로 돌아가는 때가 있다. 때로는 찾는 임은 이미 죽어버리고 찾는 것은 도무지 뜻없는 일이 아닌가 하고 절망이 오는 때도 있다. 그러는 동안 땅 위에서 가졌던 우리의 모든 소유는 시간으로 인해 잃고 마는 아가씨의 아름다움같이 다 잃어버리고 만다.

그러나 역사는 결코 무의미가 아니요, 실패가 아니다. 영원의 임과 숨바꼭질을 하는 동안 가슴에는 에반젤린의 가슴속에 마지막까지 있었던 가브리엘의 모습 모양으로 시간을 뛰어넘어 늙지 않는 영원한 사랑이 늘 살아 있고, 땅 위에서 가지는 그 변할 수 있는 빛은 점점 멀어져가는 동시에 하늘에서 오는 빛으로 인해 점점 더 정화되고 순화되어간다. 그리하여 끝없는 듯하던 고난의 과정이 끝날 때 한순간에 기적적으로 우리 목적이 이루어지는 때가 있을 것이다. 그리하여 백발의 늙은이 속에서 영원히 젊은 모습을 보며, 죽음 중에 영원히 산 맥이 뜀을 느껴, 처음이자 마지막인 키스로 "감사하옵나이다" 하는 에반젤린이 될 것이다.

미국의 시인 휘트먼.

인류가 하나님을 찾는다는 것을 하나님 편에서 말하면 인류를 가르치는 일이다. 하나님을 찾는 것이 사람의 바탈이기는 하지만 그 바탈은 하나님에게서 받은 것이다. 휘트먼*은 풀잎새를 보고 이렇게 읊었다.

> 혹은 생각건대 이는 임의 손수건이라
> 어느 구석에 그 이름을 써넣어보고서 뉘 것임을 알게 한 후
> 향수를 뿌려 짐짓 떨어뜨린 기념의 선물이 아닌가

깊이 뚫어보는 눈으로 보면 하나님의 손수건 아닌 것이 없다. 모두 다 우리로 하여금 자기를 찾게 하기 위하여 뜻있게 두신 것이다. 그러므로 변하는 역사는 한 개 자람이다. 하나님에 대한 지식

* 휘트먼(Walt Whitman, 1819~92): 미국의 시인이자 저널리스트. 자유로운 형식으로 서민의 감정을 담은 대표적인 시집 『풀잎』으로 그는 미국 문학에서 혁명적인 인물이 되었다.

의 자람이다. 그렇기 때문에 역사에는 단계가 있다. 역사를 아는 데 필요한 또 한 가지 조건은 이를 단계적으로 이해하는 일이다.

역사는 영원의 층계를 올라가는 운동이다. 영원의 미완성곡이다. 하나님도 죽은 완성이라기보다는 차라리 영원의 미완성이라 하는 것이 참에 가깝다. 그렇기 때문에 만물이 쏟아져나오는 것이요, 그렇기 때문에 역사의 바퀴가 구르는 것이다. 그러나 역사를 올라가는 층계라 하고 구르는 바퀴라 하지만, 그렇기 때문에 역사는 다시 돌아온다, 되풀이한다는 말이 있지만, 그것은 사실이기도 하면서 또 아니다.

역사는 결코 똑같은 것을 영원히 되풀이하는 것은 아니다. 그것은 어디까지나 산 것이기 때문에 그 운동은 그저 되풀이 되풀이 끝없이 하는 것이 아니요, 자람이다. 생명은 진화한다. 적게 보면 되풀이하는 듯하면서 크게 보면 자란다. 생명의 운동은 겹으로 되어 있다. 마치 지구의 운동과 같다. 지구는 날마다 제 바퀴를 돌면서 또 해의 큰 바퀴를 돈다. 그러나 그 해는 또 가만히 있는가 하면 그렇지 않다. 그는 자기 주위를 도는 그 모든 권속을 데리고 그 끝을 알 수 없는 어떤 큰 바퀴를 돌고 있다. 또 아래로 내려오면 거기도 도는 것이 있다. 물과 흙은 지구 안에서 제 바퀴를 돌고 있고 그 물의 분자, 원자는 또 그 속에서 돌아가는 바퀴가 있다.

이리하여 생명은 에스겔이 본 환상 모양으로 바퀴 안에 또 바퀴가 있어 돌고, 그 바퀴가 눈으로 되고 날개로 되어 하나님의 영원한 보좌를 돌아가는 바퀴다.\* 그 안에서 인생의 일생이란 것은 지구의 자전으로 인한 하루 밤낮 같은 것이요, 역사의 시대는 그 공전으로 인한 일 년 같은 것이다. 그러나 일생 변함없는 것 같은 우리의 몸 안에서는 세포가 늘 바뀌고 있고, 그 세포의 안에는 원형질이 늘 돌아가고 있다. 그러므로 역사의 시대는 되풀이하는 것 같지만, 그것은 또 우리가 그 끝을 알 수 없는 무한의 바퀴를 돌고 있다. 그것은 아마 한 번만인 바퀴일 것이다.

그러므로 역사의 운동은 차라리 수레바퀴나 나선의 운동으로

\* 에스겔이…… 바퀴다: 『구약성경』, 「에스겔서」, 1장 15~21절. 에스겔은 이스라엘의 선지자이며, 바퀴는 하나님의 섭리의 역사를 가리킨다.

4 세계역사의 테두리

비유하는 것이 좋다. 수레의 바퀴는 밤낮 제자리를 돈 것 같건만 결코 제자리가 아니라 나아간 것이요, 나사는 늘 제 구멍을 돌고 있는 것 같은데 사실은 올라가는 것이다. 그러므로 우리가 역사를 이해하는 데 그 근본 생각은 영원히 앞으로 나아가는 혹은 위로 올라가는 단 한 번의 운동, 곧 뜻을 이루기 위한 자람이라는 것이지만, 그것을 이해하기 위해서는 아무도 본 자가 없고 볼 수도 없는 그 영원의 바퀴를 이 인생의 일생으로 비유해보는 수밖에 없다. 제대로 완성인 듯하면서 영원의 미완성이요, 늘 되풀이인 듯하면서도 진화인 이 일생이다.

그런데 그 일생을 우리는 보통 네 시기로 갈라놓는다. 어린 때, 젊은 때, 한창때, 늙은 때—그와 마찬가지로 역사를 잘라본다면 발생기, 성장기, 단련기, 완성기로 볼 수 있다. 이런 것이 결정되어 있다는 말이 아니다. 이를테면 그렇게 나눠볼 수 있다는 말이다. 그렇게 보면 좀 알려지는 것이 있을 수 있다는 말이다. 푸른 하늘에 금을 그을 수 없듯이 생명이 나아가는 길에 구분을 지을 수 있는 사람이 누구냐? 지구의 궤도라는 것이 빈말인 것같이 역사의 테두리라는 것도 사실은 알 수 없는 빈말이다. 그러나 말로 할 수 없는 것을 말로 해보려는, 인간의 할 수 없이 하는 비유다. 모든 말은 비유다.

### 발생기

이것은 매우 오랜 옛날 일이다. 언제부터요, 얼마나 되는 사이였는지도 알 수 없다. 학문의 연구는 아직 이것을 분명히 아는 데까지 가지 못했다. 지구가 생긴 것이 언제인가 하는 데 대해서도 학자들의 의견이 제각기이나 아무리 적게 잡아도 20억 년은 될 것이라 한다. 산 물건, 죽은 물건에 대한 구별도 자세치 않으나 보통 말하는 생명이란 것이 어느 때, 어디서, 어떻게 시작되었는지 알 길이 없다. 그러나 지질학, 고생물학, 인류학, 고고학의 연구에 따라보면 생명은 매우 단순한 데서부터 차차 진화하여 복잡한 조직을

*크로마뇽 사람: 1868년 프랑스의 크로마뇽에서 발견된 구석기시대의 인류. 1~4만 년 전의 인류로 추정되며, 네안데르탈 사람과 함께 대표적인 선사인류로 간주된다.

** 네안데르탈 사람: 1856년 독일 네안데르탈의 석회동굴에서 발견된 화석인류의 하나. 현존인류와 유인원의 중간 형질을 갖추었다.

*** 북경사람(베이징 사람): 1927년 베이징 부근의 동굴에서 발견된 화석인류. 약 4만 년 전인 홍적세 초기에 생존했던 것으로 추정된다.

가지게 되었고, 거기서 인류가 나오게 되었고, 마침내 생각하는 인간이 나왔다.

이른바 역사시대란 것은 7천 년 이상을 올라가지 못하나 사람이 사람 노릇을 하기 시작한 것은 그보다 훨씬 전일 것이다. 지금 인류의 직접 조상은 아마 아닌 듯한 크로마뇽 사람*, 그보다도 오랜 네안데르탈 사람**, 그들에게서는 벌써 종교의 자국을 보게 되니 그때는 벌써 양심이 있었다고 보아야 할 것이다. 네안데르탈 사람이 살았던 것은 5만 년 전으로 보고 있다.

그보다도 더 오랜 것은 북경사람***인데, 그들에 관해서는 아직 자세한 추측을 하지 못한다. 발생기라고 하는 것은 말을 하고, 더구나 종교, 도덕 하는 정신적 살림이 시작된 때를 말하는 것이다. 그러니 구석기시대 이전일 것이다. 그때의 자국도, 끼친 물건도 없으니 알 수는 없으나, 마치 사람이 자기의 어머니 탯집 안의 시대를 보지는 못해도 남의 일로 미루어 생각할 수 있듯이, 이것도 지금 남아 있는 원시적인 살림을 하는 사람들로 보아 짐작할 수 있다.

### 성장기

자라는 때다. 옛날의 모든 민족, 나라가 일어난 때다. 사람은 우선 물질적 조건을 요구한다. 그러므로 떠돌아다니고 사냥하던 살림에서 한 곳에 붙어사는 정주생활이 시작되었다. 그에 따라 씨족에서 민족으로 갈라져 자랐고, 각 민족의 문화적 개성이 이 시대에 그 터가 잡혔다. 애급, 메소포타미아, 중국, 인도, 아메리카를 중심으로 하는 큰 문화권들이 생겼다. 붙어살며 농사하고 바치(工匠) 질하는 문명은 그들에게 물질적으로 넉넉함을 주었고 그에 따라 어느 정도 고된 일의 종살이를 면하여 한가한 틈이 생기게 되었고, 그것이 도시를 낳았고, 법·제도·풍속을 낳고, 이른바 인류사회가 발달하기 시작하였다.

발생기의 사람들이 순박하였던 대신 이 시대의 사람들은 낭만적이었고 살벌하였다. 미신이 부쩍 는 것도 이때요, 이 앞으로 인류를 시달리다 시달리다 마침내 오늘의 참혹한 데 이르게 하는 나쁜 버릇의 전쟁이란 것이 시작된 것도 이때다. 그러나 또 그것만은 아니었다. 높은 정신문화의 싹이 이때에 크게 자라기 시작하였다.

　이것은 정신적 화산시대였다. 옛날의 마술적·물령숭배적인 유치한 종교를 들추고 위대한 윤리적·세계적·영적인 종교가 여기 저기서 나왔다. 페르시아의 자라투스트라*, 인도의 석가와 마하비라**, 중국의 노자와 공자, 이스라엘의 모세·이사야·예레미야라는 여러 예언자, 그리스의 철학자들, 이들은 모두 몇백 년 사이를 두고 같은 시대에 났다. 한 근원에서 나서 퍼진 것일까? 각각 따로 난 것일까? 우연의 일치라 할까? 봄이 와서 곳곳에 꽃이 피듯이 생명의 자람에서 어쩔 수 없이 나온 것일까? 아무도 그것을 잘라 말할 수는 없으나, 이성으로 미루어 생각할 때, 교통이 극히 한정되어 있는 그때에 한 곳에서 나서 퍼졌다 하기는 아무래도 어렵고 또 서로 영향을 주었다 하더라도 매우 약한 정도였을 것이요, 그렇다면 한때에 여러 곳에서 제각기 나왔다 함이 옳을 터인데 그렇다면 우연의 일치라고 하는 것은 너무도 지나친 조심성이다.

　사실 우리는 기원후에 들어와서는 새 종교의 일어남을 보지 못한다. 예수가 그 시대 마지막에 마무리를 하듯이 난 후는 다시 없다. 마호메트가 있기는 하나 그것은 엄정한 의미의 새 종교라 할 수 없고 한 개혁이라 함이 옳을 것이다. 이 시대 후에는 또 새로운 민족의 일어남도 거의 보지 못한다.

### 단련기

　자람이 다 된 다음에 다듬음의 시기가 온다. 기원후 오늘까지다. 우리나라에서 하면 삼국시대 이후요, 중국에서는 한(漢) 이후다. 동양에서도 이 시대는 그전의 작은 분립이 지나가고 비로소 큰 통일이 이루어지는 때요, 서양에서도 로마 제국이 일어나 옛날의 여러 문명을 한데 받아들이고 근대식 국가의 기원이 되는 시대다. 이 시대는 회의의 시대요, 괴로운 싸움의 시대다. 세속적인 것에서 종

* 자라투스트라(Zarathustra, 기원전 7세기경): 고대 페르시아(이란) 사람으로, 조로아스터교를 창시했다.
** 마하비라(Mahavira, 기원전 6세기경): 북인도 마가다 국의 사람으로, 자이나교를 일으킨 24명의 스승 가운데 마지막 인물이다.

공자와 공묘대성전. 공자(孔子, 기원전 551~479)는 중국 춘추시대의 교육자·철학자·정치사상가이며 유교의 비조이다. 그의 철학은 후세 동양 삼국의 정치와 사상에 큰 영향을 미쳤다.

교적인 것으로, 물질에서 정신으로, 필연에서 자유로, 종살이에서 아들로 완전히 깍지를 벗기 위하여, 변화하기 위하여 치르는 시험이요, 다듬음이다.

이 시대에 들어와서 새로운 종교가 나온 것은 없고 이미 보여준 진리의 사도들이 계속될 뿐이다. 이 시대에 현세적이요, 동적이요, 이성적이요, 실험적이요, 분석적이요, 방법적인 서구 민족이 주역을 하였으나, 이제 차차 그 할 일을 마치고 주역이 다른 이에게로 옮겨지려 하고 있다. 동양의 부흥이라는 소리가 높아지고 세계가 두 편으로 갈라져 싸운다. 마지막 이김을 몇 분 후에 앞두고 점점 더 사나워가는 싸움을 하는 투사같이 땅의 세력과 하늘의 세력이 갈수록 더 심해가는 싸움을 하고 있다.

이제 인류의 문명은 전쟁으로 끝을 맺느냐, 전쟁 그것의 끝을 맺는 새 문명으로 들어가느냐 하는 갈림길에 이르렀다. 나타나 보이는 것은 자유주의와 공산주의의 싸움이다. 그 속에 품고 있는 역사의 먼동 틀 때에 뿌려진 정신의 씨가 덮어누르는 가시덤불을 뚫고 쑥 올라와 새 단계에 오르느냐, 그렇지 않으면 아주 질식되어버리고 지구가 가시밭이 되고 마느냐 하는 데 있다. 어느 민족 어느 나라가 이기느냐가 문제 아니다. 무슨 주의가 이기느냐가 문제 아니

4 세계역사의 테두리 77

로마 제국의 유적인 카라칼라 목욕장. 로마 제국은 여러 문명을 한데 받아들여 근대식 국가의 기원을 이루었다.

다. 인류 전체의 싸움이다. 정신적인 방향으로 결정적으로 키를 돌리지 않는 한 소망이 없는 자리에 이르렀다.

### 완성기

언제 올지 모른다. 이것은 우리 마음에만 있는 환상이다. 의미의 세계에서 하는 말이다. 나타나 보이는 현상의 세계에서 하면 끝은 없다. 영원한 변천의 과정이 있을 뿐이다. 그러므로 완성기의 그림은 요한의 환상같이 마지막으로 알았던 일곱 번째 나팔*이 또 일곱으로 전개되어 나오고, 또 일곱으로 전개되어 나와 끝없이 번져 나갈지도 모른다. 그러나 그러면서도 마지막이라는 그 환상은 역사의 수평선 끝에 서 있는 것이요, 그 환상이 역사의 배를 이끌어 간다. 그리고 그것을 한마디로 할 때 '아가페'다.

역사는 사랑에서 나왔고, 사랑에 이끌려 사랑으로 돌아가고 말 것이다. 그 '아가페'를 공자는 '인'(仁)으로 보았고, 노자는 '도'(道)로 보았고, 석가는 '빔'(空)으로 보았다. 노자의 말대로 억지로 붙인 이름이다. 그 자리에 들어가려는 운동을 믿음이라 해도 좋고, 통일이라 해도 좋고, 영화(靈化)라 해도 좋고, 영원으로 돌아간다

* 일곱 번째 나팔: 『신약성경』, 「요한계시록」, 11장 15절 이하 참조.

해도 좋다.

그다음 세계역사의 테두리를 그릴 때 한 가지 더 잊어서는 안 될 것은 동양과 서양의 대립이다. "동양은 동양, 서양은 서양, 이 두 쌍둥이는 영원히 만날 길이 없다"고 누구는 불렀다. 만나지 않을 것은 아니다. 만나기 위한 떠남 아닌 것 없고, 하나되기 위한 갈라짐 아닌 것 없다. 그러나 만나고야 말기는 할 것이라 하더라도 둘이 서로 다른 것은 사실이다. 동양은 명상적인데 서양은 활동적이요, 동양은 종합하길 좋아하는데 서양은 분석하길 좋아한다.

동양역사는 복종의 역사, 통일의 역사, 되풀이의 역사, 지킴의 역사인데, 서양역사는 반항의 역사, 자유의 역사, 발전의 역사, 진보의 역사다. 동양심과 서양심은 서로 정반대인 듯이 보인다. 그러나 그것은 우연히 되고 뜻없이 된 것이라 할 수 없다. 과학적인 역사를 주장하는 사람은 이런 태도를 비난할지 모르나, 인류의 역사는 이 태도를 가지는 길밖에 구원의 길이 없다.

문명을 오늘의 파산 위기로 몰아넣은 데에는 과학적 사관도 그 책임을 한몫 져야 한다. 순전히 과학적이면 유물사관밖에 나올 것이 없다. 사람은 과학의 대상만이 아니다. 과학의 대상이 되는 점도 물론 있지만 그것만은 아니다. 그리고 과학의 대상으로 되지 않는 점이야말로 사람의 사람된 점이다. 사람은 의미적인 존재다. 의미는 찾아내는 것이다. 없는 데서 창조해내는 것이다. 창조하면 있음이다.

그런 자리에서 보면 동서양이 서로 다르고 딴 길을 걸어온 것은 의미 있는 일이다. 누가 예정표를 짜놔서 되었다는 말이 아니다. 이 동서양의 대립은 이제 뜻있게, 보다 높은 것을 드러내는 기회를 만들 수 있다는 말이다. 그러면 그것이 곧 뜻이 있어서 되었다는 말이 아닌가? 그렇다. 모든 것에 뜻이 있다. 모든 것이 뜻이 있어서 되었다. 죽은 것은 나기 위해서요, 실패한 것은 이기기 위해서다. 동서양이 서로 갈라진 것은 서로 도와 모두 높은 데 오르기 위해서다. 마치 두 다리가 서로 갈라지고 서로 반대하기 때문에 앞으로 나아가듯이, 동양은 정신을 맡았고, 서양은 물질을 맡았다.

역사의 시작은 동양에 있고 발달은 서양에 있다. 정신만이 높고 물질은 낮다는 말이 아니요, 발달만이 장하고 지킴은 작다는 말이 아니다. 높음 낮음도 없다. 다 제 할 것을 할 뿐이다. 정신문화의 씨가 동양의 흙에 떨어지자 역사의 주역은 서양으로 갔다. 그리하여 충분한 분화의 자유로운 토구(討究)가 허락되었다. 만일 동양에 그대로 있었다면 약해지고 갇혔을는지 모른다. 분석에 또 분석, 의심에 또 의심, 비판에 또 비판하는, 가만두는 것이 하나도 없는 서양의 손으로 갔으니 발달할 수 있었을 것이다. 그 대신 그 물질의 큰 힘으로 동양 사람을 가혹하게 훈련시켰다. 동양은 그 밑에서 자유, 진보가 귀한 것임을 배워야 했다.

이제 오늘은 서구 문명의 폐해가 끝에 오르게 된 때다. 이제 동양은 그 품갚음을 하여 서양을 건질 때가 되었다. 그 교만하던 서양의 입에 동양 소리가 차차 높아가고, 동양은 그 힘든 곤학(困學)을 거의 마칠 때가 되어온다. 이제 당한 문제는 동서 종합을 하는 데서 한 단 높은 새 지경에 오르는 일이다.

이러한 세계역사의 테두리와 방향 안에서 우리의 자리와 할 일을 발견해야 한다.

# 5 한국역사의 기조

### 역사의 교향악

역사를 지어내는 것이 '아가페'라면 한국역사도 그 마지막 뜻이 '아가페'일 것은 틀림없다. 그러나 이 마지막에 가 닿을 뜻을 가리키는 것만으로 한국역사의 깨달음이 다 된 것은 아니다. 마지막 뜻이 실제 역사에서 어떻게 나타났는가를 알지 못하면 그 뜻이란 한 개 가설에 지나지 않는다. 그러므로 우리는 우리 역사의 마지막 목적인 '아가페'가 우리 역사에서는 어떤 방식으로 어떤 줄거리로 번져나가는가를 찾아 붙잡도록 해야 한다. 그 근본되는 식, 혹은 그 줄거리를 나는 기조(基調)라고 부른다.

역사를 한 개 음악에 비해 말할 수 있다. 소리의 음악이 공기의 파동으로 되는 것이라면 역사는 생명의 파동으로 되는 음악이다. 여기도 음악에서와 마찬가지로 리듬이 있고 멜로디가 있고 하모니가 있다. 여기도 거기서와 같이 구절구절의 사실은 전체의 뜻에 의해 결정되고, 서로 조화되고, 통일되어 생명을 받아 가지게 된다.

세계역사는 한 위대한 교향악이다. 영원에서 나와 영원으로 흘러드는 행진곡이다. 영원의 미완성곡이다. 우리가 세계역사의 테두리라 한 것은 그 하모니가 어떤 선을 그으면서 번져나가는가를 말한 것이다. 이제 한국역사를 이해한다는 것은 그 곡조 중에서 한국이라는 악기는 어떤 음색을 가지고 어떤 소리를 어떻게 내고 있는가를 아는 일이다. 이것을 해서만 우리는 그 우주곡(宇宙曲)을 아뢰는 데 전체에 맞는 어그러지지 않는 소리를 낼 수 있다.

세계역사를 바로 알려면 각 민족 각 나라의 제각기 특색을 가지고 하는 딴 청, 딴 소리, 딴 장단을 제각기 그것대로 들어주면서도 전체를 능히 한 하모니로 드러낼 수 있는 종합적 음미력을 가지고야 될 것이다. 모든 민족, 국가의 역사를 단일화하라는 말이 아니다. 도리어 역사의 생명은 각기 저 제대로 되는 데 있다. 각 민족의 역사는 각 민족 저만이 가지는 바탈을 제 식으로 나타내는 것으로 보아야 한다. 바이올린은 바이올린 저만이 가지는 제 소리를 내고 나팔은 나팔 저만이 낼 수 있는 제 소리를 내서만 참 조화가 나오는 것같이, 한국은 한국식을 드러내고, 중국은 중국식을 드러내서만 세계역사는 옳게 진행된다.

## 한국의 개성

그러므로 한국을 알려면 개성을 알아야 한다. 많은 사람이 몇백, 몇천 페이지의 역사를 쓰면서 소경이 코끼리를 더듬는 것 같은, 아무 통일 없는, 아무 뜻 없는, 그저 보고 들은 이야기들을 모아놓은 말을 할 뿐으로 그치는 것은 역사의 구절구절 속에 숨어 있는 이 바닥의 가락을 듣지 못하기 때문이다. 슬픈 곡조에서는 모든 구절, 모든 낱소리가 다 그 슬픔 속에서 나오는 슬픔을 드러내도록 된 것일 것이요, 웅장한 곡조에서는 모든 구절, 모든 낱소리가 다 웅장에서 나온 것이요, 웅장을 말하는 것일 것이다.

역사의 모든 일, 그 일을 하는 모든 사람은 다 서로 떨어진 것이지만, 또 떨어진 것이 아니다. 서로 다르면서도 하나를 이루는 무엇이 있다. 그 무엇 때문에 한 역사를 이룬 것이다. 그 무엇을 붙잡는 것이 역사의 시작이요, 끝이다. 그것이 뜻이다. 팔과 다리를 하나로 만드는 것은 산 인격이다. 그리고 그 인격이란 각 사람이 서로 같지 않다. 같지 않으면서 또 같이 사람이다.

민족국가도 그렇다. 그리스의 역사를 인도주의(人道主義)를 낳기 위한 것이란 점으로 그 기조를 삼고 씹어보면 모든 시대의 뜻이 환해지고, 로마의 역사를 서양문명에 주기 위한 힘의 단결이라고 생각하고 보면 모든 일이 다 값이 있어진다. 동양 여러 민족에 대한 일상 도덕의 교사라 하고 보면 천편일률식의 되풀이만 같은 중국역사도 그 의미가 한층 더 밝아지고, 짓누르는 환난 속에서도 단정히 앉아 사람의 영성(靈性)이 어떻게 귀한 것인가를 설교하는 것으로 생각하면 비참과 고난밖에 없는 인도역사도 그 값이 한층 더 높아짐을 알 수 있다. 한국역사에 관해서도 흔히 듣기에는 우리 역사같이 재미없는 것은 없다느니, 이렇게 더러운 역사는 없다느니 하는 소리뿐이지만, 그것은 잘못된 생각이다.

문제는 어떻게 했더라면 우리 역사도 좀 재미있게 되었을까 생각하는 데 있는 것이 아니다. 재미없는 역사인 줄 미리 알았더라면 아니 낳으려 했느냐? 아니 나려면 아니 날 수 있었느냐? 이제라도 피할 수 있다면 피하려느냐? 역사에 '더라면'은 소용없다. 이랬더라면, 저랬더라면, 천만 번을 외어도 역사는 그 소리를 듣지 않는다. 문제는 주어진 데 있다. 이미 있고 지금도 이루어지고 있는 이 역사에서 그 속에 숨어 있는 명령을 읽어내어 그대로 하려고 애쓰는 데 있다.

나는 내 할 일이 있다. 내 할 일이 곧 나다. 눈이 있는 사람에게는 한 포기 풀도 무한한 우주의 진리를 드러내는데 하물며 이 내게 뜻이 없을까? 억만 생명이 몇천 년 두고 나고, 죽고, 울고, 웃고, 혹은 서로 손을 잡고, 혹은 서로 목을 찌르고, 안타까운 가슴을 쥐어뜯으며, 비지땀을 흘리며, 끓는 피를 부으며 지어오는 이 역사에 뜻이 없을 리 없다. 이 인생, 이 역사가 내가 재미있으면 살고, 없으면 그만둘 수 있으리만큼 옅은 것이 아니다. 나의 작은 소견을 넣어 이래저래할 수 없으리만큼 절대적인 명령을 하는 뜻을 가진 것이라는 것쯤은 반드시 깊이 생각하지 않고도 알 수 있는 것이다. 아니다, 알기 전에 벌써 다 믿고 있다. 산 물건은 그것을 다 믿고 있다. 그 믿음이 곧 살게 하는 힘이다. 종교는 존재하는 것이요, 존재는 종교적이다.

## 역사의 세 요소

그러면 한국이라는 이 거문고가 내는 소리는 어떤 소릴까? 장엄인가, 웅대인가? 기쁨인가, 슬픔인가? 황홀인가, 침통인가? 우리 역사의 바닥소리는 무엇인가? 우리는 그것을 알기 위해 세 가지로 생각할 필요가 있다. 첫째는 우리 지리요, 둘째는 우리 민족의 특질이요, 셋째는 그 민족으로 그 땅에서 그 역사를 짓게 하는 하나님의 뜻이다. 그 1은 연극에서 말하면 무대요, 그 2는 배우요, 그 3은 각본이다. 혹은 헌팅턴*의 말을 빌려 한다면, 지리는 기후·토질이라 할 수 있고, 민족은 과수의 품종이라 할 수 있다. 그렇다면 하나님은 과수를 심는 사람이라 해야 할 것이다.

* 헌팅턴(Ellsworth Huntington, 1876~1947): 미국의 지리학자·기상학자로, 그는 주로 기후가 지형, 지질학적·역사적 변화, 인간의 활동, 문명의 분포와 어떤 관계를 가지는가에 대해 연구했다. 저서에 『문명과 기후』 『인간의 서식』 『문명의 주요 동기』 등이 있다.

지리가 역사에 대해 중요한 관계를 가지는 것은 기후·토질이 과일의 잘되고 못 되고를 결정하는 것과 마찬가지다. 사과가 좋은 것은 황주, 진남포나 대구에서만 날 수 있고, 귤은 제주도가 아니고는 볼 수 없다. 그 위치의 어떤 것, 그 지세의 어떤 것, 그 해안선, 그 기후의 어떤 것에 따라 역사에 일정한 빛깔이 생긴다. 같은 한국사람이되 서울과 평안도가 다르고, 같은 중국사람이되 북중국과 남중국의 풍물이 다 다르다. 남유럽 사람의 경쾌하고 우아한 것은 그 지중해의 기후로 설명할 수 있고, 북유럽사람의 심각하고 질박한 것은 또 북해 기후의 영향이라 할 수 있다.

유럽 안에서 몇십 나라가 갈라져 사는데 중국이나 미국은 한 나라로 통일이 되는 것은 각각 그 지세가 그렇게 만든 것이라 하지 않을 수 없고, 지나간 날의 대영제국은 그 위치의 산물임이 사실이다. 사람은 환경의 산물이라는 말은 다는 아니라도 한 면의 진리를 가지고 있는 말이다.

그러나 역시 한 면의 진리일 뿐이다. 역사의 특성은 그 지리의 조건만으로 결정되는 것은 아니다. 사과의 비유를 다시 든다면 황주, 대구가 좋은 사과를 내기는 하지만 아무리 황주, 대구라도 재래종 나무에 개량종 과일이 열리지 않는다. 거름을 아무리 많이 주

\*튜튼족: 인도 유럽인 중 게르만 민족의 하나. 독일, 스칸디나비아, 네덜란드, 영국 남부의 주민이 이에 속하며, 종교는 대개 신교이다.

\*\* 라틴족: 아리아 인종 중 남부 유럽에 분포한 민족. 이탈리아, 에스파냐, 포르투갈, 프랑스 등이 이에 속하며, 종교는 주로 구교이다.

고 관리를 아무리 잘해도 그 품종은 결코 고칠 수 없다. 국광은 황주에서도 국광이며 서울에서도 국광이다. 물론 풍토를 따라 얼마쯤의 변화는 있을 수 있지만 그 품질은 결코 변하지 않는다. 변하더라도 매우 천천히 될 것이요, 몇십 년이나 몇백 년 따위로 알아볼 수 있을 것 아니다.

그와 같이 민족의 기질도 거의 반영구적인 성질을 가진다. 그리하여 한 민족의 역사는 그 민족이 아니고는 될 수 없는 식으로 된다. 한족(漢族)은 중국에서만 한족 문화를 낳는 것이 아니라 남양에 가서도, 미주에 가서도, 세계 어느 구석에 가서도 한족 노릇을 하고 한족식의 생활을 한다.

현대에 있는 것 중에서 가장 두드러진 예를 든다면 남북 두 미주의 문화다. 남미와 북미가 지리적으로 서로 비슷한 점이 많은 것은 누구나 잘 알 것이다. 그런데 그 둘의 인문의 모양은 서로 매우 다르다. 북미의 합중국이나 캐나다는 나라의 힘이 아주 강하고 발전이 잘되는 대신에 남미의 여러 나라들은 밤낮 내란, 혁명이 끊이지 않는다. 둘이 다 대륙이 새로 발견된 후 유럽에서부터 식민이 되었던 것은 마찬가지인데, 북은 문화의 모든 면에서 세계 제일을 자랑하고, 남은 아주 떨어진 상태다.

그러면 서로 다른 원인이 어디 있느냐 하면, 하나는 튜튼족\*이요, 하나는 라틴족\*\*인 데 있다고 할 수밖에 없다. 유럽 본토와는 물론 다르지만 그래도 북미는 어디까지나 튜튼적이요, 남미는 어디까지나 라틴적이다. 이것은 오늘과 같이 사회 변천이 급격한 때에도 그렇고 더디었던 옛날에도 그렇다.

그리스 사람의 예술이 그 살던 그리스 반도의 자연의 영향을 받아서 된 것이라는 말을 누구나 하고 또 사실이기도 하지만, 같은 그리스 반도에서도 그리스 사람이 오기 전에 살던 사람들의 예술은 그와는 대단히 다르다. 또 로마 제국이 아무리 지중해와 그 중심에 놓여 있는 이탈리아 반도로 인해 된 것이라 하더라도, 그렇다고 그 자리에 아프리카 흑인을 가져다놓으면 그 정치를 할 수 있느냐 하면 물론 될 수 없다. 그렇듯 민족의 특질은 어느 정도 지리적 조건의 영향을 무시하고 오래가는 힘을 가졌다.

## 개인과 민족

이렇게 역사의 방향을 결정하는 힘으로 민족의 특질의 영향이 큰 것을 말하면 반대하는 의견이 있다. 그중 가장 두드러진 것은 영웅사관과 계급사관이다. 먼젓것은 역사를 결정하는 힘이 개인 인물에 있다는 사상이요, 뒤엣것은 계급에 있다는 사상이다. 거기 대한 토론을 하는 것이 지금 우리의 본래 겨누고 난 일은 아니지만 지금 역사의 주인이 누구냐 하는 것이 문제되는 때이니만큼 간단히 몇 마디 하고 넘어가기로 한다.

영웅숭배의 시대는 지나갔다. 역사의 나아감에 개인이 확실히 한 요소가 된다. 진시황, 아소카 왕*, 카이사르의 시대는 말할 것 없고 씨올의 세기라는 오늘에도, 사상 싸움을 하는 이 현대에도 개인의 영향은 역시 있지, 없지는 않다. 러시아의 오늘에는 아무래도 레닌, 스탈린의 영향이 있고, 인도가 오늘의 인도가 되는 데에는 간디의 인격이 크게 관계가 있다. 그러므로 제2차 세계대전 후에 전쟁범죄자를 골라내어 처벌한 것은 마땅한 일이다.

그러나 아무래도 개인의 시대는 지나갔다. 영웅사관 중에서도 칼라일**이 말하는 영웅은 이른바 한때 떠들던 나폴레옹, 칭기즈 칸식의 영웅이 아니니 지금도 들을 만하고, 들어서 사람의 정신을 일으켜 세워 참되고 경건한 태도로 인생의 전선에 나서려는 용기를 내게 하는 힘이 있다. 그러나 그래도 그것은 역시 개인의 면만을 강조한 사상이다.

개인은 저만이 홀로 되는 것이 아니다. 생각하고 판단하고 행동하는 주체가 개인인 것은 물론이지만, 그 개인의 뒤에는 언제나 전체가 서 있다. 양심은 제가 만든 것이 아니요, 나기 전에 벌써 그 테두리가 결정되어 있다. 사람은 생리적으로만 아니라 정신적으로

* 아소카 왕(Ashoka, ?~기원전 238?): 인도 마가다국의 제3왕조인 마우리아 왕조의 제3대 왕으로 인도역사상 최초로 통일국가를 이룬 왕.
** 칼라일(Tomas Carlyle, 1791~1881): 영국의 사상가·역사가·문필가. 산업만능사상에 대한 구제책으로 영웅의 힘을 강조했다. 저서로 『프랑스 혁명사』 『영웅숭배론』 등이 있다.

독일의 성직자·성서학자인 루터. 그의 사상과 저술에서 비롯된 종교개혁운동은 개신교를 낳았으며, 사회·경제·정치 사상에 커다란 영향을 미쳤다.

도 족적(族的)인 사회적인 존재다. 개인은 전체의 대표다. 전체에 떨어진 나는 참나일 수 없고 스스로의 안에 명령하는 전체를 발견한 나야말로 참나다. 그것이 참 자기발견이다.

그 전체는 종교적으로 하면 하나님이요, 세속적으로 하면 운명공동적인 전체 사회다. 종교적인 전체는 하늘 위에 있는 절대적인 것이므로 처음부터 환한 것이다. 영원불변의 진리다. 그러나 세속적인 전체는 땅 위의 것이므로 시대를 따라 늘 자라왔다. 씨족에서 봉건국가로, 봉건국가에서 민족으로 넓어져왔다. 지금까지 개인의 뒤에 서서 버텨주고 명령한 것은 민족이다.

모든 개인은 다 민족의 나타난 것이다. 어떤 개인이나 다 그렇지만, 더구나 세계적 사건에 공적을 끼친 영웅적 인물이란 다 민족적 세력의 대표자였다. 루터는 종교개혁*의 중심적 지도인물이지만 그것은 개인 루터로서가 아니요, 독일 사람 루터로서다. 아무리 루

*종교개혁: 16세기에 유럽에서 일어난 종교혁명. 중요한 지도자는 독일의 마르틴 루터와 프랑스의 장 칼뱅이다. 전 유럽으로 번진 이 운동을 통해 가톨릭의 폐해를 지적하고, 이로부터 이탈하여 개신교를 세웠다.

5 한국역사의 기조 **87**

종교개혁기념비. 1917년 루터의 종교개혁운동 개시 400년을 기념하여 제네바 구시내에 세워진 기념비로, 왼쪽에서 두 번째 인물이 칼뱅이다.

터를 존경하는 사람이라도 종교개혁을 루터 한 사람의 일로 알 사람은 없을 것이다.

종교개혁은 종교적으로 하면 성령의 일인 동시에 현실적으로 하면 북유럽 민족의 일이다. 루터가 이탈리아에서 나지 않은 것은 우연이 아니고 필연이다. 루터는 그만두고 전 인류의 구주라는 소리를 듣는 예수조차 유대 민족의 사람이다. 유대가 아니고는 예수는 나지 못한다. 유대 민족을 잊고 예수를 알 수 없고, 유대 역사를 모르고 기독교를 알 수 없다. 그렇게 말하는 것은 기독교의 세계적인 것을 부인하는 말도 아니요, 예수를 민족주의자로 한정하는 말도 아니다. 다만 민족적 배경 없이는 인격이 없다는 말이다. 민족의 저수지에 물이 고인 것이 없이는 우주에 울리는 생명의 폭포는 떨어질 수 없다는 말일 뿐이다.

## 계급사관

계급사관은 영웅사관과는 반대로, 사람을 사회생활에서 가지는 경제적 관계에 완전히 종으로 붙여버리자는 사상이다. 경제관계가 역사 변천의 원인이 아니 되는 것은 아니다. 그것만이 홀로 하는 것도 아니요, 주로 하는 것도 아니다. 인생의 모든 일을 이해관계

다비드가 그린 「소크라테스의 최후」. 소크라테스는 고대 그리스의 철학자로 서구문화의 철학적 기초를 마련한 고대 그리스의 위대한 세 인물인 소크라테스·플라톤·아리스토텔레스 가운데서 첫째 인물이다.

의 대립으로부터 오는 계급투쟁으로 다 설명하려는 것은 분명한 독단이다.

그런 독단은 오직 한 사람의 소크라테스만 있어도 깨져버린다. 하물며 소크라테스는 2천 년 전 그리스에만 있었던 것이 아니라, 사람마다의 가슴속에 다 있음에서일까? 계급이 대립하면 싸움이 있는 것은 사실이나, 본래 원시사회에 계급이 생긴 원인은 이해가 서로 충돌되어서라기보다는 전쟁을 해서 지면 다 죽여버리던 이질적인 분자를 될수록 살려 쓰자는 데서 시작된 것이라고 보는 것이 옳을 것이다. 싸움이 아니라 용납이다.

또 계급에는 영속하는 자아의식이 없다. 역사상에 다스리고 다스림을 받는 계급의 대립이 있는 것은 사실이요, 자기네 이익을 보호하자는 의식이 그 계급을 이루고 있는 분자들의 머릿속에 있는 것도 사실이나, 그 계급은 늘 신진대사가 되어왔다. 그러므로 추상

5 한국역사의 기조 89

적으로 생각하면 계급의 대립이 늘 계속되나 사실 영속되는 의식은 없다. 오늘의 지배계급이 삼국시대의 지배자들을 '우리'라는 감정으로 쓸어안지는 않는다.

그러나 민족에서는 그렇지 않다. 안시성 싸움* 이야기를 읽을 때에는 지금 내가 바로 안시성의 성민인 듯 느끼고, 병자호란** 이야기를 들으면 내가 바로 임경업이나 된 듯 주먹을 불끈 쥔다. 계급과 민족은 같은 정도가 아니다. 계급은 단순한 이해관계에서 나오는 것이므로 그 관계가 끊어지면 그 감정도 곧 없어지지만 민족의식은 개인의 성격을 이루는 데까지 영향을 미치는 것이므로 쉬이 사라지지 않는다.

영웅사관이나 계급사관이 다 어느 면의 진리를 말하지 않는 것은 아니다. 그러나 분석적인 참이 참 참이 아니다. 금강산의 봉우리마다 골짜기마다를 분석해보면 다른 산과 조금도 다를 것 없는 돌과 나무겠지만, 하나로 서 있는 금강산은 어느 산으로도 비할 수 없는 빼어난 금강산이다. 역사상 영웅의 활동이 없는 것이 아니요, 계급의 작용이 없는 것도 아니다. 그러나 그것이 전체를 전체되게 하는 진리는 아니다. 그것은 민족이 한다. 그러므로 운명공동적이라 한다. 개인의 활동이거나 단체의 활동이거나 그것이 역사 위에 남을 때에는 어쩔 수 없이 민족의 이름으로 남는다. 민족이 전체이기 때문이다.

모든 것은 전체의 제단에 바쳐서만 보존될 수 있다. 모세가 아무리 잘났어도 그의 공적은 유대 사람의 자랑으로 남고 자코뱅당***이 아무리 사납게 했어도 그 잘못은 프랑스 국민의 결점으로 남는다. 자라투스트라의 가르침은 나오기를 아무리 그의 입에서 나왔어도 그것은 페르시아 문화의 알짬이요, 그리스 철학을 낳기는 아무리 아테네 귀족계급이 낳은 것이라도 역시 그리스 철학이다.

이렇게 말하면 매우 심한 민족주의 같으나 그런 것이 아니다. 민족주의 시대는 지나갔다. 그러나 가족주의 시대가 지나가도 집의 뜻은 여전히 있고, 개인주의를 버려도 개인의 값은 여전히 귀한 것

* 안시성 싸움: 고구려 보장왕 4년(645) 당 태종이 대규모 군사를 이끌고 고구려를 침공해 3개월가량 안시성을 포위 공격했는데 성주인 양만춘과 주민들이 힘을 합해 당의 대군을 물리쳤다.
** 병자호란: 1636년, 곧 병자년 12월에 청나라가 조선을 침략해 일어난 전쟁. 조선이 군신관계를 맺자는 청의 요구를 거절하자 청 태종이 20만 대군을 이끌고 침략했다. 조정은 남한산성으로 피란했다가 다음해 1월 삼전도에서 항복하고 굴욕적인 조약을 맺었다.
*** 자코뱅당: 프랑스혁명 당시 극단적인 평등주의와 폭력통치를 내세운 공화파의 정치단체로, 1793년 중반부터 1794년 중반까지 혁명정부를 이끌었다. 주요인물은 마라, 당통, 로베스피에르 등.

*마치니(Giuseppe Mazzini, 1805~72): 이탈리아의 혁명가·정치가. 비밀단체인 청년 이탈리아당을 만들어 활동했으며, 공화주의에 입각한 통일운동에 평생을 바쳤다.

같이, 민족주의를 버려도 민족의 값은 알아야 한다. 그것을 모르고는 역사를 모른다. 역사를 메는 것은 개인도 계급도 아니요 민족이다. 적어도 지금까지는 그렇다.

한국역사는 한국사람의 역사다. 어쩔 수 없이 한국민족의 역사다. 한국역사에는 한족(漢族)의 간섭도 있었고 몽고족의 도둑질도 있었고 일본족의 한때 섞임도 있었으나, 그렇다고 한국역사가 한족, 몽고족, 일본족과 공동소유는 아니다. 유교를 받아들였고, 불교를 받아들였고, 기독교도 받아들였으나, 그래도 여전히 한국이 한국인인 데에는 변함이 없었다.

잘하였든지 못하였든지, 책임이 내 편에 많았든지 저편에 많았든지 그것은 상관할 것 없이 한국역사로 되어진 것은 한국사람이 책임을 지지 않으면 안 된다. 그것을 잊어서는 안 된다. 이탈리아의 마치니*의 말을 빌려 민족과 문화에 대한 것을 마무리하자.

"하나님은 그 뜻의 한 줄씩을 각 민족의 요람 위에다 쓰셨다."

## 섭리

이제 다시 본론으로 돌아온다. 위에서 말한 바와 같이 역사의 기조를 결정하는 데 지리와 민족의 특질이 중요 조건이 된다. 그러나 그보다 결정적인 것은 하나님의 세 번째 뜻이다. 왜냐하면 먼저 둘은 저 저대로 서는 것이 아니요, 하나님의 뜻 안에 그 존재이유를 구현하는 것이기 때문이다. 적당한 품종을 적당한 땅에 심는 것은 오로지 재배하는 사람의 뜻에 달린 것이다. 역사를 우연한 것으로 보지 않는 자에게는 우리나라 지리도 우리 민족의 기질도 우연한 것일 수 없다. 그것은 어떤 이유가 있고 어떤 계획에서 된 것이어야 할 것이다.

씨올의 역사가 겨누는 것은 여기에 있다. 민중에게 자기네 머리 위에서 일하고 있는 보이지 않는 손의 일을 알려주자는 것이다. 그대들은 높은 산에 올라가 그 밑에 있는 사람의 세상을 굽어본 일이 있는가? 으리으리하게 꾸민 커다란 건축들이 모두 게딱지같이 보이는 그곳에서 굽어볼 때, 기어들고 기어나며 꿈지럭거리고 뛰어다니는 그 모양이 채찍에 몰려 벌벌 떨며 몰려가는 그대들의 네 발 가진 친구들과 다를 것이 없지 않던가? 거기서 보면 스스로 풍채를 돋우는 신사도, 아름다움을 자랑하는 미인도 없다. 거기서 들으면 즐거움의 부르짖음도 노여움의 소리침도 떠듦도 한숨도 다 없다. 모든 빛은 다 섞여서 뿌연 점밖에 되는 것이 없고, 모든 소리는 서로 녹아들어 알아들을 수 없는 웅얼거림을 희미한 바람결에 보내는 것밖에 없다.

그럴 때, 그대들은 '가엾은 두 발 가진 짐승이여!' 하는 소리를 하지 않았는가? 사람의 아들들이여, 그대들의 살림은 바로 그런 것이 아닌가? 그렇게 무지 속에 꾸물거리는 것이 아니며, 그렇게 어둠 속에 더듬는 것이 아니며, 그렇게 잔혹한 운명에 놀림받는 것이 아닌가? 그러한 행렬이 영원의 안개 속에서 나와 영원의 안개 속으로 사라진다고 생각해보라! 현재라는 그 언덕 위에서 발밑에 꿈틀거려가는 그 한마디를 보여주고 이것이 영원히 계속된다고 알려주는 말을 들었다고 생각해보라! 그대들은 구룡폭포의 소(沼) 속에 의식을 잊어버리자는 것밖에 또다시 더 좋은 생각이 있겠는가? 하나님의 뜻이 만일 없다면 역사는 이것이다.

그러므로 민중을 향하여 자기네 위에 일하는 하나님의 계획을 알기 위하여 힘써야 한다는 것을 가르쳐주어야 한다. 역사는 옛날 이야기의 자료도 아니요, 심심풀이를 위한 것도 아니다. 개인적인 도덕의 가르침을 주기 위한 것도 아니다. 역사적 우주정신을 붙잡는 일이다. 미래에 대한 일정한 지시를 주자는 일이다. 물론 역사는 우리의 의지를 뛰어넘어가지고 나간다. 우리가 알든지 모르든지 역사는 번져갈 대로 번져나간다. 그러나 하나님의 경륜을 알고 알지 못하는 데 따라 우리에게는 큰 차이가 생긴다. 알면 자유요, 모르면 필연이다. 알면 은총이요, 모르면 숙명이다. 아는 것으로 자녀가 될 수 있고, 모르는 것으로 종이 될 수 있다.

## 고난의 역사

그러면 섭리는 한국역사의 기조를 어떤 것으로 정했을까? 그것이 지리와 민족기질과 실제 역사 변천에 어떻게 나타나 있는가 하는 것은 이 아래로 장을 나누어 말할 것이고, 여기서는 그 결론만을 말하기로 한다. 그러나 이렇게 말하면서 나는 머뭇머뭇하지 않을 수 없다. 나는 지금, 전에 아무도 발을 들여놓지 않은 지경에 한 발걸음을 내놓으려 하기 때문이다. 연구와 조사와 재지(才智)와 식견의 준비가 있는 사람이면 개척자만이 맛볼 수 있는 즐거운 자부심을 가지면서 '전인미답의 지경'이라고 하겠지만, 그렇지 못한 나로서는 사람에게서는 어리석다, 교만하다 하는 비난을, 하나님으로부터는 거룩을 더럽힌 데 대한 벌을 받을 생각을 하면서 전에 아무도 발을 들여놓지 않은 지경에 모험을 하지 않으면 안 된다.

선생을 가지지 못한 자는 불행할진저! 그러나 안심하고 따라갈 선생을 가지지 못한 나보다도 그 나에게다 선인미답의 처녀지에 모험의 숫길을 내기를 강요하지 않으면 안 되는 한국은 더 불쌍하지 않나 생각할 때, 나는 더욱 용기를 떨어뜨린다. 그러나 그보다도 더 머뭇거리게 만드는 것이 있다.

그것은 생각하고 생각하여 이른 결론이 너무 참혹한 것이기 때문이다. 내놓을 선물이 훌륭하기만 하다면 제 부족도 무엇도 다 잊고 성큼 나서겠지만, 이것을 말할 때에는 듣는 사람마다 실망하지 않을까, 비웃음과 욕지거리로 대답하지 않을까 생각할 때 내 손은 떨리지 않을 수 없다.

그러나 이때 그런 것은 쓸데없는 걱정이라고 속에서 몰아쳐내는 것이 있다. 그것은 일찍이 예레미야를 내몰고 호세아를 떠밀고

생생자를 만들던 용구.

요나를 끌어냈던 영(靈)이다.* 까닭을 물으면 나도 그 까닭을 모르고 그저 마음의 수평선 위에 그렇게 떠올랐다고 할 것밖에 없다. 말하라고 명을 받은 줄 믿으면서 내놓아 이렇게 단언한다. 한국의 역사는 고난의 역사다.

고난의 역사! 한국역사의 밑에 숨어 흐르는 바닥 가락은 고난이다. 이 땅도 이 사람도 큰일도 작은 일도 정치도 종교도 예술도 사상도 무엇도 무엇도 다 고난을 드러내는 것이다. 이 말을 듣고 놀라지 않을 사람은 없을 것이다. 그러나 부끄럽고 쓰라린 사실임을 어찌할 수 없다.

나는 예닐곱 해 전부터 중학생들에게 역사를 가르치게 되었으므로 어떻게 하면 젊은 가슴에 영광스런 조국의 역사를 안겨줄 수 있을까 하고 힘써보았다. 그러나 쓸데없었다. 어려서 듣던 을지문덕, 강감찬의 이름을 크게 불러보았다. 그러나 그 소리로써 묻어버리기엔 5천 년 역사의 앓는 소리는 너무도 컸다. 남들이 하는 모양으로 생생자(生生字)**, 거북선, 석굴암, 다보탑, 있는 것을 다 출동시켜 관병식을 거행해보려고도 하였다. 그러나 그 허울로 가리기에는 삼천리에 박혀 있는 상처는 너무도 크고 많았다. 나는 스스로

\* 예레미야를……영이다: 예레미야, 호세아, 요나 모두 『구약성경』에 나오는 선지자(예언자). 여기서 영이란 하나님의 말씀이다.
\*\* 생생자: 1792년 정조의 명으로 규장각에서 만든 목활자. 청나라의 『사고전서』 취진판 자체를 본떠 큰 글자 15만 7,200자, 작은 글자 14만 4,300자를 만들었다.

경주 불국사 대웅전 앞뜰에 마주서 있는 석가탑(왼쪽)과 다보탑.

자기를 속임 없이는 유행식의 '영광스런 조국의 역사'를 가르칠 수가 없음을 깨달았다.

우리는 큰 민족이 아니다. 중국이나 로마나 터키나 페르시아가 세웠던 것 같은 그런 큰 나라는 세워본 적이 없다. 또 여태껏 국제무대에서 주역이 되어본 일도 없다. 애급이나 바빌론이나 인도나 그리스같이 세계문화사에서 뛰어난 자랑거리를 가진 것도 없다. 피라미드 같은, 만리장성 같은, 굉장한 유물이 있는 것도 아니고, 세계에 크게 공헌을 한 큰 발명도 없다. 인물이 있기는 하나 그 사람으로 인하여 세계역사에 큰 변화가 생겼다고 할 만한 이도 없고, 사상이 없지 않으나 그것이 세계사조의 한 큰 주류가 되었다 할 만한 것은 없다.

그보다도 있는 것은 압박이요, 부끄러움이요, 찢어지고 갈라짐이요, 잃고 떨어짐의 역사뿐이다. 공정한 눈으로 볼 때 더욱 그렇다. 그것은 참으로 견딜 수 없는 슬픔이다.

5 한국역사의 기조

세계의 각 민족이 다 하나님 앞에 가지고 갈 선물이 있는데 우리는 있는 게 가난과 고난밖에 없구나, 할 때 천지가 아득하였다. 애급과 바빌론은 문명의 시작이라는 명예를 가졌고, 중국은 도덕을, 그리스는 그 예술을, 로마는 그 정치를 가지고 가겠지만, 한국은 무엇을 가지고 갈 터인가? 인도는 망했어도 인도교, 불교를 남길 수 있고, 유대는 없어졌어도 유대교, 기독교가 남을 수 있으며, 영국도 오히려 헌법을 자랑할 수 있고, 독일도 오히려 철학을 내세울 수 있으나, 한국은 그래 무엇을 남기고 무엇을 자랑할 터인가?

이 사실을, 이 끔찍한 속일 수 없는 사실을 희망과 자부심에 부푼 젊은 가슴 위에 말해주지 않으면 안 되는 것인가 생각할 때, 나는 "내가 왜 역사교사가 되었던고!" 하고 한숨을 쉬지 않을 수 없었다. 그것은 끓는 물을 돋아나는 새싹 위에 퍼붓는 일이라고 생각되었다.

그러나 성경은 그러는 가운데서 진리를 보여주었다. 나를 건진 것은 믿음이었다. 이 고난이야말로 한국이 쓰는 가시 면류관이라고 가르쳐주는 것이었다. 그리고 그것은 세계의 역사를 뒤집고 그 뒷면을 보여주는 것이었다. 그리하여 세계역사 전체가, 인류의 가는 길 그 근본이 본래 고난이라 깨달았을 때 여태껏 학대받은 계집종으로만 알았던 그가 그야말로 가시 면류관의 여왕임을 알았다. 이제 우리는 마치니와 한가지로 "그녀의 할 일은 아직이다"라고 용기를 낼 수 있다. 과연 그녀의 일은 이제부터다.

형산(荊山)에서 박옥(璞玉)을 얻은 화씨(和氏) 모양으로 나는 이렇게 하여 얻은 진리를 다듬을 겨를도 없이 얻은 그대로를 세상에 내놓은 것뿐이다.

# 6 지리적으로 결정된 한국역사의 성질

한국역사가 수난의 역사라는 말은 막연한 독단으로 된 것이어서는 안 된다. 사실로 증명이 되어야 할 것이다. 그 지리와 민족과 역사 변천에서 고난을 볼 수 있어야 한다. 우선 지리에서 보기로 하자. 지리와 역사 사이에 산 관계가 있는 것은 이미 말했다. 말하자면 지리는 역사의 한 부분이다. 지리 없이 역사를 말할 수 없는 것은, 마치 땅을 보지 않고는 농사를 말할 수 없는 것과 같다.

그러므로 한국역사가 정말 수난의 역사라면 반드시 그 지리에 그것이 씌어 있을 것이다. 사실 우리가 우리나라 지리를 씹어보면 그 조건 조건에 고난의 글자가 박혀 있는 것을 볼 수 있다. 이제 위치, 지세, 기후, 경치 등으로 나누어 설명하기로 하자.

## 위치

한국은 북온대(北溫帶) 중에서 아시아의 동쪽 바닷가에 있다. 이 점에서 보면 한국의 위치는 좋다. 문명 발달은 온대지방이 가장 좋고, 또 세계의 문명한 나라는 대개 북온대에 있고, 아시아 전체 중에도 동쪽 바닷가가 교통이 편하여 인문 발달에 가장 좋다는데, 우리는 그 복판에 자리 잡고 있다. 이 점에서 보면 남이 부러워할 지경이요, 각별히 고난을 당할 이유가 없다.

그러나 위치는 그러한 경도, 위도 위의 위치만이 아니라 또 관계적 위치란 것이 있다. 곧 옆에 있는 다른 나라와의 관계에서 말하는 위치다. 먼젓것은 주로 경제생활 위에 관계를 가지지만, 뒤엣것은 정치생활 위에 큰 의미를 가지고 있다. 이 관계적 위치에서 볼 때에는 한국은 이른바 중간적 위치라는 것이다. 곧 아시아 대륙과 일본 열도 사이에 끼어 있어서 지나다니는 길목이 된다.

 이런 따위 실례는 다른 나라에도 있다. 폴란드, 그리스, 팔레스타인 같은 것들이다. 이 종류의 위치의 좋은 점은 문물 수입이 빠르고 문화가 퍼지는 데 편한 것이요, 나쁜 점은 늘 남의 쳐들어옴을 입어서 독립을 지켜나가기 어려운 것이다. 위에 예로 든 나라들을 보면 모두 그런 역사를 가지고 있다. 우리나라를 남들이 업신여겨, 일찍이 독립해본 일이 없는 민족이라고까지 한다. 그렇지는 않더라도 5천 년 역사가 그저 억눌림과 빼앗김의 계속인데 그 원인이 적어도 절반은 이 위치 때문이라 할 수 있다.

 지도를 펼쳐놓고 보면 한반도 세 면에서 다가드는 세 세력에 두루 싸여 있음을 알 수 있다. 곧 서쪽의 중국과 북쪽의 만주와 동쪽의 일본이다. 이 위치는 다이너마이트같이 능동적인 힘을 가진 자가 서면 뒤흔드는 중심이요, 호령하는 사령탑이요, 다스리는 서울일 수 있다. 그리스와 이탈리아가 일찍이 이것을 보여주었다. 그러나 만일 그렇게 억세지 못한 자가 그 자리에 선다면 그때는 수난의 골목이요, 압박의 틈바구니다. 우리는 불행히 그 뒤의 것이 되었다.

 지도를 또 한 번 보자. 중국 본토는 한 개의 큰 풋볼이다. 이제 그 안에 바람을 잔뜩 불어넣으면 팽팽해질 것이다. 그리하여 그것이 터지는 날이면 부득이 약한 데를 뚫고 나가는 수밖에 없을 것이다. 중국 본토의 주위를 살펴보면 그런 약한 대목이 몇 곳 있다. 북에는 내몽고로 통하는 길이요, 서에는 천산로로 들어가는 길이요, 남에는 월남으로 내려가는 길이요, 동에는 산동반도에서 배를 타고 한반도로 나오는 길과 산해관을 넘어 요동도(遼東道)로 만주로 들어오는 길이다.

 그러므로 그 큰 중국 땅에 인문이 번성하는 때면 반드시 그 뻗어나오는 힘이 이 구멍들을 통하여 터져나오는 것이었다. 이것이 역사상 되풀이 되풀이 늘 있었다. 그렇기 때문에 한족이 강성해질 때마다 우리는 그 쳐들어옴을 면치 못했다. 부여시대로부터 이조

러일전쟁을 묘사한 그림.

* 러일전쟁: 한국과 만주에 대한 주권을 둘러싸고 러시아와 일본이 벌인 전쟁. 1904년 2월 일본의 기습공격으로 시작된 이 전쟁에서 일본이 승리하여 1905년 강화조약이 성립되었다. 그 결과 일본이 한국에 대해 정치·군사·경제상의 우월권을 갖게 되고, 러시아는 만주에서 철수했다.

에 이르기까지 그랬다.

또 그다음은 만주에는 예로부터 사나운 여러 민족이 드나들었다. 그리고 거기서 일어난 자는 반드시 남하운동을 하는 것이었다. 지금 모든 기구가 발달한 때니 만주를 곳간이라고 하지, 인문 발달이 그렇게 잘되지 못한 그때에는 춥고 짐승이 들끓는 못 살 곳이었다. 그러므로 도둑이 드나들기는 좋아도 오래 붙어살기는 어려운 곳이었다. 그러면 만주에서 나라를 일으킨 자가 반드시 따뜻하고 밝은 남쪽을 탐내어 내려오려 하는 것은 자연의 형세다. 우리 단군조선이 남으로 옮긴 것은 필시 그 때문이요 거란, 금, 청, 몽고가 반도로 쳐들어오곤 한 것도 그 때문이다. 물론 조그마한 반도만을 먹자는 것이 그 목적은 아니다. 욕심은 어느 놈이나 중국 평원이다. 한번 그 천하를 얻자는 것이 그 목적이나, 정략상·군사상 한반도를 놓아두고 중국 본토에 들어갈 수는 없다. 그렇기 때문에 우리는 번번이 그 화를 받게 되는 것이었다.

현대에 와서 제정 러시아가 러일전쟁*을 일으킨 것은 한반도라는 이 중앙점을 얻어가지고 동쪽 아시아 일대를 온통 지배하려는 속셈에서 나온 것이다. 스탈린이 기어이 38선을 만들고 우리나라를 두 동강이 내어 공산 러시아가 북한을 기어이 움물고 놓지 않으려는 것도 이것이 동양의 공산화에서 절대 필요한 지점이기 때문이다.

또 그다음, 일본을 보면 크기로 보아서 먼저 둘에 비할 바도 못 되는 몇 개의 섬나라지만, 그래도 우리보다는 큰 편이요 외딴섬이라는 데 도리어 믿기는 데가 있다. 옛날 사람의 씨가 적을 때에는 물론 우리나라에서 열심히 건너가 식민을 할 형편이지만, 한번 들어간 다음에는 다시 갈 곳이 없는 섬인지라 인문 발달이 어느 정도 되면 대륙을 향하여 반동의 물결이 건너오게 되는 것은 자연이다.

일본 열도를 살펴보면 동북에서 서남으로 뻗었는데, 그 중심은 중부에 있다. 그 중부에 압력을 더하면 자연 두 끝으로 나가는 수밖에 없는데, 그 위 끝은 사람이 살 수 없는 곳이요, 아래 끝은 이른바 일위대수(一葦帶水)를 건너 한국에 대하고 있다. 그렇다면 우선 한반도를 향하여 건너오는 것은 정한 일이다. 신라 때부터 오늘까지 역사는 이것을 말하고 있지 않나?

이것이 우리의 선 자리다. 이러한 자리에서 고난을 아니 당하려면 억센 민족이 되는 수밖에 없다. 그런데 섭리는 그렇지 않았다. 그래서 역사는 부득이 고난의 길을 더듬을 수밖에 없었다.

## 지세

섭리가 반도에 강한 민족을 두지 않았다 했지만, 반도의 지세를 보면 큰 민족을 길러낼 수 없다. 우선 넓은 들이 없다. 큰 민족이 되려면 그것을 기를 만한 들이 있고서야 된다. 한족은 중국 평원이 있어서 된 것이요, 미국은 로키에서 애팔래치아에 미치는 일망무제(一望無際: 아득하게 멀어서 눈을 가리는 것이 없음)의 들이 있어서 된 것이다. 영국은 그런 평원이 아니고도 큰 민족이 되지 않왔느냐 할지 모르지만, 영국은 위치의 특별한 덕택을 입은 나라요, 또 본국에 들이 없더라도 인도나 캐나다의 것을 도둑해가지고 된 것 아닌가? 그러기에 그것을 내놓은 오늘에 영국의 세력이 어떠한가는 잘 알고 있지 않나? 우리나라는 삼천리가 다 들판이라고 하더라도 크다 할 것이 못 되는데, 그중에도 8할은 산이요, 들이라고는 김제평야가 기껏이다. 그것을 가지고는 중국 국민의 며칠 양식이나 될까?

들도 없지만 큰 냇물도 없다. 예로부터 문명이 큰 강 언저리에 발달하는 것은 역사상 환하다. 냇물 없는 평원은 죽은 평원이다. 유목문화밖에 있을 것이 없다. 그런데 우리나라에서는 가장 큰 것이 압록강이다. 그것을 양자강이나 미시시피 강에 가져다놓으면 그 한 가지도 못 된다.

그와 같이 큰 민족을 길러내기로는 조건이 맞지 않는 땅인데, 한 가지 이상한 것은 항구가 많다는 것이다. 조그만 반도에 해안선이 꼬불꼬불한데다가 항구가 부자연스러우리만큼 많다. 항구라는 것은 대륙에 드나드는 문이요, 문이 많다는 것은 활동이 많은 것을 의미하는데, 뒤에 대륙은 없이 항구는 많아 무엇할까? 섭리가 없다면 말할 것 없거니와, 만일 천지배포에 무슨 뜻이 있다면 이 부자연한 일을 어떻게 설명할까? 또 섭리야 있거나 말거나 생각하는 인간이 이것을 놓고 어떻게 할 것인가 하는 말이다. 뜻은 만들어내는 것이다. 이용하는 것이요, 찾아내는 것이요, 살려내는 것이다. 이 쓸모없는 항구, 해안선을 살려내는 것이 우리의 일이다. 땅이 살아나면 사람도 살지 않겠나?

우리는 지도를 좀더 넓게 펴놓고 좀더 큰 눈을 뜨고 보아야 한다. 주의해보면 반도의 북쪽 옆에는 우리와는 반대의 이상한 꼴이 있는 것을 알 수 있다. 막막한 만주 평원에 도무지 문이 없다. 이 두 사실을 한데 맞추어 생각해보면 만주와 한반도는 서로 돕는 관계에 있다는 결론을 내리지 않을 수 없다. 대륙은 밥 먹는 곳, 힘 기르는 곳이요, 바다는 힘내 쓰는 곳, 재주 부리는 곳이다.

만주 평원은 한반도라는 출입구를 얻어서만이 발달할 수 있는 것이요, 한반도는 만주라는 배경을 얻어서만 뿌리를 박고 안정할 수 있다. 그러나 이렇게 생각하려 할 때 의심 나는 것이 하나 있다. 곧 장백산맥과 압록·두만 두 강으로 되는 자연의 경계선이다. 반도의 산맥은 중부 이남에서는 모두 남북의 방향을 가지는데, 북으로 만주에 가까워올수록 동서의 방향으로 변하게 된다. 만주는 또 북쪽으로는 시베리아에 연닿는 편편한 들판인데, 남쪽으로 한반도에 가까울수록 산이 많아진다.

만주와 조선이 만일 서로 도울 것이라면 이 방해물은 왜 있을까? 왜 하나로 안 되고 둘로 갈라놓았을까? 또 갈라놓으려거든 아주 넘나들 수 없는 완전한 담이 되었으면 반도를 위해서는 차라리 좋겠는데, 그렇지도 않아서 북에서 오는 도둑에게는 그다지 어려운 것이 아니 되고 남쪽에 있는 자에게는 구태여 모험을 하고 갈 것이 없다는 험한 것이 되어 북상을 방해하게만 되어버린 것은 무슨 까닭일까? 여기 고난의 이유가 들어 있다. 떼어놓을 수 없는 것을 떼어놓되, 채하지 않은 데서 고난의 역사의 성격이 결정되는 것이다. 이렇게 만주와 조선을 한데 붙이기를 주장하는 것은 제국주의에서 하는 말이 아니다. 현상 속에 뜻을 찾아보는 데서 하는 말이다. 모든 것에 지은이의 뜻이 있다고 믿는 데서 하는 말이다. 또 지난 역사에 터무니가 있어서 하는 말이지 그저 마구 되는대로 하는 말이 아니다.

한옛적(太古) 일을 보면 한민족이 자라난 보금자리는 한반도가 아니고 만주였다. 장백산 기슭 송아리얼의 언저리 여기는 늘 나라들의 까나오는 보금자리였다. 우리 단군조선이 나오고, 부여가 나오고, 고구려가 나오고, 그다음 금도 청도 여기서 나왔다. 그러나 하늘과 땅을 만드신 하나님 생각은 이상하였다. 송아리얼을 남쪽으로 흐르게 아니 하고, 얼음과 눈이 쌓인 북해로 돌려놓았다. 하필 북으로 흐르게 했을까?

북으로 흘렀기 때문에 그 보금자리에서 까나와가지고 남으로 내려오면 발전이건만도 그만 그 밑뿌리를 내버리게 되고, 남으로 내려온 가지만이 남아 간신히 전체를 대표해 명맥을 부지하고 있게 되었다. 송아리얼의 벌과 반도가 만일 한 지리 단원에 들어 있게 되었더라면 남으로 내려온 한족이 요렇게 간들간들해지지는 않았을 것이다. 제 근본을 잊고 되는 물건이 어디 있더냐? 이 모든 것이 때가 올 때까지 잠깐 고난의 짐을 지우기 위한 것이라고밖에는 해석할 길이 없다.

## 기후

기후가 문화에 미치는 영향은 크다. 우선 의식주의 생활지표를 마련해주는 데서 그러하다. 사막지방에 사람이 못 사는 것은 물론 기후 때문이다. 영국이 세계에 제일가는 길쌈하는 나라가 된 것은 그 습기 많은 기후 때문이다.

그다음은 몸의 건강에 주는 영향이다. 열대지방이 천산물(天産物)의 넉넉함에도 문화 발달이 어려운 것은 그 지독한 더위가 사람의 활동하는 힘을 낮추기 때문이다. 문명한 나라가 따뜻한 지방에 많은 것은 우연이 아니다. 문명을 낳은 것은 37도 체온이다.

또 그다음은 정신에 주는 영향이다. 따뜻한 기후는 경쾌한 사람을 내고 북쪽의 기후는 무겁고 뚝뚝한 성질을 길러준다. 유대 민족의 유일신 종교와 심각하고 열정적인 성격은 셈 인종들이 살던 그 사막지방의 영향이라 할 것이요, 페르시아의 선신(善神)·악신(惡神)이 싸우는 이원적인 사상은 그 대륙적인 기후의 자극으로 된 점이 많을 것이다.

위에서 말한 세 가지 중 1, 2는 주로 물질적인 면에 작용하고 정신에는 간접으로 관계될 뿐이다. 그러나 3의 정신적인 면은 직접 작용하는 것이다. 그러므로 민족문화의 성질을 결정하는 데 크게 관계된다. 이제 우리나라의 기후를 보면, 북으로는 좀 대륙적인 데가 있지만 대체로 매우 온화하다. 특징 없는 기후다. 그러므로 산

만주 통고우에서 발굴된 고구려시대의 수렵도(모사도).

업에는 매우 좋다. 자라는 동물, 식물의 종류도 많고, 게다가 땅이 좁기는 하나 기름지고 묻혀 있는 광물도 매우 많아서 농업이나 공업에나 다 좋다. 또 바다에는 한류, 난류가 섞여 흘러서 물고기가 많다.

정신에 주는 자극도 반드시 나쁘다고 할 수는 없다. 우리 민족의 온순하고 인후한 성질은 이 기후의 영향이 많을 것이다. 그러나 구태여 불평을 말하자는 것은 아니지만, 차라리 우리나라의 기후가 좀 덥든지 차든지 극단적으로 되었더라면 좋았을걸 하는 생각이 있다. 본래 부드러운 성질인데다가 이 특징 없고 찌르르한 맛 없는 데 사니, 그만 뜨뜻미지근한 성격이 되고 말았다. 그래서 그만 고식적인 버릇이 뿌리가 박혀버렸다.

고구려 사람에게 있던 그 씩씩한 성질이 그만 다 없어지고 찾아볼 수 없게 된 것은 만주, 시베리아의 바람을 못 쐬고 반도의 잔잔한 날씨에서만 살게 되는 데서 왔을 것이다.

삼한사온이란 말이 한마디로 우리나라 기후를 잘 나타내는 말이지만, 이 삼한사온이야말로 한국사람다운 기후다. 따뜻한 나흘이 올 것을 기대하고 추운 사흘을 그럭저럭 지내는 데 이 사람들의 성격도, 이 나라의 역사도 있지 않은가? 하물며 구들을 만들어 뜨뜻한 맛에 잔등을 땅에 대고 일어나기를 싫어하게 되었음에서일까? 이 기후부터 고난의 짐을 지고 훌훌 집어치울 생각도, 픽 달려갈 생각도 못 하고, 내일이나 내일이나 하고 기다리는 사람에 들어맞는 기후라 할 것이다.

## 경개

산천의 자연미를 말하는 것이다. 경제와는 아무 관계 없는 조건이다. 그러나 "사람이 빵으로만 살 것이 아니요, 하나님의 입으로 나오는 모든 말씀으로 산다"고, 하나님의 입이 있다면 산에 있고, 바다에 있고, 풀과 꽃과 벌레에 있고, 햇빛과 구름과 바람에 있다. 자연이야말로 하나님의 말씀이 아닌가? 계성편시장광설(溪聲便是廣長舌: 계곡의 물소리는 곧 장광설이요), 산색기비청정신(山色豈非淸淨身: 산빛이 어찌 청정신이 아니리), 즉 고함치다, 속삭이다, 노래하다 하는 시냇물 소리 그대로가 하나님의 음성이요, 바위 빼어나고 숲 우거진 봉우리 그대로가 하나님의 몸이다.

자연은 벌레처럼 파먹기나 할 미끼가 아니요, 깊은 가르침을 주는 스승이요, 간절한 위로를 주는 친구다. 그 나라 산수풍경이 그 민족의 정신생활에 주는 영향은 한없이 큰 것이다. 인물이 산천에서 난다는 말은 거짓이 아니다. 풍수설이라 해서 산수를 죽은 사람에 맡길 생각을 말고, 산천정기를 죽어서 받을 생각을 말고 살아서 살림으로 그것을 받고 그것을 맛볼 생각을 하였더라면 벌써 살았지!

보배를 두고도 쓸 줄 모르면 망한다. 우리나라처럼 아름다운 경치가 세계에 어디 있는가? 금수강산(錦繡江山)이 아닌가? 그러나 금수강산을 금수강산(禽獸江山)으로 만든 것은 웬일인가? 도둑을 막지 못해 곰 같은 놈, 독수리 같은 놈, 돼지 같은 놈, 승냥이 같은 놈들이 들어와 마음대로 짓밟게 했으니 금수강산(禽獸江山)이 아닌가? 그 놀라운 자연을 두고도 이태백이 하나 못 내고, 워즈워스 하나 못 냈으니 금수(禽獸)강산이 아닌가? 나무도 풀도 뿌리째 뽑아먹어 산하고갈(山河枯渴)하고 산에 짐승 하나 살 수도 없게 만들었으니 금수강산(禽獸江山)도 못 되는 금수강산(禁囚江山)이냐?

 자연을 통해 주시는 하늘의 말씀을 들으려 하지 않으면 짐승이요, 짐승만도 못한 죄수다. 누가 우리를 짐승 대접하고 가둔 것이 아니다. 우리가 스스로 눈, 귀, 입을 막고 쓰지 않으니 짐승이 된 것이고, 우리가 스스로 내 집을 내버리니 죄수가 된 것이다.

 스위스 사람의 자유정신은 알프스 영봉에서 받은 것이 아니냐? 노르만 민족의 용감성은 북해의 물결에서 건진 것이 아니냐? 인도교, 불교의 깊고 넓은 인생관도 그 인도, 그 대설산(大雪山)의 전당에서 얻는 것이 당연하지 중국 평원에서는 될 수 없는 일이요, 민주주의와 자유주의, 공명정대, 호담분방한 것은 그 프레리, 그 나이아가라에서 키우는 것이 옳지 일본 열도에서는 볼 수 없는 일이다. 화산 풍경의 일본 열도에서는 대화혼(大和魂) 무사도가 날 만하고, 빙설 환경의 시베리아에서는 무자비투쟁, 숙청주의가 있을 만하다.

 그러면 우리나라의 경치는 어떻다고 할까? 우리나라 산수는 세계에 드문 경치다. 그 산이 그렇지, 그 바다가 그렇지, 어디 가도 시냇물의 음악을 들을 수 있다. 언제 하늘을 우러러도 늘 파란 하늘을 볼 수 있고, 늘 반짝이는 별을 볼 수 있다. 어느 웅덩이의 물을 떠마셔도 다 달고 가슴이 시원하고, 어느 잿배기의 바위를 가만져도 다 묘하고 혀를 차게 한다. 금강산을 세계의 자랑이라 하지만, 하필 금강산뿐일까? 간 데마다 시요, 그림이다.

 그렇게 아름다운데 한 가지 결점이 있다. 그것은 날씨가 그랬던 것같이 그 경치도 온(溫)하고 화(和)한 경치다. 어느 모로 보나 우리나라는 평화의 나라다. 한 점 살벌의 기상을 머금은 곳이 없다. 온화가 무엇이 나쁘며 평화가 무엇이 잘못이리오만 패기 하나 없는 것이, 씩씩한 기상이 적은 것이 한이다. 날카롭지 못하다. 규모

조선 후기의 문인화가 정선의 「금강전도」(1734).

가 크지 못하다. 맑은 건 좋은데, 바닥이 너무 들여다보이고, 밝은 건 다행인데 그윽하고 엉큼한 데가 너무 없다. 이름도 조선이다.

조선이란 이름이 본래 우리말로 무슨 뜻이었는지 지금은 알 길이 없지만, 한자로 朝鮮, 그대로 우리의 성격을 잘 나타낸다. 영어로 번역해서 Land of Morning Calm이라고 하는 사람들이 있는데, 그 Calm이야말로 우리나라 땅과 사람의 성질을 잘 표시한다. 캄이다, 조용이다, 고요다, 밝고 맑음이다.

우리나라는 정온(靜穩)의 나라다. 초당에 아침 햇볕이 든 것을

6 지리적으로 결정된 한국역사의 성질 107

그러면 우리나라의 상징이 될 것이다. 여기는 장(壯)도 엄(嚴)도 없다. 호탕도 분방도 없다. 유현(幽玄)도 부족하고 격렬도 모자란다. 시베리아, 몽고를 휩쓸고 오는 하늬바람도 흥안령(興安嶺) 불칸산을 넘는 동안에 그만 그 기운이 꺾였고 태평양, 동지나해의 사나운 물결도 일본 열도, 다도해를 거쳐 동해, 황해로 들어오노라면 벌써 그 이빨이 다 빠졌다. 산은 대개 노년기의 산이므로 남화(南畵) 산수를 보는 듯한 산세요, 바다는 모두 내해이므로 큰 물결을 보지 못한다. 그렇기 때문에 보아서 어디까지나 평화의 기분을 자아내는 점잖은 경치지, 진취의 기백을 불러일으키는 도발적인 것이 못 된다.

이것이 우리 역사를 고난의 역사로 마련해놓은 또 하나의 조건이다. 이 점에서도 조선은 만주와 떨어져서는 안 된다. 둘은 서로 도와주어야 하게끔 서로 모자란 데가 있다. 서로 다르다. 그 다른 데가 서로 필요한 까닭이요, 하나가 되어서만이 너도 살아나고 나도 살아날 수 있는 점이다.

시험하여 둘을 비겨보라. 만주는 어디까지나 호대(浩大)인데 한국은 어디까지나 가려(佳麗)다. 저것은 통일인데, 이것은 분산이다. 하나는 일망무제의 들에 해가 지평선에서 떠올라 지평선으로 잠기는 곳, 흑룡강 하나가 통틀어 다스리는 곳이요, 하나는 올망졸망한 산 사이에 열리는 손바닥 같은 들에 봉우리가 해를 뱉고 물결이 달을 삼키는 곳, 갈래갈래의 골짜기가 웅크리고 앉은 곳이다. 만주는 이른바 호마(胡馬) 삭풍(朔風)에 장시(長嘶)하는 나라, 무용의 땅이요, 영웅의 터전이다. 한국은 불러서 금수강산이라는, 문(文)의 나라, 지(智)의 나라다. 먼젓것은 뒤엣것을 얻어 그 야(野)를 씻고 조(粗)를 닦아야 할 것이요, 뒤엣것은 먼젓것을 두어 그 소(小)를 보태고 그 약(弱)을 길러야 할 것이다. 뿌리를 북원에 박고 꽃을 남해에 피우자.

## 수난의 여왕

그와 같이 반도의 지리를 여러 모로 볼 때, 수난의 집으로 마련되었다는 생각을 아니 할 수 없다. 그리고 그렇게 되는 주된 원인은 만주 평원과 한반도가 한데 붙어 있어야 할 것인데, 그것을 떼어놓았다는 데 있다. 물론 우리나라의 지세나 기후나 풍경을 가지고도 유럽 어느 모퉁이에 앉았다면 능히 한 개의 자유하는 국민으로 볼 만한 나라를 발전시켰을 것이다.

그러나 아시아에서는 그것이 안 된다. 아시아와 유럽은 규모와 방식이 다르다. 유럽은 본래 소구분적이요, 아시아는 대구분적이다. 아시아에서는 중국, 인도, 시베리아, 만주, 터키, 아라비아 하는 모양으로 모두 그 단원이 크게 되어 있다. 유럽은 반대로 사분오열하여 제각기 문호를 열고 다툰다. 그런데 한국은 그 아시아에서도 오직 하나의 소단원이다. 더구나 그 위치가 위에서 말한 대로 세 면에서 죄어드는 틈바구니에 끼어 있으므로 아무래도 그대로는 견뎌나가기가 어렵다.

그런데 본래 조상의 땅이었던 만주를 내놓고 이 틈바구니에서만 나라를 벌여보려 했으니 고난의 역사가 안 될 수가 없다. 나는 우리의 운명을 생각할 때마다 타고르\*의 「기탄잘리」한 구절이 생각난다. 우리가 우리 노래를 했어야 할 것이건만 고난이 너무 가빠 노래도 나올 지경이 못 되어 그랬는지 그만한 노래가 우리에게는 없다. 남의 것이라도 빌려 불러보기로 하자.

오, 내 사랑이여, 당신은 그 많은 사람의 그늘 뒤 어디에 숨어 계십니까? 저들은 이 티끌 이는 한길 거리에서 당신을 몰라보고 떠밀고 지나갔습니다. 내가 여기서 지루한 시간을 당신께 드릴 선물을 펴놓고 기다리고 있는 동안 오가는 길손들이 내 꽃을 한 송이 두 송이 다 가져가버리고 이제는 거의 빈 바구니만 남게 되었습니다.

---

\*타고르(R. Tagore, 1861~1941): 인도의 시인·사상가·교육자. 시집 『기탄잘리』로 1913년 노벨문학상을 받은 그는 인도 문학을 서양에 소개하는 데 지대한 공을 세웠을 뿐만 아니라 순회강연을 하고 대학을 세우는 등 교육자로서도 활발한 활동을 벌였다.

아침이 지나고 낮도 지났습니다. 저녁 그림자가 내릴 때 내 눈은 피곤에 좁니다. 집으로 돌아가는 사람들이 나를 보고 비웃고 입을 비죽입니다. 나는 거지 처녀처럼 얼굴을 치마폭에 파묻고 앉아서 왜 앉았느냐 묻는 그들에게 눈을 내리깔고 대답도 않습니다. 오, 참말 내가 어떻게 사람들보고 당신을 기다린다고, 당신이 오시마 약속하셨다고 말할 수 있사오리까? 지키고 있는 이 가난이 가지고 시집갈 밑천이라고 부끄러워 어떻게 말인들 하오리까?

오, 나는 이 비밀을 내 가슴속에만 품고 있습니다. 나는 잔디밭 위에 앉아 하늘을 우러르며 당신 오실 때의 영광을 꿈꿉니다. 그때 눈부신 빛 속에 당신이 타신 수레의 비단기는 날리고, 당신이 그 자리로부터 내려와 티끌 속의 이 나를 건지십니다. 여름날 서늘한 바람 밑으로 기어드는 벌레처럼 부끄러움과 사랑하는 마음에 떨고 있는 이 누더기 계집을 당신이 그 옆에 앉히실 때, 저들은 길가에서 입을 벌리고 놀랍니다.

그러나 시간은 지나가고 당신의 수렛소리는 들리지도 않습니다. 여러 행렬이 지나가고 소리소리 떠들고 영광을 자랑하면서 들 갑니다. 그러면 당신은 그저 그 모든 사람들 뒤에 서서 그늘과 외로움 속에 숨어 계십니까? 나는 그저 기다리고 울고 쓸데없는 고대에 애를 태우고만 말 것입니까.

이 민족이야말로 큰길가에 앉은 거지 처녀다. 수난의 여왕이다. 선물의 꽃바구니는 다 빼앗겨버리고, 분수 없는 왕후를 꿈꾼다고 비웃음을 당하고, 쓸데없는 고대에 애끓어 지친 역사다. 그래도 신랑 임금은 오고야 말 것이다.

# 7 한국사람

## 지리와 민족성

일찍이 1810년부터 20년대에 유럽 정치계에서 보수주의의 화신 노릇을 하였던 메테르니히*는 그때 어지러움에 빠져 있는 이탈리아를 마음대로 먹을 욕심에 그들을 깔보고 말하기를 "이탈리아는 지리학상의 이름뿐이다"라고 한 일이 있다. 그러나 그런 지 얼마 못 가서 이탈리아 사람들은 자기네 손으로 통일국가를 세움으로써, 그 말이 무지한 망발의 소리인 것을 증거하였다.

그런데 그 통일운동에 지추를 놓는 것은 마치니요, 그 마치니가 그 운동을 무엇으로써 지도했느냐 하면 젊은 사람들에게 자기네 나라 옛날의 빛나는 역사를 가르쳐줌으로써 하였다.

역사는 결국 사람의 역사다. 지리가 역사에 미치는 영향이 큰 것을 말하기는 했으나 아무래도 그것은 주어진 터전이 될 뿐이다. 활동의 기회가 되고 자료가 될 뿐이지 정말 그 흥하고 망하는 원인은 못 된다. 역사 흥망의 원인이 되는 것은 그 역사에 대해 책임을 질 수 있는 인격만이다. 개인에게 살림 있는 곳에 인격이 있듯이 국민에게도 역사가 있는 이상 개성을 가지는 인격이 있다고 해야 옳다. 한국역사라는 뚜렷이 되어진 사실이 있지만, 그 사람이 아니고는 그 사실을 낳을 수 없는 한국사람이 있어야 할 것이다. 나라를 지켰든지 잃었든지 문화의 향상을 시켰거나 퇴보를 시켰거나, 좌우간 한국역사라는 지구의 한 모퉁이에 이루어진 사실에 대해 책임을 지는 사람이란 것이 있다. 요즘에는 환경을 너무 중요하게 주장하는 사상이 있어서 사람이란 마치 말똥 위에 나는 버섯처럼 순전히 환경의 산물인 것인 듯 생각하는 일이 많다.

*메테르니히(Klemens, von Fürst Metternich, 1773~1859): 오스트리아의 정치가. 1814~15년 빈 회의를 주재하면서 오스트리아를 유럽의 주도국으로 복귀시켰다. 보수세력의 지도자로서 유럽제국의 자유주의, 민족주의 운동을 탄압했다.

그러나 그것은 주객을 서로 바꾸어놓은 그릇된 생각이다. 사람이 환경의 산물이 아니라, 환경이란 것이야말로 사람의 마음이 만들어놓는 것이다. 도깨비가 있어서 무서운 게 아니라 무서운 생각을 하기 때문에 도깨비가 생긴다. 환경으로 성립되고 뜻을 가지게 되는 것은 오직 물질적 자료에 의해 자기를 나타내고자 하는 인격에 의해서만이다.

생명 없는 물질의 변동 속에서 생명이 우연히 생겨 나왔다는 것은 너무도 어리석은, 너무도 뱃심 좋은 독단이요, 그보다는 본래 있는 생명이 어떤 까닭으로 어떤 자기 한정을 하고, 자기 나타남을 한 것이 물질이란 것이다. 생명이 근본이요, 물질이 나타남이며, 생명이 전체요, 물질이 부분이다. 한국이란 땅이 있어서 그 땅이 한국사람을 만든 것이 아니라, 한국사람이라고 부르게 되는 생명의 그 어떤 한 줄기가 있어서 한국이라는 한 터전이 생겨 나왔다.

우리는 위에서 한국의 지리가 고난의 터전으로 결정되어 있다고 했지만, 그것은 절대적으로 한 말은 아니다. 우리 스스로를 깨닫기 위해 한번 그렇게 생각해본 것이다. 아직 땅 껍데기를 벗긴 것이지 생수(生水)가 쏟는 데까지는 들어간 것이 아니다. 우물자리를 잡을 필요도 있지만 땅을 깊이 파기만 하면 어디나 물이 있는 것이다. 파기의 쉽고 어려움이 있을 뿐이다. 우리나라의 땅이 고난의 터전으로 생겼다는 것은 과학적인 말이다. 그러나 사람은 과학의 대상만은 아니다. 사람의 사람된 바로 그 점은 과학의 대상이 아니요, 종교의 대상이다. 보통으로 말하면 고난의 터전이라는 말이지 절대로 어쩔 수 없이 여기서는 종살이밖에는 있을 수 없다는 말은 아니다. 만일 그렇다면 그것은 자연현상이지 역사는 아니다.

역사는 단순히 발생하는 것, 되어지는 것만이 아니다. 그보다도 이루어 서는 것, 건설되는 것, 만들어내는 것이다. 정신의 나타남이다. 아시아 동쪽의 한 조그만 반도, 압록강·두만강 남쪽 자질구레한 골짜기에서 한국역사가 되어 나오기도 했지만, 그보다도 정말 참을 말하면, 만주도 다 내버리고 시베리아도 다 내버리고, 일본 열도도 내놓고, 요 조그만 반도만을 한 개 고난의 터전으로, 요 5천 년의 뜨고 잠김을 한 개 역사적 단원으로 결정해놓은 것은 저 한국사람 자신이라, 그 사람의 마음 하나라 해야 옳다. 그러므로 주인은 환경이 아니요, 살겠다는 의욕을 가지고 살았노라는 의식을 가지는 민족이다.

5천 년 역사는 백두산의 역사도, 5대강(五大江) 10대하(十大河)의 역사도 아니요, 한·당·원·명·청·일·노·영·미의 역사도 아니요, 단군의 것이라, 동명왕의 것이라, 광개토왕의 것이라, 김춘추의 것이라 할 수도 없고, 양반의 놀음도 상놈의 놀음도 아니다. 한국역사는 오직 한국사람, 한국 씨올의 역사다.

그렇기 때문에 한국역사가 고난의 역사라면 우리는 그 '우리'를 지리에만 아니라 그보다도 더 깊이 한국사람에게서 찾지 않으면 안 된다. 하늘과 땅 사이에서 찾을 것이 아니라 가슴속에서 찾아야 한다. 하늘과 땅은 가슴의 껍질일 뿐이요, 거기 가는 길일 뿐이다. 고난의 역사의 주인으로서의 한국사람의 성격을 밝혀야 한다는 말이다.

## 자기 반성과 남의 평

그럼 한국민족의 성격은 어떤 것인가? 그것을 알기 위해서는 두 가지 일이 필요하다. 하나는 스스로 자기를 돌이켜 봄이요, 또 하나는 남이 평한 것을 듣는 일이다. 돌이켜 자기를 비판의 대상으로 할 줄 아는 것이 사람이다. 그러므로 자기를 가장 잘 아는 것은 자기다. 생각하는 것이 사람인데 생각은 깊은 것이다. 남은 물론이요, 자기도 자기 생각을 알기 어렵다. 그래서 열 길 물 속은 알아도 한 길 사람 속은 모른다는 것이다. 그러나 그 알 수 없는 것을 아는 것이, 적어도 알려고 애쓰는 것이 사람이다.

사람 속에는 얼핏 보아 두 가지 마음이 있는 것을 누구나 알 것이다. 하나는 자기 주장을 하는 구심적인 것이요, 하나는 나를 떠나 전체의 자리에 서려고 하는 원심적인 것이다. 이 둘이 늘 싸운다. 자기 주장은 이기적이므로 자기를 모른다. 자기를 능히 비판의 대상으로 삼는 것은 자기를 떠나 전체의 자리에 서려는 마음이다. 그것을 양심이라 한다.

사실은 이 둘은 둘이 아니고 하나일 것이다. 마치 원의 반경이 중심에서 보면 구심적이요, 원주에서 보면 언제나 접선을 긋고 달아나려 하는 것같이 보이는 것과 마찬가지다. 있는 것은 구심도 원심도 아닌 원일 뿐이다. 그러나 실제 원을 그릴 때에는 그렇게 서로 반대하는 것이 있는 것처럼 느껴진다. 사람의 마음도 그렇다. 사심 따로 양심 따로가 있는 것이 아니다. 그저 산 마음이 있을 뿐이다. 그런데 그것이 둘로 느껴진다.

작용과 반작용은 하나다. 나와 전체가 대립되지 않는 데가 참나일 것이다. 나이자 곧 전체, 전체이자 곧 나다. 아무튼 나를 아는 것은 나다. 그러므로 나를 알려거든 돌이켜보아야 할 것이다. 줄을 너무 당겨 원이 쭈그러지는 것도 아니요, 너무 놓아주어 펑드렁 늘어지는 것도 아니어서 동그란 원을 그릴 수 있는 것이 참나를 아는 자리다.

그러나 사람은 자기에게도 속지만 단체에 더 잘 속는다. 단체는 전체인 듯 가장하기 때문이다. 단체와 전체는 다르다. 전체는 우주 근본에 일치되는 다시 말해서 하나님의 뜻 그대로를 반영하는 것이요, 단체는 이기적 나의 모인 것에 지나지 않는다. 사람의 이기심은 뿌리 깊은 것이다. 그것과 하나님과 맞서서 공정의 원을 그으려고 하는 한 끝이다. 그러므로 무엇에도 지려 하지 않는다. 그러므로 단체 뒤에 숨어서 그것을 곧 전체라 하고 자기 주장을 내세우려 한다. 단체 중에서 가장 크고 강한 것이 민족이요, 나라다. 그러므로 민족감정이야말로 치우친 생각이 가장 많이 들어 있을 수 있고, 민족적 반성이야말로 가장 어려운 일이다.

이기심을 이기는 것은 하나님뿐이다. 하나님은 곧 우주적인 무한한 전체다. 이기심이 꼭 나쁜 것은 아니다. 이기심이 강한 민족

*『산해경』: 고대 중국과 그 주변 나라의 지리를 다룬 지리서. 산천, 신기, 산물, 풍속, 제사에 관한 내용을 실었다. 확실한 저작 연대는 알 수 없는데 『산해경』이란 이름은 사마천의 『사기』에서 맨 처음 보인다. 진대(晉代)의 곽박이 처음 주석을 달았다.

**군자거지(君子居之): "子欲居九夷 或曰 陋如之何 子曰 君子居之 何陋之有." 공자가 동이족(東夷: 우리나라)의 땅에서 살고 싶다고 하자[居九夷], 어떤 사람이 누추한 곳이라고 걱정을 하니, "군자가 살고 있다면 그 땅이 누추한들 무슨 상관이 있겠는가[君子居之 何陋之有]"라고 대답했던 고사가 있다. 『논어』(論語), 「자한편」(子罕篇).

일수록 크게 될 수 있다. 다만 그것이 하나님의 마음으로 더불어 켱겨 일직선을 이룰 필요가 있다. 그렇지 않으면 구심력만으로 원을 그릴 수 없듯이, 그 민족은 망하고 말 것이다. 그러므로 민족적 반성을 하기 위해서는 다른 민족의 평을 듣는 것이 필요하다. 나를 아는 것은 나지만, 또 나를 아는 것은 남이다. 남이 나를 어떻게 보나 그것을 알아야 참으로 나를 안 것이다.

## 착함

예로부터 우리 민족의 기질, 성격을 평한 사람은 많다. 그러나 대개 단편적이다. 근래 오다가 가장 체계 있게 우리 민족성을 돌이켜본 것은 이광수님의 「민족개조론」일 것이다. 더구나 그 안에는 남이 우리를 평한 것을 많이 끌어다 쓴 것이 있으므로 좋다. 이제 그중 중요한 구절을 당겨보기로 한다.

우리 민족에 대한 가장 낡은 비평은 『산해경』(山海經)*에 나온 한족(漢族)의 평이니, '君子國在其北衣冠帶劍食獸使二文虎在其傍\其人好讓不爭'(군자국은 동방의 북쪽에 있다. 그 나라 사람들은 옷을 입고 갓을 썼으며, 검을 차고 짐승을 잡아먹는다. 호랑이 두 마리를 곁에 두고 부린다. 천성이 겸양을 좋아하여 다투지 않는다)이라 하였고, 이에 대한 곽박(郭璞)의 찬(讚)에는, '東方氣仁國有君子薰華是食彫虎是使雅好禮讓委蛇論理'(동방의 기운은 부드러워 그 나라에 군자가 있다. 향초를 먹으며 호랑이를 부린다. 평소에 예의를 지키고 겸양을 좋아하며 말할 때에는 곡진하게 사리를 따진다)라 하였습니다.

우리 민족이 다른 민족에게 준 인상이 '군자'(君子)외다. 공자도 군자거지(君子居之)**라 하여 제 나라 백성의 썩고 바르지 못한 데 분개하여 우리 민족 안에 오려 하였습니다. '기인호양부쟁'(其人好讓不爭)이란 것으로 '군자'인 것을 설명하였습니다.

서재에서 집필 중인 이광수와 경기 남양주의 봉선사 입구에 세워진 춘원 이광수 기념비.

'호양부쟁'이란 것을 오늘날 생각으로 갈라놓으면 관대, 박애, 예의, 청렴, 자존 등이 될 것이외다. 다시 이 네 가지 덕목을 한데 뭉치면 곽박의 『산해경찬』(山海經讚)에 있는 바와 같이 '인'(仁)이 될 것이외다. 그런데 이를 조선 민족의 역사에 참고해보건대 '인'은 조선 민족의 근본 성격인 듯합니다. 국제적으로도 일찍이 남을 침략해본 일이 없고, 또 외국인을 매우 존경하는 성질이 있으며, 민족끼리도 잔인강포한 행위는 극히 적습니다. 살인, 강도 같은 잔인성의 죄악은 지금도 매우 적다 합니다.

조선사람처럼 관대한 것은 다른 민족에서는 보기 어렵습니다. 혹 누가 자기에게 업신여김을 주면 흔히는 껄껄 웃고 구태여 갚으려 하지 않습니다. 외국 사람은 혹 이를 겁나(怯懦)한 까닭이라고 할는지 모르나 껄껄 웃는 그의 심리는 관서와 자존이외다. 그래서 조선사람은 원수를 기억할 줄 모릅니다. 곧 잊어버립니다. 심지어 제 혈족을 죽인 자까지도 흔히는 용서합니다. 그러므로 조선의 전설이나 문학에 원수 갚음에 관한 것은 극히 적고 일본민족과 같이 이를 미덕으로 아는 생각은 조금도 없습니다.

다음에 조선사람은 사람을 사랑하는 성질이 많습니다. 처음대할 때에는 좀 뚝뚝하고 찬 듯하지마는, 속마음에는 극히 인정이 많습니다. 10년 전까지 사랑에 들어오는 손님이 있으면 알거나 모르거나 재우고 먹여 관대합니다. ……예의를 중히 여기는 것은 우리 민족의 특성이외다. 군자국이라는 이름으로부터도 예의를 연상케 합니다. 또 『동방삭* 신이경』(東方朔 神異經)에, "東方有人焉男皆朱衣縞帶玄冠女皆采衣男女便轉可愛恒恭坐而不相犯相譽而不相毀見人有患投死救之倉卒見之如癡名曰善人"(동방에 사는 사람들이 있는데, 남자는 다 붉은 옷에 흰 띠를 띠고 검은 갓을 쓰며 여자는 다 채색옷을 입는다. 남녀가 다 얌전하여 사랑스럽다. 항상 공손히 앉아 있지 서로 건드리지 않으며, 서로 칭찬하지 헐뜯지 않는다. 곤경에 처한 사람을 보면 목숨을 던져 구원해준다. 얼핏 보면 바보 같은데 참 좋은 사람들이다)이라 한 것이 있었음을 보아, 어떻게 옛날 우리 민족이 예의를 숭상한 것을 알 것이외다.

또 『후한서』(後漢書)**에 부여인의 예의 있음을 평하여, "食飮用俎豆會同拜爵揖讓升降"(음식을 먹을 때 그릇을 사용하고 모여서 절하고 술잔을 권한다. 읍하고 양보하며 계단을 오르내린다)이라고 하였고, 또 『삼국지』(三國志)에 마한을 평하여 "其俗行者相逢皆佳讓路"(그 풍속에 길가는 자가 서로 만나면 길을 양보하는 것을 훌륭하게 여긴다)라 하였습니다.

이렇게 예의를 숭상하는 본성이 있었으므로 이조의 당쟁도 거의 예문(禮文)의 해석이 그 원인이 되었으며, 지금의 조선사람도 예의를 숭상하는 풍이 많으니 우리나라를 '예의지방'(禮儀之邦)이라 한 것은 참으로 들어맞는 평이라 하겠습니다.

그러면 예의란 무엇이뇨? 규율에 복종하여 질서를 지키는 것이외다. 규율 밑에는 극히 순종한다는 뜻이외다. 예의란 곧 의(義)외다…….

위에 인용한 글 중에 호양부쟁(好讓不爭)을 네 덕목으로 분석하

* 동방삭: 중국 한(漢)나라 무제 때의 사람. 해학과 변설로 이름이 났다.
** 『후한서』: 중국의 기전체 역사서 24사 가운데 하나로, 후한(後漢) 열두 임금의 사적을 기록한 책. 남조 송나라의 범엽이 지은 것을 양나라 유소가 보충해 완성했다.

는 것은 별문제로 하고 또 우리 민족의 특성 중에 자존심이 있다는 것도 다시 생각해볼 것이나, 아무튼 대체로 합하여 '인'이라 하는 데에는 다른 말이 있을 것 없다. '인'을 우리말로는 '착하다' '어질다' '크다'로 말하는데, 나는 그중에서도 '착하다'로 대표하고 싶다. 우리 사람은 근본이 착하다. 착한 사람이다.

'인'을 공자가 어떻게 중히 여겼나를 생각해보면 이런 평을 듣는 우리 자격이 얼마나 높은지를 알 수 있다. 남들에게는 하늘이 내신 성인이라는 소리를 듣고 전에도 후에도 다시 있을 수 없다는 칭찬과 존경을 받고, 또 사실 중국 5천 년 역사에 그보다 더한 인물을 아직 보지 못하는 공자건만, 그 공자도 스스로 '인'은 못하노라고 사양을 하였다. '인'은 그만큼 높은 것이다. 공자의 생각으로 하면 '인'은 곧 우주 인생의 근본이다. 노자가 말하는 '도' '자연'도 이것일 것이요, 인도에서 말하는 '브라만' '아트만' 및 기독교에서 말하는 '아가페' '로고스'도 이것일 것이다. 그것을 유교식으로 말한 것이 '인'이다.

'인'은 식물에서 하면 씨요 알짬이요, 동물에서 하면 활동하는 생명력이요, 사람에서 하면 그 정신적 바탈이다. 그래 복숭아 씨를 '도인'(桃仁)이라 하고, 팔다리 못 쓰는 것을 '불인'(不仁)하다 하고, 맹자가 '인'을 설명하면 '인'은 '인야'(人也)라 한다. '인'은 사람의 사람된 본바탈이다. 사람의 본바탈이면 곧 우주의 바탈이요, 하나님의 바탈이다. 그러므로 그 사람이 착하다면 사람다운 사람, 참사람, 제 바탈대로 사는 사람, 우주 공도(公道)에 합한 사람, 하나님 뜻대로 사는 사람이란 말이다. 그러니 이에서 더한 자격이 어디 있나?

한족이라면 천하가 다 아는 바와 같이 자존심이 강한 민족이다. 그래 자기네만이 천하 중앙에 있어 문명한 중화요, 그 밖의 것은 모두 오랑캐라 해서 동이·서융·남만·북적*이라 하였다. 그런데 그 한족의 입으로 그 평이 나왔으니 옛날 우리 사람이 얼마나 그 바탈이 착하고 어질었던가를 짐작할 수 있다. 물론 이것은 과학적

* 동이·서융·남만·북적: 이(夷), 융(戎), 만(蠻), 적(狄)은 모두 오랑캐라는 뜻으로, 동서남북의 이민족을 낮추어 부르는 말이다.

인 조사 연구에 의한 것도 아니요, 도덕적·종교적 성의를 가지고 한 것도 아니요, 옛사람의 한 개 호기심에서 나온 다른 나라 풍물을 그리는 인상기 정도에 지나지 않는 것인지도 모른다. 그러나 그만큼 할인을 하고 듣더라도 값이 있는 평이다. 서로 다른 민족 사이에 치우쳐 나쁘게는 보기 쉬워도 좋게 보기는 어렵기 때문이다. 또 한 사람의 의견만이 아니고 몇 사람의 의견이 일치한 것이다.

또 남의 평만이 아니고 직접 사실에서 알 수 있다. 그 하나는 건국신화다. 대개 어느 민족이나 그 전해오는 신화·전설을 보면 나라를 세울 때에는 반드시 남을 정복하고 빼앗고 하였다는 이야기가 있다. 그것은 원시사회가 사실 그랬기 때문이다. 그런데 우리나라 신화, 전설에는 도무지 그런 싸움을 좋아했다는 것이 없다. 그 다음은 위의 인용문 가운데도 있었던 대로 우리나라 역사 사실에 남의 나라 도둑해 들어간 일이 없다. 우리 전쟁은 모두 방어전이었지 침략전이 아니었다.

마지막으로는 국민적 이상이다. 우리나라 사람들이 일반으로 즐겨 쓰는 이름자를 보면 모두 착한 성질의 것이다. '인, 의, 예, 지, 신, 순(順), 순(淳), 화(和), 덕(德), 명(明), 량(良), 숙(淑)' 모두 이런 자(字)들이다. 이름은 가장 소중한 것이요, 가장 높은 이상을 포함시키는 것인데, 거기 쓴 글자가 모두 그런 것을 보면 그 이상으로 삼는 것이 무엇인지 알 수 있다. 혹은 이것을 유교 교육의 영향이라 할지 모르나 설혹 그렇다 가정을 하더라도 그것은 그 본성이 그러한 것이 있었기 때문에 유교식으로 발표된 것이라 해석해야만 옳을 것이다.

이것을 옆의 일본이나 중국과 비교해보면 잘 알 수 있다. 유교 교육을 받기는 마찬가지요, 그 이상이 문화의 줄가리를 이루기는 저희나 우리나 마찬가지인데, 그래도 그 이름짓는 법은 다르다. 일본사람 이름에는 흔히 쓰는 것이 '준(俊), 웅(雄), 수(秀), 영(英), 무(武)' 이런 것들이다. 그것은 그들의 이상하는 바가 그랬기 때문일 것이다. 또 사실이 그렇지 않은가?

착한 사람, 다른 말로 해서 평화의 민족이란 말이다. 다른 것은 다 몰라도 우리는 평화를 사랑하는 민족이라 해서 세계 어디 내놓아도 막힐 데 없을 것이다. 생존경쟁이 생물의 본능인 것을 생각한다면 '평화를 사랑한다' '착하다' '인하다' 하는 것은 그 도덕성이 매우 높은 것을 말하는 것임을 알 수 있는 동시에 고난의 역사가 되는 까닭이 거기도 있음을 알 수 있다. 고난은 생명 진화의 지금 단계를 위한 것이 아니요, 다음 단계를 위한 것이다.

## 날쌤

그다음 한국사람의 특성으로는 용(勇)을 들 수 있다. 위에 인용한 『동방삭 신이경』 중에 있는 말이 그것을 잘 증명한다. "상예이불상훼"(相譽而不相毁), "견인유환투사구지"(見人有患投死救之)라는 구절이 있다. 서로 칭찬을 해주지 남을 헐뜯어 말하지 않는다는 말이요, 남에게 어려운 일이 있는 것을 보면 몸소 죽을 데라도 뛰어들어 구해준다는 말이다. 그것이 '용'이 아닌가? 그 밖에도 『후한서』에는 고구려 사람을 향하여 "기인추대강용이근후불위구초"(其人麤大強勇而謹厚不爲寇鈔: 그 사람들은 체격이 큼직하고 강하면서도 용감하지만, 신중하고 소박하여 남의 나라를 침입해 약탈하지 않는다), "인성질직강용"(人性質直彊勇: 사람의 성품이 순박하고 정직하며 강하고 용감하다)이라 한 말이 있다.

이것이 거짓이 아닌 것은 역사상의 사실이 증명한다. 나는 우리나라 옛날의 이상적 전형인물로 셋을 들고 싶다. 고구려의 바보 온달, 신라의 처용 그리고 백제의 검도령, 이 세 사람의 전설이 다 그대로 사실이라고는 할 수 없을 것이다. 그러나 사실이 아니고 전설이 섞였을수록 그것은 국민적 이상을 말하는 것인데, 그 셋이 다 참 '강용이근후'(強勇而謹厚) 그대로다. 그 밖에도 박제상, 김유신, 밀우, 유유, 계백 그리고 여러 화랑, 선비의 이야기는 너무도 익히 아는 것이라 말할 것도 없지만, 『삼국사기』에 나타난 것을 보면 지금의 한국사람으로는 꿈도 못 꿀 듯한 의용의 사실이 수두룩하다.

그중 한둘을 든다면, 고구려 둘째 임금 유리의 아들에 해명이란 사람이 있었다. 힘이 있고 날쌔었다. 옆의 황룡국 왕이 이것을 듣고 선물로 억센 활을 하나 보내왔다. 해명이 그것을 당겨 꺾어버리고는 사자를 보고 하는 말이 "내가 힘이 있는 것이 아니라 활이 약하구나" 하였다. 황룡국 왕이 그 말을 듣고 부끄러웠다. 그 말을 아버지 유리왕이 듣고 노하였다. 그리하여 황룡국 왕을 보고 "해명은 불효자니 나를 위해 해명이란 놈 목을 베어주시오" 하였다. 황룡국 왕이 그 말을 듣고 사자를 보내어 태자를 청했다. 태자가 가려는 것을 보고 위험하다고 말리는 자가 있었다. 태자는 대답하기를 "하늘이 나를 죽이려 하지 않는다면 황룡국 왕이 제 어찌하겠느냐" 하고 갔다. 죽이려던 황룡국 왕이 보고 도리어 예로 대접하여 보냈다.

그랬더니 그다음 아버지 왕과 사이가 좋지 않아져 유리왕은 해명이 아비 명령을 좇지 않고 힘을 믿고 이웃나라와 원수를 짓는다는 죄로 검을 내려 죽으라 하였다. 해명이 곧 자살하려는 것을 보고 말리는 사람이 있었다. 해명은 대답하기를 "내가 황룡국 왕의 활을 꺾은 것은 그가 억센 활을 보내어 우리나라를 업신여기려 하기 때문에 한 것인데 아버지가 노하여 나더러 불효라 하여 스스로 죽으라 하시니 내가 아버지 명령을 어찌 도망할 수 있느냐?" 하고 여진동원(礪津東原)에 나가 창을 땅에 꽂고 말을 달려오다가 스스로 꿰어 죽었다. 나이 스물하나, 후의 사람들이 그곳을 불러 창원(槍原)이라고 하였다.

또 고구려시대 일인데, 고국천왕의 형에 발기라는 사람이 있었다. 왕이 아들 없이 죽으매 왕후 우씨가 가만히 발상을 하지 않고는 밤중에 발기 집에 가서 보고는 "임금자리를 이으면 어떠냐?"고 했다. 그런즉 발기 말이 "하늘 역수(曆數)는 돌아가는 곳이 있는 법이라 가볍게 이래라저래라 할 것이 아니요, 또 여자가 밤중에 다니니 어찌 예라 하겠느냐?"고 책망하였다. 우씨가 부끄러워 나와서는 다음 동생 연우에게로 가서 같은 말로 권하여 허락을 얻은 다음 이튿날 아침 왕의 명이라 하고 연우로 임금자리를 잇게 하였다. 발기가 이것을 듣고 노해서 군사를 일으켜 왕궁을 에워쌌다. 그러나 하나도 응하는 사람이 없으므로 도망하여 한의 요동 태수, 공손탁에게 항복하고는 군사 3만을 얻어가지고 본국으로 쳐들어왔다.

연우가 그 소식을 듣고 막내동생 계수를 보내어 치게 하였다. 한병(漢兵)이 크게 패하여 도망을 하매 발기가 계수를 보고 외쳐 말하기를 "네가 차마 늙은 형을 죽이려느냐?" 하였다. 그런즉 계수가 그 말을 듣고 차마 해하지는 못하고 말하기를, "연우가 나라를 사양하지 않았으니 불의하다고야 하겠지만 아무려면 한때의 분을 가지고 제 본나라를 치는 것은 무엇이오? 무슨 면목으로 죽은 후 조상들을 볼 터이오?" 하였다. 이 말을 듣고 발기는 부끄럼을 못 이겨 자살하였다. 이것을 보고 계수는 통곡하고 시체를 거두어 장사하고 돌아왔다.

연우가 이것을 보고 한편으로 기뻐는 하면서 또 하는 말이 "발기가 외국 군사를 빌려 본국을 쳤으니 그 죄가 크다. 이제 네가 이기고도 죽이지 않은 것은 또 모르지만 자살한 걸 보고 슬피 울었으니, 그럼 나더러 잘못이란 말이냐?" 하고 노하였다. 계수가 그 말을 듣고 슬피 울며 하는 말이 "내 말 한마디만 하고 죽으리라. 형이 비록 왕후의 명령으로 임금이 되기는 하였으나 예로써 사양하지 않았으니 형제의 사랑하고 공경하는 의를 지키지 않은 것입니다. 나는 왕의 아름다움을 이루어드리기 위하여 장사한 것인데 도리어 노하실 줄 몰랐습니다. 그러지 말고 형님의 예로 장사지내드리면 누가 왕을 불의하다 하겠소. 나는 할 말을 하였으니 죽어도 오히려 사는 것입니다. 제발 관리에 명령하여 죽여주십시오" 하였다. 이 말을 듣고 왕도 감복하여 그 잘못을 뉘우치고 그 아우를 향하여 절하고 즐거이 논 다음 발기를 다시 왕의 예로 장사하였다는 것이다.

역사에 전하는 것은 특별한 것이니 그것으로 그때 모든 사람이 그랬거니 생각할 수는 없다. 그러나 개인은 아무래도 전체의 대표라, 고구려사람이 다 겁쟁이인데 해명 한 사람만이 죽음을 두려워하지 않았고, 신라사람이 다 기백이 없는데 홀로 박제상 하나만이 의기가 높았을 리 없다. 봉우리가 높으려면 산발이 넓어야 하는 것 같이, 인물이 나려면 단체적 정신생활의 배경이 있어야 한다. 한 집안의 발기, 계수 같은 형제가 있다면 허다한 수의 그러한 집안이 사회에 널리 흩어져 있음을 알 것이다.

이런 모든 것을 미루어 보아 우리는 동방삭의 "견인유환 투사구지"(見人有患 投死救之)가 허튼 말이 아님을 알 수 있다. 이런 말은 어느 개인의 성격을 그리는 때면 몰라도 일반 민중의 기풍을 그리는 데서는 하기 어려운 말이다. 죽기는 그렇게 쉬운 것이 아니다.

그런데 이렇게 말한 것을 보면 이러한 점이 외국 사람의 눈에 곧 뜨일 만큼 상당히 두드러져 있었던 것이다. 더구나 그 아래 이어 있는 "창졸견지여치명왈선인"(倉卒見之如癡名曰善人)이란 구절을 보면 과연 그 사실을 본 대로 그린 것임을 알 수 있다. 얼핏 보면 바보 같은데 참 좋은 사람이라는 뜻이다. 그럴 것 아닌가? 남의 어려움을 보고 죽을 데 들어가 구하는 그만한 의와 용을 가진 다음에는 바보같이 보일 수밖에. 더구나 외국 사람의 눈에는 그럴 수밖에 없을 것이다.

이러고 보면 온달이, 처용이, 검도령이 노상 꾸민 이야기만이 아닐 것이다. 그래 나는 이것으로 삼국사람의 이상적 타입으로 보자는 것이다. 그들이 다 '창졸견지여치'다. 그러나 그 속에는 바다보다 더 넓은 것이 있고, 호랑이보다 더 날쌘 것이 있다. 그러니 선인이랄 수밖에 없지 않은가. 글쎄 고성낙일(孤城落日: 해질 무렵 먼 서쪽 지평선에 외딴 섬이 보인다는 뜻으로, 안시성이 적군에 둘러싸여 대단히 외로운 형편이었음을 비유했다)에, 기염을 폭발하는 화산처럼 뿜어 중원천지의 세력을 총동원해가지고 왔던 수 양제, 당 태종을 울고 돌아가게 했던 안시성의 영웅은 이름조차 모르지 않나?

그야말로 무명의 영웅이다. 무명의 영웅은 영웅이 풀같이, 씨올같이 많기 때문이 아닐까? 우리는 『신이경』의 그 두 구절 속에 옛날 한국사람의 모습이 날뛰는 것을 본다. 그래 '동방기인'(東邦氣仁)이라, '군자국'(君子國)이라, '예의지방'(禮儀之邦)이라 한다.

착하고, 평화를 사랑하고, 너그럽고, 날쌔고, 조심성 있고, 예의 높고, 얼핏 보기에 바보라 하리만큼 무게가 있는 다음에는 대민족의 기상이다. 큰 나라를 세우고 고상한 문화를 낳을 수 있는 자격이다. 이 점에서 나무랄 것이 없다. 또 그 밖에도 큰 국민이 되는 데 필요한 조직력이나 재능에서도 가난하지 않다. 세계에 민족도 많고 문화도 가지가지여도 5천 년이나 되는 이만한 문화사회를 발달시켜오는 것은 여간한 일이 아니다. 벌써 그때에 그만한 나라를 세웠다는 것은 상당히 발달된 조직력을 가진 것을 말한다.

세계역사에 이런 민족은 그리 많지 않다. 이것은 벌써 많은 시련을 치르고 나온 민족이다. 또 재능에서 말하면 세계에 자랑할 만한 독창적인 여러 가지 발명이 있다. 다만 그것을 키우지 못한 것이 죄다.

## 우리 민족의 결점

그러나 이것은 다 옛 한국을 두고 하는 말이요, 한번 눈을 현실로 돌려서 살펴보면, 도무지 딴 민족을 보는 것 같다. '한국사람은 착하다'고 했는데 지금 착한 것이 어디 있나? '평화를 사랑한다' 했는데 어디 평화가 있나? 사회는 시기, 음해, 날치기, 소매치기로 가득하고, 우리에게야말로 세계평화는 눈썹에 불같이 긴급한 문제건만 평화운동 소리는 한마디도 나오지 않고 남의 삯 싸움이나 하는 것을 무슨 국민의 대사업이나 되는 양 미치고, 가다 혹 중도주의, 제3세력 소리 하면 나라 도둑이나 되는 듯 미워하기나 한다.

이조 일대가 당파 싸움으로 그친 것은 또 그만두고 그 때문에 나라를 몽땅 도둑맞고 종살이하기를 몇십 년을 하다가 그래도 하늘이 무심치 않아 해방이라고 왔는데 건국운동이랍시고 3파, 4파로 싸우다가 종내 통일정부를 세우지 못하고, 남의 나라 세력 싸움 때문에 한때 우연히 일어난 물결인 듯하던 38선은 점점 마음의 38선으로 굳어만 가고 있다.

한국사람은 의용심이 있다 했지만, 이제 어디 의용이 있나? 공산주의 때문이라 하지만 같은 공산주의와의 싸움에도 독일 민족은 아니 그렇고, 전쟁 때문이라 하지만 같은 전쟁의 화를 입고도 일본민족은 아니 그렇다. 같은 공산주의에도 우리는 우리 식대로 더럽고, 같은 전쟁이라도 우리는 우리 버릇대로 못났다.

"아무러면 한때 분을 못 참아서 남의 나라의 군사를 빌려가지고 본국을 쳐들어오는 게 뭐요?" 하는 말에 부끄러워 스스로 목을 찌르던 발기가 이제 온다면 우리는 뭐라 대답을 해야 할까? 남의 어려움을 보고 죽을 데 빠져들어 구해주던 조상이 오늘 온다면 외국서 모처럼의 구호물자가 와도 환난에 빠진 사람의 손에는 가지 못하고 중간에서 흐지부지해버리는 이 사람들을 제 자손이라 할까? 우리 조상은 얼핏 보기에 바보 같다 했는데 지금 우리 민족같이 약아빠진 민족이 어디 있을까?

우리는 이제 신화도 없어지고 민족의 영웅도 없어졌다. 감격도 없고 흥분도 모르는 민족이다. 약아빠진 것은 국민적 이상이 없기 때문이다. 이러고도 나라를 할 수 있을까?

이런 생각을 하며 우리 역사를 볼 때, 우리는 "이것은 중간에 변경된 각본이다" 하는 생각을 금치 못한다. 지리에서 그랬던 것같이 사람에 있어서도 당초에는 큰 국민으로서의 성격을 가졌던 것이 중간에 그만 달라져버렸다. 이 변동은 삼국시대를 경계선으로 하고 일어났다. 그리하여 고구려 사람의 핏줄 속에 뛰고, 신라 사람의 머릿속에 솟고, 백제 사람의 가슴속에 울리던 착하고 너그럽고 곧고 굳고 날쌔고 의젓하던 정신은 그만 사막으로 흘러드는 냇물 모양으로 어느덧 자취를 감추어버리고 말았다. 그렇게 된 까닭이 무엇일까? 밖에서 오는 원인만 아니라 그렇게 될 수밖에 없었던 속의 무슨 결함이 있지 않을까?

나는 거기에 대해 이렇게 대답한다. 그것도 한국역사는 고난의 역사라 하는 말 모양으로 어림없는 소리인지도 모른다. 그래도 한다. 한국사람은 심각성이 부족하다. 파고들지 못한다는 말이다. 생각하는 힘이 모자란다는 말이다. 깊은 사색이 없다. 현상 뒤에 실재를 붙잡으려고, 무상 밑에 영원을 찾으려고, 잡다 사이에 하나인 뜻을 얻으려고 들이파는, 컴컴한 깊음의 혼돈을 타고 앉아 알을 품는 암탉처럼 들여다보고 있는, 운동하는, 생각하는, brooding over하는 얼이 모자란다. 그래 시 없는 민족이요, 철학 없는 국민이요, 종교 없는 민중이다. 이것이 큰 잘못이다. 이 때문에 역사극의 각본이 중간에 변동되었다. 이 때문에 그만 커지지 못하고 말았다.

종교가 없지 않다. 그러나 그것은 다 남에게서 빌려온 종교지 우리에게서 나온 것이 아니다. 유교가 그렇고 불교가 그렇고 기독교도 그렇다. 근래에 오다가 동학이요 천도교요 하나, 요컨대 밖에서 들어온 남의 사상을 이리 따고 저리 따서 섞어놓은 비빔밥이지 정말 우리의 고유한 것이 아니다. 대종교까지도 이러한 잘못에 눈이 팔려 이미 다 식은 화로에서 불꽃을 찾자는 그러한 마음은 갸륵하지만, 과연 어느 만큼 졸가리 있는 것인지가 의문이다.

첫째, 민족의 혼에 확 하고 불을 달구지 못하는 데 그 무슨 잘못이 있는 것 아닐까?

고유한 종교가 있다. 무언가? 길가에 앉은 점쟁이요, 명태 대가리를 들고 춤을 추는 무당이요, 줄을 넘는 광대요, 활량이다. 이것은 원시종교다. 샤머니즘이다. 고구려에 선인이 있었고 신라에 화랑이 있었고, 고려 때까지만 해도 국선, 국사 소리가 있었다. 그것이 정말 우리나라의 고유한 종교요 사상인데, 내려오다가는 그렇듯 타락해버리고 말았다. 종교의 역사를 보면 어느 민족이나 그 원시시대에서는 모두 요술, 마법, 물령숭배, 점치기 아닌 것이 없다.

그러다가 그것이 고상한 종교로 발달하는 것은 도덕적으로 철학적으로 깊이 생각하고 수련하고 체험하는 데서 된다. 우리 고유한 종교가 타락하고 만 것은 그 힘씀이 부족하였기 때문이다. 그것이 위에서 말한 파고드는 성질, 생각하는 힘이 부족하다는 것이다.

역사에 기록된 것을 보면 우리나라 옛날 제사를 지내는 때는 '군취가무 주야부절'(群聚歌舞 晝夜不絶: 사람들이 모여 밤낮없이 춤을 추다)이라 '연일가무'(連日歌舞)라 하였다. 매우 낙천적이다. 그러나 거기 깊은 정신적인 것은 없다. 아마 밖에서 온 종교가 있었기 때문에 거기서 정신적 요구를 만족시키고, 그 때문에 종교는 유치한 원시형태대로 남고 말았을 것이다. 그러나 스스로 깊이 파지 못하는 그 성격 때문에 그 받아들인 종교도 정말 내 것을 만들지 못하고 말았다. 이것이 우리나라 유교, 불교, 기독교가 다 민중을 건지지 못하고 마는 근본 원인이 아닐까?

종교가 그렇게 된 다음에는 철학이나 시는 말할 것도 없다. 그래 우리는 어지간히 문

임신서기석(壬申誓記石). 신라시대에 제작된 금석문으로, 화랑도의 충성을 서약한 글귀가 새겨져 있다.

명인의 옷을 입고 다니기는 하나, 제 철학, 제 시를 가지지 못한 민족이 되고 말지 않았나.

이 사람들은 사람은 좋은데 자기를 깊이 들여다보고 팔 줄 모른다. 자기를 파지 않기 때문에 자존심이 없다. 이광수 님은 자존심이 많다고 보지만, 나는 반대로 없다고 본다. 정말 자존은 젠체하는 망자존대(妄自尊大)가 아니다. 인격적 자각에서 오는 자중이다. 천하를 갖고도 내 나라는 못 바꾸며 우주를 가지고도 내 인격은 누를 수 없다고 생각하여야 자존이다. 우리 사람의 하는 일이 매양 뻐젓·어엿·뚜렷하지 못하고 구차하고 구구한 것이 많은 것은 제

값을 모르기 때문이다.

자존하지 못하기 때문에 자유가 없다. '스스로'라는 것이 생명의 원리 아닌가? 자유 없이는 모처럼의 '인'(仁)도 얼빠진 것에 지날 것이 없고, 그 좋은 평화주의도 못난 것밖에 될 것이 없고, 그 장한 용맹도 짐승에 다를 것이 없다. 좋은 불행일 뿐 아니라 죄악이다. 남을 업신여긴 것도 죄지만 자기를 업신여기면 더 큰 죄다. 그 죄에서 모든 죄가 나오기 때문이다. 자유정신이 부족한 한민족은 두 가지 무거운 짐을 겹쳐 지고 있다. 하나는 남이 주는 압박이요, 또 하나는 저를 버린 자에게 주는 하나님의 심판이다.

우리나라 사람의 성질에 그러한 큰 결함이 있기 때문에 그 결과가 역사 위에 드러나 있다. 정치라면 구차한 외교로 나라의 명맥을 유지하는 일로 알았고, 살림이라면 목숨이 끊어지지 않는 것으로 알았다. 계획이 넓지 못하고, 규모가 크지 못하다. 집 중에서 제일 큰 것이 겨우 경복궁이요, 돌로 만든 것에 가장 큰 것이 겨우 은진 미륵이다. 남의 나라에는 몇백 년을 두고 하는 건축이 있건만, 이 나라에서는 그런 것을 생각도 못 한다. 직업을 하면 입에 풀칠이 목적이요, 사업을 한다면 당장 내일로 보수가 돌아오기를 바라는 것뿐이다.

주몽이 졸본을 떠난 것은 아브라함이 우르를 떠난 데 비할 만하고, 온조가 한가람에 나라를 세운 것이 로마 사람이 테베레 강 옆에 로마를 세운 것만 못하다 할 것 없건만, 한번 삼국시대를 놓고 내려온즉 달라진다. 기상이 죽고, 계획이 원대하지 못하고, 이상이 크고 멀지 못하다. 그저 소(小)요, 일시요, 고식이요, 구차다. 이런 모든 것이 다 심각성의 부족에서 온다. 저를 잊어버린 데서 온다.

모든 문제는 결국 정신 문제다. 건축의 크고 작음이 그 지하공사의 깊고 얕음에 비례하듯이 사람의 생활도 개인 또는 사회를 말할 것 없이 그 정신적 공작에 비례하여 결정된다. 한민족의 본바탈인 '인, 용, 지'를 정말 바로 키워 그 아름다움을 드러내면서 반드시 이 큰 잘못을 고치지 않고는 안 될 것이다. 무엇보다 먼저 네 종교

경기도 광주에 있는 남한산성. 백제 초기의 유적이 많아 온조왕대의 성으로 알려져 왔다. 1624년 조선 인조의 명으로 공사를 시작하여 1626년 현재의 모습으로 개축했다.

를 가져라!

우리가 고난의 짐을 지게 된 것은, 안 그럴 것 같던 우리 역사가 중간에 변경된 것은, 하나님이 이 병을 고쳐주시기 위해 취한 방법이라고 나는 본다. '사어안일'(死於安逸)이라 하지 않던가? 일 없이 무사히 있음은 죄악의 온상이다. 낙천적이고 인후하며 그리고 심각성이 없는 평화의 민족을 따스한 중용적 지리의 반도 안에 그냥 두면 썩어서 사람 노릇을 못 할 것은 정한 이치이다. 그렇기 때문에 고난으로 짐을 지워 생각을 하게 한다.

고난은 인생을 심화한다. 고난은 역사를 정화한다. 평면적이던 호호야(好好爺: 인품이 너그럽고 무난한 늙은이)도 이를 통하고 나면 입체적인 신앙을 가지게 되고, 더럽던 압박과 싸움의 역사도 눈물을 통하여 볼 때에는 선으로 가는 힘씀 아닌 것이 없다. 중국의 교만, 만주의 사나움, 일본의 영악, 러시아의 음흉이 다 견디기 어려웠지만, 그것이 아니더라면 언제 망했을는지 모른다. 우리가 고난의 길을 걷는 것은 살고자 하기 때문이요, 살고자 함은 살아 있기 때문이요, 살아 있음은 살려주시기 때문이다. 살려두시는 것은 할 일이 있는 증거다. 우리의 맡은 역사적 사명을 다하기 위하여 고난의 초달(楚撻)을 견뎌야 한다.

제2부

# 올라오는 역사 내려가는 역사

5천 년 역사를 가만히 씹어보면 모든 시대의 일은 각기 다르면서도 한결같이 그 밑을 꿰뚫어 한 개의 뜻이 움직이고 있음을 알 수 있다. 어떤 한 개의 힘이 파란을 거듭하는 역사 변천 밑에서 늘 모든 것을 한 점에 붙들어매려 하고 있다.

# 8 당당한 출발

## 글워리 없는 역사

그 자리 그 민족이 둘 다 고난의 무대요, 고난의 주인공임을 보았다. 그리고 그 뒤에 어떤 뜻이 있는가를 더듬어보려 하였다. 그 뜻이 나타난 것이 역사의 변천일 것이다.

5천 년 역사를 가만히 씹어보면 모든 시대의 일은 각기 다르면서도 한결같이 그 밑을 꿰뚫어 한 개의 뜻이 움직이고 있음을 알 수 있다. 마치 날뛰는 물결 밑에 언제나 작용하고 있는 중력이 있는 것과 마찬가지로 어떤 한 개의 힘이 파란을 거듭하는 역사 변천 밑에서 늘 모든 것을 한 점에 붙들어매려 하고 있다. 이제 그것을 각 시대에서 간단간단히 찾아보기로 한다.

우리 옛날 역사를 연구하는 사람들이 누구나 다 같이 하는 탄식은 글워리(史料)가 부족하다는 것이다. 정말 부족하다. 5천 년 역사라면서 기록이 남아 있는 것이라고는 고려시대에 와서 된 『삼국사기』와 『삼국유사』의 몇 권이 있을 뿐이다. 그 밖의 글워리라고는 중국 문헌에 조각 조각으로 끼어 있는 것과, 이따금 가다 나타나는 유물들이다. 전하는 바에 의하면, 본래 기록이 없지 않았다. 단군이 신지(神誌)로 서계(書契)를 차지하게 했다 하였으니, 그때 이미 글자를 써서 기록을 했던 것은 사실이요, 삼국시대에 와서도 고구려, 신라, 백제가 제각기 모두 옛 기록이 있었다고 적혀 있으니 역사 자료가 없지 않았던 모양인데, 중간에 모두 없어지고 말았다. 이것이 다 고난의 역사의 한 단면이다.

글워리를 새삼스레 모으기 전에 한국역사는 다 설명이 된 셈이다. 기록이 없는 5천 년 문화, 이것이 바로 한국역사다. 이러한 점

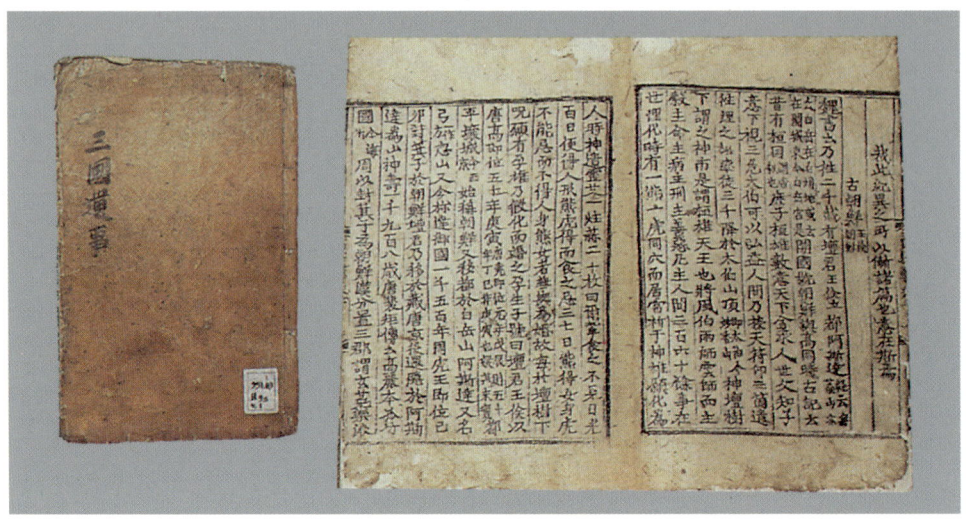

『삼국유사』의 표지와 본문 내용. 우리나라 고대의 기록을 전하는 것으로는 『삼국사기』와 『삼국유사』 몇 권이 있을 뿐이어서 역사를 알고자 하는 이들의 안타까움을 자아내고 있다.

에서 우리와 비슷한 것은 인도다. 인도도 오래되기는 아마 우리보다 더 오래된 역사인지 모른다. 근래에 모헨조다로에서 캐낸 고적에 의하면 기원전 2, 3천 년 전에 벌써 놀랄 만한 문화를 가지고 있었다고 한다. 그런데 기록은 없다. 인도도 기록 없기로 유명한 나라다. 둘이 다 고난의 짐을 지는 민족이기 때문이다. 문화가 그렇게 발달되었는데 기록이 없을 리가 없다. 있던 것이 모두 거푸거푸 있은 전쟁에 다 없어지고 말았을 것이다.

그런데 이 경우에 우리가 생각할 것은 우리 민족이 문화를 파괴하는 버릇이 많다는 것이다. 전쟁으로 인해 우연히 부득이 없어지는 것도 있겠지만 한번 판국이 바뀌면 전엣것은 싹 없애버리려는 버릇이 있다.

경주에 가면 태종무열왕*비(太宗武烈王碑)라는 것이 있다. 아래 받침돌과 위의 비갓은 있는데 중요한 비몸은 없다. 후에 고려조에 와서 일부러 없애버린 것이다. 그런 실례는 다른 데도 있다. 전하는 말에는 김부식이 『삼국사기』를 쓴 다음 그 참고로 했던 옛 기록을 싹 없애버렸다는 말이 있다. 그래서 우리나라 본래 있던 정신사상의 모습을 그만 잃어버렸다. 김부식은 본래 중국 숭배주의자이므로 그의 눈에는 우리 예로부터 오는 말이나 생각이 모두 야(野)

* 태종무열왕(604~661): 신라 제29대 왕. 성은 김, 휘는 춘추. 진골의 제1대 왕으로, 인품과 수완이 뛰어나 당·일본과의 외교에 성공하여 당나라의 원군을 얻어 백제를 멸하고 신라 삼국통일의 기초를 닦았다.

한 것으로만 보였을 것이다. 그래 그것을 부끄럽다 하여 모두 한문식으로 고쳐버리고 그 남은 모습을 없애버렸다.

그러고 보면 『삼국사기』는 옛날 일을 알려주는 것보다는 모르게 가려버린 것이 더 많은지도 모른다. 김부식만인가? 지금도 그렇다. 새 사람이 정권을 잡으면 전엣것은 그 자취를 알 수 없이 없애버리려 한다. 그래야 자기 공로가 드러나는 것 같아서일까? 그러나 그런 문화의 죄인이 어디 있을까? 애급, 바빌론, 중국사람이 다 그랬다면 인류는 문명이고 역사고 몰랐을 것이다.

문화는 나와 다르더라도, 비록 원수의 것일지라도 보존을 하는 데서 발달한다. 우리의 사료가 부족한 데에는 확실히 이 한 가지 원인이 있다. 부끄러운 일이다. 이것도 역시 고난자의 비뚤어진 심리에서 온 것이리라. 한탄스런 일이다. 그럼 모르면 모르는 대로 지나간 날의 역사의 출발을 미루어 생각해보자.

### 신화·전설의 시대

한민족이 처음으로 역사의 무대에 나타나는 것은 지금으로부터 4, 5천 년 전이다. 불완전한 기록과 전설과 유물의 사다리를 더듬어 역사의 망대를 추어 올라가면 기원전 2천 년을 훨씬 넘은 때에 가서 비로소 지평선 저쪽 아득한 가운데 희미하게 시작되는 한국 역사의 흐름을 본다. 주위의 남들이 아직 원시 야만의 지경을 못 벗어난 때에 그들은 벌써 상당히 발달된 문화를 가지고 있었다. 지금은 그때에 쓰던 석기가 약간 발견된 것이 있을 뿐이요, 그 살림의 자세한 것은 알 길이 없으나, 그때에 이미 나라를 세웠다는 전설로 보아 그것을 짐작할 수 있다. 그들은 벌써 원시사회의 지경을 벗어난 것이었다.

단군\*이 나라를 세웠다는 연대는 반드시 그대로 정확한 것은 못 될 것이다. 그러나 대체로 미루어 생각할 수는 있다. 기원전 2300년쯤이라면 애급의 제4왕조 시대다. 단군이 태백산에 나라를 세

\* 단군(檀君): 한국의 국조(國祖)로 받드는 태초의 임금. 일종의 개국신(開國神)으로, 기원전 24세기경 단군조선을 건국했다 한다.

우느라 바쁘던 때에 쿠푸 왕*은 저 유명한 대피라미드를 짓느라고 바빴는지도 모른다. 동양에서는 요임금과 한때라 한다. 유럽에는 아직 원시숲에 짐승들이 주인 노릇을 하고 있던 때다. 그때에 이미 통일국가를 세웠다면 훨씬 전부터 문화사회를 가지고 있었을 것이다.

건국 이야기에 나타난 것을 보면 그들은 다른 데서 이주해 온 사람들이었다. 부여 사람들도 자기네는 피난민의 자손이라고 했다 한다. 그것은 아마 역사 전 시대에 된 민족의 이동을 말하는 것이리라. 여러 천 년, 혹은 여러 만 년을 두고 천천히 된 것이리라. 거기 원시 철학자의 명상, 원시 종교가의 환상, 원시 시인의 상상이 한데 녹아들어 우리는 하늘에서 왔다, 하나님의 자손이라 하는 신화, 전설이 생겼을 것이다.

근래의 연구에 의하면 인류의 기원은 대개 하나 아닌가, 그 보금 자리는 중앙아시아 부근이 아닌가 하는 생각들을 하니, 그렇다면 이들은 아득한 옛날 거기를 떠나 천천히 동 혹은 동북으로 이동한 갈래일 것이다. 아마 파미르 고원을 넘어 동북으로 달리는 산줄기를 타고 나와 흥안령을 넘어 만주 평원에 들어온 다음 거기서부터 차차 남쪽으로 내려오며 발전했을 것이다.

한민족은 인종학에서 보면 몽고 인종의 한 갈래인데, 몽고 인종의 근거지는 파미르 고원이다. 몇만 년 전 여기서 인류의 분산이 생길 때 그 마루턱 동쪽으로 나온 것이 몽고 인종이요, 그 몽고 인종이 또 여러 갈래로 갈려서 아시아의 여러 민족이 되었다. 만주에까지 오는 동안 얼마나 많은 세월이 걸렸는지 알 수 없으나 아무튼 느린 걸음이었을 것이다.

반도까지 내려오는 동안 단번에 된 것이 아니고 물결처럼 거푸 거푸 왔을 것이다. 그랬기 때문에 한 민족으로의 특질을 가지기는 하면서도 또 조금씩 다른 점을 가지는 여러 작은 갈래로 나뉘어 있었다. 부여, 숙신, 고구려, 마한, 진한, 변한, 예, 맥 하는 것은 다 이것이다.

* 쿠푸(Khufu): 이집트(애굽) 제4왕조의 2대 왕. 이집트 제4왕조는 왕의 죽음에 대비해 무덤을 만드는 데 많은 국가자원을 쏟아부은 시대였는데, 쿠푸 왕은 그 당시 단일건물로는 최대규모인 기자의 대피라미드를 세웠다.

복원된 신석기시대의 움집.

## 사냥에서 짐승치기로, 농사짓기로

그때 사람의 생활이 어떠했을까? 흥미있는 문제이건만 알 길이 없다. 곳곳에서 나는 석기를 보아 그것이 그들이 쓰던 것임을 알 수 있고, 또 중국사람이 우리를 불러 이(夷)라고 했는데, 이는 대궁(大弓)인즉 큰 활을 쏘는 사람이란 말이니 그것은 사냥질하는 살림에서 나온 것이리라. 또 부여에서는 가축치기를 성히 한다 하였고 관명(官名)에도 우가(牛加)*, 마가(馬加) 하는 등 가축의 이름으로 한 것이 있는 것을 보아 유목생활을 거쳐 농사 살림에 들어간 것을 알 수 있다. 단군 이야기에는 풍백(風伯), 우사(雨師), 운사(雲師)** 하는 이름이 있어, 이미 농업을 주로 하게 된 것을 보여주고 있다. 단군이 팽우를 시켜 산천을 다스리게 했다는 것도 이것을 말하는 것이다.

단군이 정치하는 곳을 신시(神市)라 했다고 한다. 그것은 도시 살림이 시작된 것을 말하는 것이다. 사냥질을 차차 그만두고 짐승을 치고, 짐승을 쳐서 풀과 물을 따라 이리저리 옮겨다니던 것을 그만두고, 한곳에 붙어 농사를 짓게 되면 그것은 큰 변동이다. 한곳에 붙어사는 것에 따라 마을, 혹 골이 생겼다. 그때의 농사는 자

* 우가: 부여 연맹체를 이루는 중심세력의 장으로 부여 사회에 큰 영향력을 행사했으며, 행정구역인 사출도의 하나를 다스렸다.
** 풍백 · 우사 · 운사: 바람과 비와 구름을 맡은 신. 단군신화에 따르면 환웅은 아버지 환인의 허락 아래 천부인(天符印) 세 개를 받아 풍백 · 우사 · 운사를 거느리고 태백산 꼭대기의 신단수 아래에 내려와 신시를 열었다.

8 당당한 출발

중국 지린 성(吉林省) 지안 현(輯安縣)의 무용총에서 발굴된 「수렵도」. 중국에서 우리나라를 이(夷)라고 했는데, 이는 대궁(大弓)을 합쳐 놓은 자이므로 큰 활을 쏘는 사람을 뜻한다.

연히 시냇물을 끼고 골짜기에서 시작되었을 것이므로 사람이 사는 곳은 골이었다. 동, 주, 군, 읍을 다 골, 고을이라 하는 것은 여기서 나온 것이다.

골짜기에서 차차 발전되면 버렁, 벌로 나간다. 서라벌, 신라, 밀불, 달구불, 서울 등은 다 이렇게 하여 생긴 이름들이다. 인촌이 차차 배지면 저자가 생기고, 물질의 교통이 생기고, 사고 팔고가 시작되고, 연모를 만드는 바치가 생기고, 법이 생기고, 제도가 생기고, 다스리는 자와 다스림을 받는 자가 생기고, 싸움을 하고 죄인이 생기고, 형벌과 옥이 생기고, 전에 없던 사람 사이에 계급이 생기고, 종이 생겼다.

사람들은 전에 어디 먹을 것이 있나, 어디 흉악한 짐승이 있지나 않나, 저놈의 바위나 나무 구멍 속에 무슨 귀신이 있지나 않나 자연에 대해서만 마음을 쓰던 데서 달라져, 보다 더 사람에 대해 마음을 쓰게 되었다. 곱다, 밉다, 사랑하기, 시기하기, 서로 돕다가 서

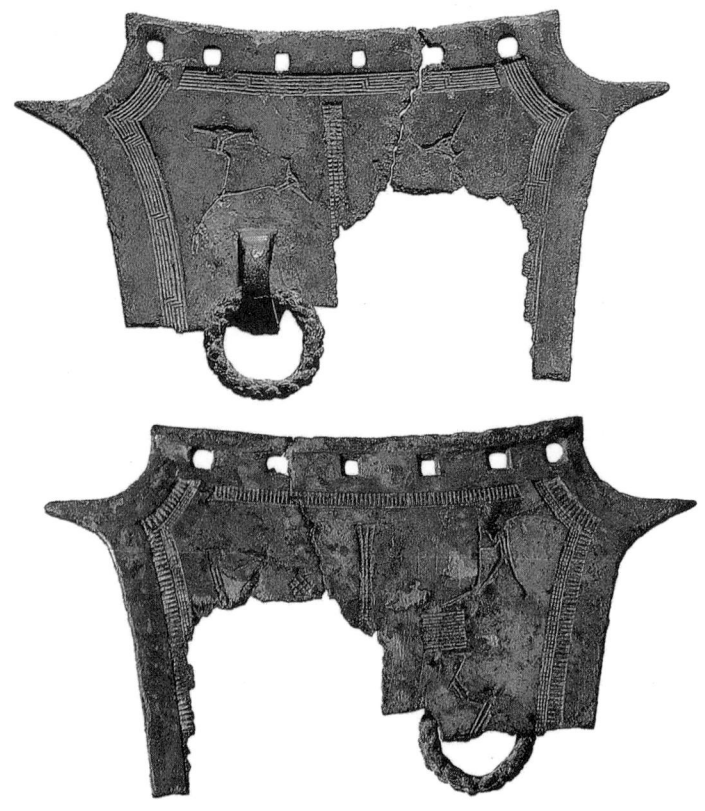

충남 대전시 괴정동 돌덧널 무덤에서 출토된 기원전 4~3세기경의 방패형청동기. 농사 짓는 사람의 형상이 새겨져 있다.

로 싸우다가, 그것이 시(市)란 것이다. 나라란 것이다.

단군의 신시(神市)란 그런 것의 하나일 것이요, 단군이란 그런 복잡해가는 사람 사회의 큰 변동기에 뛰어난 힘과 재주와 내다보는 생각과 어진 마음을 가지고 나서 그 사람 무리에 질서를 세우고 조직을 주어 처음으로 우리라는 생각을 해가며 살도록 지도했던 어떤 인물일 것이다. 어느 한 인물이라기보다는 신화로 된 시대인지도 모른다.

*고인돌: 선사시대의 거석 기념물의 하나. 납작하고 널찍한 돌 서너 개로 석실을 만들고 평평한 돌 한 장을 얹어놓은 간단한 거석분묘이다. 그 속에서 사람의 뼈·석기·토기 등의 부장품이 발견된다.

## ㅎㄴ님 섬기기

그들의 정신생활은 어떤 것이었을까? 글자가 이미 있었다면 사상의 교통은 상당히 활발했을 것이다. 곳곳에 고인돌*이 있는 것

8 당당한 출발 139

으로 보아 죽음에 대해 벌써 깊은 생각을 했던 것을 알 수 있고, 따라서 종교사상이 발달한 것을 알 수 있다.

종교는 다신교*였다. 지금도 그 그루터기가 그대로 전해오고 있다. 그러나 그중에서도 주의할 만한 것은 '하나님'이 독특하게 두드러진 지위를 가지는 일이다. 그 하나님은 기독교에서 보는 듯한 완전한 유일신은 아니나, 상당히 도덕적 성격이 높은 존재였다. 그는 천지의 주인인 동시에 또 민족의 조상이었다. 그러므로 그들은 하나님의 자손이라고 믿었고 정치는 곧 그를 섬기는 일이었다. 신시라는 말도 그래 있었는지 모른다.

'하나님'은 하늘과 관계 있는 말이다. 하늘은 한울인지, 하날인지 그 분명한 것은 알 수 없으나, 아무튼 우리나라 이름, 사람이름의 '한'과 하나인 것이리라. '한' 혹 '칸'인데, 수의 하나를 표하는 동시에 또 크다는 뜻이다. '한'과 '큰'이 한 말일 것이다. 한자로는 한(韓)·간(干)·한(汗)·환(桓)으로 썼으나 음을 표했을 뿐이다. 이 '한' 혹은 '혼'이 우리 정신생활의 등뼈다.

우리 사람은 한 사람이요, 우리나라는 한 나라요, 우리 문화는 한 문화다. 그리고 그것을 인격화해서 대표하는 것이 한님 곧 하나님, 환인(桓因)이다. 태백, 불칸은 산으로 이것을 표시한 것이다. 옛날의 종교는 산과 깊은 관계가 있었기 때문이다. 단군이 백두산에 내렸다는 것은 이것이요, 우리나라 곳곳에 백산, 태백산이 있는 것은 다 이 신앙의 중심이 되었던 것을 말하는 것이다. 그 '한'을 하늘에서 표시하면 해다. 그러므로 태양신 섬김과도 하나다. '밝' 혹은 '박' 사상은 그리해서 나온 것이리라. 후대에 유교, 도교, 불교가 들어오면 이 하나님은 제(帝), 상제(上帝), 제석(帝釋)으로 바뀌어 불리게 되었고, 기독교가 들어올 때는 그 유일신을 번역하는 데 이것을 그대로 써서 하나님으로 부르게 되었다.

사실 우리나라 사람이, 조상공경을 우상숭배라 해서 종래의 도덕을 뿌리째 흔드는 기독교를 쉬이 이해하고 받아들이고 있었던 것은 몇천 년 동안 내려오며 민중의 가슴속에 뿌리박아온 이 '호ᄂ

* 다신교: 많은 신 또는 정령·영혼 등을 인정하고 이를 믿는 종교의 한 형태. 곧 천지·일월성(日月星)·우풍화(雨風火)의 자연신과 직업·기술·조신(祖神) 등을 대상으로 하는데, 고대종교는 거의 이 범주에 든다고 볼 수 있다.

북방식 고인돌. 경기도 강화에 있는 청동기시대 군장의 무덤으로, 묻힌 사람의 영생을 바라는 내세에 대한 믿음의 한 부분을 보여준다.

님' 사상이 있었기 때문일 것이다.

그러나 그 한님은 '홍익인간'(弘益人間)하기 위하여 아들을 세상에 내려보내는 상당히 도덕적인 주재이기는 하나, 이스라엘의 하나님같이 양심의 깨끗함만을 위하여 엄격하게 회개를 요구하는 하나님은 아니었다. 아직도 마법과 물령숭배의 유치한 사상을 벗지 못한 것이었다. 그러므로 쑥과 마늘을 주어 먹게 하였다 했고, 그에 대한 제사는 '군취가무' '연일가무' 하여 그 호의를 사도록 하는 것이 방법이었다. 그것은 아직 양심의 종교가 아니었다. 그러므로 깊이가 없었고, 그러므로 국민 성격을 다 드러내지 못했고, 인생구원을 하지 못했다.

그러나 이것은 지금에서 보고 하는 말이다. 내려와서, 천리의 어그러짐이 어떤 터럭끝 같은 처음의 잘못에 있느냐 하는 것을 찾으려 하는 말이지, 그때로는 반드시 잘못이라 할 것이 없다. 이스라엘의 종교도 처음은 역시 그런 데서 나왔고 인도의 종교도 시작은 역시 그런 것이 끼이지 않을 수 없었다. 이때의 형편으로 하면 고난의 역사가 되어야 할 아무런 이유도 없다. 도리어 희망을 약속하는 빛나는 출발이라 할 것이다. 아시아의 동북부 대단원 만주와 한

반도를 하나로 하는 터전에 백두산을 중심으로 자리 잡고 앉아, 인후군자의 기상을 가지고 홍익인간의 건국이상을 내세우는 데 아무도 나무랄 자가 없었을 것이다. 여기서 잘한다면 동양의 로마가 못 되었을까? 아시아의 대영제국이 못 될 법이 있을까? 어떤 이지(理智)의 판단자라도 그들은 아시아 동부에 큰 나라를 세우고 거기의 주인이 되리라는 단정을 하기를 서슴지 않았을 것이다.

헤아릴 수 없는 아득한 옛적의 어떤 날 망망한 만주 평원의 거친 풀밭 위에 먼동이 틀 무렵, 훤하게 밝아오는 그 빛이 억만 년 사람의 그림자를 본 일이 없는 흥안령의 마루턱을 희망과 장엄으로 물들일 때 몸집이 큼직큼직하고 힘줄이 불툭불툭한 큰 사람의 한 떼가 허리엔 제각기 돌도끼를 차고, 손에는 억센 활들을 들고 선발대의 걸음으로 그 꼭대기에 턱턱 나타났다.

흐트러진 머리털 사이로 보이는 널따란 그 이마에는 어진 이의 기상이 서려 있고, 쏘는 듯한 그 눈빛에는 날쌤의 정신이 들어 있다. 주먹은 굳게 쥐어 굳센 뜻을 보이고, 입은 무겁게 다물어 삼가는 마음을 나타낸다. 문득 솟는 해가 결승선을 차 던지는 용사같이 불끈 솟아 지평선을 떠날 때 그들은 한 소리 높여 "여기다!" 하고 외쳤다. 장사들의 우렁찬 소리는 아침 햇살을 타고 우레같이 울리며 끝없는 만주 벌판으로 내리달았다. 이런 상상을 나는 몇 번씩 해보았다. 이것은 턱없는 상상일까?

한국역사의 시작은 아마도 이러하였던 것이리라.

# 9 열국시대의 모밭

## 부족에서 나라로

단군조선은 나라를 세운 후 1천2백 년 넘게 이어 있었다. 그동안의 자세한 사실은 기록된 것이 없으므로 사람들의 살림이 어떠하였는지, 어떤 변천의 길을 밟아갔는지 알 수 없으나, 이 시대에 한국사람은 민족 발전의 터가 잡히었다. 만주로부터 남쪽으로 발전하여 내려오며 반도에까지 골고루 퍼져 살게 되었다. 옛날에 산골짜기와 냇물가로 사냥질을 하며 다니거나 혹은 물과 풀을 따라 짐승을 치며 살던 버릇을 이제는 거의 완전히 버리고 땅에 들러붙어 농사를 짓고, 기계를 만들며 제도를 세우고, 사회생활을 하게 되었다. 그러다가 단군조선은 망하게 되고 그다음은 만주와 반도에 여러 나라가 일어나게 되었다.

단군조선이 왜 망하게 되었나, 그 원인에 대해서는 기록이 없다. 다만 전하는 말에, 단군이 처음 태백산에 내려 모든 사람의 떠임을 받아 나라를 이루고 도읍을 평양으로 정하였다가 후에 이르러 당장경(唐藏京)으로 옮기고, 마지막에 아사달\*로 들어가 신선이 되었다고 한다. 이것은 한 개 신화요, 그대로가 사실은 아니다. 태백산이 지금 백두산인 것은 거의 틀림이 없으나 평양도 꼭 지금 평양인지 알 수 없고, 또 당장경의 위치도 학자들의 토론이 많으나 분명히 결정짓기 어렵고, 또 태백산에서 평양으로, 평양에서 당장경으로 옮긴 원인이 무엇인지도 알 수 없으며 아사달이 어딘지, 신선이 되었다는 것이 무슨 뜻인지도 모른다.

그러나 그 어떻게 된 것을 알 수는 없으나 단군조선이 끝난 것은 사실이다. 나라살림이 대단히 달라진 것이다. 단군조선이 망하

---

\* 아사달(阿斯達): 『삼국유사』에 단군왕검이 도읍으로 정하고 다스렸다고 전하는 지명. 평양특별시 또는 황해남도 신천군과 안악군 일대에 있는 구월산으로 알려져 있다.

였다는 것은 그저 임금의 계통이 달라졌다는 말만이 아니다. 사회 형편이 달라진 것이다. 어떻게 달라졌나? 밖에서 다른 민족이 쳐들어온 일도 없고 무슨 내란이 있었다는 말도 없는 것을 보면 그 망한 것은 사회 변천으로 인한 정치 제도의 변동이 아닐까? 즉 그전에 사람과 사람을 붙들어매어 사회생활을 하게 하였던 그 사회 관계의 끈이 낡아 떨어짐으로써 그것을 토대로 하고 섰던 나라가 무너지고 새 형식의 나라가 시작된 것이다.

본래 단군시대는 핏줄로 얽히는 부락 생활제도의 사회였을 것이다. 단군이 거느리고 왔다는 무리 3천은 그런 부락이었을 것이다. 이때는 정치와 종교의 구별이 없었던 이른바 제정일치시대다. 그러므로 이 부락들은 종교적 감정으로 읆매여 있는 것이었다. 부락마다 머리 되는 사람이 있고 그 머리들은 또 임금에 속해 있다. 단군은 필시 그러한 분이었을 것이다. 그 부락들은 성질상 클 수는 없고 조그마씩한 것이었을 것이다. 그러한 부락들이 산골짜기를 의지하고 소박한 원시적 살림을 하였을 것이다. 본래 사람의 사회는 산골짜기에서 시작되었다.

그 이유는 원시적인 경제에서는 의식주의 요구를 만족시키는 데 산골짜기가 편하기 때문이다. 거기다가 하늘을 공경하는 종교를 가졌으므로 산은 더욱 떠날 수 없는 곳이었다. 산은 그들에게는 하느님이 내려오시는 곳이요, 그에게 예물을 드리는 제단이요, 따라서 나라의 지추가 놓여 있는 곳이다. 그들은 산을 엄한 아버지 얼굴인 듯, 사랑하는 어머니 품인 듯 알고 바라고 산다.

종교와 산은 뗄 수 없다. 그러므로 단군도 태백산에 내렸다 하

단군영정. 단군조선은 나라를 세운 후 1천2백 년 넘게 이어 있었으며, 이 시대에 우리나라는 민족발전의 터가 잡히었다.

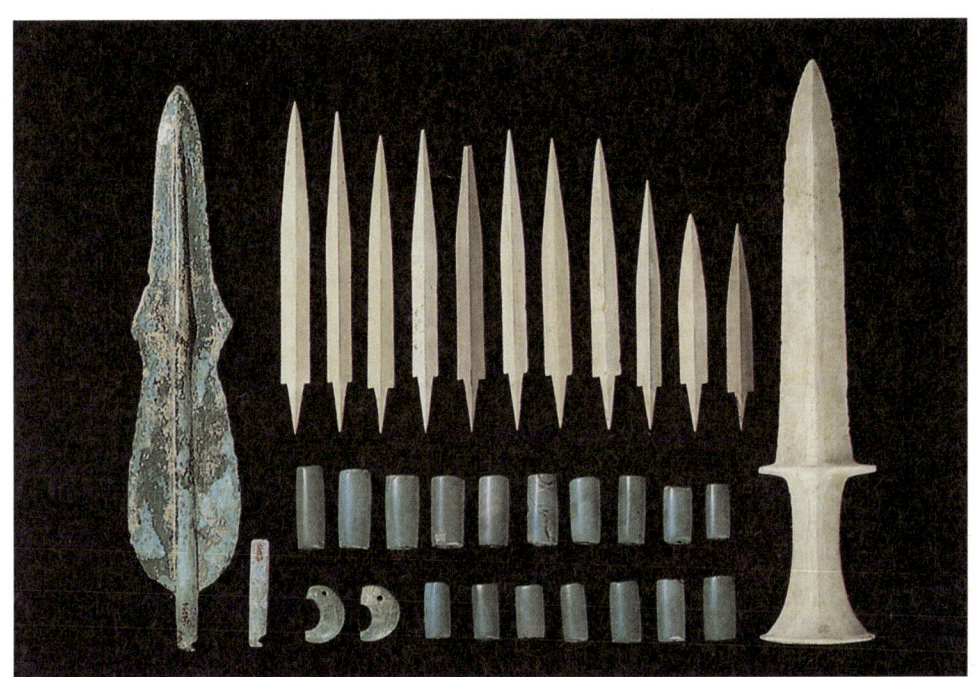

부여 송국리돌널무덤에서 출토된 청동기시대의 유물. 동검·동착·석촉·곱은옥·대롱옥·석검 등이다.

*온조(溫祚, ?~28): 백제의 시조. 주몽의 차남으로 남으로 와서 위례성에 도읍을 정하여 나라를 세웠다.
**김수로왕(金首露王): 가락국의 시조. 신라 유리왕 19년에 하늘로부터 김해의 구지봉으로 내려와서 6가야를 세웠다는 여섯 형제 중 하나이다.

고, 또 아사달로 들어가 신선이 되었다 하며, 온조\*가 나라를 세울 때에도 부아악에 올라 나라터를 잡았다 하고, 김수로왕\*도 구지봉에 내렸다고 한다. 이로 미루어보면 옛날 나라를 세울 때에는 반드시 명산에 올라 천하를 바라보고 그 터를 정하고, 거기서 하늘에 제사하고, 백성은 그 산을 중심으로 하여 골짜기마다 부락을 짓고 살았던 모양이다. 단군조선은 그러한 나라였을 것이다.

그러나 그렇게 천 년을 넘어 살아 내려오면 세상이 변할 수밖에 없다. 인종이 늘고 농사와 연장을 만드는 법이 점점 발달하고, 그러면 세상이 전과 같을 수가 없다. 더구나 주의할 것은 쇠를 쓰게 된 일이다. 석기를 쓰던 데에서 어느덧 구리가 발견되어 그것으로 연모를 만들게 되었다. 다시 더 나아가 무쇠를 만들어 쓰게 되면서부터 경제와 전쟁에 큰 변동이 일어났다. 그러고 보면 전같이 골짜기에 오물거리고 살 수가 없어졌다. 사람들은 차차 벌, 곧 들로 나오게 되었다. 그러면 사회관계가 전대로 있을 수 없다. 부락의 머리가 전대로 그냥 있을 수도 없고, 임금도 그전같이 종교의식으로

9 열국시대의 모발 145

만 무리들을 다스려갈 수가 없게 되었다.

정치와 종교가 차차 갈라지는 경향이 생긴다. 정치는 좀더 단단히 짜인 제도와 무력으로 해가게 되었다. 즉 사람들의 생활은 전과 같이 핏줄과 종교적 감정으로 되어가기 보다는 좀더 크고 힘 있고 묶어매는 힘 있는 법적 규약 밑에서 단체생활을 요구하게 되었다. 그렇게 되면 지금까지 나라를 만들어가지고 오던 모든 줄, 탕개가 다 풀어지고 터쳐나간 셈이다. 이리하여 핏줄덩어리를 단위로 한 단군조선은 망하고 새로이 지리적 단원을 그 범위로 삼는 조그마씩한 나라가 곳곳에 일어나게 되었다. 이것이 열국(列國)시대다.

그러한 나라는 그 수가 매우 많아 만주와 반도에 있는 것을 합하면 수백이 넘었던 모양이다. 그중에 큰 것을 들면 이러하다.

### 부여

부여는 만주에서 일어나 장백산맥 이북 흑룡강에 이르는 땅을 차지하고 있었다. 단군의 직계에서 나왔던 모양으로 문화의 수준도 가장 높았다. 나라땅은 편편하여 오곡이 나고, 나라에는 임금이 있고, 해 성(姓)을 썼으며, 읍락(邑落)으로 나뉘어 있으며, 귀족이 있어서 백성을 부리었다. 가축의 이름으로 벼슬이름을 지어 구가, 우가, 마가 하는 것이 있었고, 사람들의 성질은 강용근후(强勇謹厚)하여 도둑질하는 일이 없고, 활, 살, 칼, 창을 가지고 싸움을 잘 하였다. 궁실, 가옥, 창고가 있고, 흰옷을 입고 장사를 두텁게 하는 풍습이 있고, 형벌은 매우 엄하였다.

처음에는 나라가 매우 성하여 여러 나라 중에서 으뜸가는 지위에 있었으나 늘 한족*과 선비족**이 쳐들어옴을 입어 나라 힘이 떨어지고 후에는 내란으로 나뉘어 동북의 두 부여가 되었다가 모두 고구려에 합쳐져버렸다.

### 읍루

부여 동쪽으로 지금 러시아 땅에 읍루가 있었다. 사람들이 굵직

* 한족(漢族): 중국 본토 전역에 분포되어 있는 종족. 약 5천 년 전에 황하문명을 꽃피워 근세까지도 동양사의 주도자로 주위 민족에 큰 영향을 미쳤다.
** 선비족(鮮卑族): 중국의 고대민족. 전국시대부터 흥안령의 동쪽에 웅거하며 후한의 화제(和帝) 때 흉노를 대신해서 몽고지방의 패권을 잡았다.

위: 청동기시대의 유물인 방패형동기.
아래: 방패형동기의 뒷면.

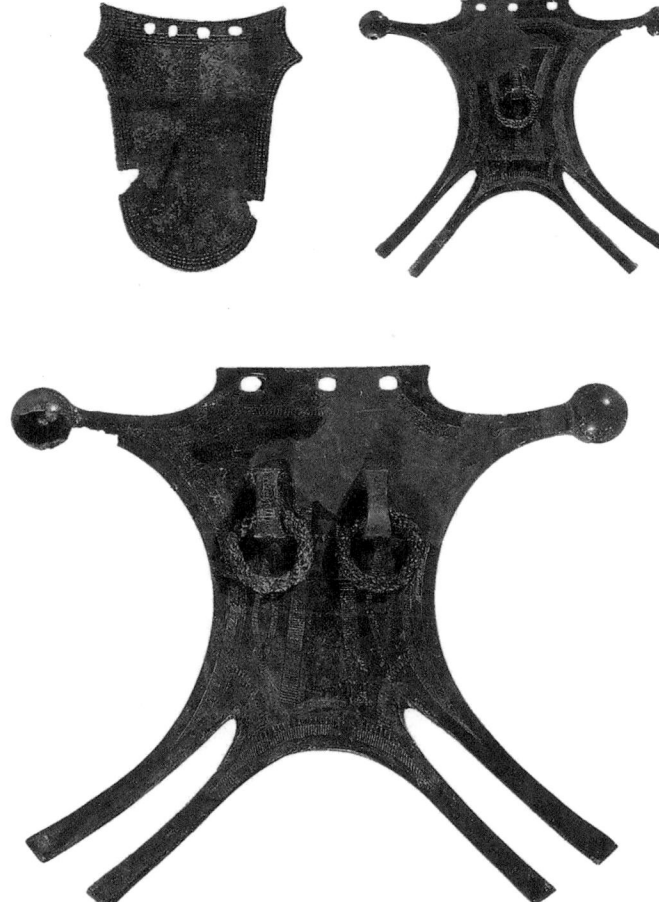

굵직하고 날쌔고 임금이란 것이 없고 구멍을 파고 살며 활쏘기를 잘하여 활, 살이 그 유명한 산물이다. 여러 나라들 중에서 가장 문화 정도가 낮은 나라였다.

### 옥저

읍루에서 남으로 내려와 함경도에 오면 옥저가 있다. 산줄기를 등지고 바다를 바라보는 좁고 긴 나라다. 함흥, 길주, 단천 등지의 평야를 중심으로 하고 있었던 나라다. 땅이 살지어 오곡이 나고 사람이 질직강용(質直剛勇)하여 창을 가지고 싸움을 잘하였다. 생선,

소금이 나고 읍락제도가 정돈이 되어 있다. 그러나 북쪽의 사나운 읍루가 쳐들어오므로 어려움이 많았다. 후에 남북의 두 옥저로 나뉘었다가 나중에 합해버렸다. 풍속이 대개 고구려와 대동소이하였다.

*8조: 우리나라의 고대사회에서 시행된 여덟 가지 법금(法禁). 살인·상해(傷害)·투도(偸盜)만이 전해진다.

### 졸본

장백산 골짜기 골짜기에는 조그마한 여러 나라가 있었다. 그중에서 유명하게 된 것이 졸본이다. 졸본은 본래 조그만 나라였는데 동명성왕 주몽이 동부여에서 와서 그 나라를 얻어가지고 고구려를 세움으로부터 나라힘이 떨치게 되었다. 산속에 있는 나라로서 땅이 나빠서 일 년 두루 고생하여도 먹을 것을 벌기 어려운 곳이요, 더구나 큰 나라들 틈에 끼어 있어서 압박을 많이 받았다. 그러나 이 때문에 도리어 나라 사람들이 힘써 군대를 발달시켰으므로 후에 큰 나라를 이루게 되었다.

### 기자조선

압록강 하류에 내려오면 요동으로부터 황해도, 평안도 지방에 걸쳐 기자조선이란 나라가 있었다. 옛날부터 있는 기록에는 이 나라의 시작에 관하여 중국 은나라 왕족 기자가 그 나라가 망할 때에 동으로 조선에 들어와 나라를 세우고 도읍을 평양에 정하고 8조*로써 백성을 가르쳤다는 말이 있다. 여기 관해서는 역사가들 사이에 말이 많으나 대체로 그 기록은 훗날 중국 숭배사상에 중독된 데서 나온 것일 것이요, 사실 기자가 와서 임금이 되었을 수는 없다는 데 의견이 일치한다.

그러나 그런 말이 나오게 되는 데는 노상 터무니가 없는 것은 아닐 것이다. 그때 중국 천지는 전쟁으로 어지러운 때였으니 아마 많은 중국사람이 난리를 피하여 왔을 것이고, 또 우리 민족 성격이 평화적이어서 외족을 배척하는 법이 없는지라, 오는 대로 받아들여 같이 살게 했을 것이요, 더구나 우리보다 얼마쯤 앞선 문화를 가졌으니 환영했을는지도 모른다.

　이런 일은 사실 중국 옛날에 만든 돈이 우리나라에서 발견되는 것을 보아 짐작할 수 있는 일이다.

　아무튼 한인(漢人)이 그 부근에 많이 와서 살게 되었을 것이요, 그러면 그 사람들을 따라 중국 문화가 적지않이 흘러들어왔을 것이다. 그러면 외형상으로 그 지방에서는 사람이 빨리 깼을 것이다. 더구나 여기는 육지와 바다 두 길로 중국과의 교통이 참 편한 곳이라 경제 발달이 빨랐을 것이요, 따라서 나라 실력이 커졌을 것이다. 이렇게 되면 본래 경제에는 재주가 많은 중국 민족이라 그 지방의 경제권은 그 이주민의 손에 갔을지도 모르고, 또 그렇게는 아니 되더라도 중국사람과 관계를 많이 가지는 계급의 사람이 그 사회의 주도권을 쥐었을 것이다.

　이리하여 기자동래설(箕子東來說)이 나오지 않았을까? 그 뒤에 나오는 위만의 이야기는 이것을 뒷받침해주는 사실이다. 기자가 정말 임금이 되었나 아니 되었나, 8조의 가르침이 사실이냐 아니냐가 그리 큰 문제는 아니다. 기자만한 인격에 제 나라가 망했다고 남의 나라에 와서 임금질하고 있었을 리도 없고, 또 우리나라의 인심이 아무리 못나기로 밖에서 도망온 사람을 임금으로 모셨을 리도 없고, 되었다면 기자가 군대를 거느리고 쳐들어와서 되었어야 할 것인데 그것은 사실에 없는 일이다. 주의할 점은 중국 이민과 중국 문화가 흘러든 것, 더구나 그로 인한 경제 변동이다. 그리고 그 때문에 한족(韓族) 여러 나라의 종주권이 그리로 옮겨갔다는 일이다. 부여가 망한 것은 이들에게 눌려서 된 것일 것이다. 그러기에 부여가 망한 뒤 열국 중에 두드러진 세력을 가진 것은 그들이었다.

　그러나 그 결과는 어떻게 되었나? 마침내는 연(燕)나라 전쟁 피난민인 위만*이 기자조선을 빼앗았다는 것이요, 그랬다가 8, 90년 후에는 한무제**가 쳐들어옴을 받아 나라가 아주 망하고, 한의 직속 영토가 되었다는 것이다. 위만까지도 어떤 이는 사실은 한국사

---

\* 위만(衛滿): 위만조선의 창시자. 중국 연나라 사람으로 패수를 건너 조선으로 망명 왔다. 기자의 자손인 준왕의 신임을 받다가 뒤에 그를 쫓아내고 왕이 되어 위만조선을 세웠다.

\*\* 한무제(漢武帝, 기원전 159~87): 중국 전한의 7대 황제. 흉노를 내몰고 화남의 여러 종족을 평정했으며, 위만조선을 멸하고 한사군을 설치했다.

람일 것이라고 하지만, 그것은 민족감정에서 그러고 싶은 것이고, 또 사실 한국사람이라 하더라도 역사에 환한 사실은 그것이 그 나라가 한(漢)에게 아주 망하는 중간과정이었다는 것이다.

그런데 그것은 한 사람 두 사람의 일로는 될 수가 없고 반드시 거기 한족(漢族)과 한 문화의 요소가 많이 들어와 가지고만 있을 수 있는 일이다. 그러므로 기자조선, 위만조선 이야기는 역사논리에 대단히 어그러져 뵈느니만큼 우리나라 역사 속에 중대한 뜻을 가진다.

사실 그다음에 일어나는 고구려의 역사는 이것을 생각해서만 이해할 수 있다. 산속에 끼어 있던 졸본이 일약 대고구려가 되게 되는 것은 여기서 받은 큰 충격과 이 이족(移族)적인 것을 겨루어 보려는 노력에서 나온 것이다. 고구려의 정신은 결국 민족정신의 깨어나옴이었다.

### 예·맥

옥저의 남쪽에 이어 대관령을 사이에 두고 예·맥 두 나라가 있었다. 그 풍속은 대개 고구려와 같았다.

### 삼한

한강을 건너 삼남지방에 가면 삼한이 있다. 마한이 그중 가장 강대하여 충청·전라의 지방을 차지하고 있었고, 54개의 작은 나라가 합하여 된 것이었다. 진한은 경상도의 대부분을 가지고 있던 나라로서 12개 소국으로 되어 있었다. 변한은 마·진 둘 사이에 끼어 있어 역시 소국이 합한 것이었다. 또 변한의 남쪽 한 모퉁이에 가락(駕洛, 혹은 가라·가야)이 일어났는데, 그것도 조그마씩한 몇 개 나라로 되어 있었다. 이들 작은 나라란 옛날에 있던 부족체의 남은 끄트머리일 것인데, 마한·진한·변한에 아직 그것이 남아 있다는 것은 그 중앙집권화가 아직 채 되지 못한 것을 말하는 것일 것이다.

신라가 나라를 세울 때 6촌*장이 모여 운운하는 것은 그것을 말

*6촌(六村): 신라 부족연맹 형성의 주체가 된 여섯 부락. 곧 알천 양산촌·돌산 고허촌·취산 진지촌·무산 대수촌·금산 가리촌·명활산 고야촌을 이른다.

고령의 고분군. 주위가 산으로 둘러싸인 이곳은 대가야국의 옛 땅이다. 산 정상에 이어지는 왕릉이 그 옛날의 영화를 말해주는 듯하다.

하는 것이다. 이때의 문화의 물결은 대륙에서 번져나오는 것이므로 만주와 반도의 북쪽은 발달이 먼저 되고 끄트머리인 여기는 아무래도 뒤졌을 것이다.

이 밖에도 작은 여러 나라들이 이런 나라들 사이에 끼어 있어 제각기 한 구역을 차지하고 있다. 혹 싸우고 혹 친하면서 각각 제 나라를 강하게 하려고 서로 다투었다. 그러기가 대략 천 년이다. 그러는 동안에 문물은 발달되고 약한 놈은 차차 강한 것에 먹혀 버리고 조직은 빽빽해지고 무력을 다듬었기에 마침내 삼국시대를 이루게 된다.

## 모판

단군조선 천 년이 민족문화가 싹트는 시기라면 이 열국시대 천 년은 그 못자리 시기다. 장래에 역사적 사명을 다할 수 있는 자격자를 기르기 위해 싹이 터 나온 종자를 특별한 손질로 기르는 때다. 다 한 사람이요, 다 조상의 핏줄을 같이 받은 겨레요, 다 한 전통 속에 자라는 한 바탕이지만, 그중에서도 특별히 잘난 것을 얻기 위해 하는 일이다.

동쪽 아시아의 한 모퉁이에 착한 사람의 나라를 세울 사명을 띠고 역사의 무대 위에 올라왔으나, 그러한 큰일은 그저 되는대로 자연에 내맡겨서는 될 수 없는 일이다. 위대한 사업은 위대한 혼이 있고서야 되는 것이요, 위대한 혼은 위대한 교육이 아니고는 될 수 없다. 그러므로 '한' 사람 중에서도 뛰어나게 '한' 자와 능히 전체를 대표하여 그 개성을 내쓰고 그 사명을 다할 수 있는 자를 얻기 위하여 그 교육의 첫 단을 베풀게 되었다.

그 첫 단이란 것이 곧 여러 나라로 갈라놓은 것이다. 사람은 정치적 동물이라 하지만 정치는 양심과 사심이 갈라져 사는 데서 나온다. 양심의 명령대로만 한다면 정치고 다스림이고 필요 없다. 정치는 어느 정도의 강제다. 자각이 근본이지만 사람에게 다 자각에 의한 자진 행동을 기대할 수 없으므로 비로소 다스린다는 말이 나오게 된다.

다스림은 강제다. 그런데 한 옛적의 나라는 다스리는 힘이 그다지 강한 나라가 아니었다. 또 다스린다 하여도 그것을 칼로 쥐고 하는 것이 아니라, 종교적 권위를 가지고 하는 것이었다. 그러므로 단군조선이 발전되어나가면 나갈수록 그 다스리는 힘은 약해진다. 중앙의 권위를 느끼는 힘도 엷어지고, 자기의 개성대로 내쓰려는 생각도 줄고, 남을 따라 기계적인 활동을 하기 쉽다.

그러므로 큰 단체 속에서 도덕 수준이 내려가는 것은 보통이다. 그러므로 사람과 사람 사이의 붙들어매는 힘을 강하게 하려면 단체를 적게 하는 것이 좋은 방법이다. 자각하는 힘이 약한 사람일수록 그렇다. 그러므로 사람의 양심은 가정에서만 자라나게 되어 있다. 단군조선으로부터 열국시대로 옮겨온 뜻은 여기 있다. 여러 나라로 갈린 것은 한편 약해진 듯하나, 사실은 강해지기 위한 것이었다. 제각기 여러 가지의 환경으로 나눠주어 거기서 능히 위대한 혼의 힘을 발휘하고 나오는 놈을 골라 다음에 올 민족통일의 대표자를 만들자는 것이다. 그래서 못자리라는 것이다.

물론 단군조선이 망한 것, 열국이 분립된 것을 보통 말로 설명하면 대륙의 교통에 따라 석기시대 살림에서 동기·철기를 쓰게 되었고, 그 때문에 경제관계에 변동이 일어났고, 그로 인하여 사회조직이 달라졌기 때문에 생긴 일이다. 그러나 그것을 모르지 않으나 그것은 겉에 나타난 물질적인 현상이고, 속에 있는 깊은 뜻을 보지 않으면 안 된다. 현상을 현상대로만 보고 거기에 현실적인 대처만을 해간다면 역사도 문화도 있을 수 없다. 문화는 자연 변천으로 오는 현상의 과정을 내 속에 있는 어떤 정신적 발전 혹은 창작의 기회로 삼는 데서 시작된다.

이제 그러한 자리에서 이 시대를 본다면 우연이라고는 할 수 없는 깊은 뜻이 있는 두 사실을 본다. 모든 것을 우연으로 보고 운명으로 보는 네 눈에는 유물적인 법칙만이 보일 것이다. 그럼 너는 어쩔 수 없는 그 필연법칙 밑에서 투덜거리다가 멸망의 구멍으로 들어가라. 뜻을 찾는 우리는 심지 않은 데서 거둘 것이다.

## 한사군

하나는 한사군*이다. 이 시대 천 년을 통해 제일 큰 사건은 이것이다. 전한(前漢) 무제는 위씨조선을 멸하고 거기에 네 고을을 두어 직접 통치하였다. 이것은 그의 천하 경영에서 나온 정책일 것이다. 그중 셋은 우리 사람의 반항으로 얼마 못 가서 쫓겨나고 말았지만 마지막 하나인 낙랑군만은 4백여 년 동안 남아 있었다.

낙랑군이 이 땅에 죽치고 앉았던 4백여 년 동안에 우리는 한없는 고통을 겪었다. 민족의 가슴에 칼이 꽂힌 셈이다. 나라의 심장부를 빼앗기고 남북으로 갈라져 4백 년이 지나는 동안에 그 아픔이 얼마나 컸을까? 얼마나 많은 사람이 칼에 죽었으며, 압박과 짜먹임에 못 견디어 죽은 사람은 얼마나 더 많았을까? 그러나 살아가는 사람이 당하는 업신여김과 슬픔과 쓰라림은 또 얼마나 컸을까? 시간이 무서운 물건이 되어 지나가면 잊어버리니 그렇지, 지금도 만일 그 그림이 전해졌다면 견디고 살 사람이 과연 몇이나 될까?

* 한사군(漢四郡): 중국 한무제가 기원전 108년에 위씨조선을 없애고 그 옛 땅에 설치한 네 군. 곧 낙랑군·진번군·임둔군·현도군의 네 군을 말한다.

『사기』에 보이는 고대국가의 사적(史蹟). 중국 한무제는 위씨조선을 멸하고 거기에 한사군을 두어 직접 통치했다.

여기 비한다면 일제 36년이나 지금의 38선 몇십 년은 문제도 되지 않는다. 그러나 이 역사를 잊지 않고 기억한다면 어떻게 일제 36년을 또 허락하였으며 38선을 또 허락하였을까? 참 잊는 백성인가? 참 모든 것을 잊어버리고 마는 민족인가? 그렇다면 역사가 없었을 것이다. 또 잊고 또 잊고 부끄럼과 죄를 되풀이하는 것도 놀라운 일이지만, 그 속에서도 죽지 않고 역사를 이루어오는 것은 더 놀라운 일이 아닐까?

남들은 보고 비웃을는지 모르지만, 우리에게는 이 부끄러운 짐이, 이 가난과 못남이 우리 임께 가지고 갈 시집밑천이다. 이것이 우리 자신이다. 고난의 역사로 지는 것이 우리가 아니라, 지면서도 죽지 않고 사는 것이 우리다. 죽음보다 더한 것이 우리다. 이것이 한이다. 민족이다. 한사군의 의미는 여기에 있다.

그것은 4백 년 동안 한민족에게 던져준 하나님의 과제였다. 이것을 깨닫고 분연히 일어선 것이 고구려였다. 그들은 이것을 몰아내기에 전 역량을 기울였다. 사실 이것은 한민족에게 없어서는 아니 되는 교훈이었다. 본래 자기를 지키기에 다부지지 못한 탓으로 중국 이민에게 속아 부끄러움을 샀던 한민족은 4백 년의 쓰라린 경험을 치러보고서야 비로소 자각이 조금씩 생기게 되었다. 또 정치사상도 거기에 따라 발달되었다. 삼국시대의 힘 있는 국가, 더구나 고구려는 이 일이 아니고는 있을 수 없었다. 하룻밤 모밭을 엄습해온 모진 바람은 튼튼치 못한 묘목을 꺾어버린 대신 남은 자에게는 굳센 자립심을 주고 갔다.

그다음은 중국 문화가 들어온 것이다. 기자조선이 중국사람과 문화를 많이 가지고 왔다는 말은 위에서도 했지만, 낙랑군으로 인하여 그것은 한층 더 성히 들어왔다. 정치적 시련은 나라제도나 군사의 힘을 기르는 데 도움이 될 수 있으나 높은 정신적 가르침 없이는 한낱 사나운 야만인을 기를 뿐이다. 그러고 보면 이때에 낙랑이라는 직통운하를 파고 일찍부터 발달하였던 유교사상을 받아들이게 된 것은 우리 정신사 위에 크게 의미를 가지는 일이라 할 것이다. 정치적 압박은 불행하지만 그것은 한때의 불행이고 그로 인하여 위대한 사상을 배운다면 그것은 영원히 남을 유산이 될 것이다.

우리나라에는 우리나라대로 고유한 도덕사상이 없지는 않았지만, 유교는 동양문화를 이루는 큰 두 줄기 중의 하나가 되는 세계적인 종교요, 도덕이니만큼 그것을 받아들이는 것은 우리에게도 없어서는 안 될 일이었다. 물론 우리 혼자도 위대한 사상을 발달시키지 못할 바도 아니요, 유교문화 아니고도 우리는 우리대로 살아갈 수 있었을는지 모르나, 오늘에 와서 역사의 대세를 돌이켜볼 때, 우리가 만일 유교의 영향을 전혀 받지 않았더라면 어찌 되었을까?

그렇게 생각해볼 때, 이 4백 년은 무의미한 불행만이 아닌 것임을 알 수 있다. 더구나 위에서 우리가 본 대로 우리의 고유한 종교가 심각한 윤리적 태도가 모자라는 것임을 생각할 때 더 분명히 알 수 있다.

우리 민족은 그 불행 중에서도 이 높은 종교·도덕의 사상에 접함으로 정신 발달이 자못 왕성하게 된 바 있었을 것이다. 이것도 다음에 오는 삼국시대 문화가 자라나는 데 필요한 조건이었다. 후에 와서 유교가 우리나라의 고치기 어려운 큰 병을 만들어준 것은 사실이다. 그러나 그것은 받는 이쪽의 잘못이지 반드시 유교 그 자체의 잘못이라 할 것은 아니다. 또 유교 자체의 잘못이 있다 하더라도 그 좋은 점은 그 결점을 보태고도 남을 것이다. 대체로 우리의 문화민족으로서의 양심의 터를 잡는 데 좋은 교사 노릇을 한 것은 부인할 수 없는 사실이다.

 그때에 그 왕도주의의 정치철학은 실로 다른 데서 볼 수 없는 고상한 것이었다. 잘못 받아 사대주의가 된 것은 나쁘나 그렇게 되는 데는 그럴 만한 세계의 종교적인 통일적인 성격이 있어서 된 것이다. 그와 같이 안으로 밖으로 물질적으로 정신적으로 깊이 들어 있는 것은 뜻이 있어서 이 모밭시대는 마련된 것이었다. 누가 과연 한국을 대표하는 큰 나무가 될까?

# 10 풀무 속의 삼국시대

### 뽑힌 세 후보

천 년에 뻗치는 모판시대를 지나는 동안에 몇백이 되던 나라는 다 없어지고, 그중에서 한국 문화를 크게 이루어 민족의 사명을 다할 자격자로 뽑힌 후보는 셋이었다. 고구려와 신라와 백제다. 이 셋이 뽑히게 된 것은 우연이 아니요, 그럴 만한 까닭이 있어서 된 것이다.

우선 지리를 살펴보면 그것을 알 수 있다. 본래 반도의 지형이 세 구역으로 갈라져 있다. 이제 지도를 펴놓고 인천·원산 두 곳을 연결하는 한 선을 그어놓고 보면 그 선에서 북쪽은 산맥이 모두 동서로 가로 뻗었고, 그 선에서 남쪽은 산맥이 대개 세로 남북의 방향으로 달리고 있음을 알 수 있다. 그리하여 반도가 남북 두 부분으로 갈린다. 그런데 그 남부를 또 살펴보면 마식령에서부터 전라도 남쪽 맨 끄트머리까지 등뼈 되는 산맥이 쭉 뻗어 있어 그것을 동서 두 부분으로 갈라놓은 것을 볼 수 있다. 그리하여 반도는 결국 북부와 동남부와 서남부의 세 지방으로 갈라진다. 그리고 그 북부는 만주와 한데 붙어 있다.

세 부분은 각각 지리적으로 한 작은 단원이다. 북에는 개마고원이 가운데 있어서 압록·두만·청천·대동·예성·성천 하는 모든 강들이 그것을 중심으로 사방으로 흘러내리고 있으며, 그 유역에 살진 평야가 열려 있어서 많은 사람을 기를 수 있게 되어 있고, 서남부는 등뼈 되는 산줄기에서부터 갈빗대 모양으로 한강·금강·만경·영산 하는 강들이 흘러 서해로 들어가며, 그 유역에 이른바 반도의 곡창이라는 넓은 살진 평야가 열려 있으며, 동남부는 커다란 낙동강과 그 가지 되는 강들이 구불거려 흘러가며 간 곳마다 넓은 들을 만들어 사람이 살 수 있게 만들어놓고 있다. 그리고 이 구역들은 모두 높은 산줄기로 막히어 있어서 그때의 교통수단으로서는 상당히 넘기 어려운 국경선이 되어 있다.

그러므로 많은 나라가 제각기 골마다 벌마다 자리 잡고 있어서 혹 친하고 혹 싸우며 나뉘었다 합했다 하는 동안에 문화는 점점 발달하고 사람과 물건이 오고감은 점점 더 많고 잦아지고 사회는 점점 복잡해지고, 생활권은 차차 넓어져가서, 그전보다는 좀더 단단하고 힘있는 나라를 요구하게 되자 작은 경계선은 다 없어지고 이 자연적 큰 구분선이 곧 국경을 결정하게 되었다. 그리하여 북에는 고구려가 서고, 서남부에는 백제가 서고, 동남부에는 신라가 서게 되었다. 그중 고구려는 본래 만주와 반도가 맞붙는 사품에서 일어난 나라이므로 반도 북부로부터 만주에 이르는 넓은 땅을 가지고 있었다.

### 신라

이제 이 세 후보를 비교해보기로 하자. 신라는 역사상의 연대로 보면 세 나라 중 가장 먼저 선 나라다. 그러나 그 연대는 사실 그대로라고 믿기 어려운 것이요, 사실로는 인문의 발달이 가장 뒤진 나라였다. 그 원인 가운데 하나는 위치가 치우쳐 있었던 것이요, 또 하나는 진한시대 이래로 늘 외국의 압박을 받아왔기 때문이다.

경상도의 위치는 지금같이 교통이 편하고 항구를 통하여 문물을 실어들이는 때니 반도의 문호라 하고, 부산·마산이 중요한 항구 노릇을 하지만, 대륙과의 문화교통이 주요한 일이던 그때는 반대로 제일 좋지 못한 위치였다. 거기다가 또 진한은 서쪽 마한의 지배를 받아왔기 때문에 자유로이 대륙과 교통할 수가 없었다. 역사에 전하는 바를 보면, 진한에는 늘 마한 사람이 임금이 되었다고 하였다.

그랬던 관계로 나라가 아주 약한 터에 왜구의 침해가 또한 심하였다.『삼국사기』,「신라본기」(新羅本紀)를 보면 혁거세가 임금 된 처음부터 왜인 침입이라는 기사가 거의 매년같이 있다. 왜인이라는 것은 대마도나 일본 구주지방의 변방 사람들이 해적질을 해먹는 것이었는데, 어디나 바닷가 지방을 습격하여 도둑질을 하고 불을 지르고 사람을 잡아가고 하여 그 사나운 것이 이루 말할 수 없었다. 나라서울인 금성까지 쳐들어온 일도 있었다. 그랬던 탓으로 삼국 중 신라는 처음에는 가장 세력이 보잘것이 없었다.

그러나 도리어 신라의 그러한 운명이 그 국민으로 하여금 노력하게 만들었다. 그들은 국민적 분투의 정신과 끈질긴 의지의 힘을 길러냈다. 화랑도*도 그래서 나온 것이고 김유신, 김춘추도 그래서 나왔다. 지금도 경상도 사람의 꿋꿋한 기질은 천하가 다 아는 바이지만, 그것은 이 어려움 가운데서 닦여나온 것일 것이다. 후에 삼국통일이 얼핏 보기에 자연스럽지 못한 듯 신라의 손으로 돌아가는 것도 그 큰 원인은 여기에 있다.

### 백제

백제는 기름진 땅을 가졌었고, 거기다 마한 이래 긴 문화의 역사를 가졌던 나라이므로 산업이 발달되어 경제가 넉넉하였다. 한편으로 다도해를 끼었으므로 바다 교통이 발달되어 남중국 및 일본과의 교통이 잦았다. 한동안 한강 이북으로 나가보려고 하였고, 신라가 차차 왕성해지는 것을 보자 원교근공(遠交近攻)의 외교책을 써서 일본의 힘을 끌어들여 그것을 억눌러보려고도 하였다. 정(情)의 국민이요, 문(文)의 나라였다. 계백**의 죽음과 낙화암으로 비장한 마지막을 꾸미기는 하였으나 굳센 힘이 부족한 나라였다.

### 고구려

고구려는 부여의 계통을 이은 나라로서 예로부터 오는 조상의 씩씩한 모습을 전하였다. 동명성왕이라는 주몽***은 우리 5천 년 역사를 통해서도 드물게 보는 어진 이였다. 그러므로 산간의 조그

* 화랑도(花郎徒): 신라시대에 있었던 청소년 민간 수양단체. 또 화랑의 무리. 학덕을 갖춘 용모단정한 귀족의 자제로 조직되었으며, 세속오계를 강령으로 삼았다.
** 계백(階伯, ?~661): 백제의 장군. 의자왕 20년에 나당 연합군이 쳐들어오자 황산벌에서 신라 장수 김유신과 네 번이나 싸웠으나 힘이 다하여 전사했다.
*** 주몽(朱蒙, 기원전 58~19): 고구려의 시조. 동부여에서 피란하여 졸본으로 이사한 후 송양국·행인국 등 부근을 개척하고 나중에 북옥저까지 정복하여 점차 대국의 기초를 만들었다.

10 풀무 속의 삼국시대

사비성의 낙화암. 백제는 계백의 죽음과 낙화암으로 비장한 마지막을 꾸미기는 했으나 굳센 힘이 부족한 나라였다.

마한 보잘것없는 졸본(卒本)을 가지고 한때 동쪽 아시아에서 떨치던 고구려를 만든 것이다. 그는 '한' 사람을 대표하는 표본적인 인물 가운데 하나였다. 그러나 한 사람이 어찌 나라를 다스릴 수 있을까?

예나 이제나 나라의 주인은 민중이다. 고구려가 위대한 것은 고구려 민중이 위대하였기 때문이다. 위대한 것이 다른 것이 아니다. 민중이 어떤 이상에 열중하는 일이다. 산속의 졸본, 일 년 두루 일을 하여도 먹을 것도 못 버는 졸본도 국민이 한번 한마음이 되어 가슴이 부풀어오른즉 만주와 반도에 걸치는 큰 나라를 만들 수 있었다.

그들을 그렇게 만든 것은 도리어 그들의 좋지 못한 환경이었다. 땅이 파리하여 먹을 것도 잘 내주지 않고, 옆에 강한 나라가 있어서 밤낮 그 시달림을 받기 때문에 그들은 반발한 것이었다. 정신은 반발하는 것이다. 버티고 나서는 것, 머리를 들고 일어서는 것, 운명에 대해 대드는 것이 정신이다. 뜻을 찾는 것이 정신이다. 그저 나도 살겠다 하는 것만으로는 부족하다. 내세우는 뜻이 있어야 한다. 내가 뜻을 이루는 것이 아니라, 뜻을 찾으면 뜻이 나를 살려주고 나를 위대하게 한다.

주몽이란 활 잘 쏜다는 뜻이라지만, 그 주몽이 동명성왕이 된 것은 활만 잘 쏴서 된 것은 아니다. 활을 잘 쏜다면 몇 사람이나 잡을까? 위대하려면 민중 전체를 잡아야 한다. 민중을 잡는 것은 정신이요, 뜻이다. 민중은 뜻을 찾는 것이다. 그러므로 뜻이 있는 것을 보면 몸도 마음도 다 바친다. 민중은 위대해지고 싶어하는 것이다. 위대함을 한번 보면 절대 숭배한다. 그리고 민중이 몸과 마음을 바치고 나서는 날, 못 할 것이 무엇일까? 주몽이 위대한 것은 민중에게 뜻을 보여주었기 때문이요, 고구려가 위대한 것은 그 민중이 위대한 국민적 이상에 가슴이 부풀고 타올랐기 때문이다. 그러므로 고구려라고 하면 그저 싸움이나 잘하는 나라로만 생각하면 잘못이다.

고구려는 결코 무(武)의 나라만이 아니었다. 후에 비참한 운명 때문에 그 자취조차 다 없어지고, 남은 것이 극히 적지만, 그것으로도 그때의 고구려의 장한 것을 짐작할 수가 있다. 평양 금수산* 밑에 가서 그 무너진 옛터를 보라. 강서에 가서 그 세 무덤**을 보라. 압록강을 건너 만주에 가서 그 장군의 무덤을 보라. 광개토왕비***를 보라. 북중국의 곳곳에 지금도 남아 있는 고려탑, 고려문을 보라. 무심한 만주족들이 저희도 모르고 전하는 옛이야기에 귀를 기울여보라!

그들은 결코 작은 국민이 아니었다. 밥만 알고 일을 모르는 사람이 아니었다. 칼만 알고 글을 모르는 사람이 아니었다. 살 줄만 알고 죽을 줄 모르는 사람이 아니었다. 현실만 알고 꿈을 모르는 사람이 아니었다. 꿈을 모르고 그런 그림을 어떻게 그리며 그런 건축을 어떻게 지었을까? 남의 것을 배울 줄만 알고 제 것, 제 생각을 나타내고자 할 줄 모르는 사람이 그런 글을 어떻게 지었을까? 글을 가진 사람들이었다. 그러므로 나라의 처음부터 역사를 닦았다는 것이다. 그런데 그것이 다 없어졌으니! 그것이 다 만주 풀밭에

---

* 금수산(錦繡山): 평양 교외에 있는 산. 을밀대·청류정·칠성문 등 고구려시대의 유적들이 많다.
** 강서의 세 무덤: 평안남도 강서군 강서면의 강서고분에서 발견된 고구려시대의 무덤. 대묘·중묘·소묘의 세 무덤이 있는데, 그 가운데 대묘의 「사신도」(四神圖)가 유명하다.
*** 광개토왕비: 만주 지안현(輯安縣) 퉁거우(通溝)에서 발견된 고구려 광개토왕의 비석. 광개토왕의 공적을 기리기 위해 아들인 장수왕이 건립한, 우리나라에서 가장 큰 비석이다.

썩고 말았으니! 그 글을 사랑하는 중국사람의 입으로도 고구려 사람은 책을 사랑한다고 하였다. 그 망한 뒤에 일어났던 발해가 훌륭한 글을 가졌던 것을 보면 그때의 모양을 짐작할 수 있다. 글이 무언가? 뜻이 나타난 것이 아닌가?

그러므로 글자도, 일찍부터 가지고 있은 글자가 있었다는 것이다. 그런데 그 고구려가 마음껏 한번 기운을 펴보지도 못하고 중도에서 거꾸러졌으니, 그리하여 그 문화의 유산이 다 연기와 티끌 속에 사라져 그 자취조차 찾을 수 없고, 가다가 이따금 나오는 부스러기, 끄트머리로 겨우 그 대국민의 모습을 짐작하는 데 그치게 되었으니 아깝지 않은가?

압록강, 두만강 남쪽 언덕에 갇혀 좁디좁은 골짜기에 옴츠리고 악착같은 생활에 기운을 못 펴는 백성들아, 그것도 온전히 지키지 못해 남해가 잔지러진 언덕 밑에 우물거리고 있는 사람들아, 우주선이 지구 궤도를 깨치고 드나드는 때에 꿈도 하나 꿀 줄 모르고 남의 삯 싸움 하는 것으로 사람의 일이 다 된 양 멍청히 있는 민중아, 고구려가 망한 것은 그들의 잘못이나 불행이 아니라 오늘날 이 너와 나의 죄 때문이니라.

역사를 지나간 일의 결과라고 누가 그러나? 아니다. 역사는 장차 올 것 때문에 있는 것이다. 시(始)가 종(終)을 낳는 것이 아니라 종이야말로 처음부터 있어 시를 결정하느니라. 그러므로 뜻이다. 고구려를 망하게 만든 것은 우리다. 고구려가 망하였느냐? 아니다. 동명성왕은 저 할 것을 하였고, 광개토왕은 저 할 것을 하였고, 을지문덕도 연개소문, 남건, 남생도 다 저 할 것을 하고 갔느니라. 고구려가 망하는 것은 오늘날 너와 나에게 달렸다. 우리가 버리면 동명도 단군도 개죽음이 되는 것이고, 우리가 살리면 세계의 주인으로 살아날 수 있다. 그렇지 않다면 역사 말하기를 그만두자.

장군총. 지린 성 지안 현 퉁거우에 있는 고구려의 대표적인 돌무지무덤이다. 잘 다듬은 화강석을 사용하여 7층으로 쌓은 대형무덤이다.

## 민족을 다듬어냄

고구려는 볼만한 나라였다. 탄탄한 조직의 나라를 이루어 자유와 통일을 다 아는 사람들이요, 기개가 있었다. 부지런하고 질박하고 법률은 엄하고 싸움을 잘하면서도 '연일가무'하는 풍정도 있었다.

이 세 나라가 솥발 같은 형세로 맞서서 서로 나라힘을 펴기를 다투었다. 이 삼국시대는 '한' 민족의 한 큰 시련의 시기였다. 민족적 사명을 다하기 위하여 그 힘을 기르고, 그 이상을 다듬고, 그 식견을 넓히고, 그 정신을 높일 때였다. 민족통일을 완성하는 것이 이 시대에 내준 과제였다. 그리하여 통일된 한 나라를 이루었어야 하는 것이었다. 삼국이 서로 알고 하였건 모르고 하였건 서로서로 빼앗으려고 죽기 살기로 지키려고 넘어지며 일어나며 뒹굴며 싸웠다 화친하였다 주고받고 왔다갔다하는 동안에 이루어질 것은, 마치 뒤끓는 용광로 안에서 녹을 것이 다 녹고 탈 것이 다 탄 후 마침내 한 덩어리 정금(正金)이 쏟아져나와야 하는 것같이 만주·조선에 퍼져 있는 전 민족을 하나로 통일한 한 나라, 그야말로 '한

10 풀무 속의 삼국시대 163

나라'가 나왔어야 하는 것이다.

마치 이탈리아 반도 안에 갈라져 있던 여러 민족 씨름에서 지중해 세계를 통일한 로마가 나왔고, 켈트·앵글로색슨·덴마크인·노르만 등 여러 민족이 드나들며 싸우는 싸움에서 대영국민이 이루어졌고, 황하·양자강 유역에 몇만으로도 셀 수 없이 많았던 나라들이 천 년이나 두고 뒤끓고 싸운 끝에 아시아의 절반을 그 문화권 안에 통일한 한(漢)나라가 나왔듯이, 우리는 이제 그 풀무가 어떻게 준비되었는가를 보리라.

## 낙랑

이 시대를 민족 다듬음의 시기로 볼 때, 뜻 깊게 그것을 뒷받침해주는 사실 가운데 하나는 낙랑이다. 위에서 이미 말한 대로 인심 좋게 받아주었던 중국 피난민이 기자조선이 되고, 위만조선이 되더니, 나중에는 조선이고 나라고 다 때려치우고 아주 남의 나라 복판에다가 한의 직속 고을을 두었다. 그랬다가 이 사군 중 셋은 곧 쫓겨갔으나 그중 낙랑만은 4백 년이 넘도록 있었다.

민족 전체가 아주 다 망하든지 먹어버렸다면 또 모르지만 뻔히 있는 나라 복판에 남의 나라 관리가 와 있어 민족의 한 부분을 마음대로 다스리고 학대한다는 것은 무엇인가? 놀라지 마라. 4백 년 동안 날마다 그 아니꼬운 꼴, 그 분통이 터지는 수모를 당하고 있을 때 어떠하였을까?

프로메테우스가 사나운 제우스 신에게 붙잡히어 카프카스 산 바위의 쇠사슬에 매여 죽지도 못하고 독수리에게 심장을 뜯어먹혔다 하고, 자유정신에 불타던 젊은 셸리는 그의 유명한 「놓여난 프로메테우스」에서 그 프로메테우스를 대신하여 "아, 내게는 고통, 고통……"이라고 부르짖지만, 황(黃)·평(平) 양 도야말로 나라의 심장인데 그것을 4백 년이나 곤륜산 독수리에게 뜯겼으니, 그때의 한민족이야말로 고통밖에 모르는 존재였다. 프로메테우스에

낙랑고분에서 출토된 인물화상칠채광(人物畵像漆彩筐).

게 그 횡포한 제우스가 주는 고통이 도리어 자랑이 되고 힘의 샘이 되었듯이 이때의 우리도 역시 그날마다 선지피 흐르는 자극으로 민족감정을 찌르게 하고 민족적 자각을 불러일으키게 하여 속에 갇혀 자고 있는 '얼'을 깨워 일으켜 그 아픔으로 하여금 커다란 국민적 꿈을 그리는 철필촉이 되게 하는 수밖에 길이 없었다. 그것을 한 것이 고구려다.

고구려야말로 우리 민족의 프로메테우스다. 그러나 고구려만 아니다. 이것은 민족 전체에 준 과제였기 때문에, 세 나라는 낙랑을 가운데 놓고 그 문제를 풀려고 힘쓰는 동안 차차 강한 나라가 되었다.

## 불교가 들어옴

그다음 이 시대를 위해 특별히 준비된 조건으로 보아야 할 또 한 가지 사실은 불교의 전래다. 역사상의 공전(公傳) 날짜는 고구려 소수림왕* 2년(서기 372년)이나, 그것은 겉에 나타난 것이고 실제로 민간에 들어온 것은 그보다 훨씬 전이다. 기록으로는 백제에는 그보다 3년 후, 신라에는 30년쯤 후에 들어왔다고 한다. 이제 앞으로 벌어질 끔찍한 싸움을 앞두고 이 불교가 들어온 것은 뜻

* 소수림왕(小獸林王, ?~384): 고구려의 제17대 왕. 372년 전진(前秦)에서 승려 순도가 불상과 경전을 가지고 왔으며, 374년에는 아도가 들어와 불교를 전래했다.

깊은 일이다. 열국시대에 유교가 그랬던 것같이, 불교는 이 시대를 위한 정신적 준비를 하기 위하여 왔다. 천하를 건지자는 공자도 살아 있는 공자요, 중생을 구원하자는 부처도 살아 있는 부처다. 필요한 때에 오니 살아 있는 마음이 아닌가?

열국시대에 유교가 오지 않고 삼국시대에 불교가 앞서 오지 않았더라면 큰일이다. 그래도 소용이 없지 않았느냐 하지 마라. 그것이 아니었더라면 그 정도가 아닐 것이다. 열국시대, 삼국시대의 정치야 실패했는지 모르겠지만 양심은 그 유교 때문에 부지가 되었고, 인생은 그 불교 때문에 구원이 되었다. 미리 알고 왔느냐고? 그런 좁은 소견의 소리는 하지 마라. 안 것만이 안 것이 아니다. 그때야 몰랐겠지만 지금도 모르겠느냐?

첫째는 민족통일의 밑터가 되었다. 옛날부터 나라와 나라 사이의 싸움은 그 종교가 다른 데서 왔다. 옛날 싸움은 거의 다 부족신 사이의 싸움이었다. 반드시 먹을 것을 다투어 싸운 것이 아니다. 전쟁의 동기나 목적을 물질로만 설명하려는 것은 어리석은 생각이다. 먹을 것 아니고도 싸우는 것이 사람이다. 왜? 그 섬기는 신이 달라서 말하자면 공연히 미운 것이 정말 무서운 것이다. 공연한 것이 정말은 이유다. 공연한 생각에서다. 밥도 옷도 상관없이 공연한 생각 그것 때문에 싸우고 죽는 것이 사람이다. 그 생각이 신이다. 신이 일으키는 생명의 꿈틀거림이다. 그러므로 전쟁은 결국 신의 전쟁이다. 선신이거나 악신이거나. 그 대신 같은 종교가 민족의 차이를 없애는 일이 많다. 지금 인도의 통일이 인도교\*·회회교\*\*의 싸움으로 안 되는 것은 먼젓것의 실례요, 중세에 기독교 왕국의 이상이 각 국가, 민족을 한 깃발 아래 모았던 것은 뒤엣것의 실례다.

그러므로 예로부터 잘난 임금이나 정치가로서 종교정책에 마음 쓰이지 않은 이 없다. 유교나 불교나 기독교는 다 민족국가의 경계선을 뛰어넘은 종교다. 그들의 목적은 민족이나 나라에 있지 않고 세계에 있고 인간에 있다. 현실에만 있지 않고 영원무한에 있다.

\* 인도교(印度敎): 힌두교. 인도 각지의 토착신앙을 흡수하여 4세기경에 힌두교로 확립되었다. 조상숭배·애니미즘·우상숭배·범신론 철학 등의 요소가 들어 있고 여러 종파로 갈라진다.
\*\* 회회교(回回敎): 이슬람교. 마호메트가 창시한 종교로, 이 안에서 여러 종파와 종교운동이 일어났고 이슬람 세계 내에서도 지역마다 문화적·종교적으로 큰 편차를 보인다.

콜로세움. 로마에 있는 거대한 원형경기장으로 이곳에서는 수천 회에 걸친 검투사 시합과, 맹수와 인간의 싸움, 모의해전 같은 대규모 전투장면이 실연되었다.

그러므로 어떤 나라나 어떤 인종이나 거침없이 스며들어가는 종교다. 사람의 맨 밑을 더듬는 그 종교는 들어만 가면 민족과 민족을 서로 밑바닥에서, 다시 말하면 진리에서 만나게 하기 때문에 모든 차이를 잊고 서로 이해하게 된다. 옛날부터 포교가 외교에 많이 이용된 것은 이 때문이다.

조그만 그리스 반도 안에서 손바닥 같은 도시국가를 가지고 서로 싸우던 그리스 사람도 같은 말과 같은 신 앞에서만은 한 민족이란 느낌을 가졌었다. 고구려의 비밀을 몰래 살피러 간 김춘추를 중이 놔주어 보냈다 하고, 모처럼 나랏일을 바로잡으려는 백제 의자왕을 중을 시켜 꾀어 잘못하도록 만들었다기도 하지만, 그것은 마치 인삼·녹용을 잘못 먹여 죽였다는 말과 마찬가지로, 당시에 불교가 어마어마한 국경을 넘어 얼마나 힘있게 일하고 있었는가를 뒤집어 증거하는 것뿐이다.

그다음은 세 나라의 정치적 시련이 단순히 사람을 죽이는 경쟁

인간의 자유를 선언한 프랑스의 인권선언. 프랑스 혁명을 고무한 원칙이 담겨 있다. 1789년 프랑스 국민의회가 채택한 이 선언의 17개 조항은 1791년에 제정된 헌법의 전문이 되었다.

에 그침을 막는 일이 된다는 점이다. 로마 사람이라면 살벌·잔혹을 연상한다. 신사·숙녀라는 사람들이 생사람을 연극장에 잡아넣고 서로 칼로 찔러 죽이며 싸움을 하게 하고, 그것을 보고 손뼉을 치며 즐겼으니 말할 것도 없다. 그러나 그 풍이 어디서 났느냐 하면 전쟁에서 났다.

　전쟁은 인간성을 말살시켜버린다. 전쟁에 이기면 이길수록 잔혹해지고 사나워진다. 프랑스 대혁명이 한창일 때는 거리에서 노는 아이들까지도 모가지를 자르는 기요틴을 만들어가지고 놀았다 하지 않나? 고구려 같은 나라는 로마가 될 위험성이 많았던 나라다. 그러나 아무리 전쟁을 하다가도, 나라를 위해 한다는 감정에 미치다가도, 너도나도 전생의 업을 못 벗어 미치는 중생이다, 너도 나도 불자요, 죽으면 다 같이 정토에 가서 난다. 이 중생을 건지기 위해 보살은 항상 눈물을 흘리신다고 생각할 때 그 싸움이 좀 달라지지 않을까?

그다음 또 하나는 생각을 깊게 만드는 일이다. 사람이 정치 없이 못 살지만 정치처럼 사람의 마음을 옅게 만드는 것도 없다. 현실의 문제니만큼 열중하면 할수록 악착스런 생존경쟁만 눈에 보이고 인생의 근본 목적과 뜻은 잊어버리게 된다. 더구나 전쟁을 자꾸 하여 인생의 허무를 느끼게 되면 생각하기도 힘쓰기도 다 집어치우고 될 대로 되라 하는 퇴폐적인 기분에 빠지기 쉽다. 그때 그 허무감에 빠진 사람을 잘하면 깊은 종교적인 길로 끌 수 있다. 그러기에 사실 전쟁시기에 종교열이 올라가기도 한다.

전쟁시기는 그렇기 때문에 정치역사보다도 정신역사 위에서는 더구나도 중대한 의미를 가지는 위기인데, 그 위기를 당한 우리 민족의 고유 종교로는 부족이 있었다. 굿, 점, 푸닥거리, 샌님, 신령님, 대감님, 또 무슨 임을 위해 춤추고 노래하고 비난수를 하여 복을 얻도록 하자는 종교는 이때에는 아무런 힘이 없다. 시시각각으로 의식을 압박해오는, 정신이 아찔해지는 끔찍하고 악착같은 세상 모양을 눈앞에 보고 숨이 막히려는 인생 앞에, 모든 평상시 덩덩거리는 북소리에 따라다니던 잡귀신들은 소용이 없다. 그때에 저들로 하여금 깊이 속을 들여다보아 생명의 근본을 물결의 일고 꺼지는 저쪽에서 찾게 하고, 도덕의 뿌리를 죽고 삶의 건너편에서 더듬게 하여야 참 세상을 건지고 나를 붙들어주는 종교라 하겠는데, 부끄러운 말이지만, 단군 이래의 우리나라의 종교를 가지고는, 심각성이 부족한 우리 민족의 성격 그대로로는, 유교의 일상 도덕을 가지고는 그것은 되지 않는다.

유교는 일상생활의 상부 건축은 지지해주지만 땅속의 토대가 흔들리는 것을 고치는 데는 그보다 좀더 깊은 것이 있어야 한다. 이때에는 세계 밖에서 또 세계를 보고 세계 속에서 또 세계를 찾

국보 제83호인 금동미륵보살반가상. 삼국시대의 예술품을 볼 때 거기 서려 있는 신비로움과 무게는 불교의 깊은 신앙으로 인해 깨어난 혼의 자기실현이라 아니 할 수 없다.

으며, 사색 밑에서 또 사색을 파고, 없음 속에서 참을 얻는 불교야말로 필요하였다.

그러하였기 때문에 불교가 한번 들어오자 마른땅에 물을 쏟은 듯이 사람의 마음속에 잦아들었다. 거기 따라 삼국의 문화는 우뚝 솟아올라왔다. 물론 삼국시대 문화가 온통 불교에서 나왔다는 말은 아니다. 그러나 그 나오는 원동력이 불교신앙에 있었던 것만은 사실이다. 새 종교의 자극으로 사람의 혼이 열리고 새 생명력을 불어넣어줌을 받음이 없이는 창조는 안 된다.

우리가 삼국시대의 예술품을 볼 때 거기 힘차게 꿈틀거리는 힘과 그윽히 서려 있는 신비로움이 있음을 느끼며, 묘한 가운데에도 무게가 있고, 맑으면서도 어설픔이 있음을 맛볼 수 있는 것은 이 깊은 신앙으로 깨어난 혼의 자기 실현이 아닐 수 없다. 그렇기 때문에 삼국시대 정치는 분통이 터지는 실패임에도 불구하고 그 예술은 지금도 바라보아 숨결이 높아지는 것이 있는 것이다. 칼로는 하나로 만들려다 못 만든 민족을 종교는 하나로 만들었다. 재주로는 건지려다가 도리어 빠뜨린 역사를 신앙은 영원히 건지었다.

## 깨어진 용광로

삼국시대는 그렇게 마련되었던 시대요, 한국역사 위에 그렇게 뜻이 깊은 시기다. 그러나 시련은 실패로 돌아갔다. 으리으리한 정금을 얻기 전에 용광로는 터지고 말았다. 삼국의 정치적 싸움은 민족적 큰 이상을 자각하기 전에 그만 사람을 죽이는 놀음으로 되어버려 전 민족의 정력을 써버리고 말았다.

처음에는 고구려가 강성하여 통일사업을 이룰 듯이 보이더니, 한편으로 중국의 압박이 심하고 또 한편으로 신라가 차차 강성해감에 따라 삼국관계는 점점 복잡해졌다. 신라와 백제가 합하여 고구려에 대항하려다가, 고구려와 백제가 화친을 하여 신라를 눌러보려다가, 백제가 일본을 끌어들여서라도 신라를 없애려 한즉 신라는 또 당나라를 업어들여 고구려와 백제를 온통 짓밟아버렸다.

2천 년을 두고 기대해오던 이상은 그만 물거품으로 돌아가고 말았다. 민족적 사명을 다하게 하기 위해 온갖 배포가 되어 있었건만 결과는 독립을 잃어버린 것이 되고 말았으니 천추의 한이 아닌가? 신라가 통일을 하였다고는 하나 그 낸 값은 너무 크고, 그 얻은 것은 너무 작았다. 통일이 아니라 잃어버림이다.

삼한을 통일하였노라고 당나라 옷을 입고, 당나라 제도로 나라를 고치고, 당나라 임금 앞에 절을 할 때, 단군의 혼이 백두산에서 내려다보았다면 그 어떠하였을까? 금강가에 평백제탑(平百濟塔)을 세우고 임금과 그 가족을 온통 묶어 중국으로 잡아가고, 낙화암이 꽃 아닌, 꽃보다 더한 혼이 떨어져 붉게 물이 들 때, 온조왕의 혼이 그것을 내려다보았다면 어떠하였을까? 한때의 영웅 당 태종으로도 천하 병마를 바다와 뭍으로 총동원해가지고도 감히 어떻게 못 하던 고구려를 아비만도 못한 자식 남건·남생이 싸움하는 판에 소정방·설인귀·이세적 따위가 마음대로 짓밟는 것을 볼 때, 죽은 혼이 그 어떠하였을까?

김춘추*의 아비 자식이 번갈아 당나라에 드나들며 비루한 외교로 조상을 팔아 얻은 것은 겨우 반도 절반이었다. 나라의 흥망이 관계되므로 부득이하여 수단을 쓴 것이라면 제법 용서가 될 듯도 하고, 통일의 뜻을 구태여 임진강 남쪽에 한정하였던 것은 아니나, 시세가 허락지 않았으니 어쩌느냐 하면 얼마간 변명이 될 듯도 하지만, 아니다, 절대 용서 못 한다. 변명이 안 된다. 민족 통일의 큰일이 자기를 팔아버린 데서 실패했다는 것은 평계를 대려야 댈 수도 없고 잊으려야 잊을 수도 없는 비통한 사실이 아니냐?

우리는 이와 같은 예를 옛날 그리스의 망국사에서도 본다. 그리스가 문화로서는 빛나는 것이 있었으나 정치를 잘못하였기 때문에 망해버렸다. 아테네·스파르타·테베 하는 조그마씩한 나라들이 서로 저밖에 모르고, 전 민족을 돌아보지 않고 시기에 불타 싸

* 김춘추(金春秋, 604~661): 태종무열왕. 신라 제29대 왕으로 당나라의 원군(援軍)을 얻어 백제를 멸하고 신라 삼국통일의 기초를 닦았다.

태종무열왕의 영정.

우기를 마지않는 동안에 북방의 오랑캐라 업신여겼던 마케도니아로 하여금 마음대로 독한 손을 뻗치게 하여 그 손에 너도나도 망해버렸다.

데모스테네스* 같은 애국자가 미리 내다보고 부르짖다 못해 죽음으로써 경고하였건만 그래도 여러 나라는 일향 싸우기를 그치지 않고 마케도니아는 자기네의 보호자라고만 하였다.

그러나 데모스테네스의 예언이 들어맞는 날이 왔다. 그때는 비로소 어쩔 줄 모르며 대동단결을 새삼스레 부르짖었건만 때는 이미 늦었다. 민족통일의 절대 필요를 느낀 때는 벌써 마케도니아 사람의 말발굽이 그들의 가슴 위에 놓인 때였다. 아시아의 동쪽에도 그리스가 또 하나 있었다고야!

## 고구려의 죽음

삼국시대의 실패의 원인은 고구려가 망한 데 있다. 누구나 역사를 읽는 사람은 민족의 종주권을 고구려에 허하지 않을 수 없고, 또 일마다에서 고구려에 동정이 가는 것이 사실이다. 그것은 민족의 혼이 거기 대표되어 있기 때문이다. 만일 고구려가 그렇듯 갑자기 망하지 않았더라면 만주·조선은 반드시 하나로 통일이 되어 큰 나라를 이루었을 것이요, 그랬다면 신라와 백제가 한때 분한 일이 좀 있다 하더라도 민족 전체의 운명은 잘못되지는 않았을 것이다. 그렇다면 중국 평원에까지 그 다리를 한번 뻗었을는지도 모른다. 만일 그렇다면, 평화를 사랑하고, 남을 업신여길 줄 모르는 한족이 한번 아시아를 쥐었더라면 세계역사는 좀 다르게 되지 않았을까? 혼 빠지고 얼빠지어 소국민으로 스스로 만족하는 후일의 조선사람으로는 꿈도 못 꿀 일이겠지만, 그때의 고구려로는 결코 못

* 데모스테네스(기원전 384~322): 아테네의 정치가·웅변가. 반(反)마케도니아의 입장에서 애국심을 고취하고 테베를 끌어들여 마케도니아에 대항했다. 카이로네이아의 싸움에서 패한 후에도 반마케도니아주의를 견지하다 아테네에서 도망해 자살했다.

할 바가 아니었다. 역사상의 환한 사실이 이것을 증명한다.

고구려가 하려다가 못 한 그 일을 후에 금·청은 사실로 해놓았으니 문화 수준이 훨씬 뒤떨어졌던 여진*도 하는 그것을 고구려가 못 했을 리가 없다. 그런데 만일 고구려의 힘이 한때라도 중국으로 뻗었다면, 그것은 또 그만두고 만주라도 놓지 않고 그 주인이 되었더라면 동양의 역사는 지금과는 달라졌을 것이다. 적어도 조선의 형편은 지금과 비할 바가 아닐 것이다.

이렇게 말함은 제국주의를 주장함도 아니요, 무력주의를 예찬함도 아니다. 다만 민족운명의 변천을 말하는 데서 지난날의 천하 형세가 그랬다는 말이요, 우리가 자기를 잃어버린 경로와 그 결과가 그랬다는 말이다.

그런데 그 고구려가 망했으니, 이는 한낱 고구려의 일로만 그치는 것이 아니라 민족 전체의 일이요, 한때의 실패만이 아니라 실로 길이 민족의 운명을 결정하는 일이다. 5천 년 역사상 가장 아프고 쓰린 일이다. 역사를 읽어 매양 고구려의 실패에 이를 때, 책장을 찢어버리고 싶고, 주먹으로 땅을 치고 싶지 않을 사람이 누구냐? 고구려가 망함으로써 한족은 그 맏아들이 죽은 셈이다. 그 희망이 꺼졌고 그 유산이 모두 흘러빠졌다. 물론 맏아들이 죽었으면 찌끄러기의 막내아들이라도 대를 이어야지. 하지만 막내아들이 뽐낼 자격은 없느니라. 마땅히 울며 섰어야 하지. 신라는 찌끄러기 막내아들이다. 신라 문화라 자랑하는 사람들아, 생각 옅게 하지 마라. 그러면 네 혼이 또 줄어든다.

우리가 본래 흥안령 마루턱에서 천하 형세를 내려다보며, 백두산 꼭대기에서 천지에 목욕하고 나랏일을 의논할 때에 그렇게만 생각했던 것이 아니리라. 고구려를 편들고 신라를 깎는다 하지 마라. 그런 좁은 마음을 가지고는 역사를 토론하지 못하느니라. 만주와 조선을 하나로 다스릴 하늘이 정한 자연적 위치인 불칸산 잔등에서 고구려가 떨어졌으면, 신라가 그다음 어떤 재주를 부린다 하여도 요컨대 국한이 빤히 내려다보이는 일이다. 하물며 제 힘으로

*여진(女眞): 만주 동부지역에 거주하던 숙신·읍루계 민족으로 발해국이 망한 뒤 요(遼)에 속했다가 오대(五代)와 송시대에 여진으로 나타나 생여진·숙여진으로 갈렸다. 그중 생여진 추장 아골타가 1115년에 여러 부족을 통일하여 금나라를 세웠다. 명나라 때에는 여직이라 하여 삼분하여 해서여직·야인여직·건주여직이라 불렀으며 그중 건주여직에서 청나라의 태조가 나와 전중국을 통일했다. 현재의 만주인은 그 후예다.

된 것이 아니요, 남의 힘을 빌려서 하였음일까? 한때 당나라를 업은 거라 하지 마라. 업히는 자는 업는 자를 되업자는 꾀가 앞서는 법이요, 남의 집 아들을 업으면 네 아들은 내려놔야 하지 않느냐? 또 나라는 덕으로 하지 재주로 하는 것이 아니다.

그러면 고구려가 망한 것은 무슨 까닭인가? 우리가 고구려의 마지막을 생각할 때는 늘 한 가지 유감이 있는데, 그것은 아무리 보아도 고구려가 그렇게 망할 리는 없는데 하는 생각이다. 꼭 이순신이나 임경업의 죽음을 대하는 것 같아서, 아니라 할 수 없는 사실을 눈앞에 놓고 있으면서도 믿어지지가 않아서 안타까운 심정이다. 사실 고구려의 죽음은 횡사요, 요사(夭死)다. 잘못 죽은 것이다. 누구는 죽을 것이어서 죽었으리요만 고구려는 참 죽어서는 안 될, 죽을 것 같지 않은 죽음을 죽은 것이다. 한창때의 사내가 거꾸러진 것이다. 나라힘이 다 없어지고 폐정백출(弊政百出)하여 더러운 꼴을 부리고 넘어진 것이 아니라, 눈부신 활동을 다음 순간에 약속하다가 갑자기 거꾸러진 것이다. 갑자기 거꾸러진 것도 졸도가 아니라, 손에 칼을 든 채 전선에서 엎어져 죽은 것이다. 고구려의 패망은 순국으로 보아서만 바로 그 값을 알아보아준 것이다.

고구려의 힘든 싸움이 고구려만을 위한 것이 아니었던 것같이, 그 죽음도 고구려 하나만의 일이 아니다. 고구려의 사명은 전 민족과 그 문화를 보호하기 위하여 국경을 지키는 일이었다. 그들은 마지막까지 그것을 하였다.

한족과 선비족의 닥쳐오는 사나운 물결을 막다가 막다가 그 일선 위에 거꾸러진 것이다. 낙랑을 도로 찾느라고 그 손은 이미 다쳤고, 선비(鮮卑), 모용(慕容)의 포악한 대적을 막느라고 그 다리는 벌써 상하였고, 수·당의 흉악한 도둑을 용하게 물리치기는 하였으나 그로 인하여 가슴팍에 찔림을 입은 다음에는 신라가 염치없이 다시금 당나라를 이끌어들여 앞뒤로 들이치는데 그 고구려도 견딜 수가 없었다. 그리하여 민족통일의 제일 첫 번째 자격자인 고구려는 하다 하다 못 해 제 비통한 주검을 전선 위에 가로놓는 것으로써 겨레에 대한 마지막 공헌으로 삼고 갔다.

겉으로 보면 신라와 고구려는 서로 적국 사이요, 이해가 서로 다르다 할 수 있으나, 전 민족의 자리에서 보면 신라의 통일사업을 고구려도 도왔다. 신라가 삼국통일을 한 것은 고구려의 비장한 주검의 그늘 밑에서 된 것임을 잊어서는 안 된다. 반도 동남 구석의 조그만 신라가 반도통일의 터를 닦게 된 것은 고구려가 몇백 년 두고 북쪽의 침략자와 피를 흘리며 고된 싸움에 쉴 날이 없는 동안 덕택을 입어가면서 된 일이다. 신라 통일사업 공로의 거의 절반은 고구려의 영(靈) 앞에 제물로 바쳐야 한다.

## 통일 아닌 통일

그러나 신라가 통일을 하기는 했으나 그것이 본래 마땅히 될 것대로 된 것이 아니므로, 다시 말하면 통일을 참으로 이룬 것이 아니므로, 한국역사는 고구려의 패망을 계기로 일대 전환을 하게 된다. 이제부터 비극의 시작이다. 고구려가 그 거인의 시체를 만주 벌판에 드러내놓음으로써 한국민족은 고난의 연옥길을 걷게 된다. 엎누름과 부끄럼이 퍼붓고 한숨과 신음 소리가 연달아 나오게 된다. 한참 하던 연극의 각본이 갑자기 중간에서 변경이 된다. 여태껏 나와 노는 것을 지도하고 고쳐주어 될수록 자기 본래 목적한 것을 나타내도록 시켜볼까 애쓰던 그 주역이 하는 꼴이 아주 틀렸다 생각하자, 갑자기 무대 위에서 그 각본을 변경시켜버렸다.

목적을 아주 버린 것은 아니다. 전과는 아주 다른 방식으로 하기로 하고, 무대의 꾸밈을 달리하고, 주역이 할 일을 고치고, 반주의 곡조를 변경해버렸다. 삼국시대는 어느 모로 보나 한국역사상 가장 중요한 구절이다.

신라는 너무 과한 값을 주고 통일을 샀으나 그 통일은 참 보잘 것없는 통일이었다. 청천강 이북을 가보지 못한 통일이다. 통일이

원효의 동상.

아니요, 분할이다. 이 때문에 나라땅의 대부분을 잃고 겨우 일부분만이 남아서 한국을 대표하게 되었고, 사람과 민족의 아름다운 것이 많이 없어지고 아름답지 못한 것이 남게 되었기 때문이다. 그나마 그 통일도 백 년이 못 지나서 썩고 말았다. 오늘 경주에 남아 있는 신라 문화의 유물을 민족의 자랑거리라 하며, 이따금 지나가는 세계의 손님들이 가벼운 칭찬을 던지고 가는 것이 사실이기도 하지만, 그것이 다 오늘의 한국이라는 거친 들 가운데 섰으니 말이지, 한쪽 다리를 만주 평야에 디디고 한쪽 다리를 개마고원 위에 놓으며 오른편에 발해를 끼고 왼손으로 동해를 더듬으려던 그때의 기상으로 한다면 그만한 것이 그리 놀랄 것이 못 된다.

불교가 신라에 처음 들어올 때에는 묵호자*·모례**라는 사람들의 용감한 활동이 있었고 순교로써 포교를 하던 이차돈***에게서 보는 것 같은 높은 이상, 위대한 신앙이 있었고, 원효같이 넓은 사상과 초탈한 인격의 명승이 났었으나, 얼마 가지 못하여 절은 음사(淫邪)의 소굴이 되고, 나라의 힘이 빠지는 곳이 되어버렸다. 또 불

* 묵호자(墨胡子): 고구려 때의 승려. 신라 눌지왕 혹은 미추왕 때 신라에 불교를 전파하기 위해 일선군(지금의 경북 선산)에 와서 모례의 집에 굴을 파고 살았다.
** 모례(毛禮): 신라 최초의 불교신자.
*** 이차돈(異次頓): 신라 법흥왕 때 불교를 일으키기 위하여 순교한 사람. 모든 신하들이 불교를 반대하므로 순교를 자청, 마침내 그가 처형되자 예언한 대로 피가 하얀 젖으로 변하는 이적(異蹟)을 보임으로써 불교를 믿게 했다 한다.

교가 들어옴으로써 정신계에 큰 충동을 일으켜 고유 사상의 큰 발전을 한때 보게 되었다. 화랑도라는 것이 이것이다.

　최치원이 그것을 평하여 '유·불·선(仙)' 삼교의 알짬을 다 가지었다 하였다. 최치원이라면 그때 세계문화 시장인 당나라 서울에 어렸을 때부터 유학하여 넓은 지식과 뛰어난 문장으로 이름난 한 때의 문호였다. 그런데 그의 말이 그런 것을 보면 그 화랑도의 훌륭한 것을 짐작할 수 있다. 그러나 이 꽃피려던 정신문화도 얼마 못 가서 말라버리고 말았으니, 그 원인은 다른 것이 아니고 중국의 모방이라는 독충이 잘라먹은 것이다.

　관제를 당나라 것으로 고치고, 지명을 한문식으로 고치고, 의복·풍습까지 따랐으니, 자기를 팔아 남의 힘을 빌려왔던 값이다. 그러므로 한때 이긴 기분이 지나가자 나라 정치는 걷잡을 수 없이 기울어졌다. 혜공왕으로부터 시작하여 나이 어린 임금에 틈을 타 간사한 것들이 일을 주장하고 임금을 죽이고 내란을 일으키는 일이 연이어, 나라의 마지막에는 임금과 신하가 둘러앉아 잔치하는 동안에, 서울이 대적의 손에 들어간 줄도 모르고 망해버렸다.

　분을 못 참는 마의태자*가 일생 베옷을 입고 외로운 바위 밑에서 지낸 자취를 보고 우리는 지금도 한 줄기 눈물을 금치 못하는 바지만, 흥정으로 일어났던 나라가 마지막에는 한 방울 피흘림도 없이, 한번 꿈틀하는 반항도 없이 천 년 역사를 하루아침에 두어 마디 흥정으로 남에게 넘겨주고 마는 것은, 그 뿌리에 그 열매라 아니할 수 없다. 이 신라의 마지막을 고구려의 그것에 비할 때 어떤가? 고구려의 백성은 나라가 망한 후에도 오히려 나라를 도로 찾자는 운동이 식을 줄을 몰랐다. 4, 50년 후에 일어난 발해는 사실상 고구려의 부흥이다.

　그러나 고구려 사람이 아무리 도로 일어나도 역사의 방향은 이미 달라졌다. 발해가 아무리 산동 반도에 깃발을 날려보려 하고, 동해 건너 일본에 화친의 팔을 내밀어 신라를 억눌러보려고 하나, 이제는 다 쓸데없다. 그 문(文)은 중국에까지 울린 것이 있고, 그

*마의태자(麻衣太子): 신라 경순왕의 태자. 신라 마지막 왕인 경순왕은 고려 왕건과 후백제 견훤의 세력에 눌려 나라의 존망이 위태로워지자 고려에 항복하기로 결정했다. 마의태자는 나라의 존망에는 반드시 천명이 있는데 어떻게 천년사직을 하루아침에 버릴 수 있느냐며 반대했으나, 경순왕은 죄 없는 백성을 더 이상 죽일 수 없다 하여 고려에 항복했다. 이후에 태자는 개골산(皆骨山: 금강산의 별칭)에 들어가 베옷(麻衣)을 입고 풀뿌리·나무껍질을 먹으며 여생을 마쳤다.

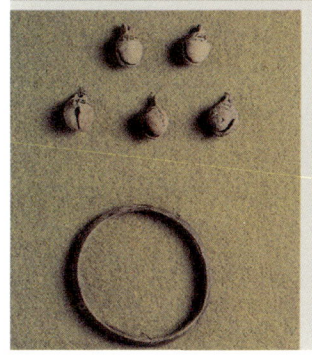

발해의 유물. 위로부터 순금 제허리띠, 치미, 청동방울과 청동팔찌, 귀면와, 이불병좌 석상.

예(藝)는 혀를 찰 만한 것이 있었다 하더라도 그 할 소임이 이미 지나가버렸다. 역사의 지침이 한번 고난의 골짜기로 놓인 다음에는, 만주는 한민족에게 빼앗겨버린 유업이다. 그리로 들어가려면 '그룹들과 스스로 도는 불꽃 검'이 길을 막았다. 발해는 수백 년을 겨우 견디었으나 그 후로는 거란·여진·몽고·한(漢) 하는 각 민족이 연차로 들어오며 서로 싸우는 장소가 되어버렸다.

발해 사람은 그래도 그 혈관 속에 고구려의 피가 식지 않아 기회 있는 대로 나라를 도로 찾아보려고 애를 썼으나, 다 물거품으로 돌아가고 나중에는 압록강을 건너 고난의 집으로 돌아왔고, 그렇지 않은 것은 아주 사라져버리고 말았다. 만주 벌판 버들숲마다 아직도 서리어 있을 그 원통한 혼을 어느 날에 가서야 위로해줄까?

이리하여 만주는 여러 민족이 드나드는 곳으로 내준 바 되어 오늘날까지 오게 되었고, 한(韓)이니 조선이니 하는 이름은 그 꼬리인 반도에만 국한되게 되었으니, 시작되던 때의 이 시대의 의미와 끝나는 때의 그것을 비교해보면 실로 태산명동서일필(泰山鳴動鼠

一匹: 태산이 크게 울렸으나 움직인 것은 쥐 한 마리뿐이다. 즉 시작은 요란했으나 그 결과가 보잘것이 없다.) 느낌이 없지 못하다. 한이라면 만고의 한이다. 그러나 역사는 의미 없이 끝나지 않는다. 다음을 또 보자.

# 11  다하지 못한 고려의 책임

### 영원히 남는 책임

역사는 뜻없이 끝나지 않는다. 인류의 역사에는 허다한 실패가 있다. 실패가 허다하다기보다는 잘못하는 것이 사람이다. 그러나 실패라고 하더라도 그저 실패로 그치는 실패는 아니다. 영원한 실패라는 것은 없다. 몇 번을 잘못하더라도 역사가 무의미하게 끝나지 않기 위하여 늘 다시 힘쓸 의무가 남아 있다. 다시 함이 삶이요, 역사요, 뜻이다. 열 번 넘어지면 넘어지는 순간 열한 번째로 일어나야 하는 책임이 이미 짊어지워진 것이다.

실패는 곧 또 한 번 살아보라는 명령이요, 또 이김의 약속이다. 잘하고 이긴 자는 미래가 도리어 없을는지 몰라도, 잘못하고 진 자야말로 미래의 주인이다. 진 자야말로 하나님이 아끼는 자요, 잘못된 일에야말로 진리가 들어 있다.

개인의 경우, 타락의 길을 밟는 사람이 그 길로 들어가면 들어갈수록 돌이키기가 어려우면서도 제가 마음을 돌이켜야 할 의무, 또 그렇게 할 수 있는 기회가 곳마다 때마다 일마다 있는 것같이, 나라 민족의 역사에서도 어느 시대가 실패로 돌아갔다 함은 결코 영겁의 벌을 받았다는 말은 아니다. 본래 그 민족이 가지는 생명, 그 나타내야 할 뜻은, 그 방법은 비록 달라졌다 하더라도 여전히 남아 있는 것이다. 생명이요, 성명(性命)이라, 영원의 말씀이 곧 삶이다. 영원한 말씀이기 때문에 그 한마디도 떨어짐이 없이 이루어지고야 말 것이다.

삼국시대의 역사는 분명히 실패의 역사다. 민족통일을 하자던 것이 부서지고 말았고, 문화 발달을 했어야 할 것이 그만 시들어 죽고 말았고, 자기를 여무지게 길렀어야 할 것을 그만 잃고 말았으니 실패 아닌가? 여왕이 나온다던 것이 가엾은 한 계집종이 나오고 말았고, 위대한 혼을 기다렸던 것이 보기 싫은 산송장을 만나고 말았다. 숨길 수 없는 실패다.

그러나 한민족을 길이 길이 아주 장사 지내는 실패일 수는 없다. 모든 뜻 있는 역사행위에서 이 사람들을 아주 자격 없는 놈으로 몰아낸 것은 아니다. 중요한 민족 단련에서 실패한 탓에 고난의 길을 걷게 된 것은 사실이나, 그렇다고 해서 자포자기한 가운데 멸망의 길을 입 닫고 걸어가라는 것은 아니다. 실패하였기 때문에 도리어 자기를 고치고, 문화를 다시 일으키고, 민족을 새로 통일할 의무를 더 무겁게 지게 되었다.

그러나 의무는 곧 하늘의 명령이라, 할 일을 명령하면서 기회를 주지 않을 리 없다. 문제를 내놓는 역사는 또 문제를 해결할 기회를 가질 것이다. 올라가다가 채 올라가지도 못하고 떨어진 삼국시대의 고개턱을 뒤에 두고 고려 5백 년 내리막길을 걷는 동안 굽이를 돌고 모퉁이를 꺾을 때마다 구름 안개 사이사이로 고개턱에서 바라보았던 그 상봉의 모습이 때때로 드러나보였다. 죄 지은 놈이 마음을 돌이키는 일은 언제나 어떤 순간적인 사실을 계기로 일어나는 것같이, 민족이 하는 역사의 고쳐 세움도 갑자기 어떤 기운을 타가지고 된다.

고려사람으로서 만일 역사의 뜻을 깨달아 민족적 이상의 자각 아래 꾸준히 준비해온 것이 있었더라면, 삼국시대의 그 참혹한 역사도, 마치 아침 햇빛이 죽은 용사의 무덤돌을 영광으로 물들이듯이, 빛나는 뜻으로 살려낼 수가 있었을 것이다. 그런 기회가 한 번만이 아니었다. 그리고 고려시대가 만일 그것을 하기만 하였더라면 한국역사는 적어도 지금 같지는 않았을 것이다. 이러한 의미에서 고려 5백 년은 책임 많은 한 시대였다.

개성 송악산 기슭에 자리 잡은 만월대의 궁성 중심부분 모형. 만월대는 고려 태조가 개성에 도읍을 정하고 궁궐을 창건한 이후 1361년 홍건적의 침입으로 소실될 때까지 고려 왕의 주된 거처였다.

## 나를 잃어버린 죄

그런데 고려는 또 실패하였다. '지금 이때' '이제 한번 비약을 시험해볼 때다' '이제라도……' 하는 때가 거듭거듭 왔건만 고려는 겁을 냈다. 학대받은 거지 아이같이 사지를 옴츠리고 기운을 내지 못하였다. 무엇이 그렇게 만들었을까? 강한 대적인가! 백성의 힘이 다 닳아 없어졌던가? 잘난 임금이 없었음인가? 어진 신하가 나지 못했음인가? 무엇이 그 원인인가? 이 모든 것도 그 원인이 안 될 것은 없겠지만, 무엇보다도 가장 크고 근본적인 원인은 역시 삼국시대를 말 못 되게 만들었던 바로 그 병이 그대로 있어 벗어나지 못하였기 때문이다. 자기를 잃어버리고 찾으려 하지 않은 것이다. 바로 이것 때문에 그 실패요, 바로 이것을 위해 다시 준 기회인데 또 못했다.

고려 일대를 고려 일대로 만든 선비님들, 이름은 단군, 고구려시

왼쪽: 아소카 왕이 인도 북부의 불교 성지에 세운 기념 석주.
오른쪽: 아소카 왕 시대, 백성들의 안정된 생활 모습을 새긴 부조.

대부터 있던 그 이름대로 선비건만 선비의 정신은 다 팔아먹고 고린내 나는 유학자뿐이로구나. 또 유학자라 하자. 유교가 그런 것이었던가? 학(學)이 그런 것이었던가? 유교와 중국 제도가 무슨 상관이 있느냐? 학은 도를 배운다는 말이지 어찌 문무주공*(文武周公)을 배운다는 말이냐? 신라가 망한 것이 불교에 있다고 보았지만, 어찌 불교냐? 불교와 절이 같은 거냐? 중과 부처가 하나냐? 잘못이 있다면 중에 있고 절에 있지 어찌 불교에 있느냐? 아소카**로 하여금 인도 천하를 새롭게 만들게 하고, 카니슈카***로 하여금 그 힘이 널리 외국에까지 미치게 한 그 불교가 어찌 신라만은 망하게 하느냐?

또 불교의 잘못이라 가정하자. 그렇다기로 그 고치는 것이 어찌 유교에 있느냐? 또 유교를 배우자는 것도 좋다. 유교면 유교였지 어째 중국의 제도를 배워야 하느냐? 어째서 중국의 제도는 고상한 것이고 우리 조상에게서 내려온 것은 속되냐? 왜 새 법은 못 쓰고 선왕지도(先王之道)라야 하며, 선왕이면 하필 문무주공이냐? 문무주공이면 또 왜 그 마음은 버리고 아니 배우고 그 제도만이냐? "말이 참되고 미덥고 행함이 두터우면 비록 오랑캐 나라라도

* 주공: 중국 주나라의 정치가. 문왕의 아들이며 무왕의 동생이다. 무왕이 죽자 성왕을 도와 주 왕실의 기초를 튼튼히 했다. 주나라의 예악제도(禮樂制度)의 대부분은 그의 경륜에 의해서 이루어진 것이다.
** 아소카(Asoka): 기원전 3세기경 인도 마가다국의 마우리아 왕조 제3대 왕. 5천축(天竺)을 통일하고 불교를 보호·선전하여 세계적 종교로 만들었다.
*** 카니슈카(Kanishka): 2세기경 인도 쿠샨 왕조의 왕. 간다라 문화를 발전시키고 불교를 보호 장려했다.

갈 수 있다" "스스로 돌이켜 곧지 못하면 저 무식하고 천한 놈 보고도 겁을 내지만 스스로 돌이켜보아 곧기만 하다면야 천만 사람인들 내가 못 가겠느냐?" 하는 공자를 어찌 그렇게 배웠을까? 공맹(孔孟)을 배워도 왜 남처럼 좀 똑똑하게 못 배웠을까?

섬의 왜놈들이라 깔보기는 하였어도 그들은 도리어 똑똑하였다. "공자, 맹자가 만일 군사를 거느리고 일본을 쳐들어온다면, 그때는 이쪽에서도 군사를 거느리고 나아가 그 공자, 맹자를 쳐 이기는 것이 참으로 공맹의 가르침을 지키는 것이다" 하니, 그 참 야무지지 않은가? 왜 그렇게 좀 생각하지 못하였을까? 착해서? 아, 이 착함이 나를 죽였구나! 그러나 그것이 어찌 착함일까? "인자(仁者)는 천하에 맞설 놈이 없는지라" 하는데.

모든 것이 내게, 자기에게 있지 않나? 불교도 유교도 그 나 찾음을 가르친 것이 아닌가? 나를 잊은 유교로 나를 잊은 불교를 바꾸어놓아도 소용이 없다. 고려가 제 책임을 다하지 못한 원인은 아직도 나 찾을 생각을 아니 한 데 있다. 불교도 아니요, 유교도 아니다. 고린내 나는 상투가 까까중을 대신하였을 뿐이요, 한 밝은 나는 아직 어딘가 어느 구렁에 구겨 박혀 울고 있다. 나라를 팔고, 어미 아비를 팔고 나 자신을 팔아 중화(中華)에 수종을 들어야 하는 줄 알았으니, 유교를 배운 것이 아니라 유교의 종이 되었고, 유교의 종이 된 것 아니라 중국의 종이 되었다.

나 하나를 잃어버리면 모든 귀한 이, 어진 이의 말도 거짓이 될 뿐이다. 천하에 거짓으로 나라가 될 리 없다. 고려의 실패만 아니라, 통히 우리 고난의 역사의 근본 원인은 나를 깊이 파지 않은 데 있다.

11 다하지 못한 고려의 책임

# 12 궁예·왕건이 그린 나라

## 남아 있는 민중의 감정

고려 한 시대는 세 구절로 나누어볼 수 있는데, 각 구절마다 한 봉우리가 있고 한 골짜기가 있다. 봉우리는 민족적 주체의식이 높아졌을 때요, 골짜기는 그 의식이 낮아졌을 때다. 그러므로 먼젓것은 진취적인 밀물 때요, 뒤엣것은 퇴영적인 썰물 때다.

첫 번째 밀물은 왕건이 나라를 세우던 때다. 신라 마지막에 정치의 썩음이 극도에 이르러 백성의 뜻은 풀어지고, 사회는 어지러움에 빠졌다. 그리하여 동양식 말로, 영웅이 한번 나설 때였다. 그것은 곧 다른 말이 아니고 민중의 가슴이 새 시대를 기다려 설렌다는 말이다. 밀물 때라니 다른 것 아니요, 민중의 가슴이 스스로 깨려고 흥분이 되어감을 말하는 것이다. 영웅이 출마한다고 하지만 말을 타는 것이 아니라 민중을 타야, 민중의 가슴속 설레는 감정의 물결을 잡아타야만 정말 영웅이다. 그리하여 그때에도 그 물결을 한번 타보려고 곳곳에서 내란이 일어났다.

양길\*은 북쪽에서 일어나고, 견훤\*\*은 남쪽에서 일어나고, 양길의 뒤를 이어 궁예\*\*\*가 일어나고, 궁예의 뒤를 이어 일어난 것이 이따가 고려 태조가 될 왕건이다. 그리하여 반도는 마치 낙제생의 책상에 지난해의 교과서가 다시 나타나듯 옛날 삼국시대의 모양이 다시 나타나게 되었다.

이것이 무슨 말인가? 삼국이 통일이 되었다지만, 그리하여 수백 년이 지나갔지만, 세 나라의 감정은 그대로 있다는 말이 아닌가? 묵은 삼국시대의 감정이 그냥 남아 있다는 것은 무슨 말인가. 통일이 아직 참으로 되지 못했다는 말이 아닌가. 한때는 속여도 역사는

---

\* 양길(梁吉): 신라 말기의 호족. 진성여왕 때 북원 곧 지금의 원주에서 반란을 일으켜 궁예를 부하로 맞아 여러 지방을 공략, 판도를 넓혔으나 궁예의 세력이 커지자 그를 없애려다 도리어 역습을 받아 대패하여 도주했다.

\*\* 견훤(甄萱, ?~936): 후백제의 시조. 후백제를 세우고 한때 후삼국 중 가장 강력한 국가로 발전시켰으나, 고창싸움 뒤 세력을 잃어 결국 고려의 왕건에게 항복했다.

\*\*\* 궁예(弓裔, ?~918): 후고구려의 왕. 신라 진성여왕 5년에 북원에서 반기를 들고 일어나 901년에 자칭 왕이 되어 국호를 후고구려·마진·태봉 등으로 정했다. 918년 왕건에게 쫓기어 달아나다가 백성들에게 피살되었다.

못 속인다. 개인은 속여도 민중은 못 속인다. 속이고 억지로 하였던 일은 언제 가서든 뜯어고치고야 마는 것이 역사다.

견훤은 다시 백제를 내세우고 궁예는 다시 고구려를 내세웠다. 그러나 갈라서는 것은 벌써 대세가 지나간 일이요, 다시 있을 수 없다. 가을이 되면 작게나마 마무리를 하여야 하는 모양으로 한때 삼국 형세를 되풀이하는 듯은 하나 어느 하나가 통일하고야 말 것은 처음부터 결정된 일이었다. 후백제·후고구려 하는 것은 민중을 잡아타는 한 수단이다. 민중의 가슴속에 아직 망한 나라의 원한이 깃들어 있는 것을 알므로 그것을 이용한 것이다. 그러나 감정은 남아 있어도 민중의 살림은 이제는 하나다. 경제 발달은 이미 거기까지 갔다는 말이다.

그럼 역사의 갈 길을 결정하는 것은 감정이냐? 실제 살림이냐? 민중은 나중에는 실살림의 요구에 복종하고 마는 것이다. 이해관계가 일을 결정하고야 만다. 그러나 그것만은 아니다. 민중은 이해에 따라 움직이지만, 또 그런 것만은 아니다. 당장 보면 그런 것 같지만, 정말 민중의 길을 결정하는 것은 뜻이다. 역사의 어려움은 민중의 이해와 감정이 일치되지 못하는 데서 나온다. 그것에 맞추어, 반대되는 두 다리가 앞으로 나아가듯, 민중으로 하여금 전진을 하게 하는 것은 뜻의 제시다. 그것을 해주는 것이 참 지도자요, 참 영웅이다.

민중은 잘 흥분하지만 감정으로만 움직이는 것도 아니요, 민중은 이해에 매달리지만 경제법칙으로만 움직이는 것도 아니다. 민중은 사람이다. 뜻을 찾는 사람이다. 그러므로 뜻이 있음을 볼 때에는 현실과 관념이 갈라진 것을 합해 몸과 마음을 잊고 뜻을 향해 돌진하는 것이다. 그것이 혁명이요, 그것이 새 나라 세움이다. 그럼 그것을 누가 과연 지도할까?

## 궁예

새 시대를 위한 경제관계는 준비되었는데 민중의 감정은 옛날에 지금은 도솔천에서 설법하고 있지만 미래에는 세상에 나타나 중생을 제도한다는 미륵불. 궁예는 민중들을 회유하기 위해 스스로를 미륵불이라 칭했다.

붙어 있다. 옛날에 붙어 있는 것은 그동안의 일이 잘못되었다고 생각하기 때문이다. 저를 지키자는 마음과 옳지 않은 억지에는 복종하지 않는다는 생각 때문이다. 전통과 도덕 때문이다. 그러면 이제 이러한 민중에게 "앞으로 갓!"을 부르려면 새 나라의 새 윤리를 보여주어야만 될 수 있는 일이다. 역사의 대세를 내다보아야 할 것이다.

이때의 동양 천지를 본다면 비상시였다. 만주에서는 발해가 망하는 때요, 중국에서는 이른바 오대(五代)시대의 어지러운 때이므로 아시아 동부에 저기압이 생겼다. 한민족에게는 반도 안의 정치를 고치는 것만 아니라, 바로 역사적 사명에 대한 산 눈을 뜨고 한

12 궁예·왕건이 그린 나라 189

번 크게 건너뛰기를 시험해볼 때였다. 별을 바라는 자만이 산에 올라갈 수가 있고, 구름을 따라가야만 바다를 건널 수 있다. 발부리 앞만 보고 자즘자즘 하는 놈은 아무것도 못 하고 역사의 지층 속에 화석이 될 뿐이다. 시대는 문밖에서 한민족을 향하여 손짓을 하며 부르고 있었다. 한번 큰 경륜을 세워볼 만하지 않은가?

우리가 이렇듯 고난의 층계를 내려가기 시작하는 때에 영웅심을 찔러 일으키는 이런 시대가 온 것은 헤맴의 길을 떠나려는 탕자에게 또 한 번 돌이키기를 애원해 문간에서 부르는 아버지의 음성이었다. 과연 조선사람의 가슴에 자각의 밀물이 오르기 시작하였다. 북으로 쳐들어가자는 의논이 머리를 들고 나온 것이다.

우선 그것을 대표한 것은 궁예였다. 그는 본래 왕족으로서 서자로 태어났던 탓에 산간 절간으로 돌아다니며 역경 속에서 자랐다. 그러나 큰 뜻을 품었던 사나이다. 시대가 심상치 않음을 보고 한번 산문(山門)을 차고 나왔다. 후에 그가 너무 교만하고 사나운 짓을 하다가 실패하였으므로 세상이 흔히 너무 지나친 평으로 그를 버리나 사실 그는 뜻이 좀 있던 사람이다. 민심을 잃어 실패하기는 하였으나 동정의 여지가 많은 사람이다. 그는 역사의 죄짐을 지는 사람의 하나다. 신라 타락의 죄악이 궁중생활에 일으킨 거꾸로 일어난 한 큰 물결이었다. 거꾸로 이는 물결에 거품이 어찌 없을 수 있을까? 그의 성격에 사나움이 끼어 있는 것은 면키 어려운 일이었다.

그러므로 우리가 그에게서 볼 것은 임금이 되었느냐 못 되었느냐 하는 데 있는 것이 아니라, 그로써 힘있게 대표된 국민의 의기가 높이 올라간 것이다. 그가 나라이름을 후고구려라 하며, 고구려를 위하여 원수를 갚는다고 신라를 불러 멸도(滅都)라 한 것은 물론 고구려 자손의 반항심을 이용하자는 것이었지만 또 그것만도 아니었다.

관제를 정하는 데 중국 냄새 나는 신라의 옛것을 버리고 모두 우리나라 고유의 식대으로 하며, 나라서울을 평양에 세울 계획을 하고, 사대(史臺)를 두어 외국 말을 배우게 한 것들은 모두 다 뜻이 만주 옛터에 있어서 한 것이었다. 나라이름을 그렇게 하였듯이 고구려의 정신을 살리려 한 것이었다. 그러나 그는 제가 스스로 지은 운명의 심판으로 인하여 실패하고 말았으니, 그는 싹트고도 자라지 못한 영웅이다.

### 왕건의 큰 조선 생각

궁예는 넘어졌으나 그가 품었던 큰 뜻은 왕건*에게 계속되었다. 그는 한 개 군인으로 일어나서 임금자리에까지 가는 재능과 도량을 가진 인물이었다. 처음에 궁예에게 붙었으나 그 하는 일이 점점 사납고 망측해지는 것을 보자 한편으로는 재주 있게 하여 한 몸을 무사히 보존하고, 한편으로는 너그럽고 착한 태도로 인심을 모아, 마침내 궁예를 내쫓고, 그 나라를 얻게 되었다.

그러나 그는 반도 안에서 임금질함으로 만족하려는 작은 인물이 아니었다. 견훤을 누르고 신라를 어루만지어 삼국통일을 한 다음은 역시 북으로 가자는 것이 이상이었다. 서울은 송도로 정하였으나, 늘 장래의 서울로는 평양을 생각하여 성을 수리하고 학교를 세우고, 해마다 한 번씩 순행을 하여 특별히 생각을 하는 것이 있었으니, 이것은 다 북으로 한번 가자는 계획에서 나온 것이다. 그렇기 때문에 압록강을 건너오는 발해의 남은 백성을 될수록 받아들여 돌보아주었으며, 거란이 교통하자는 데 대하여는 그 사신을 섬으로 정배 보내고 그 예물로 보내온 낙타를 만부교 아래 매어두어 굶겨죽이는 등, 아주 싹 자르는 태도를 보여 국민으로 하여금 각오를 단단히 하게 하였다.

후에 이조의 사신(史臣)이라는 것이 이것을 평하여 그것은 도리어 거란과 원수를 맺은 동기가 될 뿐이라 하여 왕건은 생각이 모자란다 하며, 또 거란의 발해를 멸한 것이 우리와 무슨 관계가 있기에 발해를 위하여 그다지 원수 삼을 필요가 있느냐 하는 등, 어

* 왕건(王建, 877~943): 고려의 제1대 왕. 뛰어난 정치력과 덕망으로 고려왕조 창건과 후삼국 통일의 위업을 이루었다.

태조 왕건을 비롯한 일곱 임금을 배향한 숭의전.

림없는 수작을 하는 것을 보면, 참으로 분할 나위도 없어 웃을 일이요, 웃기보다도 차라리 불쌍히 여길 일이다.

어쩌면 생각이 그렇게 들까? 연작(燕雀: 제비와 참새)이 안지홍곡지지(安知鴻鵠之志)리요(어찌 기러기와 고니의 뜻을 알리요), 조그만 것들이 왕건의 생각이 신라 이전 큰 조선에 있었음을 몰라서 하는 소리다. 아니다. 몰라서 그러는 것이 아니다. 글을 그만큼 읽고 재주가 그만큼 있는 것들이 그것을 몰랐을 리 없다. 왕건의 생각이 그리 남모르는 것을 생각하여 뛰어난 것도 아니다. 그것은 그때 일반 민중의 생각이었다. 그랬으므로 왕건이 그것을 내세웠고 그만큼 민중을 알아주었으므로 민중을 따라감으로 그만큼이라도 성공한 것이다.

영웅은 다른 것이 아니요, 민중과 하나됨이다. 그런데 그와 같이 모를 생각이 아닌데, 신하라는 놈들이 왕건을 잘못이라 하는 것은 그러다가 저의 임금도 그런 사상을 가지고 민중과 하나되어 만주를 칠 생각을 하면 중국과의 관계가 험악해질 것이요, 그러면 저희 감투가 그냥 붙어 있지 못할 것임을 알기 때문에 저희 지위의 만년 보장을 위해 임금이 가진 사상의 죽지를 아예 일찍부터 자르자는 것이다.

그러기에 국민이 자기를 잊었다 하지만, 예나 이제나 민중은 결코 자기를 잊지 않는다. 특권계급은 언제나 자기네 이익을 위하여 민중을 속여 압박자에게 팔고 자기네는 그 값으로 영화를 누리자는 것이다. 어느 민족, 어느 시대나 민족을 파는 것은 권력계급이다. 민족을 팔지 않고 권력은 안 생긴다. 민중은 자기를 아니 팔기 때문에 권력이 없다. 언제나 권력은 봉이 김선달이 대동강을 팔듯 민중을 속여 대적에게 팔고야만 생기는 것이다.

## 왕건 태조의 정책

그의 그러한 큰 계획은 실제 정책에 나타나 있다. 그 첫째는 중국 제도의 채용에 관한 것이다. 그는 신라 중간 무렵부터 들어온 중국의 흉내를 내는 버릇을 막기 위하여 우리나라 본래의 것을 존중하려고 힘썼다.

「훈요십조」(訓要十條)* 중 제4조에 말하기를 "우리 동방이 예로부터 당나라풍을 사모하여 문물과 예악이 모두 그 제도를 따랐으나, 곳이 다르고 땅이 다르면 사람의 성격도 다른 것이니 구태여 꼭 같이 할 필요가 없느니라" 하였다. 그리고 말을 이어 "거란은 짐승의 나라라 풍속이 같지 않고 말이 다르니 의관제도를 절대 본받지 마라" 하였다. 이는 확실히 중국 숭배의 사상을 물리쳐 한(韓)의 정신을 불러일으키고 북쪽에 대하여 적극적으로 나가는 정책을 취하여 결코 타협하지 말자는 생각이다.

또 본래 가지고 있는 한 얼을 일으키기 위하여는 지금 말한 소극 정책만이 아니고, 적극적으로 불러일으키는 정책도 썼다. 그의 종교정책이 그것을 말한다. 곧 불교의 통제와 팔관회**를 행한 것이다. 이조의 사가들이 모두 태조가 불교를 지나치게 믿었다고 비난하지만, 이것도 역시 저희 임금이 불교를 믿으면, 저희 유신(儒臣)들의 지위가 위태롭겠으므로 공연히 애매한 왕건을 걸어두고

* 훈요십조: 고려 태조가 943년에 박술희를 통하여 왕실의 후손들에게 내린 유훈(遺訓). 모두 10개 조로 되어 있으며, 그 내용은 불교와 토속신앙, 풍수지리, 음양오행, 도참설 등에 대한 태조의 깊은 믿음을 잘 보여준다. 아울러 훈요십조가 기본적으로 왕실 내 가훈(家訓)의 성격을 갖는 것이기는 하지만 왕자(王者)로서 갖추어야 할 정책운영의 방향과 관련해서도 중요한 의미를 가진다.

** 팔관회(八關會): 고려 때 토속신에게 제지내던 의식. 국가적인 중요한 행사로서, 중경에서는 추수 이후 음력 11월에, 서경에서는 10월에 등불을 밝히고 술과 다과를 베풀고 가무와 백희를 펼치며 나라와 왕실의 태평을 빌었다.

만들어 하는 말이다.

그러나 그것은 설혹 사심이 아니고 임금을 위한 충언으로 했다 하여도 사신으로서 용서할 수 없는 잘못이요, 반대로, 정말 그렇게 알아서 한 것이라면 겉만 보는 옅은 생각이다. 태조가 사실 절을 많이 세우고 고치기도 했고 「훈요」 첫째 조목에 우리나라는 부처의 보호로 되었다 했고, 그 아래도 불교에 관한 말이 많은 것은 사실이다. 그러나 자세히 보면 장려보다는 통제를 하였다. 말은 도선(道詵)*의 도참(圖讖)에서 빌려가지고 사실은 절을 더 세우는 것을 금한 것이다. 태조만한 사람으로서 신라가 망한 원인이 절이 너무 많아져서 낭비, 탈세, 착취 등으로 국민경제를 파괴한 것이 그 큰 원인 가운데 하나임을 몰랐을 리가 없다. 그러므로 불교를 억제하는 정책을 응당 썼을 것이고, 그러면서도 겉으로는 억제하지 않는 척하는 것은 다른 이유가 있어서다.

그럼 그것은 무엇인가? 일찍이 유파(儒派)의 최응이 불교를 배척하는 상소를 한 일이 있다. 거기에 대해 태조는 대답하기를, "불교가 신라 사람의 골수에 배었으니 이제 갑자기 금하면 도리어 반동이 일어날 염려가 있다" 하였다. 여기가 태조의 생각이 있는 곳이다. 곧 금하기는 하나 민심의 안정을 위해 노골적으로 해서는 안 된다는 것이다. 그러나 또 그것만이 아니다. 최응이 불교를 배척하는 것은 그때 유·불 두 파가 맞서 있던 것을 말하는 것이니, 태조가 민심 안정을 위해 불교가 필요하다 한 것은 실은 거기 말을 빌려 당시 바로 일어나던 유파의 세력을 누르려는 생각에서다.

팔관에 관하여서는 자세한 기록이 없다. 오직 임금이 된 첫 해에 유사(有司)의 청에 따라 신라에서 매해 동짓달에 하던 예에 따라서 팔관회를 열었다고 하였고, 「훈요」 중에 팔관은 천령급오악명산대천용신(天靈及五嶽名山大川龍神)**을 섬기는 것이라 하였을 뿐이다. 그리하여 팔관이 무엇이냐 하는 데 대하여 역사가들의 의견이 각각이다. 어떤 이는 불교의 의식이라 하고, 어떤 이는 우리나라 예로부터 오는 종교의식이라 한다. 그러한 천령급오악명산대

*도선: 신라 말의 승려로 풍수지리설의 대가. 일찍이 왕건의 탄생과 그의 건국을 예언했다. 그가 지었다는 「도선비기」(道詵秘記)는 고려의 정치 사회에 많은 영향을 미쳤다. 또 우리나라 절터는 그가 정한 것이 많다 한다.

**천령급오악명산대천용신: 「훈요십조」 중에 "짐(朕)이 지극히 원하는 것은 연등과 팔관이다. 연등은 부처를 섬기는 것이요, 팔관은 천령과 오악·명산·대천·용신을 섬기는 것이니, 후세에 간신이 이를 더하거나 줄일 것을 건의하지 못하도록 한다"는 내용이 있다.

선각국사편광탑비. 전남 강진군 성전면 월하리 무위사에 있는 도선의 비다.

천용신을 섬긴다고 한 것으로 한 옛적부터 하늘에 제사해오던 그 종교에서 흘러내려 온 것으로 보는 것이 마땅할 것이다.

그러나 신라 궁중에서 행하였다는 것을 보면 예로부터 있는 것이기는 하면서도 어느 정도 불교에 맞추어 한 것인지도 모른다. 예로부터 오던 종교와 불교와의 서로 타협된 무엇이 아닌가? 지금도 절에 가면 불교와는 본래 관계없는 산신령 칠성님을 반드시 위하는 것이 그런 것이 아닌가? 궁중에서 행하였다는 것은 예로부터 연중행사로, 일종의 명절놀이를 하는 풍속이었으므로 불교가 들어온 후에도 그것은 그대로 지켜오는 동안 불교의식에 편입이 된 것이 아닌가? 마치 오늘날 기독교의 크리스마스와 마찬가지로. 만일 그렇다면 태조가 팔관회를 시작한 것은 생각이 많아서 한 것일 것이다.

중국 사상에 중독이 되어 피도 혼도 없는 헐끔한 유교 선비의 손으로 된 역사에 본래 있던 사상이나 종교에 관한 기록은 도무지 하지 않았으니 알 수 없으므로, 간접으로 여러 가지를 미루어 생각해보아 다음과 같이 생각할 수는 있을 듯하다. 곧 신라 마지막에 국교였던 불교는 산 힘을 잃어버리고 말았다. 그러나 아직 은연중 세력을 가지고 있었다. 거기에 대하여 통일시대 이래 당나라 문물을 실어들임에 따라 점점 유학자라는 한 계급이 생겨 불교파와 세력을 겨루게 되었다.

그런데 사회에 혁명의 기운이 떠돌기 시작하자 그동안 차차 잊어버렸던 본래 가지고 있던 종교, 곧 화랑도·국선·국풍·풍월도 하는 사상이 갑자기 되살아나기 시작하였다. 이것은 밖에서 오는 사상에 대한 반동이다. 그리고 그때의 혁신 기분에 움직이는 사람들은 지금까지 있던 세력에 반대하는 관계로 자연히 새로 일어나는 부흥 종교의 편에 서지 않았을까? 그러므로 아마 큰 조선을 다시 일으키자는 생각을 가지는 왕건이 특별히 건국정신·국가정책의 표준을 결정하는 「훈요」 속에다 이것을 넣어서 '경의행지'(敬依行之: 경건한 자세로 따라함)하라고 부탁한 것일 것이다.

그의 마음속을 더듬는다면 혹 이렇게 말할 수 없을까? 우선 인심이 깊이 젖은 불교를 이용하여 사회의 안정을 꾀하고, 시대의 사조인 유교의 정치교화의 이론을 실제로 채용하여 정치기구를 튼튼하게 하는 한편, 민족이 가지고 내려오는 정신을 부흥시켜 국민적 의기를 높여 한번 만주에까지 큰 경영을 해보자고 하였던 것이 아닐까?

이렇게 볼 때, 고려의 건국은 우리 민족 역사상 중대한 뜻을 가지는 시기다. 책임이 많다는 것은 이 때문이다. 그러나 왜 그랬는지 태조의 정책은 실현을 못 보고 말았다. 궁예가 싹틔우고 키우지 못한 것을 그는 어느 정도 키우기는 했으나 열매를 맺게 하지는 못하였다.

# 13 깨어진 꿈

### 거란의 침입

이 밀물 때가 지나가자 역사는 썰물 때로 들어갔다. 혜종·정종 두 임금을 지나 광종 때에 이르러 대세는 아주 유교파로 기울어졌다. 이 임금은 중국 것을 매우 좋아하였던 이로서, 중국에서 온 사람 쌍기(雙冀)*를 들어 쓰고 그 의견에 따라 과거법을 작성하였고, 신하들의 집을 빼앗아까지 가며 중국에서 온 귀화인을 대접하기에 힘썼다. 과거법을 작성하였다는 것은 중대한 일이다. 그것은 곧 앞으로 정치권이 완전히 유교파의 손에 들어가는 것을 의미하는 일이다.

그다음에 다시 한 대를 지나 성종 때에 이르면 점점 더 심해진다. 원년에 상주국(上柱國) 최승로**가 28조의 「상소문」을 올려 불교를 내몰자고 하였는데, 임금이 그대로 허락하였다. 이것은 유교파의 절대 승리를 말하는 것이다. 중국을 본떠서 종묘·사직을 세운 것도 이때요, 문선왕묘도(文宣王廟圖)를 가져오고 국자감***을 세운 것도 이때다. 유교가 완전히 국교가 된 것이다.

그러니 관제를 배우고 교육을 배우고 종교를 배우고, 겉으로부터 속에 이르기까지 중국이 되려 하기에 겨를이 없었다. 그리하여 모화사상이 생기고 사대주의가 생기고 현상유지주의가 생기게 되었다. 현상유지는 곧 권력계급이 자기네의 세력을 영원한 것으로 박아놓으려는 주의다. 나라야 어찌 되거나 민중이야 어찌 되거나, 이대로 영원히 해먹자는 말이다.

이때 이 정신의 썰물 때에, 자기를 잊고 거짓에 취하는 때에, 커다란 몽둥이가 머리를 때렸다. 거란이 쳐들어온 것이다. 거란은 고

---

*쌍기: 고려 광종 때의 귀화인. 956년 후주의 봉책사(封冊使) 설문우를 따라 고려에 왔다가 병이 나 머물게 되었는데, 병이 낫자 그를 만나본 광종이 후주의 허락을 받고 원보한림학사에 임명했다. 과거제도 설치를 건의했고, 처음 실시된 과거에서 지공거(과거를 주관하는 관직)를 맡았다.

**최승로(崔承老, 927~989): 고려 초기의 문신. 유교적 정치이념을 체계화하여 개혁방안을 제시함으로써 성종대의 새로운 국가체제 정비에 크게 기여했다.

***국자감(國子監): 992년에 설치한 고려시대의 국립대학. 충렬왕 원년(1275)에 국학, 24년에 성균감, 34년에 성균관, 공민왕 5년(1356)에 다시 본 이름, 11년에 또 성균관으로 고쳐 조선 왕조로 넘어왔다.

문신과 무신의 상. 개성 교외에 있는 공민왕릉에는 고려시대의 주역이었던 문신과 무신의 상이 세워져 있다.

려 건국 무렵 만주에서 일어나가지고 고구려의 후신인 발해를 쳐 없앤 사나운 민족이다. 태조가 그들을 발해의 원수라 하여 화친하자는 것을 물리치고 북으로 쳐들어갈 계획을 세웠다는 것은 이미 말한 대로다. 역대의 임금들이 만일 태조의 뜻을 받아 정말 북벌을 실행하였더라면 거란은 자라지 못하였을 것이지마는, 모두 유교를 높이고, 군자국 노릇을 한답시고 앞으로 나아가려는 정책을 버리고, 현상유지를 일삼아 모험하기를 싫어하게 되자 거란은 그 틈을 타서 가만히 힘을 길러가지고 북쪽에 꽉 눌러 서게 되었다.

태평성세를 글자 그대로 실행하느라고 팔관회를 집어치우고, 무기를 모두 거두어 농구를 만들던 성종 때부터 거란이 쳐들어옴이 부쩍 늘게 된 것은 무서운 익살이었다. 그로부터 현종 때까지 해마다 쉴 새가 없었다. 무기를 두드려 농구를 만들고 공자가 다 된 줄 알았을 때에는 좋았으나 갑자기 난을 만나고 나니 그 공자도 어쩔 줄을 몰랐다.

세 치 혀(三寸舌)밖에 가진 것이 없이 대적의 진에 들어가 당당히 담판을 하던 서희*의 용맹과 의기로 나라의 체면을 겨우 꿰매기는 하였으나 구차하기 짝이 없는 일이요, 한줌 되는 군사를 거느

*서희(徐熙, 942~998): 고려 초기의 정치가. 993년에 거란이 침입했을 때 중군사(中軍使)로 적의 진영에 들어가 적장 소손녕과 담판하고 유리한 강화를 맺고 돌아왔다.

개성의 성균관. 국가의 최고 학부로 국자감, 성균감 등으로 불리다가 1308년 성균관이라 고쳐 불렀다. 공민왕 시기부터 기술학부를 완전히 분리시켜 유교 교육만을 전담했다.

리고 대적의 큰 군대를 가로막아 하루 온종일 죽도록 싸우다가 마지막에 화살이 다 되어 할 수 없이 죽은 김숙흥·양규 같은 위대한 혼이 남아 있고, 강감찬* 같은 용한 장수가 있어 힘써 싸움으로써 겨우 적병을 물리치기는 하였으나 태조의 큰 뜻은 이미 안개로 사라진 듯하였다.

거란이 쳐들어온 것은 고려사람을 깨우기 위한 종울림이었다. 자기를 잊고 거짓에 취하며 하늘이 주는 기회를 버리고 게으른 잠을 탐하여 움츠러드는 현상유지주의에 빠지려는 사람들을 향하여 그 중화에 대한 충성은 얼마나 하나 보자, 구차한 평안을 언제까지나 탐할 터이냐 하는 듯하였다. 그 일을 마치자 거란은 제 할 일을 다하였다는 듯 무대에서 슬쩍 물러가고 역사는 또 새 시대를 준비하기 시작하였다. 고려사람은 이 경계에서 깨달은 바가 있었는가, 없었는가? 다음 오는 시대가 그것을 설명할 것이다.

아무튼 이때부터 몇십 년 동안 일 없이 태평이었다. 그동안 거란에게 받은 상처를 회복하고 문물의 발달을 볼 수 있었다. 유교, 불교 다 성하여 불교에는 대각국사 같은 훌륭한 중이 났고, 유교에서는 해동공자라는 일컬음을 듣는 최충**이 났다.

* 강감찬(姜邯贊, 948~1031): 고려 현종 때의 장군. 1010년과 1018년에 걸친 거란의 침략을 막아냈으며, 특히 우리나라 대외항전사상 중요한 전투의 하나로 꼽히는 구주대첩을 승리로 이끌었다.
** 최충(崔冲, 984~1068): 고려의 문신·학자. 9재학당(九齋學堂)을 세워 유학을 보급하고 인재를 양성함으로써 문교(文敎)의 진흥과 사학(私學) 발전에 크게 공헌하여 해동공자(海東孔子)로 칭송되었다.

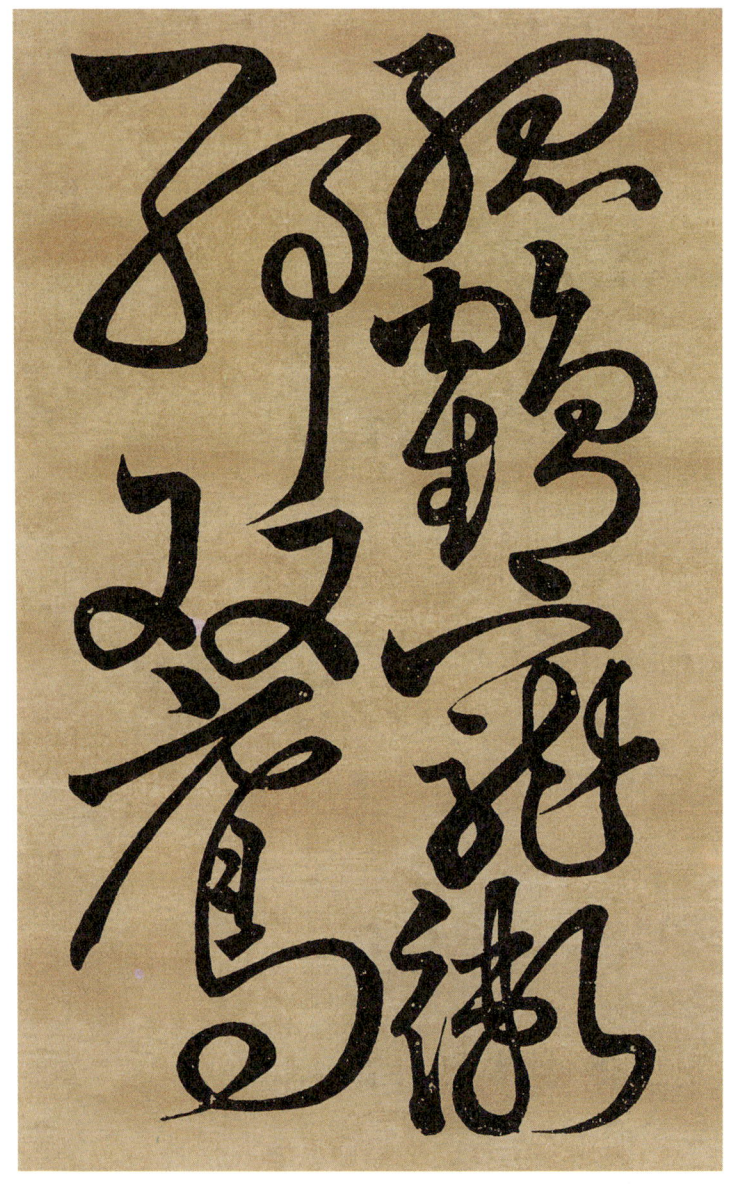

강감찬의 글씨.

## 윤관의 원정

역사는 이제 두 번째 밀물 때로 들어간다. 실패한 역사를 바로잡아보라 또 한 번 하는 명령이다. 고려가 그와 같이 나라의 힘이 늘고 있는 동안 만주에서는 새 시대가 준비되어가고 있었다. 지금까

여진인의 무장한 모습. 여진족은 만주 지린 성(吉林省) 일대에 살던 북방민족으로 끊임없이 우리나라를 침범했다.

지 사납게 굴던 거란은 차차 쇠하여 나라가 기울어져가고 천하 형세가 또 뒤숭숭해졌다. 만주의 큰 평원은 새 주인의 말발굽을 받으려고 널따란 가슴을 벌리고 있었다. 정치가는 지도를 벽 위에 내걸 때요, 영웅의 칼이 밤중에 집 속에서 울음을 낼 때다.

이때에 그 펄펄 뛰는 무대로 나선 용사는 오직 둘밖에 없었다. 하나는 고려요, 하나는 여진이다. 한족(漢族)은 아직 거란의 압박으로 강남에 움츠리고 있어 자기를 꿰매기에 겨를이 없었다. 그러므로 이제 만주의 주인이 될 자는 이들 중 하나다. 그러나 그때의 형편으로 보아 둘은 서로 대가 되지도 않는다.

여진이란 것은 본래 말갈의 한 종자로, 고구려 때에는 그 밑에 속하여 있다가 후에는 발해에 붙었고, 발해가 망한 뒤에는 거란의 다스림을 받았다. 그러던 것이 거란이 쇠약해짐을 타 그 무리를 모아가지고, 연해지방에 자리 잡고 있다가 고려의 동북지경에 도둑해온 일도 있었다.

그러나 문화 정도가 낮고 더구나 조선에 대하여는 그 추장의 조상이 조선사람이라 하여 부모의 국(國)이라 하며 섬겨오던 터이었으니, 누가 보더라도 고려가 세력이 훨씬 위인 것을 인정하지 않을 수 없을 것이다. 고려사람으로서 만일 역사의 부름을 듣는 귀를 가졌더라면 이때 만주의 부름을 들을 수 있었을 것이다.

만주는 고구려 사람이 민족통일의 큰 사명을 띠고 말을 달리던 곳이요, 싸우다 못해 그 순전(殉戰)의 뼈다귀를 묻은 곳이다. 그 만주가 한 세기 반 전에 하던 것같이 또 한민족을 향하여 부르고 있다. 이 부르짖음이 한 얼을 아니 울릴 리가 없다.

과연 숙종 때에 이르러 북으로 가자는 소리가 또 일어났다. 그때 동북 방면에 여진의 장난이 자주 있으므로 이때 철저한 토벌을 하여 아주 북으로 들어가야 한다는 주장이다. 숙종 9년 3월 윤관을 시켜 쳤으나 그만 실패하고 돌아왔으므로 임금은 "분을 내어 천지신명에 고하여 가만히 도와 도둑을 쓸어버리게 해주기를 빌고", 군사를 기르며 곡식을 저축하여 다시 토벌할 경영을 하다가 이듬해에 한을 남기고 세상을 떠났다.

그다음에 예종이 이어 서자 아버지의 뜻을 받아 북을 치기를 크게 계획하여 2년과 3년에 이르는 동안 몇 차례 정벌을 하였다. 북으로 가자는 주장의 맨 앞장군인 윤관을 도원수로, 오연총을 부원수로 삼아 17만 군을 내어 떠났다. 한민족의 운명이 뜨느냐 가라앉느냐 하는 이 역사적 대사건의 첫 번째 행동은 빛나는 성공을 거두었다.

윤관은 함경남북도 지방을 평정하여 아홉 성을 쌓고 남쪽 지방 사람 6만 호를 옮겨 식민을 하고, 두만강을 건너 지금의 간도지방까지 쫓고 돌아왔다. 이때 역사의 바늘은 또다시 대조선 부흥 쪽으로 놓인 듯하였다.

그런데 아니었다. 조정 안에는 윤관 같은, 적극적으로 나가자는 주장을 하는 이가 성공하는 것을 시기하는 썩은 선비들이 많았다. 그들의 주장은 압록강 이남에 온순하게 가만있자는 것이다. 내세우는 것은 사대주의요, 속셈은 될수록 현상유지를 하여 자기네의 지위를 잃지 말자는 것이다.

때마침 동북지방에는 쫓겨나갔던 여진이 다시 쳐들어왔다는 소식이 왔다. 본래 여진이 동북지방에 들어오는 것은 생활자료를 얻기 위하여 어쩔 수 없는 일이었다. 거기서 쫓겨나가면 살길이 없다. 그러므로 일단 전쟁으로 쫓겨나가기는 했으나, 4년에 다시 사신이 와서 "하늘에 맹세하고 대대자손에 이르기까지 조공을 지키고 국경 위에 감히 기왓장 조각 하나라도 던지지 않을 터이니" 앞서 빼앗은 아홉 성을 돌려달라고 하였다.

이때에 윤관은 아직 진지에서 싸우는 중이었다. 신하들을 모아

현대의 함흥평야. 조선반도 동북부를 위협하던 여진인에 대항해 고려는 명장 윤관에게 정벌을 명해 한때는 이 함흥평야 일대를 점령, 함주 이하의 9성을 설치했다.

놓고 의논하는데, 온 조정의 신하가 다 돌려주자는 의견이었다. 그만이면 또 좋겠는데, 썩은 선비 한 패는 이 기회를 놓칠세라, 윤관파를 거꾸러뜨리자는 운동을 일으켰다. 그리하여 윤관 등이 이름도 없는 군사를 일으켜가지고 나라를 해하고 군사를 패하였으니 그를 벌해야 한다는 「상소」가 연달아 들어왔다.

예종은 북을 치자는 것이 자기의 주장이었던지라, 어떻게 해서든지 윤관을 구하려 하여 혹 그 배척하는 소리를 들은 체 만 체 편전으로 돌아가기도 하고, "내가 명령해 보낸 것인데 이름없는 군사가 될 리가 없다" 하여 변명도 해보았으나 유신들은 종내 듣지 않았다.

5년 5월에는 임금이 듣지 않고 편전으로 물러가니 해가 지도록 나가지 않고 졸랐다. 그래도 아니 들으니 조정 신하 전부가 동맹파업을 하여 며칠이 되어도 출근하는 놈이 없었다. 나라 도둑 토벌에는 그렇게도 약하였던 사람들이 공신 토벌에는 어찌도 그리 강하냐? 모양이 그랬기 때문에 이기고 돌아오던 장군이 복명도 미처 못하고 제 집으로 돌아갔고, 임금도 할 수 없이 그 벼슬을 깎고 아홉 성은 여진에게 돌려주고 말았다.

고려의 명장 윤관의 동상.

## 예종의 슬픔

이리하여 일어나던 북진운동은 그만 서리를 맞고, 조정에는 고식퇴영(姑息退嬰)의 구차한 살림만을 탐하는 썩어빠진 것들이 있어 일을 하였으니, 그 가운데 서는 예종의 심사가 어떠하였을까? 2백 년 동안이나 거란의 압박 밑에 있어오던 발해 왕의 후손 고영창조차 황제라 하고(예종 11) 나라이름을 대원이라 하며 연호를 융기라 하여 조국을 회복하겠다고 나서는 이때이거늘 고려로서 정말 하기만 하자면 위태는 무엇이 위태며 원수는 누구와 원수를 맺는다는 말인가?

이때에 내렸던 제(制) 가운데 "문무의 도가 치우칠 수는 없는 것인데 근래에 변방 도둑이 성하므로 꾀하는 신하나 장수가 다 갑옷을 만들고 군사 훈련하는 것으로만 일을 삼으나 군대 일만을 할 수 없는 것이다" 하는 말이 있는 것을 보면 이것이 무단파가 일어날까 보아 유신놈들이 오로지 조작한 말인 동시에, 그때 나라 안에 비상시국 기운이 움직이고 있었던 것을 알 수 있다. 그러나 그것이 이 유신 권력가들의 누름 때문에 갇히고 말았다. 그러는 동안 예종 12년에는 금(이때는 여진이 벌써 나라이름을 금이라 하고 帝라 칭하였다)으로부터 이러한 글이 왔다.

형(兄) 대여진금국황제(大女眞金國皇帝)는 제(弟) 고려국왕에게 글을 보내노라. 우리 조상 때로부터 한 모퉁이에 끼어 있어 거란을 일러 대국이라 하며 고려를 부모지방(父母之邦)이라 하여 조심하며 섬겨왔더니 거란이 무도하여 우리 땅을 짓밟고 우리 인민을 종으로 삼아 여러 번 이름없는 군사를 일으켜오기로 우리가 부득이하게 반항하여 하늘의 도우심을 얻어 무찔러버렸으니 왕은 우리에게 화친을 허락하여 형제 되어 세세 다함이 없는 좋은 의를 이루게 하라. 이에 좋은 말 한 필을 보내노라.

꿈은 깨졌다. 흩어져 다니던 여진의 무리가 통일을 이루기 전에 한번 크게 거리낌없이 나아가 동만주 일대를 먼저 차지해놓고 그다음 거란의 남은 시체를 몰아냈다면 만주·몽고 얻기를 주머니 속에 든 물건을 집어내듯 하였을 것이요, 만주·몽고만 얻었다면 그다음은 금나라에서 고려에 보냈던 글을 고려에서 중국에 보낼 수가 있었을 것이다. 그러나 인순고식(因循姑息) 속에 머뭇거리고 있는 동안 그 꿈은 다 깨져 안개로 사라지고 고려사람들은 자기네가 짐승놈들이라고 업신여기던 여진이 그 꿈 그대로를 사실로 만들어가지고 나서는 것을 보고 놀라고 분한 생각만 금할 길이 없었다.

예종은 남은 날을 시 짓고 경서를 공부하는 데 보냈다. 꿈이 깨어지고 나 쓸쓸함을 견딜 길이 없어서 그랬을 것이다. 예종이 돌아가고 인종이 서니 15세의 소년이라, 이제부터 역사는 또 썰물 때로 들어간다. 한국역사 전체가 삼국시대를 경계선으로, 그때까지가 올라오는 역사고, 그 후부터는 내려가는 역사이듯이, 고려는 인종까지의 먼저 절반이 올라오는 걸음이고, 그다음의 절반은 내려가는 걸음이다.

그렇지만 대세는 고려사람들이 썩은 선비들에게 끌려, 그저 소리도 한마디 없이 시들어 떨어지는 잎인 양 멸망의 길만을 걷기에는 너무도 도발적이었음을 어쩌느냐? 차마 그저 보내지 못할 시세의 커다란 흐름이 눈앞에 보는 동안 고려사람을 버리고 슬금슬금 가는 것을 어쩌느냐? 사람이 이렇게도 없던가? 정신이 이렇게도 죽었던가? 선비는 사람이 아니었던가? 아무리 권력계급이기로? 아무리 현실주의기로 그렇게도 소견이 작고, 그렇게도 기운이 빠지고, 그렇게도 눈이 어둡단 말이냐? 생각 있는 사내가 조금 있어, 멸망의 캄캄한 소(沼)가 자기네를 아주 삼켜버리기 전에 그 흐름을 한번 타보려고 최후의 건너뜀을 한번 시험해보았건만 소용이 없었다. 한 길 되는 거품을 날렸을 뿐이었다. 인종 13년 이른바 묘청의 난*이 그것이다.

*묘청(妙淸)의 난: 1135년 묘청이 서경 곧 지금의 평양에서 일으킨 반란. 서경천도 운동이 좌절되자 묘청이 조광과 함께 국호를 대위, 연호를 천개라 선포하고 반기를 들었으므로 조정에서는 김부식을 평서원수로 임명, 반란군을 치게 했다. 사세가 불리함을 깨달은 반란군의 자중지란으로 묘청이 조광의 손에 죽고, 1136년에 조광이 분사함으로써 난이 진압되었다. 이 일로 문신의 위신을 높이고 무신을 멸시하는 풍조가 생겼다.


## 대위국의 꿈

북벌이 실패한 것은 사대주의 보수파의 선비들에게는 좋았으나, 진취주의 국수파들에게는 분통이 터지는 천추의 한이었다. 더구나 어제까지 동북 지경(地境)에 드나들던 여진 무리들이 황제라 하고 나서는 데는 창자가 온통 뒤집혀서 참을 수가 없었다.

남을 깔보아서가 아니라, 글쎄 그것들이 하는 것을 이 나라, 이 민중을 가지고 못해본단 말이냐? 사내가 세상에 났다가 이렇게 썩는단 말이냐? 임금이 나이 어린 것을 좋아라고 그 옆에서 갖은 수

작으로 속이고, 달래고, 어르고, 아무 소리 말고 가만히 있게만 만들어, 이 호마(胡馬)의 우는 소리가 바람결에 들려오는 이때에 압록강 남쪽에만 옴츠리고 있어 백성의 귀를 가리고 눈을 가리고 손발을 묶어놓고 짜먹으면서 점잖은 체만 하자는 유신놈들에게 나라를 언제까지나 맡겨둘 수만은 없다고 생각한 한 패의 사람들이 있었다.

그리하여 인종을 보고 우리도 황제라 하고 중국 연호를 쓰지 말고 새로 건원이라 하고, 북으로 한번 쳐들어가자고 주장하고 나섰다. 물론 이것은 금이 하는 것을 보고 자극이 되어서 하는 것이었다. 죽은 듯하던 나라에 한번 북벌론이 나오니, 민심은 벌집을 쑤신 듯 뒤숭숭해졌다. 역시 죽은 것은 아니었다. 속에는 불평이 있었던 것이다. 이 파의 중심인물은 정지상* · 백수한** · 김안 · 윤언이라는 사람들이었다.

유신들은 물론 거기에 반대하였다. 그들의 눈에는 금이 하는 일은 되지 못한 오랑캐의 짓으로만 보였다. 칭제(稱帝)라니 그런 어리석고 건방진 생각이 어디 있느냐? 천벌을 받을 생각이지, 제(帝)란 것은 중국의 천자님만이 홀로 일컬을 수 있는 것이지, 우리같이 변방의 나라가 어찌 감히 그런 생각을 한단 말이냐? 모르는 무부(武夫)놈들이란 어쩔 수가 없는 거야……. 그렇게 호통을 치고 있었다.

이리하여 두 파가 서로 맞서게 되었다. 그러나 이것은 인종 때에 와서 갑자기 된 것이 아니요, 벌써 그전부터 있던 것인데, 이제 이 절박한 시대의 형편으로 인해 겉으로 나타나게 된 것이다. 하나는 쓸데없는 모험을 말고 현상 이대로를 지켜 반도 안에 가만히 있자는 것이요, 하나는 일을 한번 일으켜 만주로 가자는 것이다.

먼저 사람들의 이론은 중국의 천자는 천명으로 된 것이니, 거기 복종해 섬기는 것이 옳다는 것이요, 뒤의 사람들은 우리는 한배님 자손이니, 우리대로 살 것이요, 더구나 만주는 우리 조상의 땅이 아니냐 하는 것이다.

* 정지상(鄭知常, ?~1135): 고려 전기의 문신이자 시인. 묘청·백수한 등과 함께 서경 천도와 칭제(稱帝)할 것을 주장했다. 묘청의 난에 관여했다는 혐의로 김부식에게 피살되었다.

** 백수한(白壽翰, ?~1135): 고려 인종 때의 일관(日官). 묘청을 추종해 서경천도를 주장했다. 천도운동은 음양지리에 기초를 두고 있으나, 실은 신진관료들이 개경에 전통적 생활기반을 가진 문벌귀족 세력을 서경천도를 통해 제거해 국가를 유신(維新)하고 중흥공신이 되려는 의도를 담고 있었다. 1135년 묘청이 반란을 일으키자 개경에 있던 그는 김부식에 의해 궁문 밖에서 정지상·김안 등과 함께 살해당했다.

하나는 공맹(孔孟)·선왕(先王)의 도를 내세우면, 하나는 하느님·신령·명산·검님을 내세운다. 그러나 실제 문제로는 선비들이 자기네는 잘살고 공부하고 세력 있으니 가만히 있자는 것이요, 국수파는 불교, 유교에 눌려 세력 없고, 모른다 속되다 천대를 받으니 한번 세상이 다시 고쳐져야 한다는 것이다. 저들이 믿는 것은 중국 세력이요, 이들이 믿는 것은 민중이다. 그것이 전에는 보이지 않게 암투로 되던 것이 이제는 내놓고 하게 된 것이다. 문제는 서경천도 사건으로 벌어지기 시작하였다.

서경천도라는 것은, 본래 건국 시초부터 나라서울을 평양 임원역으로 옮기자는 말이 있었다. 그러면 그 자리가 명당이기 때문에 나라가 성하게 되어 36국이 우리나라에 조공을 바치러 오게 된다는 것이다. 지금 말로 하면 식민지가 그렇게 많이 생긴다는 말이다. 이것은 신라 마지막 무렵부터 많이 유행하게 된 도참설이라는 것에서 나온 말이다. 그것은 물론 미신이다. 신라의 낡아빠져 썩은 물웅덩이같이 된 종교의 밑바닥에 가라앉은 미신사상이다. 허황된 수작이다.

그러나 그것을 역사적으로 보면 그런 미신이 떠돌게 되는 그럴 만한 사회적 조건이 있다. 그때의 과학, 그때의 종교, 신앙 때문에 표현은 비록 음양설을 빌려서 되었을지라도 실은 그것은 민중의 기분을 나타내는 것이다. 썩은 신라 정치에 대한 불평 불만, 나라 옛 땅에 대한 그리움, 민족의 운명이 시들어버린 데 대한 분과 탄식, 미래에 대하여 막연히 가지는 희망, 이러한 복잡한 감정이 얽혀 있는 것을 나타내는 것이다. 다시 말하면 민중의 가슴이 발효가 되고 있다는 말이다.

떠도는 말은 술독 위에 뜨는 거품같이 지향 없이 일었다 꺼졌다 하지만, 문제는 그 밑에서 끓어오르고 있는 감동이다. 그것이 어느 시점에 가면 혁명이 될 수 있다. 신라가 망하고 고려가 섰으니 어느 정도 혁명이 된 셈이지만, 민중의 가슴 밑바닥을 본다면 아직 멀었다. 그 발효성의 침전물을 언제나 한번 깨끗이 걷어내버릴 수 있을까? 그것이 되기까지 민중은 늘 불평이다. 민중은 그것을 해 줄 사람을 암암리에 기다리고 있다.

그래서 마을에서, 술집에서, 길거리에서 모여만 앉으면 수군거리는 것이었다. 서울을 평양으로 옮긴다지, 싸움이 난다지, 그럼 우리 신령님도 가만 아니 계실 거다, 야 우리나라도 한번 나뜬다, 어디서 장수가 났다더라, 어디에 도를 닦는 어른이 계시다더라, 어디에 용마가 났다더라, 동명성왕 무덤에서 무슨 소리가 났다더라……

이것을 이용해보려고 한 것이 북벌론자들이었다. 평양 중 묘청을 중심으로 이 도참설을 이용하여 민심을 움직이고 왕을 권하여 서울을 평양으로 옮겨놓고, 북진정책을 한번 실행해보려 하였다. 인종도 얼마쯤 그리로 기울어져 임원에다 새 궁까지 지었다.

그러나 그것을 보고 필사적으로 반대하는 것은 유신들이다. 그들은 서울을 평양으로 옮겨만 놓으면 자기네는 아주 세력의 터를 잃어버릴 것이요, 더구나 만일 만주를 쳐서 정말 이기는 날에는 자기네 선비 따위는 목숨이 붙어 있지 못할 것이라고 생각하였다. 그러므로 어떻게 해서든지 서경천도를 못 하도록 방해하였다. 그 유신의 중심인물은 저 『삼국사기』를 쓴 것으로 유명한 김부식이었다.

묘청의 파는 어떻게 해서든지 임금을 평양으로 끌어오려 하였으나 그 하는 일이 너무 요사한 수단과 미신적인 것이 많으므로 선비들의 비난을 샀고, 임금도 그 때문에 주저하고 있었다. 그러는 즈음에 13년에 갑자기 묘청이 서경에서 혁명을 일으켰다는 소문이 왔다. 무엇이 그 원인인지 알 수 없으나 확실히 계획에 어긋난 것이 있고, 내부에 통일이 못 된 것이 있었다. 나라이름을 대위라 하고 원호를 천개라 하여 한동안 황(黃)·평(平) 지방을 차지해가지고 버티었으나 마침내 김부식의 손에 토벌이 되어버리고 말았다. 정지상·백수한·김안은 일이 일어났다는 소식이 오자마자 서울에서 잡혀 죽고 말았다.

묘청의 난을 신채호 선생은 '조선 역사 1천 년 이래의 제일 큰 사건'이라고 한다. 제일 큰 사건이겠는지 아니겠는지는 쉬이 말하기 어려울 것이나 이 난이 보통 난이 아니요, 유파(儒派) 대 불파(佛派), 한학파 대 국풍파의 싸움으로 보는 것은 꿰뚫어본 관찰이요, 이 싸움에 묘청이 패하고 김부식이 이긴 것은 한국역사가 보수적·속박적 사상에 정복된 원인이라고 하는 것도 옳은 말이다.

묘청의 혁명은 이미 시기를 놓친 것이라 할 것이다. 그때는 벌써 금이 요를 멸한 지 20년이 넘었다. 그러므로 묘청파가 이겨 서울을 옮기고 황제라 하였다 하더라도 북벌을 과연 할 수 있었겠나 의문이다. 북벌의 시기는 그전에 벌써 놓쳐버린 것이다. 그러나 설혹 그 당장 북벌은 못하더라도 만일 묘청파가 이겼더라면 적어도 사상적 종살이는 좀 면했을 것이다.

전하는 말에 김부식이 한때의 문장은 자기라고 저나 남이나 다 그렇게 아는데, 정지상이 글을 잘하여 그 이름이 높아지는 것을 시기하여, 언젠가 그가 시 한 구를 불렀는데 참 자기 보기에도 명창이라, 그 구를 자기에게 달라 하였더니 주지 않으므로, 그것을 마음속에 새겨두었다가 죽였다고 한다. 사실인지 아닌지 알 수 없고, 정지상, 묘청 하는 사람들의 마음속도 알 수 없다.

역사는 영원히 수수께끼다. 누가 감히 일의 정말 원인을 알고 정말 결과를 알 사람이 있느냐? 그러나 김부식의 속을 알 수 없고 정지상의 속도 알 수 없지만 그러한 이야기 속에서 우리가 아는 것은 민중이 어떤 판단을 내렸나 하는 것이다. 누구를 자기네 편으로 알고 누구를 대적으로 알았느냐 하는 것이다. 또 묘청이 정말 민족과 나라를 생각해서 했는지 야심인지 알 길도 없다. 역사의 탑 위에서 그 대강을 살펴볼 때, 그 일이 돌아가 닿음과 그 가지는 뜻이 그렇다 할 뿐이다.

# 14 고려자기 속에 숨은 빛

### 국민 이상의 죽음

이렇게 보면 고려의 역사가 인종 때부터 갑자기 곤두박질을 치는 형세로 어지러움에 빠지는 것이 조금도 이상할 것이 없다. 개인이나 국민이나 생활을 빛나게 만드는 것은 산 이상이다.

사람이 가슴속에 한 조각 이상을 품고, 거기 가기 위하여 목숨을 아끼지 않을 때까지는 산 사람이고, 그 이상이 한번 죽어놓으면 살았어도 송장이다. 어둠의 대륙 아프리카의 원시림 속에서 사자와 싸우면서 진리를 전하던 리빙스턴은 "사람이 그 다해야 하는 사명이 있을 때까지는 죽지 않는다"고 하였다지. 참말 위대한 혼의 입에서 나온 위대한 진리다.

고려사람에게 민족 발전의 큰 이상이 있을 때다. 현종으로 하여금, "庚戌年中有虜塵 干戈深入漢江濱 當時不用姜公策 擧國皆爲左袵人"이라고 감격해 부르며 싸움에서 이기고 돌아오는 강감찬을 맞게 하였다. "경술년에 거란의 난이 있어서 그놈들이 나라 복판 한강까지 들어왔으니, 그때 만일 강감찬이 아니었더라면 전 민족이 오랑캐의 종이 되고 말았을 것이다" 하는 말이다. 고마워서 한 말이다.

그러기에 임금이 친히 들 밖으로 마중 나가, 금으로 여덟 가지 꽃을 만들어 그 머리에 꽂아주며, 오른손에 술잔을 잡고 왼손에 그 손을 잡고 감격에 못 이겨 하였다 하지 않나? 그랬기 때문에, 그렇게 온 나라가 한마음에 불이 탔기 때문에 얼김에 한강까지 몰고 들어왔던 그 거란도 어떻게 하지 못하고 물러갔다.

반대로 국민적 이상이 한번 죽으면 어떠한가? 최충이 유교를 가

낙성대의 안국사 전경. 서울 관악구 봉천동에 있다. 낙성대는 고려의 명장 강감찬의 출생지로, 그가 태어날 때 별이 떨어졌다 하여 이 같은 이름으로 전해오고 있다.

르칠 때 해동공자라 하였고, 평하는 사람으로 "동방학교의 성함은 충으로부터 시작이다. 이로부터 글 잘하고 걸걸한 선비가 번쩍번쩍 튀어나와서 나라의 모든 일을 잘 꾸며놓게 되었으므로 중국 사람이 우리를 가리켜 시서(詩書)의 나라라 하게 되었다. 지금까지에 이른 모든 것이 충의 선물 아닌 것이 없다" 하게 하였건만 그 유교는 도리어 나라의 발전을 질식시키는 가시덤불이 되고, 민족의 생명을 좀먹는 모진 벌레가 되고, 사람의 정신을 마비시켜 자기를 팔고 종살이하게 하는 독한 약이 되고 말지 않았나.

국민적 이상이 죽은 다음 있을 것은 내란밖에 없다. 나라를 통일하는 것은 칼도 아니요, 법도 아니요, 이른바 인정(仁政)도 아니다. 민중은 언제나 비참한 존재요, 불평이 늘 있다. 아무리 법을 공평하게 하고 은혜를 고루 입힌다 하여도 천하의 입을 다 틀어막지는 못한다. 정말 민심을 하나로 하는 것은 어떤 위대한 국민적 이상을 주는 일이다. 사람은 의기에 느끼는 물건이라, 배부른 민중은 말을 아니 들어도 위대를 본 민중은 죽으면서도 나선다. 그러므로 국민적 이상, 민족적 사명, 세계사적 정신은 중요하다는 것이다.

북벌운동이 아주 실패하고 선비들이 나라를 맡게 된 다음부터 내란이 그칠 날이 없었다. 인종 4년에 이자겸의 난*이 있었고, 13

*이자겸(李資謙)의 난: 고려 인종 때 외척 세력가이던 이자겸이 왕위를 빼앗고자 일으킨 반란. 척준경의 군사력을 동원하여 일으켰다 해서 '이·척의 난'이라고도 한다.

년에 위에서 말한 묘청의 난이 있었고, 그것을 평정한 지 3, 4년 후인 의종 24년에 무신 정중부가 난을 일으킨 후, 약 백 년 동안은 줄곧 내란이 계속되었다. 자겸의 난은 중국제를 본뜬 궁중생활의 타락에서 온 것이요, 중부의 난도 역시 중국에서 배워온 문존무비 사상의 산물이다. 본래 주몽(활 잘 쏘는 사람)이 동명성왕이 되며, 을지문덕, 연개소문이 나라를 맡아하는 우리 옛날에는 그런 사상이 없더니, 중국 문물을 열심히 실어들여 이른바 문치(文治)에 힘쓰면서부터 무신을 낮춰 보는 나쁜 버릇이 생기게 되었다. 고려같이 민족의 운명을 회복할 책임을 져야 할 시기에 꿋꿋하고 씩씩한 정신을 길러야 할 것임은 다시 말할 필요도 없건만 이 따위 실속 없이 껍데기로만 성현의 정치를 한다는 형식주의·허식주의 때문에 그만 문약(文弱)에 흐르고 말았다.

여진이 그렇게 시끄럽게 굴음을 당하면서도, 만주에 그렇게 풍운이 급해지는 것을 보면서도, 감히 일어서볼 생각을 못 하고, 모처럼 겨우 일어선 것도 기어이 여럿이 달라붙어 거꾸러뜨리고 만 것은 이 정신적 마비 때문이었다. 시서의 나라라는 칭찬에 헛배가 불러 용감한 이웃을 보고 오랑캐라 멸시하다가 그 쳐들어옴을 당하면 비사후폐(卑辭厚弊)로 구차한 목숨을 빌고, 그래도 그 난이 지나가면 또 무사(武士)에 대하여는 내로라고 서슬을 부리는 것이, 그 현신충량(賢臣忠良)들의 일이었다. 그러므로 그들은 어떻게든지 군인이 세력을 못 쥐도록 내리눌렀다. 그러므로 군인은 늘 불평일 수밖에 없었다. 그 분이 터지는 날이 오고야 말았다. 그것이 정중부의 난*이다.

그때 임금 의종은 놀고 사치하기 좋아하고 시문을 즐겼다. 덕택에 고려자기는 발달해 후세에 자랑거리가 되었으나 그때 백성은 견디기 어려웠다. 지금도 사람들이 예술을 사랑한다 하여, 고려자기라 해서 깨진 접시 하나, 쭈그러진 병 하나에도 천백만 원을 아끼지 않는 것을 보지만, 과연 그 고려자기를 볼 줄 아는 사람이 몇이나 될까? 그 선이 무슨 선이요, 그 빛은 무슨 빛인지 아는가? 그

* 정중부(鄭仲夫)의 난: 1170년에 정중부·이의방·이고 등이 일으킨 무신들의 반란. 고려 초 이래의 숭문억무(崇文抑武)의 정책으로 무신들에 대한 천대가 극심하자 난을 일으켜 왕과 태자를 추방하고 문신들을 죽이고 왕제(王弟)를 신왕으로 영립하여 정권을 잡았다. 그러나 후에 경대승 등에 의하여 평정되었다.

위: 청자칠보투각향로(青磁七寶透刻香爐), 12세기 초.
아래: 청자조각쌍사자두침(青磁彫刻雙獅子頭枕), 12세기 초.

선은 민중의 창자가 주린 선이며 민족혼이 고민하는 선이요, 그 빛은 나라 운명이 슬프게 저무는 빛이요, 역사의 수평선이 깜실거리는 파란빛이다. 그런 줄이나 알고 예술을 좋다나? 그런 줄을 알기나 하고 민족의 자랑이라 하나? 차마 책상 위에 놓기보다는 차라리 깊이 땅속에 묻혀 있게 하는 것이 낫지 않을까?

## 민중의 짐

이러한 이야기를 들어보려나? 임금이 거들거리고 놀기 위하여 크게 토목을 일으키고는 백성더러 제 밥 먹고 와서 하라 하였다. 어떤 가난한 백성이 먹을 것이 없어 날마다 점심을 가져오지 못하므로 늘 동무들의 신세를 지게 되었다. 그리하여 그 아내를 보고 그 미안함을 한탄하였더니 하루는 그 아내가 뜻밖에 광주리에 밥을 담아가지고 일터로 와서 그 앞에 놓으며, 자 오늘은 친구 여러분의 신세 진 것을 갚으며 즐겁게 잡수시오 하였다.

남편이 아무리 생각하여도 알 길이 없어 그 쌀이 어디서 났느냐 물었다. 여자는 한참 묵묵히 있다가 수건을 벗어보였다. 본즉 까까머리가 되어 있었다. 그는 제 남편이 지고 갚지 못하는 신세를 갚아드리려고 머리를 잘라 팔아서 쌀을 산 것이었다. 이야기를 듣고 모두 옷깃을 적시고 밥술을 들지 못하였다. 이것이 문치주의의 뒷면이요, 이것이 고려자기를 만드는 손이었다.

이렇게 하여 집을 짓고 놀이터를 만들고, 가다가 산수 좋은 곳만 있으면 임금은 문신들과 더불어 술을 마시고, 글을 짓고, 해지는 줄을 모른다. 그러는 동안에 무신들은 말고삐를 쥐고, 주린 창자를 움켜쥐고 기다려야 한다. 그래 그리할 수 없어 터져나온 것이 정중부의 난이다.

임금이 사랑하는 신하를, 마루 밑에 들어가 숨은 놈도 끄집어내어 그 보는 앞에서 목을 자르고, "문관(文冠)을 쓴 놈들은 아전 따위까지라도 다 죽여라!" 하고 고함을 질렀다. 그리하여 그 권세 좋던 문신이 하루아침에 몰락하고 조정은 무신들의 어지러운 싸움판이 되어버렸다. 임금도 멀리 유배를 당하였다가 거기서 죽음을 입었다.

　정중부 뒤에는 이의민\*, 그 뒤에는 경대승 하는 식으로 차례차례 무신들이 날뛰다가 나중에 최충헌\*\*의 4대가 마음대로 하게 되어서 나라는 수라장이 되고 말았다. 벼슬을 내놓고 사고팔고, 백성의 재산을 마구 빼앗고, 뇌물이 떠돌고, 질서도 없고, 도덕도 없고, 선비는 최씨네 문간의 거지 노릇을 하고, 정부는 최가네 사랑에 가 있었다. 문신은 썩고 독사 같아 걱정이고, 무신은 사납고 짐승 같아 걱정이고, 제정신이 아닌 다음에는 그런 것이다.

\* 이의민(李義旼, ?~1196): 고려 명종 때의 무신. 출신은 미천했으나 정중부의 난에 가담, 공을 세워 정중부의 신임을 받았고, 김보당의 의종 복귀를 위한 반란과 조위총의 난을 평정하여 상장군이 되었다. 경대승이 죽은 후 병마권을 잡아 13년간 독재하다 최충헌에게 피살되었다.

\*\* 최충헌(崔忠獻, 1149~1219): 고려 무인정권기의 집권자. 이의민을 제거하고 집권한 후 강력한 독점적 권력을 행사했으며 4대 60여 년에 걸친 최씨무인정권의 기반을 마련했다.

# 15 팔만경판에 새긴 마음

### 몽고 바람

이때에 일진 폭풍이 고비 사막으로부터 불어왔다. 예레미야를 고려 문종 때에 나게 하였더라면 "내가 끓는 가마를 보니 그 면이 북(北)에 있더라" 하였을 것이다. 그러나 고려에 그런 예언자는 하나도 없었다. 사실 이때에도 시대는 조선을 향해 외침을 보냈건만 고려사람은 듣지 못하였다.

금나라는 한때 힘을 휘둘렀지만 저기압이 생길 때 뿌리 없이 일어나는 회오리바람 같은 것이다. 문화의 뿌리를 가진 것 없이 한때 기운을 탔던 것이므로 오래갈 수가 없었다. 곧 나라가 약해졌다. 그리하자 포선만노(蒲鮮萬奴)는 동진국을 세웠고, 또 몽고가 움직이기 시작하였다. 그리하여 때는 거란이 망하고 금이 일어나던 때에 못지않은 비상시였다. 이들이 다 북방의 이적(夷狄)이라고 멸시받던 민족들이다.

그 가운데서 고려가 만일 일어섰다면 못 할 것이 없었다. 그랬건만 이번은 울타리 안에서 싸우는 더러운 싸움 때문에 그 시대의 외침은 들리지도 않은 채 문을 스치고 지나가고, 그다음 승리의 진군을 하는 몽고군의 흉악한 말굽소리만이 겨우 고막을 울리게 되었다.

몽고가 우리나라에 쳐들어오자 그 흉악함은 거란에 비할 바가 아니었다. 우리는 지금 살례탑\*이 어떻게 들어왔으며, 달로화적\*\*이 얼마나 사나우며, 차라대\*\*\*가 어떻게 침노해왔는지 하나하나 다 말할 수 없다. 그건 또 다 해서 무엇하나? 다만 한마디, "몽고 군사가 지나가매 개, 닭 소리가 없어졌다" 하면 그만이다. 고종 41

---

\* 살례탑(撒禮塔): 몽고의 장군. 1231년에 내침하여 다음해에 다루가치 72명을 두고 돌아갔다가 재차 침입했을 때 승려 김윤후에게 피살되었다. 살리타.

\*\* 달로화적(達魯花赤): 고려에 파견되었던 몽고 관직 중의 하나. 몽고는 1231년 서경을 비롯한 열네 개 성에 달로화적을 분치했다. 다루가치.

\*\*\* 차라대(車羅大): 몽고의 장군. 1254년에 충주·상주까지 쳐내려와 개성에 주둔했다가 그해 12월에 돌아갈 때 남녀 20여만 명을 사로잡아갔다 한다. 차라다이.

제주도의 항파두리성. 이곳은 몽고군의 침입에 대항했던 고려 삼별초군의 최후 항전지였다.

년 차라대가 왔던 한때에 사로잡혀간 사람만 해도 30만 6천이라 하며, 서울 시가에 진을 치고는 여자들의 젖을 잘라 삶아먹었다는 말만 들으면 그 대략을 짐작할 수 있지 않은가?

쓰다가 말고 붓을 놓고 눈물을 닦지 않으면 안 되는 이 역사, 눈물을 닦으면서도 그래도 또 쓰지 않으면 안 되는 이 역사, 써놓고 나면 찢어버리고 싶어 못 견디는 이 역사, 찢었다가 그래도 또 모아대고 쓰지 않으면 아니 되는 이 역사, 이것이 역사냐? 나라냐? 그렇다. 네 나라며 내 나라요, 네 역사며 내 역사니라. 너는 이 나라에 왜 일찍이 났으며 나는 왜 이 나라에 또 무엇하자고 났느냐? 아서라, 누가 나고 싶어 나는 인생이며 아니 살고 싶어 아니 사는 살림이라더냐? 어느 것이 하고 싶어하는 나라며, 아니 지고 싶어서 아니 질 수 있는 고난의 짐이라더냐?

네 핏대 속에는 거란의 피가 얼마나 섞였는지 아느냐? 내 핏대 속에는 몽고·되놈·왜놈·아라사놈의 피가 얼마나 섞였는지 아느냐? 아니다. 마야 부인의 옆구리를 뚫고 나왔다는 석가의 혈관 속에는 드라비다·인도·아리안·러시아·이라크 가지가지 인종의 피가 섞여 흐르고 있고, 동정녀 마리아에게서 났다는 예수의 심장 속에는 다말·아합·룻·우리아의 아내, 가지가지 여자의 피가 드나

218

들고 있다.

역사의 흐름에 맑은 물, 흐린 물 따로 없다. 역사의 음악에 높은 악기, 낮은 악기의 구별이 없다. 있는 것은 다만, 다만 오직 하나, "살아라! 뜻을 드러내라!" 하는 절대 명령이 있을 뿐이니라.

### 환난에 대한 국민의 태도

이걸 보고는 아무도 우연이라는 소리를 하지 못할 것이다. 어찌 턱없이 된 일일까? 이것을 보고 천도(天道)가 무심하다는 사람은 생각이 없는 사람이다. 이것이 어찌 뜻없이 이루어진 일일까? 하나님은 심지 않은 데서 거두기는 하나, 꾸어주고 받지 않는 법은 없다. 그런데 고려는 이 환난에 대하여 어떤 태도를 취하였나?

적병(賊兵)이 물 밀듯 쳐들어오는데 구성(龜城)에서 겨우 군사 열둘을 데리고 싸워 화살이 와서 팔에 꽂혀도 북 치기를 쉬지 않고 군사를 가다듬어 종내 물리치고야 말았고, 호상(胡床)에 앉아 싸움을 돌보는데 총알이 등뒤의 사람을 넘어뜨려도 움직이지 않는 담력과 용기를 가진 정주분도장군(靜州分道將軍) 김경손* 같은 사람이 있었다.

산속의 외로운 성을 지키는데 대적이 지도(地道)를 파고들어 오니 쇳물을 녹여 내리부어 태워버리고, 화공(火攻)을 해오니 흙물을 풀어서 부어 끄고, 저쪽이 포군(砲軍)을 쓰면 이쪽도 포군을 만들어 쓰는 지략을 가져서, 대적의 장군으로 하여금 "내가 천하에 싸움을 다니는데 그렇게 심한 공격을 받고도 항복을 아니 하는 자는 본 일이 없다"고 탄식을 하게 하고, 조정에서는 이미 항복하였으니 나아가 항복하라고 권항사가 왔는데도 종내 듣지 않고 싸워 권항사 자신이 어쩔 줄을 몰라 자살하려는 것을 보고야 할 수 없어 나라 명령을 따라 항복하고, 그러고는 시골로 가버리는 철혈(鐵血) 남아 병마사 박서** 같은 사람이 있었다.

그러나 그런 사람이 도무지 없는 것은 아니지만, 나라의 정치를

* 김경손(金慶孫, ?~1251): 고려 고종 때의 장군. 1231년 정주분도장군으로서 몽고군의 침입을 격퇴했다.

** 박서(朴犀): 고려 고종 때의 무신. 1231년 구주로 쳐들어온 몽고군이 성을 포위하고 누거(樓車)와 목상(木床)에 병사를 태워 공격하고, 대포차로 성을 공격했으나, 이에 적절히 대응하여 적을 물리쳤다. 이에 몽고군은 구주를 포기하고 당시 최우가 집권하고 있던 개성을 함락시켜 고종의 항복을 받아냈다. 같은 해 12월 다시 몽고군이 사신을 보내 항복을 권유하고 운제(雲梯)를 만들어 성을 공격했으나 모두 물리쳤다. 1232년 1월 왕명을 받은 최임수, 민희가 와서 항복을 권유하자 서너 차례 거절했지만, 왕명을 거역할 수 없어 항복했다.

강화산성 서문. 강화산성은 고려가 몽고의 침입으로 인해 강화도로 천도할 당시 궁궐과 함께 축조되었다.

맡은 사람들이 하는 일은 통히 비겁이요 구차였다. 백성은 내버리고 강화섬으로 서울을 옮기고, 거기서도 잔치로 날을 보내고, 그런 중에도 내란까지 있었다.

그러므로 참으로 아픈 줄을 알 때까지는 고난이 그치지 않는다. 군사적 점령이 부족해서 내정간섭이 왔고, 육체의 고통만으로는 아니 되어 정신적 속박까지 오게 되었다. 임금은 몽고의 공주를 맞아 왕비로 삼아야 했으며, 태자는 몽고에 볼모로 가 있어야 했고, 나라 안의 조그만 일까지도 모두 하나하나 그 공주의 콧김을 쳐다보아야 했다. 벼슬아치는 다 몽고사람같이 머리를 깎고 그 옷을 입었다. 그런데 그러한 가운데서도 임금이나 신하나 나라를 도로 찾을 생각을 하는 이가 없고, 모두 제 나라보다도 원, 곧 몽고에 가 있기를 좋아하였다. 심지어 정부는 소용없으니 원에 아주 합병되는 것이 옳다는 주장을 내놓은 사람까지 있었다.

이래도 우연이요, 이래도 천도무심(天道無心)일까? 그런 생각을 할 때, 우리는 파고다의 13층 돌탑도 볼 마음이 없고, 가야산 해인사 팔만대장경도 감탄할 생각이 없어진다. 돌탑은 이렇듯 자유 독

해인사 장경판고문. 팔만대장경은 고려 고종대에 판각되어 현재 해인사에 소장되어 있는 대장경이다.
뒤: 해인사장경판고의 내부.

립을 잃은 때에 원나라의 영향을 받아서 된 예술이요, 그 경판은 백성을 버리고 강화에 가 있으면서 부처님더러 나라를 건져달라고 발원해서 만든 것이다. 그 높고 묘하고 아로새긴 탑이 정말 민중의 살림을 표하는 것일까? 우뚝 선 그 모양은 바로 민중을 무시하고 저만 잘살자는 귀족주의 그대로 아닌가?

지금도 이 글을 쓰고 있는 이 해인사의 장경각에만 올라가면 16년의 세월을 들여서 완성하였다는 8만이 넘는 경판이 글자 획 하나 흐림 없이 또렷또렷이 있는 것을 보지만 그것은 정말 참 정성에서 된 것일까? 참 신앙의 표시일까? 저희는 날마다 잔치에 취하며, 백성더러는 나무를 들여라, 돈을 바쳐라 하여 만들어놓은 이 판목, 7백 년간 이 산속에서 잠을 자고 있는 이 경문, 이것은 바로 말로만 하는 정치, 죽은 신앙의 모양 그대로가 아닐까? 그렇게 생각하면 볼 마음이 없어진다.

그러나 그 탑, 그 경판이 비바람을 뚫고 서 있는 것은 무엇인가? 그럼, 그 높음은 결국 그 밑에 깔리는 넓고 굳은 민중의 피땀이 결정(結晶)된 힘이 솟은 것인가? 그 묘한 아로새김은 보이지 않는 허

15 팔만경판에 새긴 마음 221

다한 중생의 공양의 신령한 힘이 나타난 것인가? 또 그 딴딴하고 반듯한 판목은 사실은 영원히 무너질 수 없는 민족의 몸이 나타난 것인가? 그 또렷또렷한 글자를 새긴 것은 털붓이나 쇠칼이 아니라, 무딜 길 없는 역사의 손, 정신의 칼이었던가? 그렇다면 그 탑, 그 경판으로 하여금 영원히 남게 하라. 그 많은 전쟁 속에서도 이 각판을 간수해둔 가야산 깊은 골짜기가 있듯이 이 민중의 속에도 민족의 신앙을 간수하는 골짜기가 남아 있을 것이요, 그 쉬지 않는 눈비 속에서도 이 탑을 지켜준 운명이 있듯이 이 역사의 탑도 지켜주시는 신명(神明)이 있을 것이다.

# 16 최영과 이성계

## 공민왕의 북벌 경영

섭리는 한민족이 자기를 다시 세우기 위해 또 한 번 기회 주기를 아끼지 않았다. 그렇게 압박과 고난에 부대끼는 동안에 흉악하던 원도 차차 쇠약해져 만주에는 또다시 저기압의 중심이 생기고 있었다. 이를 따라 고려에도 차차 원나라를 배척하는 의논이 일어나고 북벌사상이 다시 머리를 들게 되었다.

공민왕이 볼모로 가 있던 몽고로부터 돌아와 임금이 되자, 몽고에 있으면서 그 나라힘이 떨어진 것을 안지라, 한편 원나라 옷, 원나라 풍속을 벗어버려서 민심에 찔림을 주고, 인당\*과 유인우를 보내어 압록강 서쪽의 팔참과 쌍성 여러 고을을 도로 빼앗아 북벌의 기세를 올렸다. 이때 동양 천지는 어지러워 중국 본부에는 내란이 벌떼같이 일어나고, 요동에는 홍두적이 일어나고, 간도지방에는 납합출, 삼선삼개 하는 것들이 드나들고, 동해·황해 바닷가 일대에는 왜구의 도둑질이 심하였다. 뒤숭숭한 천하형세는 오직 담대한 자를 기다려 그 터전을 맡기려 하였다.

공민왕이 나라땅을 찾으려는 운동이 첫 번째 성공에 뒤이어 그대로 진행이 되었으면, 이번에라도 한국역사는 새로워졌을 것이요, 그러면 따라서 동양 전체의 역사도 다른 길로 나아갔을 것이다. 그런데 불행히도 왕이 후년에 잘못하여 괴악한 중놈 신돈\*\*을 믿으며 환관의 무리들을 가까이하다가, 한 몸이 참혹한 운명을 당했을 뿐 아니라, 온 나라 정치를 어지럽게 만들고 말았다. 그러는 동안에 중국 주원장\*\*\*이 보잘것없는 낮은 데서 일어나 천하를 통일하여 명나라를 세우고 손을 만주에까지 내밀게 되었다.

\*인당(?~1356): 고려 공민왕 때의 무신. 1356년 압록강 서쪽의 8참과 압록강 건너 파사부 등 3참을 공략하고 돌아왔다. 곧이어 원이 국경침입을 구실로 80만 명의 대군을 동원하여 토벌하겠다고 위협하자, 당황한 왕이 인당에게 죄를 돌려 사형당했다.

\*\*신돈(辛旽, ?~1371): 고려 말기의 승려. 공민왕에게 등용되어 권력을 한 손에 쥐고 대담한 개혁정책을 써서 일시 성인이 나타났다고 백성들이 좋아했으나 점차 음란하고 오만해져 왕의 시해를 음모하다 미연에 발각되어 살해당했다.

\*\*\*주원장(朱元璋, 1328~98): 중국을 약 300년 동안 지배한 명나라의 초대 황제. 재위 중에 모든 권력을 황제에게 집중시키기 위해 군사·행정·교육의 개혁을 완수했다.

경기도 개성의 공민왕릉. 고려 제31대 왕인 공민왕은 원나라를 따랐던 연호와 관제를 개정하고, 원이 점령했던 평안·함경 두 도를 실력으로 회복함으로써 북벌의 기세를 올렸다.

고려는 또 기회를 놓쳤다. 그러고는 요럴까조럴까 구멍에서 흘근거리는 쥐 모양으로 일정한 국책 없는 더러운 외교로 이 중대한 시기에 그때그때 꿰매어가는 것만을 일삼았다. 비상시국에 한번 큰 뜻을 펴보자는 생각을 못 하고 일어나는 명과 망해가는 원 두 나라에 다리를 갈라 디디고 형편을 보아 이롭도록 해보자는 방법만을 썼다.

교묘하다면 교묘하다 하겠지만 그것은 혼도, 한치 뱔도 없는 놈들이 하는 짓이다. 이 외교가, 백제를 백제로 만들고 신라를 신라로 만들고 만 이 망할 놈의 광대 줄타기의 외교가 고려를 고려로 만들었고, 또 이다음 이조를 이조로 만들고 만다. 이 앞은 어쩌려나?

이때에 한 사람이 있었다. 닭 속에 먹는 봉황같이, 소 무리에 서는 한 마리 기린같이 온통 뼈 빠지고, 뱔 빠진 겁쟁이 약은 놈 천지의 조정에 홀로 서서 북벌론을 주장한 한 사내가 있었다. 도통 최영* 장군이 그 사람이다. 그는 일찍이 원의 청을 받아 중국에 싸우러 나가 내란의 평정을 돕는 동안에 원의 실력과 천하 대세를 실제로 눈으로 보고 온 사람인지라, 이것이 놓치지 못할 기회임을 잘 알았다. 그러므로 북벌을 주장한 것이다. 그러나 온 조정의 사람 중에 그 의견을 좇을 만한 용기를 가진 놈이 없었다.

*최영(崔瑩, 1316~88): 고려의 무신. 친원파(親元派)로서 우왕 14년에 팔도도통사가 되어 명나라를 치고자 군사를 일으켰으나, 이성계의 회군(回軍)으로 실패하고 후에 그에게 피살되었다.

최영의 초상.

그러는 동안에 시국은 바짝 다가왔다. 만주에 손을 뻗친 명나라는 한층 더 나와 우리 강계에다 철령위를 세우고 요동에서 철령에 이르는 사이에 70참(站)을 둔다는, 실로 남을 사람으로 아니 보는 짓을 하였다. 그것을 보고 그냥 있을 수는 없었다. 드디어 우왕 14년에 최 장군은 임금을 권하여 북벌군을 일으키게 되었다. 고려로서는 이제 이것이 최후의 기회요, 이번에 실패하면 다시는 얻을 기약이 없다.

그뿐 아니라, 고구려가 망한 이 7백 년 이래 실패의 역사를 바로잡아 쌓이고 쌓인 한, 견디고 견딘 부끄러움을 씻느냐 못 씻느냐가 이 한 번 싸움에 달린 줄을 그때 사람은 몰랐건만 후의 역사는 그것을 말한다. 왜 몰랐던가? 그것을 왜 몰랐던가? 정신이 죽지 않았더라면 역사의 외침을 들었지. 강산에 사무친 조상 혼의 부르짖음을 들었지. 압록강을 건너오는 겨울 바람에 그 소리 안 들었던가? 남쪽 바다에서 떠오르는 여름 구름, 고향 그립다고 아니 하던가? 이제 이때가 세 번째 밀물 때였다.

## 대립되는 두 성격

알 수 없는 것은 하늘의 뜻이다. 삼국풍진(三國風塵)을 홀로 평정할 수 있는 재주를 품었다가 일이 뜻 같지 않아 양자강가에서 화가 터져 죽는 주유(周瑜)\*로 하여금 "하늘이 나를 냈거든 어찌 또 제갈양\*\*을 냈느냐"고 한숨을 쉬게 하던 운명은 고려 마지막에 최영을 그 버틸 기둥으로 내세우면서 어찌 또 이성계를 맞세웠나? 둘이 다 나라의 주석(柱石)의 지위에 있었고 세력이 비슷하였다.

\* 주유(175~210): 중국 삼국시대 오(吳)나라의 명장. 처음 오나라의 손책을 섬기고, 책이 죽은 후에는 그의 아우 권을 도왔다. 유비와 협력하여 적벽에서 조조의 군을 대파했다.

\*\* 제갈양(諸葛亮, 181~234): 중국 삼국시대 촉한(蜀漢)의 정치가. 자는 공명(孔明). 유비의 삼고초려에 감격, 그를 도와 오와 연합하여 조조의 위군을 적벽에서 대파하고 파촉을 얻어 촉한국을 세우고 유비가 제위에 오르자 승상이 되었다.

이(李)를 '삼척검두안사직'(三尺劍頭安社稷: 석자의 칼 끝으로 사직을 편케 한다)이라고 부르면 최(崔)는 '일조편말정건곤'(一條鞭末定乾坤: 한 가닥 채찍으로 건곤을 안정시킨다)이라고 대놓는다.

둘의 사상과 마음씨는 정반대였다. 하나는 진취요 하나는 보수며, 하나는 자주독립적이요 하나는 사대 예속적이며, 하나는 이상주의요 하나는 현실주의며, 하나는 의리요 하나는 권리다. 하늘의 뜻은 알 수 없다고 하였지만 알 수 없는 것이 아니다. 하늘과 땅같이 환한 일이다. 꽃이 피려 할 때 바람이 불게 하는 하나님이 아닌가? 한 뱃집에서 카인과 아벨, 야곱과 에서, 유하혜(柳下惠)와 도척(盜跖)\*, 놀부와 흥부를 내는 하나님이 아닌가?

섭리는 이 가장 중요한 위기에 이 두 반대되는 정신과 사상을 두 인물에 대표시켜 이 민족을 시험한 것이다. 그를 가리켜 터럭끝만큼이라도 다 갚기 전에는 결코 내놓지 않는 이라고 예수는 그랬지. 천 년 가까운 고난의 역사는 그들의 가슴속에 모험 진취의 정신을 길렀는가, 못 길렀는가? 자존 자립의 주체성을 주었는가, 못 주었는가? 진실무망(眞實無妄)의 덕성을 닦아주었는가, 못 닦아주었는가? 정말 '한'을 찾고 거기 이르는 철학을 주고 종교를 주었는가? 이것을 시험한 것이다.

최영이 북벌을 주장한 대신 이성계는 반대이다. 최영이 기개로써 버티면 이성계는 모략으로 이끈다. 이쪽이 의(義)로써 책(責)하면 저쪽은 이(利)로써 달랜다. 하나가 홀로의 권(權)으로 하면 하나는 여럿의 당(黨)으로 한다. 이리하여 무너지려는 집의 두 기둥이 어긋나듯이 조정 안에 두 세력이 대립이 되었다. 그때 최 장군은 임금의 신임을 얻어 독재하는 처지이므로 이(李)파의 반대를 누르고 14년 4월에 드디어 3만 8천의 군사를 내어 역사적 북벌을 시작하였다.

그러나 그 독재는 반대파의 두목인 이성계를 좌·우 도통의 하나로 임명하지 않으면 아니 되는 약한 것이었다. 그러므로 겉으로는 이긴 듯하나 사실은 최영은 대적의 술책에 빠진 것이었다. 여

\*도척: 중국 춘추시대의 큰 도적의 이름. 수천 명을 이끌고 천하를 횡행하며 포악한 짓을 했다 한다. 현인 유하혜의 아우다. 몹시 악한 사람을 비유하는 말로 쓰인다.

러 해 싸움의 공을 세워 많은 부하를 가진 이성계는 무시할 수 없는 큰 세력이요, 민중은 아직 계몽이 되지 않았는데, 내부의 통일을 이루지 못하고 군을 움직인 것은 이성계로 하여금 반대운동을 일으키는 좋은 기회를 준 것이다.

최영이 마음은 곧으나 지혜가 적었고, 뜻은 굳으나 기다릴 줄을 몰랐다. 꾀 많은 성계는 자꾸 영(營)을 찔러 무리를 하고 출병을 하도록 만든 것이었다. 그러고는 모르는 군사를 선동하여 반대를 일으키고 나라를 제 주머니에 넣은 것이다. 아, 아깝도다! 행군을 하여 압록강까지 가더니 갑자기 유언비어가 떠돌기 시작하였다. 물론 이성계가 만들어낸 것이다. 중을 시켜 왕자(王字) 꿈을 꿨다느니, 일부러 만들어 묻었다가 캐내고는 어디서 무슨「참서」가 나왔다느니, 갖은 수단을 써서 민중을 농락하는 성계가 가만있었을 리가 없다.

군사의 마음이 어지러워지고 아무것도 모르는 군중이 뒤숭숭해 하는 것을 보고는 그때 이성계는 내놓고 나서서 반란의 깃발을 들었다. 우왕과 최영은 어쩔 줄을 모르고 송도로 돌아오고, 요동을 치고 만주를 찾으려던 군사는 도리어 서울을 습격하고 임금과 충신의 머리를 찾았다.

### 이성계의 반란

우왕 14년, 단군 기원 3721년(서기 1388년) 음력 5월 23일, 이 날 한국역사상에 한 큰 사건이 일어났다. 이성계가 압록강을 등지고 서서, "만일 상국(上國)지경을 범하면 천자께 죄를 지어 나라와 백성에게 화가 당장 올 것이다……" 하던 날이다. 전에 남의 나라 힘에 못 견디어 쫓긴 일이 있고, 항복한 일이 있고, 조공을 바치라면 바친 일이 있지만, 이편에서 나서서 민중을 보고 이런 말을 해 본 일은 없었다. 그런데 이성계가 하였다. 그래서 그 이성계가 이 날 이기고 최영이 졌다. 최영이 진 것이 아니라 단군이 지고, 동명왕이 졌다. "상국지경을 범하면 천자께 죄를 짓는다"고 한 이성계는 뉘 아들인지 모르지!

어째 일이 이렇게 될까? 이상주의가 죽고 현실주의가 이겼구나. 이소사대(以小事大: 작은 것으로 큰 것을 섬김. 곧 작은 나라가 큰 나라를 섬기는 일)의 국책이 결정된 날이로구나. 스스로 소국·소민이 되었구나. 이 나라 역사의 키가 아주 결정적으로 고난의 바다에 놓인 날이다. 너와 내가 아직 이 바다를 채 건너지 못하였느니라. 이날에 이성계가 이 키를 그렇게 돌려놓고 말았느니라. 최영의 북벌계획이 반드시 이길 만한 준비가 있던 것은 아니다. 이성계의 전쟁 반대가 사회 실정에 맞은 점이 없는 것이 아니다. 그러므로 성공하였다. 이소역대(以小逆大: 작은 것으로 큰 것을 거스름. 곧 작은 나라가 큰 나라를 거스르는 일)도 이치 있는 말이요, 여름에 전쟁하면 백성이 더 많이 고생하는 것도 사실이다. 원정 간 사이에 왜구가 틈을 타서 올 수 있는 것도 사실이다. 장마철에 행군이 어려운 것도 사실이다.

그 모든 것을 다 모르지 않는다. 이날에 이상이 죽고 악착같은 현실이 이긴 것이 분하다는 말이다. 구차스런 현실의 작은 칼이 그나마 남았던 우리 혼의 날개를 자르고 만 것이 하도 슬퍼서 하는 말이다. 이해타산의 구구한 논리가 우리의 스승이 되어버리고 사대(事大) 존주(尊周)의 더러운 정치철학이 아주 우리의 임금이 되어버렸다. 그래서 한 큰 사건이라는 것이다. 고려 일대 5백 년을 두고 두 번, 세 번 왔던 기회도 이날 하루에 다 쓸데없어지고 말았다. 이날은 한민족의 가슴에서 옛터 찾자는 생각을 아주 마지막으로 긁어버린 날이다. 이 사람들아, 벼슬 준다고, 땅푼어치 나눠준다고 좋다 좋다 하던 사람들아, 이날이 그런 날인 줄이나 알고, 그 사람이 어떤 사람인 줄 알기나 하고 만세를 불렀던가?

가엾은 민중, 죄는 없으면서 언제나 속는 민중, 고구려 망한 날이 민족 파산의 날이라면 이날은 가운부흥(家運復興)을 시키자던 결심을 내던진 날이다. 집을 잊은 날이다. 집을 잊은 날은 집을 빼앗기던 날보다 더 슬프고 아픈 날이다. 빼앗길 때는 집이 밖에 없는 대신 속 깊이 들어왔지만, 잊은 날에는 마음의 집마저 없어지지 않았느냐? 빼앗길 때는 집이 없어졌거니와 잊은 날에는 자아가 없어지지 않았느냐? 집이 없으면 천지로 집을 삼을 수 있어도 자아가 없어진 다음에는 지옥에도 갈 자리가 없지 않느냐? 하나님의 시험에 한국은 완전히 낙제하고 말았다.

## 이상이냐 현실이냐

혹은 말할 것이다. 최영의 주장은, 그때 형편으로는 될 수 없는 빈말이요, 이성계의 주장은 실제 형편에 들어맞는 말이라고. 그렇다. 사실 그때 우리나라가 지치고 해진 것은 사실이다. 뒤이어 오는 내란과 외환으로 전쟁의 시달림을 극도로 받은 것은 사실이다. 살기를 애원하는 백성이 전쟁을 무서워하고 싫어한 것도 사실이다. 이 비참한 밑바닥에서 앓고 있는 민중을 몰아 또 전쟁에 내세우는 것은 과연 민중을 학대하고 죽이는 일이다.

그러나 그렇기 때문에 이것이 하나님의 시험문제라는 것이다. 하나님의 시험이라니, 곧 역사의 시험이라는 말이 아닌가? 역사는 언제나 "자기 목숨을 아끼는 놈은 장차 잃을 것이요, 나를 위하여 목숨을 잃는 놈은 장차 얻으리라" 하지 않던가? 그 명령을 그대로 실행하는 어리석은 놈만이 생명을 가진다. 생명은 곧 '죽음으로 삶'이 아닌가? 그것이 '아가페'다. '인'(仁)이다. 살신성인이라 아니 하던가. 모험하는 놈, 비약하는 놈만이 생명의 나라에 들어간다. 이 시험에서 한국은 실패하였다. 제 지혜만을 알고 하나님의 진리, 곧 사랑, 곧 인을 믿지 않았기 때문이다. 존 버니언의 매인 사자가 우리를 속였다.

이성계가 압록강에 비치는 갈대를 가리켜 저것은 무서운 호랑이다라고 하였으므로 민중은 물러갔다. 상국·대국이라니 갈대 그림자지 무어냐? 명나라, 청나라 그런 것이 지금 어디 있느냐? 한때

비쳤던 갈대 그림자. 김부식·정인지 하는 따위 어용사가들이 쓴 역사에 최영의 북벌론이 결정된 다음 백성이 도탄에 빠지는 것을 슬퍼하여 "태조 물러나와 우시다" 하였지만, 거짓말일 것이다. 양심 없는 그 따위들이 아첨하기 위하여 만들어 썼을 것이다. 증거로는, 정말 그렇다면 그 자리에서 통곡을 하든지 칼을 빼어 대들든지 할 것이지, 하필 나와서 울까? 그 자리에서는 무서워 그랬다면 민중보다 제 모가지를 더 아끼는 놈이요, 일부러 그랬다면 연극이다. 설혹 써넣은 말이 아니고 정말 울었다 하더라도 그것은 민중을 속인 것이다.

 그는 백성에게 행복을 약속하고 그 힘을 빌려 최영을 죽이고 나라를 빼앗아 창업주가 되었다. 역사가 다 이런 것이므로 우리는 이 날까지의 낡은 사상으로 된 모든 역사를 고쳐 쓰고 해석해야 한다. 그리고 그런 따위 사이비 혁명가 지도자들이 약속한 행복이란 무엇인가? 종살이의 행복 아닌가? 죽음보다 더한 종살이, 이 무사주의 종살림의 팥죽 한 그릇에 팔려 한민족은 그만 조상의 유업인 만주를 아주 내던지고 말았다. 그리고 그나마 약속한 팥죽이라도 주었느냐 하면 그것도 거짓말이다. 계획적으로 속이기로 한 것이지만, 설혹 주려는 성의가 있었다 하더라도 안 된다. 그것은 역사 자체가 허락하지 않는다.

 자유를 판 놈은 마지막에는 모든 것을 다 빼앗기는 법이다. 자유를 팔고 행복했던 나라가 어디 있으며, 개인이 어디 있느냐? 있다면 그것은 우리 안의 돼지뿐이다. 이렇게 말함은 이 태조를 나무라고 깎기 위해서가 아니다. 이성계 하나가 그 무엇이기에 깎고 붙이고 하느냐? 그것은 우리 민족 속에 있어 싸우는 두 나라의 미운 하나를 대표하는 상징이기 때문이다. 악마 같은 현실이 하나님의 정신을 비록 한때나마 가렸기 때문이다. 그렇다, 한때뿐이다.

### 삼국 재조(再造)

생각이 있는 사람이라면 누구나 그때 최영·이성계 두 사람이 악수하지 못한 것을 아깝게 생각할 것이다. 과연 그 지기(志氣)와 그 무(武)가 서로 합하였더라면 고려 마지막의 그 좋은 천시(天時)가 우리를 두 강남 쪽에 구겨박고 모진 운명의 시작으로는 아니 되었을 것이다.

우왕 6년 9월 이성계가 운봉(雲峰)에서 그때 삼남 일대를 노략질하던 왜구를 무찌르고 이기고 돌아올 때에 최영은 들 밖까지 나와 맞으며 감격의 뜨거운 눈물을 뿌리고 그의 손을 잡고 말하기를 "공이여, 공이여, 삼한(三韓)을 한번 고쳐 만듦이 이 한 번에 있소. 공이 아니면 이 나라가 누구를 믿겠소" 하였다. 이때 왜구의 장난은 매우 심하여 평안히 있을 날이 없었고, 더구나 이 운봉의 도둑은 더욱 사나웠으므로 부하가 모두 겁을 내어 나가지 않으려는 것을 이성계가 자기가 앞장서서 나가 싸우며 탄 말이 죽기를 두 번이나 하고, 화살이 그 다리에 박혀도 기운을 더욱 돋우어 나가, 대적의 날랜 장수 아지발도를 죽이고 이겨 얻은 싸움이었다.

운봉이라면 지리산 기슭이니, 한 나라 정규군도 아닌 민간 도둑 무리가 바닷가도 아니요, 그 깊은 안에까지 와서 둥지를 틀고 있어도 그것을 쫓아내지 못한 것을 보면 그때 나라의 형편은 말이 아니었던 것을 알 수 있다. 이것은 단순히 군비나 장수 문제가 아니다. 국민정신 문제다. 그런 도둑이 그처럼 나라 속까지 들어오는 것은 반드시 나라 백성 중에 그놈들과 내통하는 놈이 있어야만 된다. 그런데 국민의 정신이 올라가 있을 때에는 경찰이 아니더라도 그런 놈은 절대로 나지 못하는 법이다. 감히 그런 나라를 팔아먹는 놈이 나는 것은 국민의 정신도 이상도 아무것도 없는 때다. 그리고 그 죄가 누구에게 있느냐 하면 그때 나라를 맡은 정치가, 그리고 교육·종교에 관계하는 사람에게 있다.

최영은 이때에 이렇게 된 고려를 살려보자고 애를 태운 사람이었다. 그러므로 삼한을 고쳐 만듦이 이 한 번 일에 있다고 하였다. 국민의 의기·애국심만 올라가면 될 것임을 믿어서 한 말이었다. 그 생각을 하니 가슴이 뭉클하여 눈물을 금치 못한 것이었다. 이 이루 말할 수 없이 빛나고 신나고 어엿 뚜렷한 장면, 이 갸륵한 마음씨를 단군 할아버지를 비롯하여 주몽·혁거세·온조·수로·대조영·왕건·을지문덕·연개소문·김유신·계백·윤관 하는 모든 민중의 대표자들이 저 세상의 어느 한 방에 모여서 보고 있었다면 모두 벅찬 가슴에서 솟는 뜨거운 눈물을 흘려, "삼한을 고쳐 만듦이 이 한 번에!" 하고 축복의 합창을 불렀을 것이다. 그러나 그렇게 되었으니. 몇천 년 전 이스라엘의 영웅 사울을 꾀었던, 그리고 모든 나라 모든 시대에 모든 영웅들을 꾀었던 사탄은 또 이성계를 꾀었다.

그 조그마한 대승리가 야심의 큰 구렁이를 그 가슴속에 끌어넣었다. 다리에 꽂힌 살을 뽑으며 싸움을 계속하였을 때, 그 가슴에 임금 될 생각이 있었을 리 없다. 하건만 한번 이름이 높아지고 민중의 떠받듦이 있으면 아니 그렇던 마음도 흐려진다. 민중의 절함이 자기를 보고 한 것은 아니요, 자기 뒤에 서 있는 보이지 않는 그 사람을 보고 한 것이건만, 거짓을 좋아하는 사탄은 언제나 그럴 때에는 "너다, 너다, 그 절을 받아라" 한다. 그럴 때야말로, "물러가라, 사탄아, 홀로 님, 너희 하나님을 섬기라 했느니라!" 하여야 하는 것인데, 그래야만 정말 민중의 대표자인데, 민중의 대표자라야만 하나님의 대표자인데, 그것이 참 어렵다.

이성계는 그만 낙제하였다. 꾀는 놈이 현실주의의 곤룡포를 입혔기 때문에 속은 것이다. 그리하여 어제 나라의 두 날개, 두 바퀴였던 그 지(志)와 그 용(勇)은 오늘날의 그 어느 하나가 죽기 전까지는 결코 합할 수 없는 대적이 되었다. 9년 후에는 하나의 머리 위에는 왕관이 준비되고, 하나의 머리 위에는 칼날이 준비되었다.

이성계는 "예로부터 이런 사람이 없었고, 이로부터 또 이런 사람이 어찌 있으리오" 하는, 한다기보다는 그렇게 하라고 시킴을 받은 군중의 찬송을 들으며 건너려던 강을 건너다 말고 중간 섬인 위화도에서 군사를 돌이킨 다음 최영을 내쫓고 임금을 폐하였다가, 그다음 다시 영을 죽이고 임금을 그 정배 보낸 곳에서 베어버렸다. 그때부터 나라의 실권은 그에게 가고 말았다.

최영은 철원 사람이다. 생긴 모양이 무섭고, 힘이 사람에 지나치고, 마음이 굳고 곧고 참되고 맑아 나이 열여섯에 그 아비 원직(元直)이 죽었는데 임종에 경계하여 "금을 보기 돌같이 하라" 한 유언을 잘 지켜 세간살림을 일삼지 않았으므로 집이 보잘것없고, 먹고 입는 것이 수수하고, 살진 말, 가벼운 옷으로 다니는 놈 보기를 개·돼지같이 보고, 싸움에 나가 대적을 맞음에 정신과 낯빛이 까딱없으며, 화살과 돌이 좌우에 어리되 조금도 두려워하는 빛이 없으며, 군사가 한 걸음이라도 물러서면 다 베어 반드시 이기고야 말므로 몇백 번 싸움에 가는 곳마다 이기고 한 번도 진 적이 없었다.

나라는 그의 힘을 입어 평안하고 백성은 그 은혜를 입었다. 오래 장수·재상이 되어 군대의 권을 쥐나 뇌물 받는 일이 없었으므로 세상이 그 맑고 깨끗함에 감복하였고, 대체를 붙잡기 힘쓸 뿐이요, 자질구레한 것을 찾지 않으므로 제 아래 군사도 얼굴을 아는 것이 몇십에 지나지 않았다. 매양 정부에 나아가면 정색으로 바른말을 하여 조금도 감추지 아니하며, 좌우에 받아주는 이가 없으면 홀로 슬퍼할 따름이었다.

일찍이 사람을 보고 말하기를 "내가 나랏일을 밤새도록 생각하여 밝은 아침에 동렬에게 말해본즉 여러 재상 중에 나와 말이 같은 이는 하나 없으니 차라리 벼슬을 그만두고 한가로이 사는 것만 못하다" 한 일이 있다. 다만 성질이 좀 어리석곧아(愚直) 학문이 적고 수단이 없어 일을 결단함에 내 뜻대로만 하고 사람을 죽여 위엄을 세우는 일이 많았다.

죽을 때는 나이 73이라, 목 자르는 마당에도 낯빛이 변치 않고 머리가 이미 땅에 떨어져도 오히려 꼿꼿이 버티고 서 있으리 만큼 정기(正氣)에 사무친 사람이었다. 그 죽은 날 소문이 퍼지매, 온 서울 안이 저자를 걷고 슬퍼하며, 듣는 사람은 "길거리의 아이, 촌 아낙네까지도 모두 눈물을 흘리며, 시체가 길가에 있으매 지나가는 사람도 말에서 내려" 슬퍼하기를 마지않았다.

  읽는 사람들아, 우리같이 5천 년 역사를 불과 몇백 장 종이에 줄이는 데서 최영 한 사람의 말을 이렇게 길게 함은 체에 어그러진 듯하다. 그러나 잠깐 참고 우리로 말하게 하라. 참고 이 마지막 사람을 조금이라도 더 자세히 보고 배웅하게 하라. 저는 마지막 사람이다. 몇천 년 동안 내려오는 산 얼을 힘있게 나타내던 여럿 중의 마지막 사람이다. 이후에는 또 얼마나 되는 세월이 지나야 그런 혼을 만나겠는지 알 수 없는 마지막 사람이다. 송도 성밖 길가에서 백발의 최 장군 머리가 떨어질 때, 그대들은 벼락소리 나며 한국역사의 4천 년 큰 탑이 와르르 하고 무너지는 소리를 못 들었는가? 죽은 것은 최영이 아니라 한 얼 아닌가? 그러므로 종이 몇 장을 더 내어 그 혼을 묻고 위로함은 인정에 이길 수 없는 일이요, 또 뜻없는 일도 아니다.

  그러나 아니다. 최영이 죽은 것도 아니요, 한 얼이 죽을 수 있는 것도 아니다. 우리가 죽은 최영을 슬퍼하여 무엇 하느냐? 저는 죽은 것이 아니었다. 결코 죽은 것이 아니다. 길가에 떨어진 그의 머리가 하나 변함없는 어엿한 낯빛을 가지고, 흑흑 느껴 옷자락을 쥐어짜는 더벅머리 한국의 아들, 한국의 딸들을 바라보았을 때 목 떨어진 늙은 그 몸, 나아갈 줄만 알고 물러갈 줄 모르던 몸, 열백 번 싸움에서 상처 받아 허물로 산 역사 그린 몸, 간사한 놈 보면 분을 못 참아 발을 구르던 몸, 살아서 만주를 다시 찾으면 조상의 옛 무덤 앞에 한번 몸부림이라도 쳐서 울자던 몸, 그 몸을 차마 못 떠나서 잠깐이라도 더 버티어보던 그 혼이 그 어린 가슴속에, 그 뜨거운 핏대 속에 왜 아니 들어갔단 말이냐?

  그 혼은 불사조와 같이 스스로 제 몸을 태워버리고 자꾸만 살아나는 혼이다. 그 영원한 혼이 있는 한 역사의 무너진 탑은 그 흩어진 돌을 다시 다듬어 새로이 일어나는 날이 오고야 말 것이다. 윤

정몽주의 영정.

소종이 최영을 말하여 "공개일국(功蓋一國: 공로는 한 나라를 덮고), 죄만천하(罪滿天下: 죄는 만천하에 가득하다)"라고 한 것을 세상이 명언이라고 하였다 하지만, 우리는 그것을 차라리 이렇게 고치는 것이 마땅할 것이다——"죄득일세(罪得一世: 죄는 한 대에 해당하고), 공수만대(功垂萬代: 공은 만 대까지 간다)"라고.

## 일편단심

최영 장군이 죽은 다음에 정포은이 아무리 애타는 노래를 불러도 소용이 없다.

이 몸이 죽고 죽어 일백 번 고쳐 죽어
백골이 진토되어 넋이라도 있고 없고
임 향한 일편단심 가실 줄이 있으랴.

16 최영과 이성계 237

가실 줄이 없다. 그 마음이야 영원히 변할 리도, 죽을 리도 없는 마음, 최영의 마음이나 정몽주*의 마음이나 또 그 주인 정몽주를 따라 죽는 그 종의 마음이나 다를 것이 없는 마음이요, 그 마음 하나만 살면 역사는 다시 일어나고야 말 것이다.

그러나 그 고려는 벌써 그 기둥이 꺾였다. 대하여경요양동(大廈如傾要梁棟: 큰 집이 기울 적엔 기둥 들보가 필요하다)이라지만, 아무리 큰 나무라도 넘어가는 큰 집을 혼자서 못 버틴다. 넘어가는 집을 한쪽 팔로 버티려다가 비장한 죽음을 또 하나 냈을 뿐이다. 아니다. 그것이 버틴 것이다. 나라를 손으로 버틸 수는 없어도 정신을 피로 버틸 수는 있다. 지금도 돌에 피가 있다는 것은 그것이다. 돌에 정말 피가 배었습니까요, 아예 묻지 마라. 네 가슴에 돌이 있지 않느냐? 그 돌이 피로 물들면 영원히 붉으리라.

포은의 죽음은 최 도통의 그것과 아울러 고려 역사의 마지막 페이지를 장식한다. 그러나 대체로 고려는 그 망함에 냄새를 감출 수 없다. 고구려·백제의 마지막보다 신라의 마지막이 더럽고, 신라의 그것보다 고려의 그것이 더 더럽고, 고려보다 이조는 더 더럽다. 이는 그 속에 있는 산 정신에 비례한 것이다. 고려 마지막 정신의 타락은 신돈(辛旽)의 사건이 그 한 끝을 보여준다.

불교가 극도로 썩어서 그렇게 된 것이다. 송도 13만 호에 절이 3백이라 하였으니, 그 성함이 무던하였음을 알 수 있다. 태조는 신라에서 보던 폐해를 아니 보려고 불교 통제책을 썼으나 그 후 임금들이 주의하지 않았고, 더구나 인종 이후 정치가 기울어지며 몽고의 침입이 심하던 때부터 더욱 성해졌다.

불교는 그렇듯 성하였으나 그것은 겉모양뿐이요, 속 생명은 없었다. 아무리 훌륭한 종교도 그 믿는 마음의 태도에 참된 것이 없으면 해가 될 뿐이니, 귀한 것은 역시 나를 깊이 찾는 그 정신이다. 깊은 정신을 요구하기 위하여 믿는 것이 아니요, 현세적인 한 개 취미로 하니, 그것을 믿는 자는 대개 귀족이요, 따라서 절은 많은 재산을 가지고 세금을 내지 않으며, 승병(僧兵)은 세력을 끼고

* 정몽주(鄭夢周, 1337~92): 고려 말기의 학자·정치가. 공민왕 때에 성균관 학감으로 있으면서 오부학당을 세워 후진을 가르치고 밖으로 향교를 베풀어 유학을 크게 진흥하여 성리학의 기초를 세웠다. 한때 배명친원(排明親元) 정책을 반대하다가 이인임에 의해 유배되기도 했고, 이성계를 따라 왜구를 토벌하기도 했으며, 끝까지 여조(麗朝)를 떠받들다가 이방원이 보낸 조영규에게 피살되었다.

선죽교. 원래의 이름은 선지교인데, 고려의 충신 정몽주가 이곳에서 피살된 이후 그의 절개를 기리는 뜻으로 대나무 죽(竹)자를 따서 선죽교라 고쳐 불렀다.

마음대로 놀았다. 그 때문에 백성은 더 많은 세를 내어야 했다. 한마디로, 그때의 불교는 산의 종교가 못 되고 저자의 종교가 되어버렸다. 본래 불교의 정신이 속세를 초월하는 데 있는데 중이 저자로 내려온 것은 부귀를 탐해서다.

우리나라 옛 사상도 산의 사상이었다. 산을 거룩하게 알고 산을 가까이하는 '깨끗'이란 것이 그 중심사상이었다. 깨끗하지 않고는 산에 가까이 갈 수 없었다. 그러므로 산은 늘 정신문화의 중심이었다. 저자에서 더러워진 폐가 산에서 맑은 공기를 마시고 시원함을 느끼듯이, 사상도 도시의 세속주의에서 더러워진 것을 씻으려면 산에 가야 한다. 그리하여 옛날에 산은 민족정신을 정화하는 못이요, 풀무였다.

그러던 것인데 이제 그 종교가 산을 버리고 저자로 내려와 그 하수도의 물을 마셨으니 싱싱한 힘이 있을 리가 없다. 고려가 망하는 큰 원인 가운데 하나는 이 불교의 시정종교화에 있다. 종교가 그렇게 썩었으므로 도덕이 썩었고, 도덕이 썩었으므로 그 망국이 냄새를 피웠고, 혁명이라 하여도 그 공기 속에서 된 것이므로 마찬가지로 냄새가 난다.

그 책임 많던 고려시대도 다 지나갔다. 행여 이번에나 하고 기대하기를 몇 번이나 하였건만 종내 다 실패하고 말았다. 이제는 역사의 무대가 아주 장백산 남쪽으로 국한이 되고 말았고, 압록·두만 두 강의 목메는 물결소리만이 한 얼이 다시 살아나기를 애원하는 고구려의 끼친 영(靈)의 울음소리같이 북쪽 하늘에 울리고 있게 되었다.

제3부

났느냐 났느냐 났느냐

끊어지려던 산줄기가 철령에서 다시 일어나 점점 높은 물결을
일으켜 드디어 만이천 봉의 금강산을 보게 되니,
이것은 기운차고 빼어나고 아름답고 험하고 묘하고 웅장한
삼국시대 문화라 할 것이다.
백두산 이남의 산세가 금강산으로 끝 꼭대기듯이
단군시대 이후 역사는 삼국시대로 가장 볼만한 때를 이룬다.

# 17 수난의 오백 년

 흥안령 마루턱에서 내려다보는 것으로 시작이 되었던 우리 역사는 그동안 4천 년의 세월이 지났다. 그 긴 세월을 우리는 몇 개의 시대로 나눠보았고, 그 각 시대는 제각기 독특한 의미를 가지는 것이었다.
 우리는 단군시대의 높고 거룩한 나라 배판을 보고 존경하고 사모하는 생각이 났고, 열국시대에 여러 나라들이 씩씩하게 자라는 것을 보고 손을 들어 축하하였다. 세 나라가 서로 으뜸이 되겠다고 피땀을 흘려 다투는 단련시대를 보고 두 주먹을 부르쥐고 치를 떨다가, 신라가 형편없는 통일을 해버리는 것을 보고는 이를 갈았고, 맥빠지고 겁난 고려가 거듭거듭 때를 놓치는 것을 보고는 쥐었던 주먹으로 땅을 쳤다. 그러나 이제는 발을 구르고 몸부림을 치며 통곡하지 않으면 안 되는 시대가 온다. 그것이 수난의 시대다.
 4천 년 넘는 동안 한민족이 지어온 역사 변천의 대체의 모양은 그들이 살아온 만주와 반도의 산줄기의 생김으로 비겨볼 수 있다. 단군시대 전은 그 살던 만주 평원과 같이 초야의 시대요, 단군이 나라를 세운 후는 그 자리 잡고 있던 백두산이 만주와 반도의 정기를 한데 모아 구름 밖에 솟은 것같이 한민족이 높고 빛나는 이상을 가지고 위대한 역사의 주춧돌을 놓던 시대다.
 천지에 고이는 억만 년의 정기가 넘쳐 흐르는 그 흐름을 따라 산발로 내려오면 남북으로 고원지대가 열려 거기 뭇 용이 서로 섞여 달리는 듯한 산줄기들이 얼크러지는데, 몇천 자씩 되는 삐죽삐죽한 봉우리들이 제각기 그 장하고 빼어난 모습을 자랑하고 있다. 이것은 그때에 여기를 중심으로 벌어져서 서로 위대한 사명을 다하려고 다투던 열국시대에 비할 수 있다.

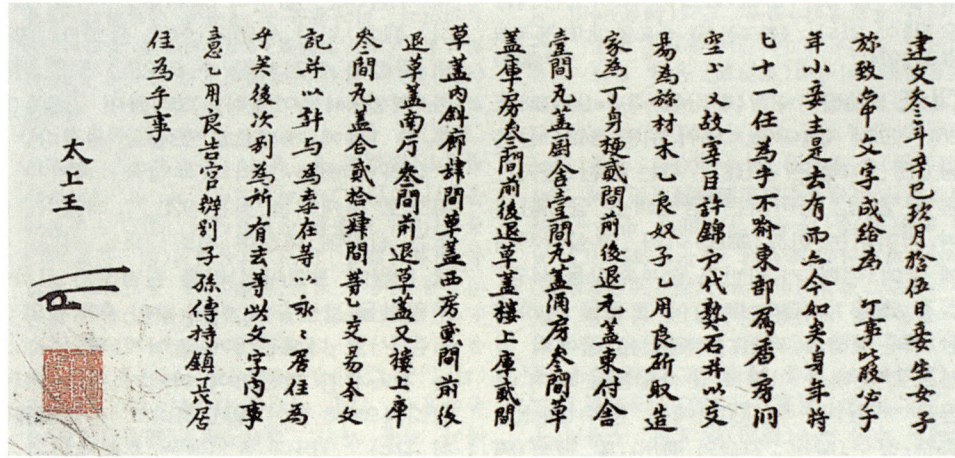

태조 이성계의 글씨.

  그 개마고원에서 떨어져 남으로 반도에 내려오면 동과 서의 두 조선만(朝鮮灣)이 좌우에서 먹어들어 땅폭이 갑자기 좁아지고, 마식령에 오면 백두산의 마루 줄기를 받아 내려오는 등뼈 산줄기가 하마 끊어지려는 듯하니, 이것이 그때 그 자리에 들어와서 한때 고난을 몹시 겪던 한사군시대라 할 것이요, 끊어지려던 산줄기가 철령에서 다시 일어나 점점 높은 물결을 일으켜 드디어 만이천 봉의 금강산을 보게 되니, 이것은 기운차고 빼어나고 아름답고 험하고 묘하고 웅장한 삼국시대 문화라 할 것이다. 그러나 백두산 이남의 산세가 금강산으로 끝 꼭대기듯이 단군시대 이후 역사는 삼국시대로 가장 볼만한 때를 이룬다.

  신라가 통일을 하고 그 문화에 빛나는 것이 있다고는 하지만, 그것은 요컨대 태백산 줄기의 남쪽 끝을 이루는 태백산의 형세에 지나지 않는 것이요, 고려에 들어와서는 이미 등뼈가 상하였으니 사회적으로 발달한 점은 없지 않으나, 역사의 방향은 확실히 변하였다.

  이때까지 남으로 바르게 내려오던 등뼈 산줄기가 여기서부터 꺾여 서남 방향을 취하게 되며, 태백산부터는 산 기운이 점점 잔지러지고 갈라져 새재·추풍령을 간신히 일으키고 지리산에 이르러 마지막 힘을 한번 써보고는 등뼈 줄기는 아주 자취를 잃고 말았으

태조 이성계의 영정.

니, 이것으로써 제법 고려시대의 역사를 보는 듯하지 않은가?

이제 우리가 보려는 이조 오백 년의 역사는 지리산 남쪽 갈기갈기 갈라지는 소백산 줄기의 낮고 약한 산줄기들이다. 잔지러지다 잔지러지다 못하여 물속으로 빠져들고 마는 작고 어지러운 산 갈래들의 헤어지고 얼크러지는 모양들이다. 물론 아주 사라져 없어지는 것은 아니요, 아주 헤어져 흩어져버리는 것은 아니다. 우리는 멀지 않은 바닷속에 제주도와 그 한라산이 솟는 것을 본다. 한라산은 백두산이 그대로 다시 나타난 것은 아니다.

그러나 같은 식이다. 같은 화산, 같이 그 꼭대기에는 못이 있다. 그것은 잃어버렸던 통일을 다시 찾는 상징이 아닐까? 섬 하나에 산 하나, 이름도 하나.

17 수난의 오백 년

한라산 정상과 백록담. 한라산은 제주도의 중앙부에 솟아 있는 화산이다. 높이 1,950미터로 남한에서 가장 높으며, 산 정상에는 지름이 약 500미터에 이르는 화구호인 백록담이 있다.

제주도가 크기로는 만주·반도에 비할 것이 아니나, 바다를 지나 섬 가운데 있는 것은 아무래도 새 나라의 표시다. 갈라진 산줄기가 물속으로 들어가 한때 보이지는 않으나 한라는 분명 헤어지고 끊겼던 그 뼈 산줄기가 다시 모여 일어선 것이다. 남해 물결이 일제 36년이요, 한라의 높이 1,950미터인 것까지도 1950년대에 들어 새 나라가 다시 됨을 미리 표한 듯이 보인다.

더구나 이 섬은 서쪽으로 남중국과 동쪽으로 일본 열도의 산맥이 이곳에서 서로 만나 셋이 서로 하나가 된 것임을 생각하면 그것이 새로 일어난 이 나라의 성격과 장차 오는 시대의 뜻을 보여주는 것이 아닐까?

그러나 지금은 이 소백산맥 사이에서 헤매고 남쪽 물밑에서 숨바꼭질을 하지 않으면 아니 된다. 그러므로 수난의 시대다.

# 18 중축이 부러진 역사

### 덕 없이 세운 나라

무엇 때문에 수난인가? 두말할 것 없이 그 다하지 못한 책임 때문이요, 그 잃어버린 정신 때문이다. 이조 한 대(代)의 역사는 한마디로 말하면 중축이 부러진 역사다. 축이 부러진 수레가 어찌 나갈 수 있을까? 정신도 없이, 국민 이상도 없이, 수레의 바퀴 같은 모든 제도, 조직이 있다 한들 어떻게 역사의 진행이 있을 수 있을까? 수레의 가장 중요한 것이 축이듯이, 역사에 가장 요긴한 것도 민족 정신이요, 국민이상이다. 중축 없는 바퀴를 밀면 밀수록 더 어지러이 이리 구르고 저리 구르듯이, 역사도 정신이 빠지면 아무리 정치를 하고 모든 문화활동을 하여도 어지러울 뿐이다. 그러므로 수난이다.

하필이면 이조에는 서로 물고 뜯고 하는 당파 싸움이 그리도 많은가? 하필 이조에는 외국이 쳐들어옴이 그리도 많은가? 하필 이조의 종교와 학문만이 폐해가 많은가? 이 모든 것은 중축 혹은 등뼈가 부러졌다는 사실을 모르고는 이해할 수 없는 일들이다. 우리는 위에서 이성계가 이기고 최영이 패할 때에, 이상주의가 죽고 현실주의가 이겼다고 하였지만, 이상주의의 귀함은 반드시 그 이상이 실현이 되는 데 있는 것이 아니다.

별이 반드시 붙잡혀서 길 인도가 되는 것이 아닌 것같이 이상도 반드시 거기 도달이 되어서 좋은 것이 아니다. 따라가도 따라가도 잡을 수 없는 별이기 때문에 영원한 길잡이가 되는 것이요, 힘써도 힘써도 그대로는 되지 않기 때문에 사람을 이끌어갈 수 있다. 별이 주는 것은 방향인데, 확실한 방향을 줄 수 있는 것은 무한히 높이

있기 때문이다. 이상도 인생에 방향을 주는
것뿐이요, 그러기 위해서는 될수록 높고 멀
어야 한다. 현실의 낮고 가까운 것보다 이상
의 높고 먼 것을 따르려는 그 정신, 그 기개
가 민족을 살린다. 인생은 정신에 살고 기개
에 산다.

인류의 역사 가운데서 이상에 살려는 정
신과 보람에 살려는 기개──이 둘을 제하
여보라. 남는 것은 축 부러진 수레와 마루보
(棟) 꺾인 집뿐이 아닌가? 그런데 이성계는
그것 없이 나라를 세웠다. 그가 나라를 세웠
다고는 하나 결코 덕으로 된 것도 아니요,
참 의미의 혁명으로 된 것도 아니다. 그에
대한 여러 가지 전설이 이것을 증명한다.

씨올이란 언제나 공정한 비판을 한다. 가
진 것도, 세력도 학문도 없으니 공정할 수밖에 없지 않은가? 이해
의 달램에 속기 쉬우므로 역사상에 남은 민중의 행동은 공정치 못
하고 잘못된 것이 많으나, 옳고 그르고의 판단만은 늘 바로 하기
때문에 그것이 전설로 내려온다. 전설은 역사도 아니요, 전기도 아
니다. 전설은 사적과 역사, 전기에 대한 일종의 보충이요, 고침이
요, 반대다. 전설은 민중의 것이다. 소유도 지위도 없고, 다스림과
억누름만 받는 민중은 신화·전설 없이는 못 산다. 저들은 혹은 사
랑방에서, 혹은 느티나무 밑에서, 혹은 술집에서 떠들어대는 그 이
야기 속에서 풀지 못하였던 분을 풀고, 뜻 두고 못 이루었던 소원
을 이루어본다. 그러므로 거기에는 늘 참이 있다.

전설은 반드시 겉으로 나타난 사실일 필요는 없다. 이따금 엉터
리도 없는 것이 아니다. 그러나 언제나 동정할 놈을 동정하고 미워
할 놈을 미워하는 판단만은 잘못하지 않는다. 야사(野史)가 있는
것은 이 때문이다. 또 설혹 판단이 잘못된 것이 있다 하여도 관계

『태조실록』. 태조 재위 동안
의 역사를 기록한 책으로,
고려 말과 조선 초기의 역사
와 문화를 연구하는 데 기본
적인 자료가 된다.

최영 장군의 사당인 무민사.

없다. 우리에게 중요한 것은 그 판단받는 일이나 개인 혹은 몇 사람이 아니고, 그 판단하는 그 민중의 마음이기 때문이다. 그렇기 때문에 이성계를 따라 압록강에서 돌아와 고려를 멸하고, 그 다스림 밑에서 사는 사람들도 양심에서 나오는 그에 대한 판단만은 어길 수 없다.

굴복한 것은 민중임이 틀림없지만, 굴복 아니 하고 전설을 만들어내는 것은 역사적 씨올이다. 그것이 장차 역사의 주인이 된다. 그래서 이성계에 대한 전설이 여러 가지지만 우리는 그의 덕을 찬양한 것은 별로 듣지 못한다. 힘이 세서 손으로 싸우는 황소를 떼어놓았다는 이야기가 있고, 활이 백발백중이었다는 말이 있으며, 계교가 많아 똑같은 윷짝을 만들어가지고 먼저 차라 한 다음 이두란의 집을 빼앗던 그것이 함흥본궁(咸興本宮)이란 말이 있고, 미리미리 꾀를 잘 써서 고려 왕씨네를 모두 실어 물속에 넣어 죽였다는 이야기가 있으나, 두터운 덕이 있고 어그넓은 마음이 있었다는 소리를 들을 수 없다.

　동명왕·혁거세·온조·왕건까지도 관인대도(寬仁大度: 마음이 관대하고 인자하여 도량이 큼)하였다는 말이 있는데 이 태조에게서는 그것을 볼 수 없다. 최영이 인물이었던 까닭도 있겠지만 그가 죽으매 촌여자나 소먹이 아이들까지도 슬퍼하였다는 것을 보면 대개 그 민중이 태조의 반란에 대해 그리 찬성하지 않은 것을 알 수 있다.

　또 우왕*을 내쫓는데, 그가 말에 앉아서 "오늘은 날도 이미 저물었는데……" 하고 슬피 호소하는데 좌우가 모두 눈물을 흘렸다는 말을 듣고는 한 나라를 세운다는 사람으로서의 이성계를 위하여 "이다지도" 하는 느낌을 금할 수 없다. 이 모든 것은 그가 한 개 군인이요, 꾀의 사람이요, 야심의 사람일지는 몰라도 덕의 사람, 의의 사람은 아닌 것을 말하는 것이다. 그러므로 그가 나라를 세움은 덕망으로 된 것도 아니요, 정의감에 호소하여서 된 혁명도 아니다. 폭력으로 된 것이요, 꾀와 수단으로 된 것이다.

　그렇게 말함은 그의 공을 무시하거나 그의 인물됨을 깎아내리기 위한 뜻에서 하는 말이 아니다. 그의 덕이 있고 없고는 말할 것도 없이, 적어도 고려 마지막 어지러워질 대로 어지러워진 정치를 수습하고 비록 한때나마 사회에 어느 정도 새 기운을 넣어준 공을 부인할 사람은 없다. 우리 말하는 것은 개인 이성계에게 있는 것이 아니라, 나라를 세우는 민족의 대표자로서의 인물에 있다. 인망으로 되었거나, 억지로 되었거나, 그때 민족의 대표인 것만은 사실이다. 그 그대로가 역사다. 덕 없이 임금이 되었다면 그 백성의 뜻이 떨어졌다는 말이요, 야심가가 통치자가 되었다면 그 사회 양심이 그만큼 마비되었다는 말이다.

　아무리 열리지 못한 옛날에라도 나라를 세우는 것은 개인의 힘이나 꾀로만은 되지 않는다. 민족이 허락하고 시대가 도와야 된다. 야심과 꾀로 임금의 자리를 얻었다면 그 조정에 충의의 샘 근원이 말랐다는 말이다. 우리가 말하고 싶은 것은 이것이다. 물론 고

* 우왕(禑王): 고려 제32대 왕. 1388년 명나라에서 철령위의 설치를 통고해오자 이성계의 반대를 물리치고 최영의 주장에 따라 요동정벌을 단행했다가 위화도 회군으로 최영이 유배되면서 폐위되어 강화도에 안치되었다.

려 마지막에도 일부 절개 높은 선비가 없었던 것은 아니다. 아직도 개성에는 부조현(不朝峴)이 있고 두문동(杜門洞)이 있어 이 태조에게 무릎을 꿇지 않은 사람이 있었던 것을 말한다. 그러나 그것은 그때 사회를 움직일 만한 생명력을 가지지 못하였다. 그러므로 두문동은 두문동으로 그쳤다.

민족운명에 관계되는 일에 대하여서 책임자는 언제나 민족 그 자체, 씨올 그 전체다. 그때 한국사람은 이미 민족적 양심이 마비되어 있었다. 그렇기 때문에 이 오백 년은 중축이 부러진 역사라는 것이다. 그리고 이것은 그 말미암은 깊은 원인이 있어서 된 것이다.

### 함흥차사

중축이 부러진 역사! 그것이 옳은 궤도를 밟아 바른길로 나아갈 수 있을 리가 없다. 오백 년 동안의 일은 그저 어긋남이요, 거꾸러짐이요, 깨짐이다. 당초부터 이소사대를 표어로 삼고 된 구차한 건국인지라, 구차하지 않은 것이 없다. 내 나라를 가지고도 남에게 주었다가 다시 빌려 받기에 힘이 들었고, 내 스스로 된 임금이건만 남의 승인을 얻기에 부끄럽기 그지없었다. 그러면서도 두세 임금과 신하를 내놓고는 분해하지도 아쉬워하지도 않고 멍청하게 있었다.

나라 시초부터 상서롭지 못한 일이 궁중에서 일어났다. 이것은 이(利)로 세운 나라의 장래를 미리 나타내는 서곡이었다. 태조의 아들이 여럿이었는데, 그들 사이에 임금자리 다툼이 생겨, 천하의 눈은 이 무서운 인과의 법칙을 보아라 하는 듯이 서울 장안에 서로 군사를 끌어들여가지고 서로서로의 목에 칼을 꽂고 말았다. 태조는 슬프고 아프고 분함을 못 이겨 함흥으로 내려가서 오지 않고, 그래서 함흥차사의 이야기까지 생겼지만, 그의 만년은 실로 불행한 것이었다. 함흥차사의 길이야말로 그때 민족이 가는 길이었다고 할 것이다.

그러나 불행 끝에라도 자기가 이날까지 얼마나 많은 형과 아우를 서로 싸움을 붙여 죽이고, 얼마나 많은 천하 아비의 가슴을 아프게 하였던가를 조금이라도 깨달았다면 다행이다. 그것도 못하였다면 입술에 올려 말할 것도 못 된다. 젊어서 활만 쏘지 말고 『맹자』 첫장이라도 읽어보았더라면 그렇게는 아니 되었지.

왕은 어찌하여 이(利) 말씀하십니까? 그저 인의(仁義)가 있을 따름입니다. ……아래위가 다 이만 서로 다투면 남의 것을 빼앗지 않고는 마지아니하는 법입니다.

그 끔찍한 싸움의 원인은 일부다처주의에만 있는 것이 아니고, 태조가 잘못해서만도 아니고, 실로 최 도통의 목이 떨어지고, 정포은의 머리가 부서지던 그 순간부터 시작된 일이다. 왕자의 싸움은 결코 이성계네 집안 싸움만이 아니다.

일이 거기에까지 이르게 되는 것은 그 뒤에 그것을 빚어내는 명리배(名利輩)가 반드시 있어서 하는 것인데, 그 명리배는 성계 스스로가 아들보다 더 귀히 여겨 모아들인 것이요, 그 '불탈불염'(不奪不厭)의 철학은 자기 스스로 앞장서가며 가르친 것이 아닌가? 우왕을 내쫓고 자기가 들어앉을 때, 옆에서 만세를 부르는 놈들이 눈은 자기 앉은 자리에 가 있는 것을 몰랐을까? 최영의 목을 잘랐을 때, 그것이 거기 서 울고 있는 아이들더러 "이다음 내 아들의 목을 이렇게 잘라라" 함인 줄을 몰랐던가?

# 19 쓸데없어진 세종의 다스림

### 집현전

그렇듯 중축이 부러진 역사인지라, 모든 노력이 쓸데없었다. 제도를 정돈해도 도리어 역사의 바퀴가 돌아감을 더디게 할 뿐이요, 교육 학문을 장려해도 도리어 그 넘어지는 원인이 될 따름이다. 세종 한 대의 문화는 이렇게 보아서만 그 참뜻을 알 수 있다.

세종은 본래 타고나기를 잘했고 또 학문을 좋아하였으며, 위(位)에 있은 지 32년 동안 정치에 힘을 써, 여러 가지 묵은 폐를 덜고 새로 창작을 많이 하여 한동안의 문물은 참으로 볼만한 것이 있으니, 세상이 높이어 이조 일대 중에 제일가는 어진 임금이라 함은 결코 우연이 아니다. 그러나 그 훌륭한 정치도 우리나라 역사 고갱이에 든 병을 고치지는 못하였다. 그렇기 때문에 그 돌아간 지 몇 해가 못 되어 그 쌓아놓은 공로는 거의 다 무너지고 말았다.

이 임금의 경륜(經綸)의 중심이 된 것은 두말할 것 없이 집현전이다. 이것은 임금이 된 이듬해에 둔 것인데, 재지(才智) 있는 선비들을 모아 학문을 연구하며 나랏일을 의논하게 하여 사람을 길러내자는 것이었다. 그 결과 "길러낸 지 10년 만에 쓸 만한 사람들이 쏟아져나왔다"고 하였다. 그 학문이란 물론 유교의 경전을 주로 두고 하는 말이다. 그러므로 거기서 나온 정치사상은 왕도주의다. 임금의 이상도 그것을 실행하자는 것이다. 태조가 나라의 몸뚱이를 만든 사람이라면, 이는 그 속에 혼을 넣으려고 애쓴 사람이다.

그러나 그 왕도주의는 착한 정치를 하기는 하였으나 한 얼을 소생시키지는 못하였다.

세종대왕의 초상. 역사를 엮게 한 것, 책을 낸 것, 산업을 장려한 것, 음악을 정돈한 것, 천문 연구를 시킨 것 등 세종은 위에 있은 지 32년 동안 많은 업적을 쌓았다.

    임금이 혹 닭이 울 때까지 앉아 있어 선비들이 공부하는 것을 보기도 하고, 말년에 임금이 절을 지었다고 학사들이 다 물러가 그 집 안이 온통 빈 것을 보고는 황희\*를 불러놓고 눈물을 흘리며 "집현전 학생들이 나를 버리니 장차 어떻게 하느냐" 하였다는 것을 보면 임금의 생각이 얼마나 간절하였는지를 알 수 있다. 그래도 한 가닥 검은 구름이 이 훌륭한 때에도 비끼는 것을 면치 못하는 것은 다만 한 조각 자유의 정신이 없기 때문이다.

\* 황희(黃喜, 1363~1452): 조선 초기의 문신. 조선 초기 국가의 기틀을 마련하는 데 노력한 유능한 정치가일 뿐만 아니라 청백리의 전형으로서 조선왕조를 통틀어 가장 뛰어난 재상으로 꼽힌다.

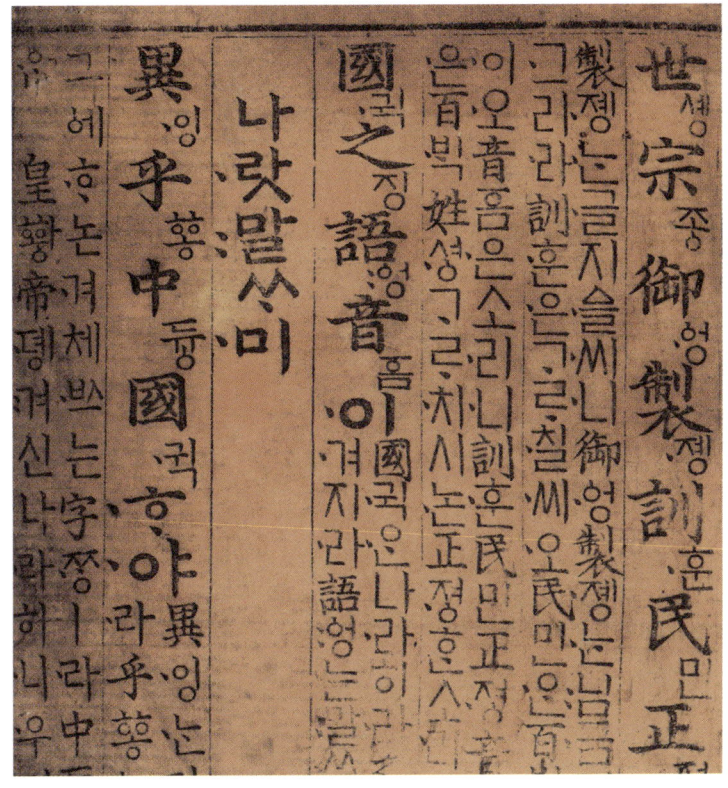

『훈민정음 언해본』. 한문본 『훈민정음』에서 세종의 서(序)와 예의(例義)를 우리말로 옮긴 책이다.

## 한글

그러나 이 임금을 좀더 있어 다스리게 했다면 부러진 중축을 정말 새로 세우는 데까지 갔을지 모른다. 그 기미는 훈민정음을 지은 데서 볼 수 있다. 본래 우리나라에는 예로부터 글자가 있었다. 어느 정도로 발달된 것인지는 알 수 없다. 물론 간단한 것이었을 것이다. 그렇지 않다면 아무리 한자가 들어왔다기로 없어질 리는 없다. 아무튼 있었던 것은 사실인 듯하다. 단군시대에도 '신지'(神誌) '비사'(秘詞)가 있었다 하는 말이 있고, 고려시대도 한자 아닌 글자를 쓴 자취가 있다. 그러나 그때 이미 크게 발달한 한문책이 많이 흘러들어옴에 따라 그만 스러지고 말았던 것이다. 그러나 이때만큼 문화가 올라가고, 사회가 복잡해진즉 민중살림에는 상당히 불편을 느꼈다. 그것을 보고 임금은 자모 스물여덟 자를 지어 널리

펴 쓰게 하였다.

근래 정음에 대한 연구가 나감에 따라 그것이 세종이 새로 지어 낸 것이 아니요, 그전부터 있었다는 말이 있어 이제 그 이렇고저렇고는 알 수 없으나, 설혹 임금의 창작이 아니라 하더라도 그것이 일반적으로 통하여 쓰이게 된 것은 모두 이 임금이 마음을 쓴 공이라 하지 않을 수 없다. 그리고 만일 참으로 값어치 있는 문화가 정신의 자유 없이는 될 수 없는 것이요, 또 정신의 발달에는 그 주되는 나타냄의 자븐것인 글자의 어떠한 것이 크게 관계되는 것이라면, 이 세종의 한 대는 우리 문화사에서 매우 큰 의미를 가지지 않을 수 없다.

우리가 아름다운 우리말을 두고도 우리 글자를 쓰지 못하며, 혹 우리 글자가 있는데도 내버리고 쓰지 않고 어려운 남의 것을 빌려썼다는 이 이상한 현상의 원인은, 하나는 일찍이 훨씬 먼저 발달하였던 중국 문화에 그만 눌려버렸기 때문이요, 또 하나는 문화를 지니고 있는 사람이 일부 적은 수의 권력계급에 한정되어 있었기 때문이다.

어느 사회에서나 그렇지만, 그들 권력자는 중국 문화의 도매상을 함으로 유리한 지위를 얻었고, 또 그 지위를 오래 가지고 있으려면 그 글과 문화를 독차지하고 있는 것이 유리하다. 그러므로 옛날의 교육은 권력계급이 그 지위를 자기네 자손에게 전해주는 수단으로 그들의 자제에게만 해주는 것이지, 일반 민중의 자식에게는 가르치려 하지 않았다. 그렇기 때문에 그들은 그 좋은 기구를 내버리고 일부러 고심하여 글자를 지으려 하지 않았다. 그들에게는 글자가 어려울수록 좋다. 그래야 자랑이요, 그 지위의 존엄을 보호해주고, 백성놈들이 감히 배울 생각을 못한다.

그래서 지금부터 몇십 년 전까지도 글자를 우상처럼 신성하게 보는 풍이 있었다. 그렇기 때문에 상놈의 자식은 글을 감히 배울 생각도 못 하였고, 그랬기 때문에 영원히 두고 부려먹고 짜먹기가 좋았던 것이다. 선비요, 양반이요, 지도자요 하는 사람들 머리에는 의식적으로 그럴 때도 많지만, 설혹 의식적으로는 아니더라도, 늘 이러한 문화 독점의 사상이 있으며, 그것을 문화의 존엄이나 신성으로 잘못 알고 있는 때가 많다.

이때에도 세종이 백성을 위하여 글자를 만들어 반포하는 데 가장 반대한 것이 누구냐 하면 집현전 학사들이었다. 그들은 장차 나라를 맡아 정치할 사람들이다. 그러면 그 정치가 어떠한 것인가 짐작할 수 있지 않나? 이렇게 생각하면 세종은 과연 어진 이였다. 그는 족보로 된 임금이 아니다. 전주 이씨의 임금이 아니라 하늘이 낸 임금이었다. 그가 정음을 짓고, 모든 책의 언해(諺解)를 만든 것은 모두 민중을 위한 것이었다. 정말 민족 걱정을 한 이요, 정말 민생 걱정을 한 이다. 어쩌면 그런 어진 마음이 이 역사에도 났을까? 공자가 관중의 역사적 공로를 칭찬하여 "이 사람이 아니었더라면 내가 오랑캐가 되었을 것이야!" 하였다지만, 오늘 우리야말로 이 사람이 아니고, 그저 짜먹자는 그놈들만 있었다면, 정말 짐승을 못 면하였을 것이다.

가다가 이따금씩 이 하수도 같은 역사의 흐름 위에 연꽃 같은 마음들이 나는 것은 신기한 일이다. 하늘이 하는 일이겠지. 씨올이 죽지 않는 증거겠지. 세종이 어질기도 하지만, 이것이 씨올의 요구인 것을 어찌하나? 역사의 명령인 것을 어찌하나? 임금질을 하고 벼슬아치 노릇을 해먹으려면 이제는 민중을 가르치지 않고는 할 수가 없게끔 역사의 행진이 거기까지 온 것이다.

정음을 지은 것은 민족 자각운동의 싹틈이다. 민중이 제 눈을 얻었다. 오천 년 역사를 가지는 민족이 지금부터 겨우 오백 년 전에 와서야 눈을 떴다는 것은, 자기 해방의 자분것을 얻었다는 것은, 얼마나 이상한 일인가? 얼마나 참혹하고 부끄러운 일인가? 그러면 이때까지는 소경의 역사 아닌가? 그러므로 고난의 역사다. 씨올은 어느 역사에서나 참혹한 존재지만, 이 씨올 같은 것이 어디 또 있느냐? 이것은 먹이를 아니 주고 짜먹는 염소다. 짜먹다 못해 피가 나왔다. 그래도 짜먹었다. 마지막에 죽는 날 가서야 잘못인 줄 알지만 그때는 짜먹던 놈, 저도 죽었다.

 건축을 만드는 토대같이 그저 압박받는 것으로만 그 존재의 뜻을 다하는 것이 이 씨올이다. 견딜 수 있는 데까지 비참을 견디며, 바칠 수 있는 데까지 피와 땀을 바치지 않으면 아니 되는 그들은 이날까지 저를 몰랐다. 제 안에 얼마만한 힘이 들어 있는지, 얼마만한 값이 들어 있는지 알지 못하였다. 이제는 그것을 알아야 하는 때가 왔다.

 민중이 저를 알려면 자아를 들여다보아야 하며, 자아를 표현해야 하는데, 이날까지 그들은 자기를 들여다볼 여유도 없었고, 따라서 자기 표현을 할 필요를 느끼지도 않았다. 그렇게 오기를 4천 년이다. 길고 긴 세월이다. 그러나 이제는 때가 왔다.

 탯집 속의 어린애가 자라서 열 달이 되면 모체의 압박을 느끼는 모양으로, 그리하여 발버둥을 치는 모양으로, 그리하여 그 어머니가 죽기로 악을 써 몰아내는 모양으로, 민중의 탄생도 그렇다. 이때까지 그 압박, 그 학대, 그 약탈, 그 짓밟음을 당하면서도 그런 줄도 모르고 자라난 민중이 이제는 그것을 느끼는 때가 왔고, 그것을 알아보고 싶은 때가 왔다. 이제 눈을 뜰 때가 왔다. 왜? 지금까지도 고난이지만 이 앞이야말로 정말 고난이다. 탯집 속의 답답함보다는 이 세상의 답답함이 정말 답답함이듯이, 그러므로 이제 본격적인 고난으로 들어가려는 이때에 그 수난이 무의미에 그치지 않기 위하여 제 수난의 꼴을 똑똑히 볼 수 있는 눈이 필요하게 되었다.

## 육진 개척

 우리는 여기서 세종의 빛나는 정치를 하나하나 다 말할 틈이 없다. 역사를 엮게 한 것, 책을 낸 것, 산업을 장려한 것, 음악을 정돈한 것, 천문 연구를 시킨 것, ……들을 다 말할 수 없다. 그러나 외정(外征)에 관하여는 한마디할 필요가 있다. 그것은 국민 의기의 높낮이를 알려주기 때문이다.

고려 끝 무렵부터 왜구의 장난이 심하여 백성이 가만있지를 못하였는데, 임금 첫해에 또 들어왔기 때문에 이것을 아주 뿌리째 뽑으려고 이종무 등을 시켜 그 소굴이라 생각되던 대마도를 쳤다. 또 북으로는 여진에 대한 것인데, 원이 망한 뒤에 명이 만주를 차지하였으나 실력이 잘 미치지 못하므로 여진이 성하게 되었고, 그리하여 우리나라에도 자주 들어왔다. 임금 14년부터 23년에 이르는 동안 자주 이것을 토벌하여 드디어 평정하고, 압록강 안에는 네 고을을 두고 두만강 안에는 육진(六鎭)*을 개척하여 이민을 시켜 충실하게 하였으므로 북쪽 국경이 확정되었다.

이것으로 보면 임금 때에는 국민의 기세를 올릴 수 있는 기회였음을 알 수 있다. 그런데 사실은 어떠하였나? 두 강을 종내 못 건너고 말았다. 육진 개척의 큰일을 맡아하였고, 범이라는 별명을 듣던 김종서**의 노래를 세상은 잘 알지.

> 삭풍은 나무 끝에 불고 명월은 눈속에 찬데
> 만리변성에 일장검 비껴 들고
> 긴 파람 큰 한소리에 거칠 것이 없어라.

사내의 기상이 씩씩하게 살아 있고, 읊어서 가슴을 시원하게 하는 노래다. 이러한 의기가 있으므로 그 어려운 일을 이룬 것이다. 그러나 묻고 싶은 것은 만리변성이 입에 있었거늘 경영에는 어이없으며, 거칠 것이 없다고 노래로는 불렀는데, 사실은 왜 그리 머뭇거리는 것이 많았던가? 이 노래를 어찌 두만강가 백두산에 밑 막히고 막힌 데서 사대모화의 무거운 갑옷을 입고 부른 것일까? 차라리 흑룡강의 시퍼렇게 굽이치는 물결이나, 만주 평원의 티끌 아득한 지평선을 내다보며 부름이 마땅하지 않을까? 그렇다, 종서로도 세에 이기지 못함인가? 터지려는 분, 갇힌 용기를 노래로밖에 풀 길이 없어 그리함인가?

---

*육진: 조선 초기에 개척한 함경도 두만강 하류 남안의 종성, 온성, 회령, 경원, 경흥, 부령을 일컫는다.

**김종서(金宗瑞, 1390~1453): 조선 초기의 문신·장군. 지략이 뛰어나고 강직해서 대호(大虎)로도 불린다. 1435년 북쪽 변방에서 여진족을 무찌르고 6진을 개척하여 국토확장에 큰 공을 세웠다.

"처음에 위께서 종서를 명하여 사진(四鎭)을 두는데 조정에 반대가 많되, 종서가 힘써 그 일을 주장한즉 반대하는 사람들의 말이, '종서는 한정 있는 사람의 힘으로 이루지 못할 일을 시작하니 그 죄가 목 베어 마땅하다' 하였다. 그런즉 위께서 말씀이 '내가 있더라도 종서가 없으면 이 일을 할 수 없고, 종서가 있더라도 내가 없으면 일을 주장할 수 없다' 하시고 굳이 잡고 돌이키지 않으셨다"고 『명신록』(名臣錄)*에 적혀 있는 것을 보면 그때 형편을 대개 짐작할 수 있다. 그러니 육진만한 것을 가지고 '불가성지역'(不可成之役: 이룰 수 없는 일)이라 하고, 그것을 주장한다고 '죄가주'(罪可誅: 목을 베어 죽일 만한 죄)라 하였으니, 장백산 저쪽을 넘겨다보고 선왕지도 밖에서 자유의 천지를 찾는 일은 감히 꿈도 못 꿀 일이다.

*『명신록』: 조선 왕조 때 초계문신(抄啓文臣)이 정조의 명을 받아 편찬한 책. 우리나라 명신 4백여 명의 약전을 기록했다.

이놈의 유교가 이런 것이냐? 뗏목을 타고 해외라도 가겠다던 공자, 천하를 얻기는 손바닥 뒤집기 같다던 맹자보고 좀 물어보고 싶은 일이다. 치국평천하를 목적으로 하는 유교도 이 반도에 들어오면 그렇게 되고 마느냐? 이 땅이 이 사람을 이렇게 작게 만들었느냐? 그렇다면 저 백두산을 차던지고 저 압록강을 묻어버려라. 저 까짓 금강산조차도 다 망가뜨려버리고 운동장으로라도 삼는 것이 좋다. 그러나 만일 땅에 있지 않고 사람에 있다면, 가슴이 좁아져서 나라가 좁아진 것이라면, 네 가슴을 차라리 찢어라. 고려 예종의 속을 태우고, 사내 윤관을 말라 죽게 하며, 정지상·최영의 목을 자르던 이 선비놈들이 또 나라를 그르치는구나.

이러므로 축 부러진 역사요, 등뼈 빠진 국민이다. 이러므로 집현전도 소용이 없게 되었고, 모처럼 어질게 났던 마음도 애만 태우고 갔고, 시작되던 문화도 풀에 꽃처럼 여물지 못하고 시들어 떨어지고 말았다. 이제 이 축 부러진 수레가 얼마만한 짐을 실을 수 있으며 얼마나 나갈 수 있는가, 이 얼빠진 민족이 얼마만한 문화를 낳을 수 있는가를 시험하는 한 큰 시험이 올 때, 이 세종 일대의 문화는 완전히 낙제인 것이 나타난다. 단종의 비극이 그것이다.

# 20 무너진 토대

### 잘하려 한 일이 잘못한 일

세종이 돌아가고 문종이 이어 서니 37세의 장년이요, 잘난 임금이었다. 그는 아름다운 얼굴, 긴 수염에, 생김생김이 틀지고 빼어나며, 타고난 바탈이 총명하고 인자하여 학문을 극히 좋아하며 신하를 사랑하고, 마주 대하면 엄엄한 가운데도 봄바람이 부는 듯하였다는 임금이다. 그러므로 그런 이가 임금이 될 때 백성은 다 훌륭한 정치가 있을 것으로 기대하였다.

만일 문종으로 하여금 오래 살게 하였더라면 아버지의 뜻을 이어볼 만한 것이 있게 발전시켰을 것이다. 그러나 하늘 뜻은 그렇지 않았다. 그렇게 국민의 기대를 받던 임금은 위에 오른 지 불과 두 해 만에 갑자기 돌아가고 말았다. 여기도, 하늘이람 하늘이지만, 또 나무랄 것이 없지 않다. 전하는 말에 임금이 아버지 세종이 돌아가신 것을 너무 슬퍼하다가 건강을 잃어서 그랬다고 하니, 이것도 잘못된 유교 도덕의 폐해다.

아들이 위를 이어 임금이 되니 열두 살의 소년이었다. 이가 단종이다. 남 같으면 연줄을 잡고 거리와 언덕을 마음껏 달릴 나이에 용상에 앉아 우상 노릇을 하지 않으면 아니 되는 그것부터 비극이지만, 그러나 이제 다섯 해 후에 그 위에 어떤 비극이 떨어질 줄은 저도, 그를 그 자리에 앉히는 사람들도, 그 끔찍한 비극을 하는 주인공인 수양대군조차도 몰랐을 것이다.

도무지 하늘이 꾸민 연극이다. 아니다, 하늘의 일이지만 사람이 모를 리 없다. 사람 내놓고 하는 하늘 일은 없다. 그러므로 결국은 사람 제 일이다. 문종부터 모르지 않았다. 알았기 때문에, 나이 어

강원도 영월에 있는 청령포. 단종이 유배되었던 곳이다.

린 것이 임금이 되는 데 불안을 느꼈기 때문에, 그대로는 눈을 감을 수 없기 때문에, 고명(顧命)을 한 것이다. 곧 숨이 지려 할 때에 믿을 만한 중요한 신하들을 불러 특별히 부탁을 한 것이다. 거기부터가 잘못이다. 물론 그럴 수밖에 없지. 그때의 형편을 놓고 문종의 그 일을 잘못이라 할 것은 아닐 것이다.

그러나 일은 거기부터 시작이다. 동생 되는 자기는 아니 부르고 신하들을 불러 각별히 부탁을 하는 데서부터 수양은 반감을 사지 않았을까? 설혹 그렇지는 않았다 하더라도 세상은 그리 알았다. 그리하여 이때까지 광명과 태평을 약속하던 나라는 갑자기 불안의 구름 속에 싸이게 되었다.

## 수양의 시꺼먼 마음

이때에 나라의 운명은 수양(首陽)의 양심 갈피에 달렸다. 터럭

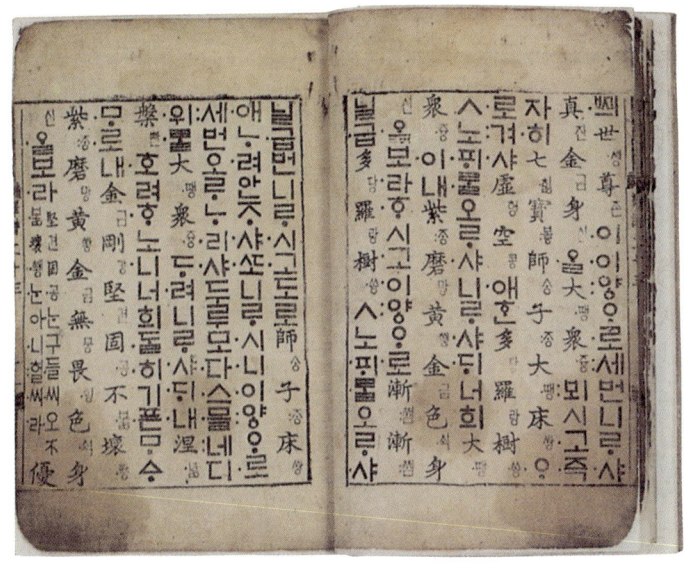

『석보상절』. 이 책은 조선 세종 때 수양대군이 한글로 편역한 석가모니의 일대기다.

끝보다도 더 알아보기 어려운 차이지만 이리 눕느냐 저리 눕느냐에 따라 역사의 방향이 결정된다. 국민은 다 수양의 눈동자만 보고 있다. 그의 가슴속에 하늘 마음 곧 어버이 마음이 움직이느냐, 사탄의 마음 곧 도둑의 마음이 움직이느냐 그것이 그 눈치에서 나타날 것이다. 국민이 불안해하는 것은 이 때문이다. 참 아슬아슬한 순간이다. 수양은 그만 졌다. 야심을 먹고 운동을 시작하였다. 그는 그 심술과 칼 재주가 태조 이성계에 비하던 사람이다. 한번 욕심이 나자 두려울 것도 꺼릴 것도 없다. 도덕은 약한 놈에게만 있지 강한 놈에게는 없다. 그런 것 아니라, 힘 있다는 그 자체가 도덕과는 반대다. 스스로 제 주먹을 쥐어볼 때 벌써 도덕은 달아난 것이다.

수양은 제 힘을 알고 제 재주를 안다. 그러므로 두려울 것, 꺼릴 것이 없는 것이다. 한명회\*·권람 하는 따위 사나운 놈들, 사나우면서도 나라가 바로 되었을 때에는, 마치 대낮에 부엉이 올빼미가 못 나오는 모양으로, 어디 가 붙을 데가 없어 사회의 껌껌한 구석에서 불평만을 품고 있던 놈들을 불러모아 흉계를 꾸민 다음 단종 첫해 시월에 그때 나라의 기둥이요, 국민의 신임을 한몸에 모아가

\* 한명회(韓明澮, 1415~87): 조선 전기의 문신. 호는 압구정. 단종 1년(1453) 10월 수양대군이 김종서 등을 죽이고 정권을 장악한 계유정난 때 참모로서 큰 공을 세워 군기녹사에 임명되었다. 세조의 총신으로 성종 대까지 고관요직을 맡아 대사에 많이 참여했으며, 부귀영화를 한몸에 누렸다.

지고 있는 김종서를 우선 죽이고 이어 황보인 이하 충의의 정신이 있어 자기의 그 불법 폭행에 감히 반대할 만한 신하를 하룻밤 동안에 모조리 때려죽이고, 그래도 사람의 마음이 채 없어지지는 못하여서 정치의 실권을 쥐기만 하고 이름까지는 못 빼앗고 있다가, 아마도 그냥은 참고 있을 수가 없어 3년 6월에는 "아저씨 날 살려주오" 하는 조카 임금을 아주 내쫓고, 제가 임금이 되어버렸다. 이것이 이른바 세조라는 것이다.

그사이의 자세한 이야기를 여기서 다 할 수 없다. 그러나 그것은 기록으로 혹은 그보다도 더 권위 있는 민중의 입으로 전해오는 전설로 퍼져 있는 것이 있으니 독자의 귀에 이미 익은 것일 것이요, 또 혹은 그렇지 못하더라도 알고자 하면 언제나 쉽게 알 수 있는 것이다. 누구나 그것을 한번 듣거나, 혹은 기억 속에 잠자고 있던 그 이야기를 한번 불러일으킨다면, 분을 참지 못하는 심장이 가슴 안에서 사납게 뜀을 느낄 것이요, 혹은 의협심이 강한 이는 두 주먹을 들어, 그때에 한번 났다가 삼척 장검을 휘둘러 수양·한명회·권람 하는 그 궂은 물건들, 정인지·신숙주 하는 그 더러운 놈들을 한칼로 두 동강이를 내어, 천하 민중을 위해 가슴이 시원하게 분을 한번 풀어주지 못한 그 한을, 공연한 책상에다 갚을지도 모른다.

정말 누구도 그런 생각이 없는 것 아니요, 또 한번 그것을 하였다면 쾌남아의 쾌한 일이라고도 할 것이다. 그러나 오늘 우리 일은 그것보다도 잠잠히 생각하는 일이다. 분을 푼다면 그것만이 분이냐? 원수를 갚는다면 그것만이 원수냐? 우리 일이 온통 분이요, 온통 원수인데 어찌 이루 다 갚으며, 풀어서 풀리느냐? 그것은 어리석은 일이다. 갚지 않고, 풀지 않고, 단번에 다 풀고 갚는 일이 있다.

그것이 무엇인가? 그것은 그 뜻을 생각하여 깨닫는 일이다. 이것은 도대체 무엇을 의미하는 것이냐고? 역사의 언덕에 고요히 서서 그 흐름을 들여다보며 생각하는 일이다. 그러면 수양도 한낱 마

단종문화제. 강원도 영월에서 해마다 열리는 예술제로 단종을 추모하기 위한 제전이다.

른 똥덩이요, 정인지·신숙주도 한 개 시든 풀잎이다. 그리하여 그것으로 하여금 저 망망 바다로 가서 그 절대 맑음 속에 한통 치게 하면 그렇게 시원한 일이 어디 있겠느냐? 그 마음을 가지고야 한번 새 역사를 지을 수 있지 않겠느냐?

## 무서운 검사역

세종이 임금으로 있은 지 37년에 안으로 밖으로 잘 다스려 5백년 일대에 제일가는 시대를 이루어놓은 것을 이미 말하였지만, 이 때 세종의 사명은 무엇일까? 그것은 새 문화의 터를 닦는 일이다. 세종 때를 이조의 황금시대라 하지만, 그것은 그다음 역사가 실패로 돌아갔기 때문에 하는 소리다.

그때의 문화 그것으로 꽃핀 것이 아니라, 장차 세워놓을 문화의 토대였다. 국민이 처음으로 생활 안정을 얻고, 정음은 반포되고, 유교로 정치의 표준을 꽉 세우고, 학문 연구의 풍이 서고, 이리하

20 무너진 토대 265

여 장차 그 위에 큰 문화 건축을 할 수 있는 토대가 놓였다. 그리고 그것은 얼핏 보기에 당당한 것이었다.

그러므로 세종이 돌아가고 문종이 설 때 역사는 적당한 사람을 만나 그 건축 공사를 진행하려는 듯이 보였다. 그런데 아니었다. 참을 그 생명으로 여기는 조물주께는 그렇게 보이지 않았다. 삼국시대에서 실패하고 고려시대에서 예산이 어긋난 그는 4천 년 역사의 무너진 탑을 고쳐 세우는 지금에 있어서 무엇보다도 더 진실을 요구하였다. 문종이 일찍 돌아가고 단종이 나이 어려서 임금이 된 것은 이 토대의 굳은 도수가 얼마만한가 시험하는 검사의 날을 받기 위해서 한 것이었다.

역사의 뜻이란 이상한 것이어서, 그 일이 다 드러나기까지는 아무도 그것을 미리 알 수가 없다. 그것을 아는 것이 예언자다. 그러나 그 예언은 마음이 하늘 빛에 비추어야만 할 수 있는 것이요, 마음이 하늘 뜻을 비추려면 반듯해야 한다. 참이 있어야 한다는 말이다. 그러므로 보통 눈에는 그것이 다 이루어질 때까지 모른다. 다 이루어져도 알기 쉬운 것은 아니다.

그러므로 역사는 늘 고난의 길이다. 마치 평범한 산과 골짜기가 가다가 갑자기 어떤 곳에서 막히고 끊겨서 한 개 묘한 경치를 이루는 것과 마찬가지다. 그 경치 가까이 가야만 이때까지 무심히 보아온 그 산 그 골짜기가 다 그 경치에 없지 못할 요소임을 알게 된다. 역사의 일도 그와 같이 일정한 시기가 오기 전까지는 그 뜻이 드러나지 않으므로 보통 심상한 일로만 보인다. 그러다가 어떤 일정한 사건에 다다라서야 그 모든 것의 의미가 알려진다.

세종·문종 때까지는 불행의 징조는 없었다. 마는, 문종이 일찍 돌아감이라는 한 사건이 갑자기 나타나자 모든 것의 뜻은 뒤바뀌게 되었다. 세종이 18남, 4녀를 두는 것도 모두 경사였고, 문종이 임금이 되어 8대군(八大君)이 병풍처럼 둘러서는 것도 다 좋은 일이었다. 더구나 수양 같은 이는 문종이 살았다면 형을 돕는 큰 한 팔이었을 것이다. 수양 자신도 그리 생각하였을 것이다. 그러나 잘하려는 일이 잘못되어 효자 노릇 하려다가 도리어 불효자가 되어 일찍 죽게 되자, 모든 것이 다 합하여 난경절처(難景絶處)를 이루어놓았다. 8대군은 돕기 위한 것이 아니라 위협하기 위한 것이요, 수양이 잘난 것은 임금을 돕기 위한 것이 아니라, 그 한 일을 시험하는 검사역이 되기 위해서였다. 비극의 무대는 이렇게 해서 준비된 것이다.

모든 일의 뜻은 직접적·개인적인 것으로 다 되는 것이 아니다. 개인적인 자리에서만 본다면 문종은 한낱 아까운 임금으로서 우연히 일찍 죽은 이요, 단종은 그저 애처로운 사람이요, 세조는 욕심 많고 밉살스런 사람으로서 모진 수단으로 성공한 사람이다. 사람들은 문종에 대해서는 아까워할 것이요, 단종을 위해서는 눈물을 흘릴 터요, 세조의 사적을 듣고는 침을 뱉을 것이다. 그러나 사실은 세조가 단종보다 더 불쌍한 사람이요, 문종보다 더 아까운 사람이다. 그들은 다 같이 고난의 역사를 메는 사람들이다.

문종이 임종하는 자리에서 차마 눈을 못 감았던 것은 단순히 나이 어린 아들을 위해서만 아니라, 장차 지독한 검사역의 손에 넘기지 않으면 안 되는 그 토대를 놓고 이때까지의 공로가 하루아침에 허무로 돌아가지 않겠느냐 걱정스런 조바심에서 그랬던 것이요, 김종서의 피를 옷에 묻히고 마왕같이 살기등등해 돌아오는 수양을 붙잡고 "아저씨 날 살려주오" 하던 단종의 애처로운 원은 열세 살 소년이 죽는 것을 무서워해서 한 소리가 아니라, 사실은 장차 무너지려는 민족의 양심이 하나님의 심판대 앞에서 자기 운명을 위해 빈 것이다.

충신을 죽이고 의사(義士)를 죽이고, 나이 어린 조카와 동생도 개·돼지 잡듯 죽이고, 그리고 임금이 된 세조도 개인 도덕으로만 보면 저것도 사람이냐 하는 생각이 나지만 결국은 그도 역시 역사의 무대 위에서 맡은 일을 한 것뿐이다. 오직 그 맡은 일이 악한이었음이 좀 미안한 일이요, 그것은 누구나 스스로 제 양심을 먼저 죽인 놈만이 맡은 것이 용서를 못 받는 이유일 따름이다. 그는 가

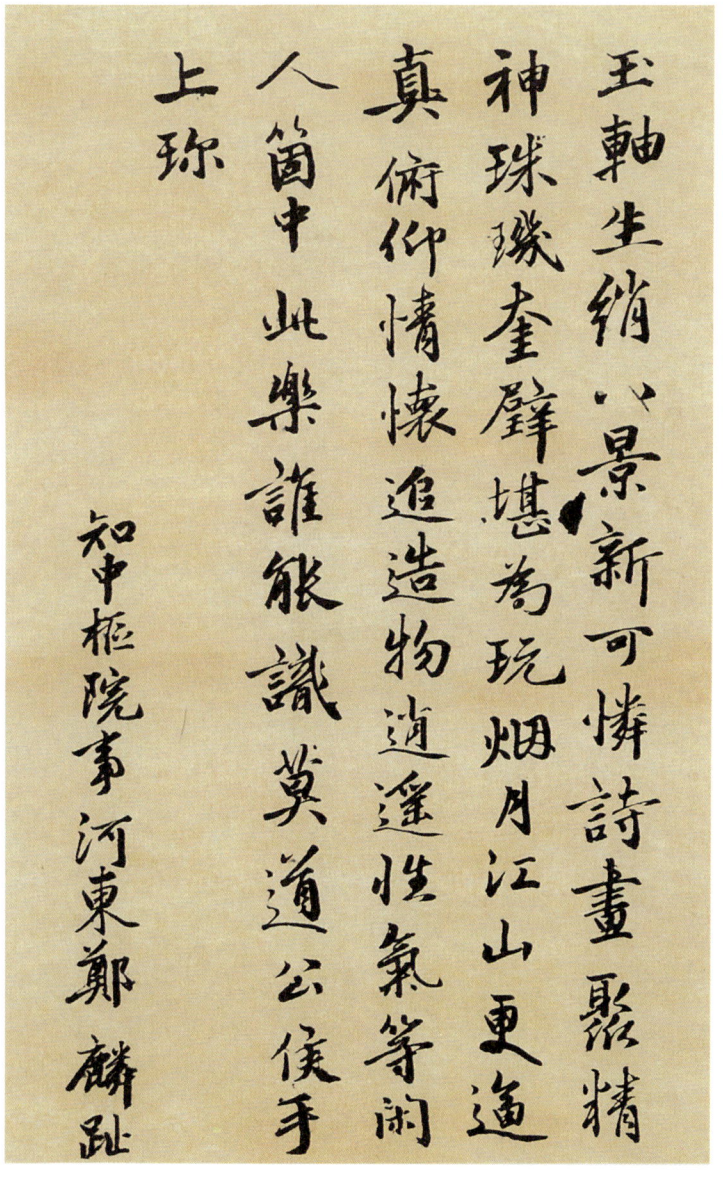

정인지의 글씨. 정인지는 세종 대부터 문종 대에 걸쳐 한글창제 및 각종 제도정비에 기여했다. 단종 즉위 후 수양대군에 협조하여 계유정난에 적극적으로 참여해 정난공신이 되었다.

롯 유다, 가야바, 네로와 한가지로 '그런 일이 없을 수는 없으나, 그 사람은 차라리 세상에 나지 않았던 게 좋을 뻔한 사람'이다. 그러나 역사는 그들에 의해 제 갈 곳으로 간다.

 엄정하게, 무자비하게 검사하라는 명령을 받은 수양은 그 맡은 일에 충실하였다. 터럭만한 인정도 체면도 사양도 없이 갓 쌓은 그 토대의 바른 곳에 벼락 같은 몽치를 내렸다. 그럴 때 그 견고하기 짝이 없을 듯하던 토대는 썩은 흙담같이 무너졌다. 그것은 반석 위에 쌓은 것이 아니었기 때문이다. 모처럼의 콘크리트도 땅 밑의 바닥에 붙여 쌓은 것이 아니면 소용이 없다.

세종은 집현전을 세우고 인재를 기르며, 충의 도덕을 가르쳐 나라의 기초를 세우려 하였다. 물론 잘못은 아니다. 그러나 역사의 무너진 터를 깊이 파 제치고, 자아의 밑 바위에 이른 다음에 쌓아 올리는 근본적인 작업을 했어야 할 것인데, 그렇게 하지 못하였다.

그 집현전 학사들이란 것이 재주는 있고 학문은 있었겠지만, 남에게서 빌려온 도덕까지도 있었겠지만, 자기를 깊이 파는 종교에 이르렀느냐 하면 그것은 아니다. 역사 이해에 이르렀느냐 하면 멀었었다. 그들은 아직 권력의식, 지배자 의식을 못 면하였었다. 그러므로 평시에는 당당한 듯하였으나, 수양의 한 마치에 몇십 년 공로가 맥없이 무너졌다. 세종이 자기 손발같이 사랑하였고 만세불변의 충의를 맹세하던 그들이 수양의 눈살이 한 번 찌푸려지는 것을 보고는 구차한 한 목숨을 빌기에 겨를이 없었고, 그것은 또 좋아도, 대세가 그에게로 갔다 하고 보자 서로서로 다투어가며 옛 주인을 팔아 부귀를 사기에 급급했다.

다른 사람도 아닌 세종에게서 아들 같은 사랑을 받았고, 문종에게는 친구 대접을 받아 밤낮으로 같이 학문 토론을 하며 손수 부어주는 술을 마시고, 취해 누우면 손수 자기 옷을 벗어 덮어줌을 입은 정인지·신숙주·최항의 무리가 그러하였다. 세조로 하여금 단종을 내쫓아 영월로 귀양을 보냈다가, 종내 사람을 보내어 죽이게 한 것이 정인지·신숙주요, 김종서를 죽이고 돌아올 때 앞서 나아가 악수 환영한 것이 최항이다. 이것이 집현전이다. 이것이 선왕 지도다. 이것이 선비다. 그러나 이것이 마땅한 귀결이 아닌가? 중축이 부러진 것 아닌가?

장자는 정신 빠지고 하는 도덕주의는 물건을 모아서 지켜두었다가 도둑에게 넘겨주는 궤짝과 자물쇠와 같다 하지만, 세종이 유교 도덕을 그렇게 장려하지 않았던들 수양이 이렇게 쉽게는 못 해 먹었을 것이다. 그렇게 악독한 일을 하고도 명군·명신이란 말을 들으며 역사 위에 버젓이 남아 있는 것은 그 유교 도덕, 대의 명분론을 빌려서 하는 것이다.

  선왕지도·충의 도덕·삼강오륜이라 하지마는, 그 모든 것이 다 속에 산 혼이 있고서 말이다. 혼 하나 빠지면, 스스로 하는 정신 하나 빠지면, 선왕지도는 견마지도(犬馬之道)일 뿐이요, 충의 도덕은 종놈이 지는 사슬이요, 삼강오륜은 얽어매놓고 해먹는 도둑놈의 밧줄이다. 그렇기 때문에 그것은 증명이 되어야 하였다. 지은 집을 무너뜨리는 것이 아까운 듯하나 그 안에 살 사람을 생각할진대 어서 헐어버려야 앞날의 큰 화를 면할 것이다. 수양의 일은 국민 앞에 두고 이런 따위 겉꾸미기로는 역사는 바로잡지 못한다 하는 것을 알려주기 위한 것이었다. 그보다는 좀더 깊은 일이 있어야 한다.

# 21 의인의 피

### 사육신

그러나 의인의 씨가 아주 끊어진 것은 아니었다. 사실 나무의 씨가 보존되는 것이 높은 가지 끝이 아니요, 낮은 땅속인 것같이, 옳은 사람의 씨도 정부의 높은 자리에는 있지 않다. 높은 자리에 있던 사람은 다 죽거나 그렇지 않으면 팔려 넘어갔어도, 도리어 아래에 대바른 선비가 있다. 장차 그 사명이 있어서 한민족을 기르는 하나님이 그들 옳은 사람의 씨를 아주 없애버릴 리가 없다.

세조가 피 묻은 손으로 임금이 되니 시비 선악이 모두 거꾸로 바뀌었다. 흉하고, 사납고, 발라 맞추고, 앙큼한 놈들은 모두 정난공신(靖難功臣)이 되고, 맑고 밝고 바르고 참된 뼈다귀 있는 선비들은 모두 역적이라는 누명을 쓰게 되어 조정은 바로 백귀야행(百鬼夜行)의 터가 되고 말았다. 그러나 이 꼴을 보고 가슴속에 불길처럼 타오르는 정의의 생각을 못 견디어하는 몇 사람의 의인이 있었다.

대세가 그렇게 되고 보면 그들의 형세는 외롭고 위태롭기 풍전등화다. 그러나 그럴수록 그들의 무게는 태산보다 더하였다. 형세가 자기 손에 넣을 만하다면 그들은 나아갔을 것이요, 싸움직하다면 그들은 버티어보았을 것이다. 그러나 손에 넣을 수도 싸울 수도 없이 외로워진 저들은 오직 마지막에 한 가지 길을 가졌을 뿐이다. 곧 태산보다 더 중한 그들 자신의 몸을 던져 항의를 하는 일이다. 그리하여 천 년 전 예수가 민족의 정신과 생명을 먹어치우는 사탄의 본영을 폭격하기 위하여 자기 한 몸을 육탄으로 던졌던 것같이 이들은 세조의 조정을 향하여 여섯 개의 육탄을 묶어 던졌다. 육신

(六臣)의 단종 모복(謀復)사건*이 그것이다.

당초에 세조가 그 흉한 변을 일으킨 것은 물론 어린 조카가 쓰고 있는 왕관에 욕심이 나서 한 것이지만, 그 세조로서도 정의를 향하여 정면으로 대항을 할 수 없으므로 양위의 형식을 취하기로 하였다.

단종 3년 6월에 드디어 선위의 식을 행하게 되는데 수양이 조카 임금 앞에 엎디어 사양하는 척 흉내를 내고 있으며, 이제 임금이 내미는 국새를 받으려 하는 것을 보고 조정에 그득 들어찬 신하가 모두 낯빛이 먹 같아지면서도 어느 놈 하나 감히 한마디 소리를 내는 놈이 없었다. 그때 국새를 이제 임금께 드려 수양에게 주게 하려고 안고 섰던 예방승지 성삼문이 터져오르는 분과 슬픔을 참다못해 그만 소리를 내어 대성통곡을 하였다. 그랬더니 방금 엎디어 사양하는 절을 하는 척하던 수양이 절을 그만두고 고개를 번쩍 들어 삼문을 흘겨보았다. 그러나 그래도 온 조정이 시체만 있는 무덤 같아 식은 그런대로 무사히 끝났다.

만일 이때, 그 자리에서라도 몇 사람이 죽을 각오를 하고 삼문의 편을 들어 반대하는 뜻을 표하였다면, 그리하여 수선식(受禪式)이 깨졌다면, 그리하여 일반 백성이 떠들게 되었더라면 수양도 어떻게 하지는 못하였을 것이다. 그러나 그럴 힘이 없었다. 항의는 첫 번째 할 때에 못하면 그 후는 더 어려운 법이요, 그러다가 죄악의 세력이 날개가 돋고 깃이 나온 다음에 일을 바로잡으려면 그때는 항의 정도로는 되지 않는다.

혁명을 해야 한다. 혁명도 못 하면 영 종살이다. 이때에 통곡하는 삼문만 통곡을 하게 두었으니 수양은 그것쯤 못 본 체하고 임금이 되었다. 단종은 상왕이 되었다. 원치 않은 양위를 한 상왕이다. 이름은 좋으나 사실은 죄인인 양 감금을 받고 있으니, 그 마음 늘 슬펐고, 위하여 눈물을 흘리는 사람도 많았다.

그러나 이미 말한 바대로 그 형세는 어떻게 할 수 없었으므로 성삼문도 선위하는 그날 죽으려는 동지 박팽년을 말려 죽지 못하

* 단종 모복사건: 단종복위운동. 집현전 학자들이 주축이 되어 단종을 복위하려고 했던 사건이다. 1456년 6월 창덕궁에서 명나라 사신을 맞는 자리에서 세조를 살해하고 단종을 복위시킨다는 계획이었으나, 사전에 발각되고 말았다. 세조는 주모자들을 잡아들여 처형했다.

사육신 의절사. 사육신은 조선시대에 단종의 복위를 꾀하다가 사전에 발각되어 죽음을 당한 여섯 명의 신하로, 성삼문·하위지·이개·유성원·박팽년·유응부 등을 일컫는다.

게 하고 때를 기다려 일을 일으켜 단종을 도로 임금자리에 앉히도록 하자고 의논하였다. 그리하여 분을 품고 기다리기 2년, 세조 2년 6월에 드디어 한 기회가 왔다. 때마침 명나라에서 온 사신을 위하여 연회를 베풀게 되므로 성삼문은 이 기회를 이용하여 쿠데타를 일으키려 하였다. 그리하여 위에 말한 동지 박팽년 외에 하위지·유응부·유성원·이개·김질 하는 사람들을 모아 의논을 한 후, 각각 맡아 할 일까지 작정하였다.

운명은 또 알 수 없었다. 뜻밖에 본래 꾀하였던 것과 조금 어긋나는 일이 생기는 것을 보고 모두들 좀 주저하는 마음이 생겼다. 일을 부득이 연기하기로 하고 다시 때를 기다리자 하였다. 유응부만은 군인인지라 모험을 하고라도 당장 해치워야 한다고 주장하였다. 그러나 성삼문도 일을 신중히 하기 위하여 그것을 '만전지계'(萬全之計)가 아니라고 듣지 않았다.

그렇게 되는 것을 보고 동지의 하나이던 김질*이 그만 변심을 하여 세조한테 달려가 모든 것을 일러바쳐버렸다. 일은 다 틀어지

*김질(金礩, 1422~78): 조선 초기의 문신. 한명회, 신숙주 등과 함께 예종과 성종 초기에 어린 왕을 보좌하여 정사를 다스리던 직책인 원상을 맡으면서 권력을 행사했다.

고, 여섯 사람은 곧 잡히어 세조 자기가 직접 하는 문초에 말로 못할 악형을 받은 다음 사형을 당하게 되었다. 이것이 세상이 이르는 사육신이다.

## 죽어야 하는 사람들

육신(六臣)의, 말을 뛰어넘은 이 비장한 사실을 한국사람인 다음에는 반드시 알 필요가 있다. 차라리 셰익스피어를 못 읽고 괴테를 몰라도 이것은 알아야 한다. 여기서 우리는 고난 중에도 살아 있는 한 얼을 보기 때문이다. 겉에 말라붙은 더께와 썩은 살을 헤치고 오히려 뜨거운 피, 뛰는 생살의 만짐이요, 풍화 부식된 지각을 뚫고 들어가 백열(白熱)의 지심(地心)을 엿봄이기 때문이다.

불의가 주는 녹은 입에 넣을 수 없다 하여 한 알을 다치지 않고 곳간에 쌓아두었으며, 승지의 안방에 거적 자리 하나밖에 없었으니, 이것이 한 얼의 맑음이 아니며, 부젓가락으로 다리를 뚫고 배꼽을 쑤시며, 칼로 팔을 끊어도 낯빛이 까딱없었으니, 이것이 한 얼의 거셈이 아니냐? 마음이 바다같이 너그러우니 그 모진 형벌도 허허 웃으며 당하였고, 혼이 금보다 참되고 정성이 불보다 더 뜨거웠으니 나를 죽이는 사람을 보고도 "나으리가 선조의 이름 있는 선비를 다 죽이어 한 사람이 남았고 사실 이 모계에는 참여치 않았으니 두어 두고 쓰시오, 이는 참 어진 사람이오" 하고 알뜰하게 권하였다.

조선사람이 아무리 약해졌다기로서니 내 살을 지지는 무사를 보고 "철편이 식었구나. 다시 달구어 오너라" 하고 그 혼이 제 속에 들어 있음을 안 다음에 근심할 것이 무엇이며, 조선사람이 아무리 비겁해졌다기로서니 내 등 껍질을 산 채로 세워놓고 벗기는 귀신을 향하여 "내가 한 자루 칼을 가지고 자네를 내쫓고 내 옛님을 도로 모시려다가 불행히 간사한 놈이 일러바쳐버렸으니 다시 무엇을 할꼬?" "연회하는 그날 내가 칼을 쓰겠다는 것을 너희놈들이 만전지계가 아니라 하며 못하게 하여 오늘날의 화를 만들었으니…… 짐승과 다름이 무엇이냐? 다시 물을 것 있거든 저 선비 아이들한테나 물어라" 하는 기개가 자기 안에 있음을 안 다음에야 두려워할 것이 무엇일까?

오천 년 역사에 이 한 구절이 없으면 빛이 한층 떨리는 일이요, 오백 년 부끄러움의 시대에서도 이 한 사실이 있으면 다 갚고도 남을 수가 있다. 육신은 우리를 위해 만장의 기염을 토하는 산 영들이다.

육신의 모복운동이 실패로 돌아간 것은 생각할수록 분한 일이다. 간악한 것이 이기고 충의가 도리어 패하다니. 충의의 그들은 천하가 다 시원해할 일을 하려다가 한 목숨을 보존 못 하기는 그만두고 온 집이 멸족을 당하고 노량진두에 한줌의 흙이 되어버렸는데, 간악한 그들은 한세상 영화를 누렸을 뿐 아니라, 역사 위에까지 공신명상(功臣名相)으로 적히다니. 위하여 이를 갈자면 이가 모자랄 지경이다.

그러나 다시 생각하면 그렇지 않다. 육신의 사명은 처음부터 성공에 있지 않고 역시 죽는 데 있었다. 그들은 죽기 위해 뽑힌 것이었다. 그 실패의 원인은 김질의 배반에 있는 것도 아니요, 세조의 흉악함에 있는 것도 아니다. 하늘에서 허락 아니 한다면 한 개 김질이 어떻게 의인을 죽일 수 있으며, 섭리가 원하는 것 아니라면 세조가 아무리 권세 있기로 충량을 어떻게 해할 수 있을까? 하나님은 육신을 정의의 제단에 제물로 작정했던 것이다. 이 민족을 위하여 제물로 요구했던 것이다. 그러므로 그들은 죽어야 했다. 죽어서 첫째는 한국을 위하여 불의의 빚을 물어야 했고, 둘째는 의인의 씨를 살리어야 했다.

### 불의의 값

과연 그들은 한국을 위하여 불의의 값을 문 사람들이다. 의는 값 없이 그저 없어지는 일이 없다. 하나님이 허락하면 사람은 한때 의를 엎누를 수는 있다. 그러나 값없이 그렇게 할 수는 없다. 반드시 거기 상당하는 값을 갚아야 한다. 사람이 죄를 범하는 것은 마음대로 할 수 있다. 그러나 그로 인하여 오는 불의의 열매로부터 도망칠 수는 없다. 개인은 혹 그렇지 않은 듯이 보이는 일이 있을 수 있으나 나라와 민족의 역사에서는 절대로 그럴 수 없다.

짓밟힘을 당한 의에 대하여 그 값을 요구하는 것은 의의 근원인 하나님 그 자신이다. 그러므로 그것은 범할 수 없는 철칙이다. 아담이 먹지 말라는 열매를 자유로이 먹을 수는 있었으나 그와 그의 자손은 그로 인하여 오는 양심의 가책을 면할 수는 없다. 유대 사람이 예수를 받아들이지 않기는 마음대로 할 수가 있었지만 진리를 거역한 그 결과는 어찌할 수 없어서 많은 의인을 잃고, 진리의 종교가 다른 나라로 가버리고, 전 민족이 지구 위에서 헤맴으로써 그 값을 물지 않으면 안 되었다.

한국도 이 철칙에서 예외일 수는 없었다. 예외 못 되는 것이 사실은 사람 대접 받음이요, 아직 하나님의 사랑에서 떨어지지 않은 증거다. 삼국의 실패를 고려가 회복하지 못하고, 고려의 죄악을 이성계가 그대로 계속하고, 역사의 부러진 축을 세종·문종으로도 고치지 못하였다면, 그리고 충신의 피로 물들인 곤룡포를 입은 세조가 임금자리에 앉게 되어 의인의 피가 땅에서 소리를 내어 부르짖었다면, 한국은 그 값을 바치지 않을 수 없을 것이다. 왜냐하면 역사의 주인은 민족이기 때문이다.

민족 안에서는 너와 나의 다름이 없다. 시대의 차이도 없다. 왕조의 구별도 없다. 그러므로 한 사람이 잘못한 값을 모든 사람이 물어야 하고 한 시대의 실패를 다음 시대가 회복할 책임을 지는 것이다. 그러므로 역사다. 책에 써야만 역사가 아니라, 나의 생이 곧 과거의 기록이요, 내가 난 시대가 곧 전 시대에 대한 판결문이다. 생이란 곧 지금까지의 모든 시대와 개인이 진 빚을 대 맡으마 하는 약속 밑에 받은 선물이다.

그러므로 사람은 반드시 그 값을 바쳐야만 한다. 만일 안 무는 경우에는 채주(債主)인 하나님은 용서 없이 내게서 가장 귀한 것을 빼앗아간다. 육신은 세조와 그 무리가 지은 죄의 값이었다. 짓기는 세조가 지은 죄악에 값은 왜 죄 없는 육신이 무느냐 불평을 말하고도 싶지만, 역사의 책임자인 한국의 자리에 설 때, 그 불평은 있을 수 없다. 죄를 지은 것은 수양이 아니요, 한국의 혼이었다. 세조는 사실은 남을 죽인 사람이 아니라, 죽임을 당한 사람이다. 스스로 제 혼을 제가 짓밟은 것이다. 그러므로 죄 없는 육신은 그 죽게 된 한국을 위하여 값을 대신 내지 않으면 안 되었다. 그들의 죽음으로 한국은 살았다. 만일 한 사람도 세조의 잘못을 바로잡으려 하지도 않고, 그리하여 한 사람도 죽은 사람이 없다면, 아무도 죽은 사람이 없는 대신 한국은 전체로 죽었다. 이 때문에 이들은 죽게 된 한국을 구하기 위하여 그 선지피를 역사의 제단 위에 붓지 않으면 안 되었다.

### 의(義)의 씨

그러나 육신의 피를 요구하는 하나님은 잔혹해서도 아니요, 한국이 미워서도 아니다. 의인이 죽는 데는 민족이 지은 죄를 벌한다는 뜻도 있으나, 그것으로 그 뜻이 다 되는 것은 아니다. 의도 역사의 원리지만, 사랑도 또 한 원리다. 그러므로 의인의 피를 요구하는 데는 값을 받는다는 것보다 한층 더 깊은 뜻이 또 있다. 그것은 의를 살리기 위한 것이라는 것이다.

의는 생명이다. 그러나 그것은 구함에 의해서가 아니요, 버림에 의하여 얻어지는 생명이다. 밀알이 땅속에 들어가듯이 의는 자기를 버림에 의해서만 살아난다. 육신은 참으로 살기 위해 몸으로는 죽음이 필요하였다. 거친 들판에서 모처럼 얻은 이 순옥(純玉)을 보통 석재로 쓰기에는 너무 아까워 특별한 작품으로 아로새겨 영원한 제단에 놓기로 한 것이다.

육신의 계획이 성공해 한 손에 번쩍이는 장검을 비껴 들고 한

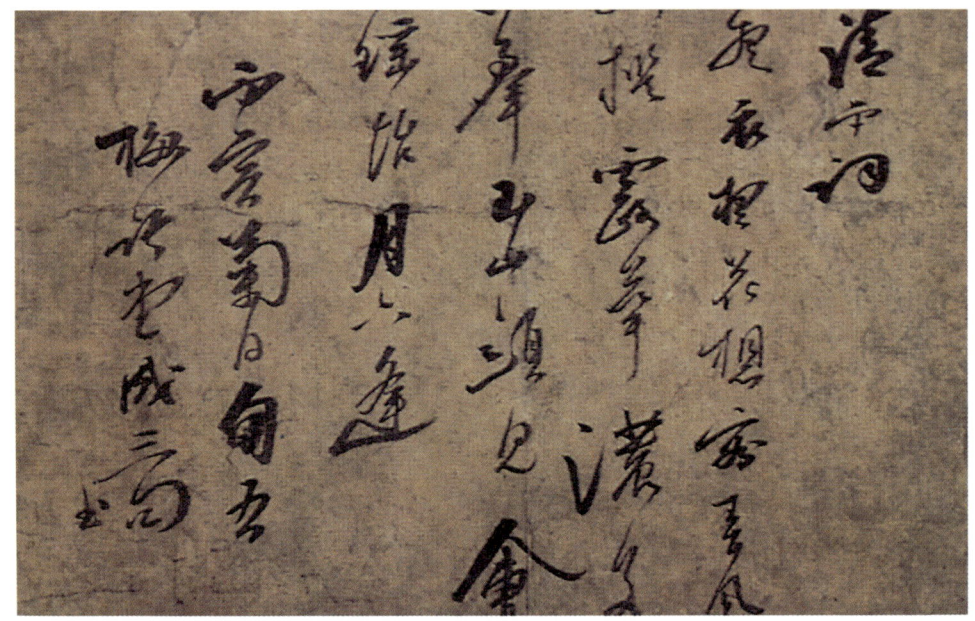

성삼문의 글씨. 성삼문은 단종의 복위를 꾀하다 죽은 사육신 가운데 한 사람으로 조선왕조의 대표적인 절신(節臣)으로 꼽힌다.

손에 검은 피 흐르는 세조의 모가지를 높이 든 유응부가 날뛰는 혁명군을 지휘하여 쥐 숨듯 도망하는 간악한 놈들을 다 쓸어버린 후 육신이 단종을 모셔 백성의 만세소리 속에 돌아오는 것을 상상만 해도 우리는 시원함을 느낀다.

그러나 가령 사실이 그렇게 되었다고 가정을 하자. 그러면 그 후에 있을 것은 무엇인가? 육신도 역시 일류의 정난공신이 되고, 그리하여 전에 있던 것을 되풀이하는 데 그칠 것밖에 없지 않은가? 그렇게 되었다면 한세상 영화는 누렸겠고, 이름이 역사 위에 머무를 수는 있겠지만 육신이 될 수는 없었을 것이다. 한국의 가슴 안에 의를 살릴 수는 없었을 것이다. 그렇게 볼 때 우리는 육신이 살지 못했음을 분해하기보다도 그들이 죽지 못하였을까 싶어 두려워한다.

그들은 잘 패하고 잘 죽었다. 죽을 줄 모르는 이 민족에게도 죽을 줄 앎이 있다는 것을 증명하였다. 본디 '견인유환(見人有患) 투사구지(投死救之)'가 우리의 성격이었다. 그것이 우리 혼의 모습이었다. 그런데 그것을 잊었다. 그 결과 우리는 우리 자신을 잃어버렸는데, 이제 이들이 죽음으로써 그것이 거짓이 아님을 증명하였다. 우리 눈앞에 잃어버렸던 우리 자신의 모습을 보여주었다. 세종은 집현전에서 옷과 밥과 돈과 술과 권세로 기르려다 못 기른 한 얼을 이들 육신은 한가람가 새남터 사형장에서 그 흘린 피로 살리었다.

성삼문이 장차 사형장으로 나가 죽으려 할 때 글 한 수를 지었으니,

> 사람의 밥 먹고 사람의 옷 입었으니,
> 이내 본심 평생에 어긴 적이 없노라
> 한 번 죽어 진실로 충의 있음 아니니,
> 현릉의 솔 잣나무 꿈속에 분명코나.
> 食人之食衣人衣　素志平生莫有違
> 一死固知忠義在　顯陵松栢夢依依

이개(李塏)*도 같이 한 수가 있으니,

> 우정(禹鼎) 무거울 젠 삶도 또한 크더라만,
> 홍모(鴻毛) 가벼운 데선 죽음 도려 빛나더라.
> 날 밝도록 잠 못 자고 가자고 문 나서니,
> 현릉의 솔 잣나무 꿈속에 푸르더라.
> 禹鼎重時生亦大　鴻毛輕處死有榮
> 明發不寐出門去　顯陵松栢夢中靑

현릉은 문종의 능이다. 육신의 사실을 읽을수록 이가 악물리고 주먹이 터지게 쥐어지다가도, 이 글들을 한번 읊조려보면 가슴속에 물결이 높아지고 두 줄 눈물이 뺨 위에 흐름을 금할 수 없으니, 이것은 분해 그럼도 아니요, 슬퍼 그럼도 아니다. 오직 이들이 말할 수 없이 존경스럽고, 말할 수 없이 귀엽고, 말할 수 없이 그립기 때문이다. 살았기 때문이다. 그들 속에 우리의 삶을 느끼기 때

*이개(1417~56): 사육신 가운데 한 사람. 목은 이색(李穡)의 증손이며 단종을 복위시키려는 시도가 발각되어 거열형(車裂刑)을 당해 죽었다.

문이다.

 그들이 아니었다면 우리가 의를 몰랐겠고, 그들이 아니었다면 우리가 삶을 몰랐을 것이다. 성삼문의 이름을 삼문(三問)이라 한 것은 그가 날 때에 하늘에서 소리가 있어서 '났느냐, 났느냐, 났느냐'고 세 번 물었기 때문에 그렇게 이름한 것이라 한다. 그는 과연 역사가 그 나기를 기다렸던 준비된 인물이다. 아, 죽을 줄 아는 그들. 그들은 이 백성을 위하여 역사의 멍에를 멘 사람들이다.

## 슬픔의 사람

 육신의 사건 후 정인지·신숙주는 상왕을 그대로 두어서는 안 된다고 주장하여 드디어 단종을 폐하여 노산군이라 하고 영월로 귀양을 보내었다.

강원도 영월에 있는 왕방연 시조비. 왕방연은 노산군(魯山君: 단종)에게 사약이 내려질 때 그 책임을 맡은 의금부도사였다.

> 천만리 머나먼 길 고운 님 여의옵고
> 내 마음 둘 데 없어 냇가에 앉았으니
> 저 물도 내 안과 같아 울어 밤길 예는고야.

하는 노래는 왕방연이 단종을 서강 청령포에다 두고 차마 발길이 아니 떨어져 한 노래다. 어린 단종의 마음이 얼마나 외롭고 슬펐는지는 그의 노래를 들어보면 짐작할 수 있다.

> 소쩍새 울고 산중 달 나직하니
> 그리움이 사무쳐 다락머리 기댔노라.
> 네 울음 처절하면 내 마음도 시름겨우니
> 네 소리 없을진대 내 시름도 없으리라.

여보게들 인간 속의 이별한 나그네여
춘삼월 달빛 아래 소쩍새 우는
다락일랑 행여 오르지 마소.
蜀魄啼山月低하니 相思苦倚樓頭라
爾啼苦我心愁하니 無爾聲이면 無我愁랐다
寄語人間離別客하노니 愼莫登春三月子規啼月樓를 하여라.

  그 슬픈 마음을 못 견디어 밤이면 다락에 올라 사람을 시켜 통소를 불게 하거나 혹은 노래를 읊기로 날을 보내었다.
  그러나 이 가련한 소년이 서강 청령포에 그 슬픈 눈물을 씻는 것도 오래 할 수 없었다. 충신 정인지는 솔백관(率百官)하고 노산을 죽여야 한다고 주장하였다. 그들의 눈에는 이 가엾은 그림자도 눈엣가시였다. 그 그림자가 아주 없어지기 전에는 잠을 잘 수가 없었다.
  무엇이 그렇게 불안했을까? 단종에게는 바늘 하나도 없었다. 무섭다면 그의 뒤에 민중이 서 있는 것이 무서웠다. 그러나 그보다도 그 소년의 옷 입은 모양이 자기네의 속일 수 없는 양심을 찌르는 것이 무서워서 그런 것이다. 그리하여 종내 사람을 보내어 이 불쌍한 소년을 대낮에 강아지 잡듯 목을 홀치어 죽였다. 그때 나이 열일곱이었다.
  세조와 정인지는 이렇게까지도 지독한 사람들이었나? 지독한 것은 그들이 아니요, 하나님이었다. 하나님은 이 소년을 끝까지 비애의 사람으로 만들고 싶었다. 그리고 그것은 물론 비애의 한민족을 나타내는 상징으로다.
  그는 얼마 안 되는 날을 영월에서 지냈으나 촌민의 동정을 많이 샀다. 비가 오지 않아서 그가 비를 비니 단비가 내렸다, 시체를 강중에 버렸더니 떠내려가지 않고 다시 돌아오는 것을 누가 거두어 안장하였다, 혼이 흰 말을 타고 태백으로 갔다——이런 따위 이야기가 많이 있다.

세조는 한갓 신하를 다스리었는지는 몰라도 어린 그는 쫓겨나서도 민중을 다스리었다. 세조는 한때 명군이란 소리를 들었는지는 몰라도 이 불쌍한 소년은 영원히 다스릴 것이다. 저쪽은 불의의 나라 사람이요, 이쪽은 의의 나라 사람이다. 그러나 그가 다스리는 것은 힘으로도 재주로도 아니다. 다만 슬픔으로다. 그는 슬픔의 사람이다. 불행한 어머니의 무릎을 일찍 떠나는 어린이같이 그는 스스로의 목숨을 빼앗김에 의하여 슬픔의 새김칼을 가지고 한국의 가슴 위에 '영원의 아가페'를 새기지 아니하면 안 되었다. 희생의 양은 잡히었고 의인의 피는 흘렀다.

　여섯 개의 육탄이 불의의 옥좌 밑에 떨어질 때, 그 튀는 피는 세조의 얼굴에 뿌려졌고, 정(鄭)·신(申)의 얼굴에 뿌려졌고, 온 조정의 신하가 그 피의 세례를 받았다. 그 피로써 저들은 자기의 불의를 씻어야 할 것이었다. 그러나 아니었다. 멀리서 그 터지는 육탄의 소리를 들은 민중은 드디어 반응하는 바가 많았으나, 이들 불의의 옥좌를 지키고 있는 자들의 마음은 점점 굳어만 갔다.

　그리하여 조정 안에는 피에 목마른 귀신이 있는 듯이 흘러도 흘러도 끊임없이 피를 점점 더 요구하였다. 연루자로 여러십 명이 죽고 단종과 음모가 있었다 하여 금성대군\*과 그 관계자 여럿을 죽였다. 금성은 세조의 친동생이다. 그러고도 세조는 명군이 되려고 버둥거렸다.

\* 금성대군(錦城大君): 세종의 여섯째 아들이자 세조의 아우. 단종복위운동에 연루되어 순흥에 유배되었다가 사사(賜死)되었다.

# 22 회칠한 무덤

김시습

 제 골육을 죽이고, 충량을 죽이고, 의인을 죽이고 그리고 임금 자리를 강도질하는 데 수미(首尾) 완전히 성공한 세조는 남은 해를 이른바 명군으로 마치었다. 그리고 예종을 지나 성종에 이르는 한 40년 동안 세상은 별일 없이 태평하였다. 성종은 성질이 온순하고 인자한 사람이요, 이른바 태평성군이라는 말을 듣는 이다. 그리하여 세조·성종은 의인의 핏자국을 씻어버리고 빛나는 문화의 시대를 낳아놓은 듯하였다. 그러나 그것은 겉뿐이다. 의인의 피는 그렇게 값싸게 씻겨질 것이 아니다. 아무리 겉을 꾸며도 속에는 죽은 뼈다귀가 있는 회칠한 무덤인 것을 면할 수 없다. 산업을 장려하는 것, 학문을 일으키는 것, 법전을 엮고 책을 박아내는 것, 외정(外征)을 하여 나라힘을 올리는 것이 모두 좋지 않은 것은 아니나, 그것으로써 그 밟고 서는 의인의 두골을 감출 수는 없었다.

 역사의 표면에서 피상적 관찰을 하는 시속 역사가들은 세조를 가리켜 영주라 명주라 명군이라 하고 성종의 시대를 일컬어 태평성세라 하나, 한 시대의 의미는 결코 그 정부가 발표하는 형식적인 문구나 통계숫자로 알 수 있는 것이 아니다. 그보다도 사회의 뒷면을 보지 않으면 안 된다. 큰 거리보다 뒷골목에, 서울보다 시골에, 드러난 지위에 있는 사람보다 이름없는 존재를 가지고 가는 지아비·지어미의 생활을 본 후에야 비로소 그 시대의 참모양을 보았다고 할 수 있고, 그 시대의 참뜻을 붙잡았다고 할 수 있다. 사회의 겉보다 속을 보아야 한다. 우리가 세조·성종의 시대를 이렇게 볼 때 그것은 회칠한 무덤이다.

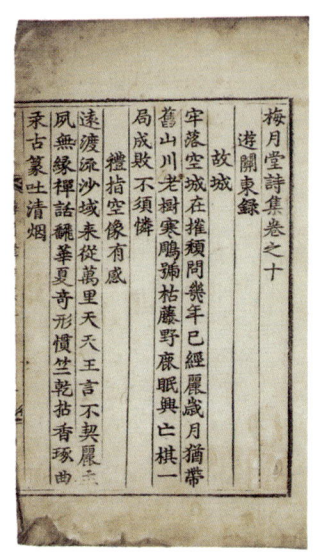

김시습의 『매월당문집』(왼쪽)과 『매월당시집』. 김시습은 수양대군이 단종을 몰아내고 대권을 잡은 소식을 듣자 그 길로 삭발하고 승려가 되어 방랑의 길을 떠났다.

　세조 때에 김시습이라는 한 괴상한 사람이 있었다. 그는 원호(元昊)·이맹전·조여·성담수·남효온과 더불어 생육신(生六臣)이라는 말을 듣는 사람의 하나다. 생육신이란 것은 사육신이 세조에게 무릎을 꿇지 않고 죽은 대신에 이들 여섯은 역시 그때 벼슬은 아니 하였으나 살아남았으므로 생육신이라 한다. 생사가 다름은 있으나 그 정신은 하나이므로 세상이 한 쌍으로 일컫는 것이다.

　김시습은 세종 때에 난 사람으로서, 나면서부터 천재가 있어, 다섯 살에 이미 신동이라는 이름을 들었고, 세종이 불러보고 사랑하였던 사람이다. '사람 됨이 호매영발'(豪邁英發: 성품이 호탕하고 영민함)하고 '간솔경직'(簡率勁直: 소탈하면서도 곧고 바름)하였으며, 학문이 깊고 시를 잘하였다. 단종이 자리를 빼앗기던 당시 21세의 청년으로 삼각산에서 글을 읽고 있다가 그 소식을 듣고 통곡을 하고는 책을 불사르고 미쳐서 중이 되어 그 후 일생을 명산과 절 사이를 왔다갔다하며 시대에 대한 엉키고 맺힌 생각을 풍월 속에 풀려 하였다. 사람들이 만일 그의 뒤를 따라가본다면 어떤 때는 산간 절간에서 중들과 심심풀이를 하고 있는 것을 보았을 것이요, 또 어떤 때는 길가에서 오줌을 질질 싸며 아이들과 장난하는 것을 보았을 것이요, 또 어떤 때는 취한 몸으로 시궁창에서 절벅거리고 있는 것을 보기도 하였을 것이다.

그렇듯 그는 한 개 미친 중이었다. 그러나 그에게는 단순한 미친 놈 이외의 무언가가 있었다. 늘 비분강개하여 종이 두루마리를 가지고는 냇가에 가 앉아서 글을 지어 물에 띄워보내고는 울기, 농부의 목상(木像)을 만들어 책상 위에 벌여놓고 종일 들여다보다가는 통곡하기, 곡식을 심어서 자란즉 갑자기 나가 낫을 휘둘러 베어버리고는 목을 놓고 울기, 벼슬아치놈들이 잘못하는 것을 보고는 이 백성이 무슨 죄가 있소 하며 부르짖고는 울기를 마지않았다는 말을 들으면, 그의 가슴속을 짐작할 수가 있다.

그가 미친 것은 의로 미친 것이다. 그 가슴의 아픔이 너무 심하였기 때문에 미친 것이요, 보통 똑똑한 사람으로 살아가기에는 그 사회가 너무 부끄러워서 미친 것이다. 어떤 때는 세조가 법회(法會)를 모으는 데 그도 뽑았더니 새벽에 갑자기 어디로 갔는지 간 데를 알 수 없었다. 그래 사람을 시켜 찾았더니 길가 뒷간에 일부러 빠져 들어가 얼굴을 반이나 내놓고 있었다. 그 세상을 부끄러이 봄이 대개 이러하였다. 또 어떤 때는 신숙주가 그의 친구이기 때문에 달랠 양으로 사람을 시켜 술을 권하여 취하게 하고 자기 집으로 담아왔더니 깨자마자 속은 줄 알고 곧 일어나 가려 하므로 붙잡은즉 소매를 끊어버리고 도망하였다.

그 스스로 높이함이 대개 이러하였다. 그는 세조와 그 사업에 대하여 유령같이 음랭한 비웃음을 던지는 자다. 길가에 오줌을 쌀 때, 그것은 세조의 얼굴에 대고 싼 것이요, 뒷간에 빠졌을 때, 제 몸이 아니다. 그 시대를 거기 빠뜨린 것이다.

### 의인이 부끄러워하는 시대

또 성종 때를 태평성세라 하지만, 거기 대하여 힘있게 반대하는 한 이야기가 있다. 언젠가, 신하 중 두 사람이 서로 다툼이 있어 임

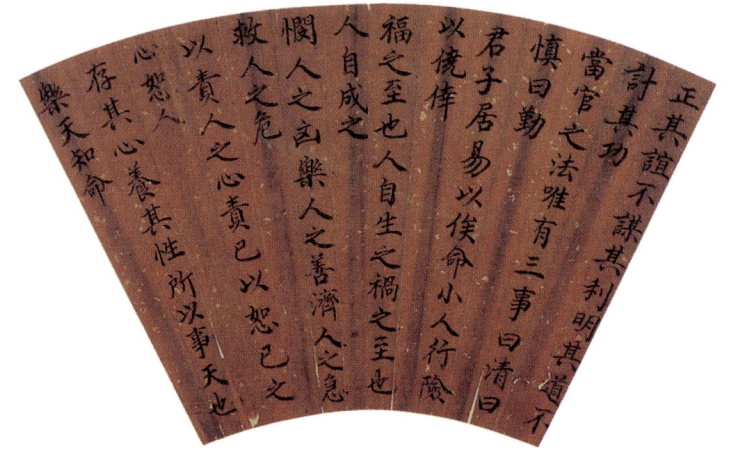

성종의 성현격언. 성종은 『경국대전』의 반포와 전세(田稅)의 관수관급제(官收官給制) 실시, 유학의 장려 등을 통해 태종대에 정비되기 시작한 조선 봉건국가체제를 완성했다.

금께 판결해주길 구하였는데, 그 까닭을 물은즉 기생 첩 하나를 놓고 서로 다투는 것이었다. 성종은 듣고, 한 나라 대신이 기생 첩 하나를 놓고 다투는 것은 쇠망한 시대가 아니고는 있을 수 없다, 그러나 내가 차마 내 대를 쇠망의 시대라 하고 싶지는 않으니 물을 것 없이 내버리라고 하였다고 한다. 그러나 아무리 묻지 않아도 있는 사실이 없어지지는 않는다. 있는 사실을 묻지 않고 무사를 가장하려는 것이 회칠한 무덤의 성격이다. 이것은 성종의 일대에 주선(朱線)을 긋는 일 아닌가?

　이 위의 두 사실은 각각 그 시대의 한 단면이다. 의인이 부끄러워하는 시대다. 의인의 책망을 들을 수 있고, 의인이 의를 위하여 죽어주기를 아끼지 아니하는 시대는 오히려 다행스런 시대다. 의인이 죽기를 부끄러워하는 시대는 참 불행한 시대다. 생육신으로 하여금 성종시대에 그럴 만한 자리에 있게 하였더라면 목숨을 바쳤을 것이다. 그러나 지금은 죽을 시기도 지나간 시대다. 그러므로 그들은 미치는 수밖에 없었다. 그리고 속이 썩은 시대는 무르익은 과일같이, 속에 병균을 잠복시켜 가지고 있는 문둥이 미인같이, 그 겉모양은 비록 아름다우나, 그 아름다움은 썩은 속의 표시밖에 되는 것이 없다. 그러므로 그 성세는 성종이 돌아감으로 끝을 맺고 그날로 곧 무서운 병이 나타나기 시작하였다.

# 23 살인의 역사

### 하늘에 귀 있다

슬픔의 소년 단종이 영월 있을 때에 자규시(子規詩)* 한 편을 읊은 것이 있다. 자기 신세도, 원통하게 죽어서 그 원혼이 두견이 되어 지금도 밤마다 피를 뱉으며 운다는 저 옛날 촉왕(蜀王)과 같다고 생각해서 지은 것이다.

> 원통한 넋 새 되어 집 잃고 나온 뒤에
> 외론 몸 짝 그림자 헤매느니 푸른 산속,
> 밤마다 밤마다 속이는 잠 잠 아니 속고,
> 해마다 해마다 다하는 한 다하지 않네.
> 소리 죽은 새벽 재에 기우는 달 희었고,
> 피 흐르는 봄 골짜기 지는 꽃만 붉고나.
> 하나님 귀먹어서 내 하소연 안 듣는데
> 수심 많은 사람 귀는 어이 그리 밝은고.
> 一自寃禽出帝宮　孤身隻影碧山中
> 假眠夜夜眠無假　窮恨年年恨不窮
> 聲斷曉岑殘月白　血流春谷落花紅
> 天聾尚未聞哀訴　胡乃愁人耳獨聰

이것은 하나님이 원망스러워서 한 말이다. 죄 없는 자기는 종내 설움 속에 날을 맺게 되었는데 자기를 짓밟은 그 악인들은 날로 잘되어만 가는 것 같아서 하늘도 무심하다 원망한 것이다. 그러나 그는 잘못 알았다. 열일곱 살의 소년으로 이슬처럼 사라지는 그 눈에

*자규시: 단종이 유배된 자신의 처지를 소쩍새(자규, 두견)에 빗대어 읊은 노래.

하나님도 귀먹었다고 본 것은 무리는 아니지만, 하나님은 결코 귀먹은 것은 아니었다. 천고청비(天高聽卑)라, 하나님은 낮은 자, 눌린 자의 하소연을 반드시 듣는다. 수난의 한국을 상징하는 이 슬픔의 소년이 견디다 못해 발하는 그 비명을 아니 들었을 리가 없다.

하나님이 귀가 먹고 그 슬픈 부르짖음을 못 듣는 것같이 보인 것은 저 자신이 슬픔의 십자가를 졌기 때문이었다. 저 자신은 어디까지나 버려진 사람으로 오직 잠잠히 그 짐을 지고 가는 것뿐이요, 그것을 풀고 갚아주는 날을 보는 것은 허락이 되지 않았다. 그러므로 슬픔의 사람 가운데 슬픔의 사람인 그도 "하나님이여, 하나님이여, 어찌 나를 버리시나이까" 하였다. 그러나 그러면서도 그는 믿었기 때문에 "다 이루었다"고 하였다.

단종도 가는 그 눈에는 보이지 않았기 때문에, 하나님은 귀먹어서 원통한 하소연을 못 듣는 것같이 보였지만, 얼마 못 되어서 그 갚음은 왔다. 성종의 태평성세에 대하여 악마 같은 비웃음을 웃는 연산의 채청사(採靑使), 채홍사(採紅使)\*, 천과흥청(天科興淸), 지과흥청(地科興淸) 하는 미친 노름에 죄 없이 죽은 수많은 백성들, 무오사화, 갑자사화, 명종 때에 들어가서 기묘사화, 을사사화, 무슨 옥(獄), 무슨 옥으로 헤아릴 수 없이 죽은 사람을 생각할 때 "내가 속히 갚으리라" 하는 성경의 구절을 누가 아니 생각할 수 있을까? 만일 누가 있어서, 세조 저 자신에 임하지 않고 단종 저 자신의 눈에 보이게 갚지 않았다 하여 정의의 심판을 부인하려는 이가 있다면 저는 섭리가 어떤 것임을 모르는 자요, 역사를 보는 눈을 가지지 못한 것이다.

그대는 정신세계의 일을 지상의 논리로 힐난하려는가? 역사를 다스리는 하나님의 영원한 경륜은 개인적 시간적 상대 도덕의 표준에 비추어볼 수 있는 것이 아니다. 하루가 천 년 같고 천 년이 하루 같은 절대의 자리에서는 개인이 있으면서도 또 전 민족 전 인류가 한 사람이다. 개인 속에서 전체를 보고 전체 속에서 개인을 보는 것이 참의 눈이다. 참에는 하나도 여럿도 없다. 나도 너도 없

\* 채청사, 채홍사: 연산군 때 아름다운 여자들을 구하기 위해 지방에 파견한 관리. 양가의 미혼처녀들도 많이 징발되었으며 뽑힌 여자는 나이와 용모에 따라 구분하여 왕이 직접 선택했다. 중종반정으로 연산군이 폐출됨에 따라 폐지되었다.

다. 과거도 현재도 미래도 없다. 없지만 또 다 있다. 그러므로 이른바 말하는 복이 복도 아니요, 화가 화도 아니며, 이른바 보았다는 갚음이 갚음도 아니다.

인생인 면에서 하면 개인의 값은 절대다. 그러나 역사적인 면에서는 단종과 세조는 딴사람이 아니요, 세조와 연산은 남이 아니다. 문제는 어떻게 하여서 전체로서의 문제를 근본적으로 해결하느냐 하는 데 있는 것이요, 개인의 행·불행에 있지 않다. 개인의 일은 개인적으로 그 책임을 묻지만, 역사적 사건의 책임은 민족적 사회적으로 묻는다.

그러므로 하늘의 갚음은 필요한 때면 그 사람에게 당장 임하기도 하고, 그렇지 않으면 몇 대 혹 몇십 대 후에 오는 수도 있다. 입으로 먹은 것의 결과는 몇 시, 몇 날 후에 내장에 나타나는 것이 아닌가? 손으로 지은 것의 값은 일생을 두고 정신상에 남아 있는 것이 아닌가? 세조의 죗값은 40년 후, 연산에게서 받아냈다고 해서 의심할 것이 무엇인가?

## 연산의 미친 연극

연산의 미친 사나움과 여러 번에 걸친 사화의 세세한 내용을 여기서 다 말할 필요는 없다. 누가 시(是), 누가 비(非), 누구는 죽어 마땅하고, 누구는 원통히 죽었음을 다 말할 필요도 없다. 죽은 사람이나 죽인 사람이나 다 같이 살인의 미친 연극을 하였을 뿐이요, 다 같이 어지럽고 얼크러진 정신상태에 빠졌던 것이다.

육신으로 하면 사람 죽인 사람이 정신으로 하면 도리어 죽은 사람이다. 또 사람이 사람을 죽이는 것이 벌써 사람의 정신을 잃은 것이지만, 사람을 죽이고 나면 정신에 이상이 생긴다. 사람 중의 사람인 의인을 죽인 나라는 정신이 어지러워지지 않을 수 없었을 것이다. 그래서 그 끔찍한 역사, 마치 사람 죽이는 것이 목적이요 취미인 듯이 미치는 그 살인의 역사는 일어나게 될 것이다. 아무리

경복궁 근정전. 연산군이 폐위된 뒤 왕위에 오른 중종은 이곳 근정전에서 즉위식을 거행했다.

보아도 이 시대의 일을 보통 똑똑한 심리를 가진 사람의 일이라고 볼 수는 없다. 학살 사건은 다른 역사에도 있고 당파 싸움도 다른 민족에도 있다.

그러나 이렇게 이유도 주장도 없이 그저 미움과 시기에서 한 것은 없다. 이것은 종교적 박해도 아니요, 정당 싸움도 아니다. 사상의 싸움도, 주의의 싸움도, 씨족의 싸움도 아니다. 하나님은 이때에 한국사람의 양심에 타격을 준 것이다. 하나님이 주었다기보다 사람이 스스로 한 결과 왔다. 의인을 모르는 그 양심은 미치지 않을 수 없다. 양심은 스스로 자기를 심판하는 것이다. 그러므로 스스로 뻔히 알면서도 사람을 죽인 양심은 미치지 않을 수 없다. 이 의미에서 하나님이 미치게 했다는 것이다.

역사적으로 하면 세조·성종 때에 무시한 양심의 결과가 연산 때의 시대 인심으로 나타난 것이다. 이로부터 사람들의 마음은 착란에 빠졌다. 삐뚤어지고 까무러쳤다. 사회가 그랬기 때문에 하나님은 변태심리의 소유자인 연산을 임금 위에 올려놓은 것이다. 그리하여 하나님은 이 미친 사람의 손을 빌려 세조·성종이 꾸몄던 평토장(平土葬)* 문화를 여지없이 심판한 것이다. 그 발랐던 분(粉)이 모두 뜯기고 그 속의 썩은 송장이 드러났다. 그것이 얼마나 거짓이요, 얼마나 값어치 없는 것인지가 백일하에 드러났다.

*평토장: 봉분을 만들지 않고 평평하게 매장함. 또, 그러한 매장.

연산 때의 불행이 세조가 지은 죄악의 결과라면 역사가들은 반대할 것이다. 곡해요, 억단(臆斷)이라 할 것이다. 그것을 모르리만큼 이성이 부족해서 이런 말을 하는 것은 아니다. 그러나 생각해보라. 그것은 근시자(近視者)의 말이 아닌가? 결코 일부러 어떤 사상을 내세우기 위하여 꾸부려 하는 해석도, 억지로 하는 말도 아니다. 연산의 인물과 그 시대를 이해해보면 알 것이다.

이미 몇 번씩 말한 대로 연산도 저도 모르게 역사의 수레바퀴를 메는 가엾은 존재의 하나다. 저는 저 자신이 벌써 한 개 역사의 심판이다. 그는 과거의 한 개 결산이다. 사람이 어느 누가 역사적 산물 아닌 자가 있으리요마는 저는 더구나 그런 사람이다. 연산이라면 곧 음탕과 무도(無道)란 말을 연상하게 되지만, 그것은 저 개인의 책임으로만 돌릴 수 없다. 그의 가슴속에는 역사적 근원을 가지는 세 줄기 악성의 피가 섞이어 흐르고 있다.

그 첫째는 잔인성이요, 그 둘째는 음탕성이요, 그 셋째는 황폐성이다. 첫째는 어머니에게서 유전해 받은 것이요, 둘째는 궁중생활에서 배워 얻은 것이요, 셋째는 사회적 영향에서 온 것이다. 그의 어머니 윤씨는 천성이 사나와서 남편 성종의 얼굴에 손톱 자리를 내던 사람이다. 그래 폐위까지 당하게 되었다. 궁중의 복잡한 생활이라, 윤씨가 그렇게 되는 데는 물론 까닭이 있겠지만, 남편, 더구나 보통 사람도 아니요, 한 나라 임금인데 그 얼굴을 할퀴어 손톱 자리를 낸다는 것은 그의 성격이 보통이 아님을 말하는 것이다. 연산은 그 유전을 받은 듯하고, 더구나 그 어머니가 폐위를 당하였다가 원통히 죽었다는 데서 어려서부터 자극이 컸을 것이다.

또 아버지 성종은 온자한 임금이었으나 낙연(樂宴)을 좋아하여 태평성대라 이름은 좋았지만 궁중에는 하루도 술 냄새, 기생의 난무가 떠날 날이 없었다. 그것을 어려서부터 보고 그 속에서 자랐으니 그 성격이 음탕하지 않을 수 없었을 것이다.

그런데다가 그 시대는 태평시대라 하여 문교가 흥왕했다 하지만 사실은 선비 사이에 벌써 서로 배척하는 풍이 생겼고, 가뜩이나 형식주의의 유교는 다른 사람을 평하는 데 매양 지독한 도덕적 시비로써 하므로, 사회는 그 반동으로 마구 놀려는 소인의 무리들이 일어나려는 기색이 있었다. 그가 학문을 싫어하고 선비를 미워하고 스스로 황태(荒怠)하게 된 것은 이러한 사회적 영향이 있어서 된 것일 것이다. 연산은 그런 인물이다. 시대의 죄악을 한데 모아 그 역사적 임무를 다하기 위하여 나온 사람이었다. 그런데 그의 등에 짐을 모아 지워준 것은 세조요, 성종이었다.

# 24 고질

### 당파 싸움의 시작

한바탕 미친 춤이 지나간 후 명종을 지나 선조 때에 이르러 역사는 평안을 보여주었다. 이황\*·이이\*\*가 나와 성리학\*\*\*이 발달되고, 전 시대에 원통히 죽은 사람들은 모두 펴주어 회복의 기운이 돌았다. 그러나 중추신경에 깊이 스며들어간 그 병은 빠지지 않았다. 한때 평온하였던 것은 결국 한번 생긴 정신이상이 처음 발작의 사나움은 가라앉은 대신 드디어 만성적으로 고질이 되는 증상에 지나지 않았다. 그리하여 3백 년간 민족의 생명력을 먹어치우고, 정신을 시들게 하고 양심을 숨막히게 하고, 생명을 깎아먹는 고치지 못할 병이 생겼다. 이른바 당쟁이란 것이다.

외국 사람이 한국역사를 읽을 때, 아마 가장 이해하기 어려운 것은 이 당쟁이라는 것일 것이다. 당쟁의 심리는 한국사람이 아니고는 알 수 없을 것이다. 이것은 다른 데서 볼 수 없는 한국에만 있는 역사적 산물이기 때문이다.

당쟁은 보통 심리에서 나온 것이 아니요, 이상심리에서 나온 것이다. 겉으로 보면 당쟁은 노소의 싸움인 듯도 하고, 정당의 싸움인 듯한 점도 있고, 신구 사상의 충돌인 듯한 점도 있으나, 아니다. 이것들은 오직 싸움의 재료와 구실이 되고 동기가 되고, 발단이 됐을 뿐이요, 그 원인은 아니다. 당쟁의 근본 원인을 캐자면 나는 삼국시대로까지 올라가야 한다고 생각한다. 왜 그런가? 원래 크던 한국민족의 살림이 이때부터 작아지기 시작하였고, 원래 넓던 한국의 마음이 이때부터 좁아지기 시작하였으며, 원래 높던 민족의 기개가 이때부터 낮아지기 시작하였기 때문이다.

\*이황(李滉, 1501~70): 조선 중기의 문신·성리학자. 호는 퇴계(退溪). 주리론적 사상을 형성하여 주자 성리학을 심화·발전시켰으며 조선 후기 영남학파의 이론적 토대를 마련했다.
\*\*이이(李珥, 1536~84): 이황과 쌍벽을 이루는 조선시대 유학자. 호는 율곡(栗谷).
\*\*\*성리학(性理學): 도학(道學), 신유학(新儒學). 남송의 주자가 집대성했다.

당쟁의 가까운 원인을 찾으면 누구나 잘 아는 대로, 성종 때에 일어난 김종직 일파의 산림파와 거기 반대하는 반산림파의 대립에 있다고 할 수 있다. 김종직은 본래 청직(淸直)하였던 인물이요, 스스로 가지기를 자못 높이 하였으므로, 서거정이 그를 시기하여, 후일 사화의 원인이 거기서 시작되었다는 말까지 있지만, 그 문화에서 나온 일파가 대개 그리하여 다른 사람을 평하는 것이 너무 심하므로 어느덧 반동의 세력을 끌어 일으키어 서로 배척하는 버릇이 생기게 되었다. 이것이 사화를 일으켰고, 그 풍이 갈수록 사회에 퍼져 선조 때에 재상으로 있다가 죽은 이준경으로 하여금 드디어 붕당이 일어나리라는 무서운 예언을 하고 가게 하였다.

이제 와보면 예언도 아니다. 이미 싹튼 것을 지적하였을 뿐이다. 그러나 당쟁의 원인 설명은 이것으로는 불충분하다. 성종 전에 벌써 당파 싸움의 경향을 볼 수 있다. 예종 때 있었던 남이의 옥사*란 것이 이것을 증명한다. 남이란 저,

서울 남산공원에 있는 이황의 동상.

> 백두산의 돌칼 갈아 닳고
> 두만강의 물 마셔 없어지리.
> 사내 스무 살에 나라 평정치 못하면
> 후세에 누가 대장부라 이르리.
> 白頭山石磨刀盡　豆滿江波飮馬無
> 男兒二十未平國　後世誰稱大丈夫

* 남이(南怡)의 옥사(獄事): 이시애의 난 진압 공로로 정치적 지위가 급격히 상승한 남이가 원로 훈신세력과 대립하다가, 세조 때 훈신세력의 모함을 받아 남이를 비롯한 신진 세력들이 제거된 사건.

의 시로 우리나라 소년들에게까지도 잘 알려져 있는 사람으로서,

금오서원. 경상북도 구미에 있으며, 김종직의 신주가 모셔져 있다.

그때 연소기예(年少氣銳)하여 인망이 자못 높았다. 이 시에도 그 기상이 잘 나타나 있다. 그런데 유자광이란 놈이 시기해 남아이십미평국(男兒二十未平國)의 평 자(平字)를 득 자(得字)로 고쳐 혁명 음모를 하고 있다고 거짓 일러바쳐서 악형 끝에 죽였다.

이제 와서 생각하면 우스운 일이다. 글 한 구를 가지고 고소한다고 그 말을 쉽게 듣고 사람을 의심한다는 것도 그렇고, 설혹 미득국(未得國)이라 하여 혁명할 생각을 표하였다기로 그것으로 사람을 죽인다는 것은 한 나라 정치로서는 너무 경솔한 것이다. 그러나 그것이 그때 사회 형편이다. 유자광은 소인이라고 지목을 받던 인물인데 그 말을 곧이듣고 한때 인망 있는 인물을 쉽게 죽여버리는 데서 그때 사회에 벌써 서로 의심하고 배척하는 경향이 들어 있던 것을 짐작할 수 있다.

사람을 죽이는 놈은 언제나 비겁한 놈이다. 제 가진 지위에 자신을 가지지 못한 자가 늘 신경과민으로 세상을 보고 있기 때문에 생기는 일이다. 그러지 않고는 일반 사회에서 신망이 있는 사람을 그렇게 죽이지는 못하는 법이다. 그러므로 남이를 죽인 것은 유자광이 아니고, 그때 사회에 있었던 불안의 공기, 서로 의심하고 시기하는 공기다. 그리고 그것은 필시 세조에서 시작된 일일 것이다. 세조는 사람으로는 못 할 짓을 했으니 밤낮 언제 원수 갚으려는 놈이 오지 않나 신경이 날카로웠을 것이요, 그 때문에 공연히 걸려들어 죽은 사람도 많을 것이다. 또 요시찰의 대상이 된 것은 특히 뜻이 높은 젊은 선비들이었을 것이다. 김시습이 미친 것도 그것을 측면에서 증명하는 일이다. 미치지 않고는 그 화를 면할 수 없었기 때문일 것이다.

성리학을 집대성한 주자.

그렇다면 이미 그때에 선비들과 정부 당로에 서는 사람들과의 사이에는 자연 나쁜 감정이 있었을 것이다. 그러한 기풍이 남이도 죽인 것 아닌가? 어쨌거나 당시 권력층에 있는 것들은 선비로부터 사람이 아니라는 지목을 받고 있거니 하는 스스로 하는 의심, 억측, 경계, 이러한 과민한 심리에서 살았을 것이다.

유자광의 뒤에는 아직 무슨 파가 있는 것 같지는 않으나 이것으로써 예종 때에 이미 조정에 그러한 분쟁당모(紛爭黨謀)의 기색이 있었던 것을 짐작할 수 있다. 그러나 이미 말한 것같이 그것은 예종 때에 갑자기 생긴 것이 아니요, 터무니없이 생사람을 많이 죽인 세조 이후의 살기 많고 음모와 무고가 성히 유행하던 거기서부터 나온 것일 것이다.

## 자기를 잃는 결과

그러나 그와 같이 깊은 뿌리를 찾아본다면 당쟁의 근본 원인은 이조시대에서만 찾을 것이 아니라 삼국시대까지 올라가야 한다. 집안일이 잘될 때는 괜찮으나 일이 잘못되어 파산의 비운을 당하게 되면 가족 사이에도 서로 싸움이 생긴다. 그때야말로 화합해야

이준경의 초상. 이준경은 국가경영에 관하여 1572년에 4가지 조목으로 된 「유소」(遺疏)를 올렸는데, 그중 붕당이 형성되는 것을 방지하지 않으면 국가가 난국에 빠질 것이라는 내용은 큰 파문을 일으켰다. 이이·유성룡 등 신진사류들은 이를 격렬히 부정하면서 붕당의 존재 자체를 부정했으나 이 예언은 몇 년 후 동서분당(東西分黨)으로 현실화되었다.

만 할 것이건만 싸운다. 그리하여 망하게 된다. 우리 당쟁도 그렇게 시작된 것이 아닐까?

흔히 당쟁의 원인을 유교에서 구하려 하는 이들이 있다. 유교가 형식적 정제(整齊)를 주장하는 가르침이므로 그런 위험성이 많이 있는 것은 중국 송대의 붕당사를 보아 알 수 있는 일이다. 그러나 그 교리 자체가 반드시 그렇다고는 할 수 없다. 확실히 유교 때문에 우리 당쟁이 더 심해진 것은 사실이나 그 근본 원인이라고 볼 수는 없다.

또 어떤 개인이나 당파에 있는 것도 아니다. 개인의 책임도 없는 것은 아니나 개인의 힘이 어떻게 수백 년에 걸쳐 민족의 역사를 지배할 수 있을까? 그 모든 것이 다 아니다. 이 책임은 전 민족이 져야 한다. 그래야만 고칠 수 있다.

민족적으로 자기를 잃어버린 것이 그 원인이다. 우리나라 역사에서는 이 자아를 잃어버렸다는 일, 자기를 찾으려 하지 않았다는 이 일이 백 가지 병, 백 가지 폐해의 근본 원인이 된다. 나를 잊었기 때문에 이상이 없고 자유가 없다. 민족적 큰 이상이 없기 때문에 대동단결이 안 된다.

민족을 묶어매는 것은 폭력이나 법이 아니고 민족적 이상이다. 뜻이 하나일 때 통일은 저절로 된다. 또 자유가 없기 때문에 당파를 짓게 된다. 당파 싸움의 목적은 작은 세력을 다투는 데 있으니 강한 자에 대하여 비굴하게 구는 놈일수록 심한 법이다. 그러므로 당쟁은 노예근성에서 나온 것이다. 망국민일수록 싸움이 많다. 그러나 나라를 찾으려면 죽기로써 서로 양보하고 한 이상을 세워 싸움을 그치지 않고는 안 될 것이다.

고구려 패망으로부터 시작하여 내리막길을 걷게 된 조선은 드디어 여기까지 왔다. 본래 순후했던 것은 비박(非薄)하여지고, 본래 청명(淸明)했던 것은 혼탁하였다. 본성이 착한 민족이 사랑의 기아를 느끼게 되었고, 의협심 많던 사람들이 질투가 그 천성을 이루게 되었다. 비열해지고, 교활해지고, 음험해지고, 나약해졌으니 하나님은 장차 이 민족을 어떻게 할 것인가?

# 25 율곡의 헛수고

### 군자냐 예언자냐

조물주가 이때에 한국을 위하여 어떤 방법을 취하겠는가를 헤아림에는, 우리 자식을 진정한 교육을 하자는 사랑을 가진 부모의 지위에 두고 생각해보는 것이 좋다. 우리가 만일 방탕한 자식을 둔 부모요, 그러고도 그 자식을 미워하여 버릴 생각을 하지 않고 어떻게 해서든지 한 개 사람을 만들어주자는 생각을 한다면 반역을 거듭하는 그 불효한 자식을 위하여 어떤 방법을 취할까?

대답은 둘이 있을 뿐이다. 그 하나는 또 한 번 좋은 말로 달래어 타이르는 것이요, 그 둘째는 뜨끔한 자극을 주어 양심의 반성을 재촉하는 일이다. 그때의 한국은 이미 타이르는 시기는 지나갔다. 그러므로 하나님이 한국을 위하여 취하신 길도 둘째 길이다. 사람은 오직 고난의 절정에서만 비로소 자기의 근본 모습으로 돌아오는 것이기 때문이다. 그 때문에 임진왜란·병자호란은 왔다. 그러나 그때 사람의 생각은 거기 미치지 못하였다.

당론이 바야흐로 일어나고 민족적 정신혼란의 상태가 아주 무서운 고질이 되어버리려 할 때, 그때에 가장 식견이 높았던 율곡 이이는 그 화를 미리 막아보려고 애를 썼다.

동서 싸움이 한번 터지자 온 조정의 신하가 거기 참여하지 않은 자가 없었고, 한때의 선비가 거기 버무리지 않은 자가 없었다. 그때에 그만이 오직 나라를 걱정하는 한 생각만을 가지고 대체로 바른말을 하면서, 혹 나아가기도 하고 혹 물러가기도 하는 동안에 남의 오해를 받았고 중상도 끊이지 않았으나, 종시 일관되게 당론을 조정하여 조정을 평안하게 하고 세상을 건지려고 힘을 써서 49세의 생애를 보낸 것은 참 놀랄 만한 일이었다.

물론 그의 인물에 관하여는 여러 가지 말이 많이 있어서 혹은 가리켜 충정(忠正)한 사람이 되지 못한다 하기도 하고, 혹은 그도 서인 편을 들었던 사람이라 하기도 하나, 역사상에 환히 남은 사실로 보아서 대체로 맑은 마음을 가졌던 인물인 것만은 부정할 수 없는 사실이다.

다른 여러 말을 그만두고, 다음의 한 말을 가지고도 넉넉히 그의 사람됨을 판단할 수 있다. 선조 처음에 그가 직제학으로 있게 되므로 그는 임금께 대하여 기대를 많이 하였는데, 드디어 그렇지 못함을 알게 되자 물러갈 뜻을 두게 되었다. 그리하여 두세 번 상소를 하여 마침내 사직이 되었다. 이것을 보고 만류하는 사람이 있어서 말하기를 "물러가기를 구하여 물러감을 얻었으니 쾌적이라 할 만하오. 그러나 사람마다 다 물러가기를 구한다면 누가 나라를 위할 사람이 있겠소?" 하였다.

이이의 동상. 서울 사직공원 안에 있다.

그 말을 듣고 그는 웃고 대답하기를 "만약 위에는 삼공(三公)으로부터 아래론 참봉에 이르기까지 다 물러가기를 구하는 사람이라면 나라의 형세는 스스로 올라갈 것이오" 하였다.

이 조그마한 이야기 중에서도 우리는 어떤 예언자적인 색채를 인정하지 않을 수 없다. 사실 그때는 예언자를 요구하는 시대였다. 그리하여 지금 빠져 있는 죄악에 대한 꺼림없는 책망과 장차 올 환난에 대한 두려운 경고를 해주어야 할 시대였다. 그러나 율곡은 예언자는 아니었다. 어디까지나 동양식의 군자였다. 하나님의 노(怒)와 의(義)와 사랑을 말해주는 이스라엘식의 예언자가 아니고 '달즉겸선천하(達則兼善天下: 영달할 때는 온 천하 사람이 다 선으로 돌아오게 하고) 궁즉독선기신(窮則獨善其身: 곤궁할 때는 혼자 자기의 신심을 닦아 선하게 한다)' 하는 것을 이상으로 삼는 유교식의 군자였다. 그러므로 그가 하려는 것은 국민적 회개가 아니고 조정(調停)이었다. 그의 양시양비론이 가장 그것을 잘 증명한다.

양비(兩非)라는 것은 동서 두 당의 싸움이 나라에 관계되는 일 아닌데 서로 싸워 조정을 평안치 못하게 하니 둘 다 잘못이라는 것이요, 그러나 둘 다 선비니 다만 화해만 하면 다 옳다는 것이 양시(兩是)라는 것이다. 이것을 증명하기 위하여 그는 백이·숙제*와 무왕이 서로 합하지 못한 것을 들어 양시라 하였고, 춘추전국시대에 의전(義戰)이 없음을 가리켜 양비의 예라 하였다.

설명으로 하면 과연 묘하다 할 수 있고 이치로써 하면 그럴듯도 하지만, 예언자는 그런 말을 하지 않는다. 그 말을 하여서 조금도 병을 고치는 것이 없기 때문이다. 차라리 그보다 일을 점점 더 그르치는 것같이 보이더라도 시시비비를 분명히 판단하여 피와 같이 붉은 것을 백일하에 드러낼 것이다. 일의 잘잘못보다도 그 정신이 잘못된 데를 때릴 것이다. 좋은 말로 화해하는 것이 아니다. 먼저 회개를 해야 하는 것이다. 사람끼리의 화해는 오래가지 못한다. 참 화해는 각각 자기와 하나님의 관계가 잘못된 것을 바로잡아야만 이루어질 수 있다. 그것이 회개요, 그 회개에 의해서만 새로 남은 있을 수 있다.

율곡은 양편을 어루만져 잘못을 유야무야 간에 비벼버리고 협화를 이루어보려 하였다. 그러나 결과는 기대와는 반대였다. 그리고 그것은 당연한 일이었다. 동서 두 편이 다 율곡을 가리켜 분명치 않다 하고, 심지어는 오국소인(誤國小人)이라고까지 하였다. 물론 그가 소인 될 리는 없다. 그러나 없는 평안을 있다 하며 어루만지려 한 그 일의 값으로는 그 욕을 먹을 수밖에 없었다. 율곡은 당론의 원인을 너무 옅고 가까운 데에서 구하였다. 이제 와서는 율곡의 수고가 쓸데없었던 것이 스스로 환한 일이 되었다.

---

* 백이·숙제: 기원전 1100년경 은말주초(殷末周初)의 전설적인 두 성인(聖人). 백(伯)과 숙(叔)은 형제의 서열을 나타낸다. 사마천에 따르면 이들은 고죽군의 아들이라고 한다. 고죽군은 막내아들인 숙제에게 나라를 물려주려 했다. 그가 죽은 뒤 숙제는 이것이 예법에 어긋난다고 하여 맏형인 백이에게 양보했지만 백이도 받아들이지 않았다. 결국 두 사람은 함께 나라를 떠나 서백 문왕의 명성을 듣고 주나라로 갔다. 그곳에서는 이미 문왕이 죽고 아들인 무왕(武王)이 문왕의 위패를 수레에 싣고 은의 주왕을 정벌하러 가려는 참이었다. 두 사람은 "아버지의 장례가 끝나기도 전에 병사를 일으키는 것은 불효이며, 신하로서 군주를 치는 것은 불인(不仁)이다"라며 말렸지만 무왕은 듣지 않고 출정해 은을 멸망시키고 주의 지배를 확립했다. 두 사람은 주의 녹(祿)을 받는 것을 부끄러워해서 수양산에 숨어살며 고사리를 캐먹고 지내다 굶어죽었다.

강릉 오죽헌. 강원도 강릉시 죽헌동에 있는 조선 중기의 가옥으로, 율곡 이이가 태어난 곳이다.

## 그의 조정안

그리고 그의 맑은 마음을 의심하지 않는 우리로서는 알 수 없는 것이 있으니 그것은 이준경의 유차(遺箚)에 대한 태도다. 이것도 필시 위와 같은 이론에서 나오는 것일 것이다. 이준경의 유차란 것은 선조 처음 영상으로 있던 이준경이 죽을 때에, 유언 4조로 임금께 올린 것을 가리키는 것인데, 그 하나는 임금더러 학문을 힘쓰란 말이요, 그 둘은 제왕의 위의를 갖추라는 말이요, 그 셋은 군자·소인을 갈라서 쓰라는 말이요, 그 넷은 지금 붕당이 있으니 속히 그것을 없애도록 하라는 것이다.

임금이 이것을 대신들에게 보이매 그 4조 때문에 문득 문제가 일어났다. 문제 일어나는 그것이 벌써 조정 안에 화기 없음을 말하는 것이요, 또 사실 이준경의 관찰이 옳다고 해야 할 것이다. 그리고 죽을 때, 그 말을 하는 그 심사는 아무리 해석하더라도 나라 걱정하는 정성에서 나왔다고 생각할 수밖에 없다. 그런데 다른 사람이 그것을 비난하는 것은 또 몰라도, 율곡 그 사람이 이것을 배척

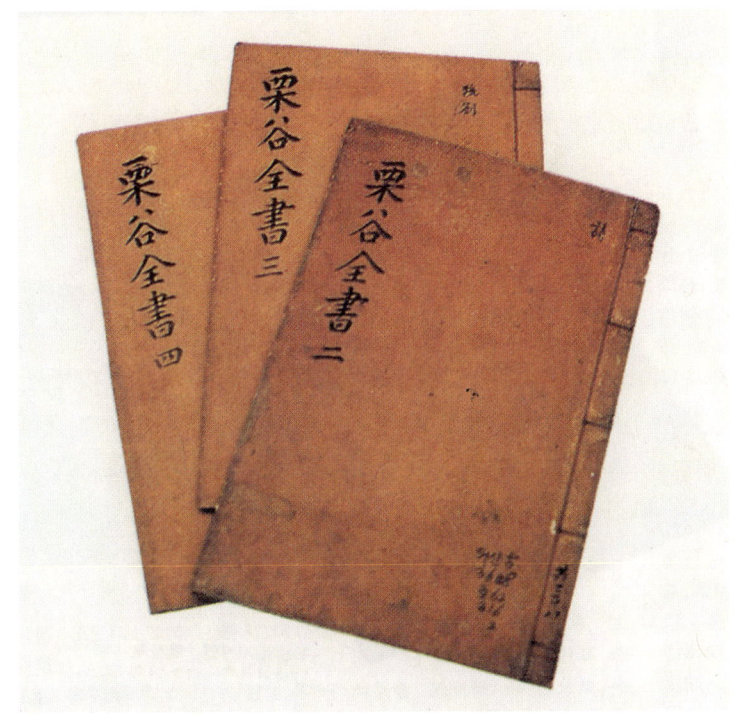

『율곡전서』. 이이의 문집을 집대성한 책으로 그의 학문·사상과 조선시대 성리학을 이해하는 데 필수적인 자료이다.

하는 「상소」를 하고, 심지어는 '장두익형(藏頭匿形: 머리를 감추고 형체를 숨기어) 귀담역설(鬼談蜮說: 귀신 같은 이야기며 물여우와 같은 설이다)'이라 하며 '고인장사 기언야선(古人將死其言也善: 옛사람은 죽을 때 그 말이 선했는데) 금인장사 기언야악(今人將死其言也惡: 지금 사람은 죽을 때 그 말이 악하다)'이라고까지 한 것은 실로 의외에도 의외라는 느낌을 금할 수 없다.

그가 실로 그때 당론이 벌어지려는 것을 몰라서 그랬을까? 준경이 죽은 것은 당론 터지기 겨우 3년 전의 일이다. 그러니 모를 리 없다. 그렇지 않으면 알고도 그랬던가? 또 준경을 정말 간악한 사람으로 알았던가? 그 인물이 그렇지 않은 줄 알고도 어떤 필요로 일부러 그랬던가? 만일 사실로 당론 분열을 몰랐다면 그것은 관찰하는 힘의 부족을 말하는 것이니 이것은 율곡의 인물을 실지로 보아서 허락되지 않는 일이요, 또 준경의 위인을 정말 간악한 줄로 알았다면 그 역시 그의 식견의 어두움을 말하는 것이니 이것도 되지 않을 말이다.

그러므로 율곡만한 사람으로 평소에 이준경의 사람됨을 몰랐을 리도 없고 그때 사태를 내다보지 못했을 리도 없는데, 준경을 그처럼 지독히 배척한 것은 알고도 일부러 그랬다 할 수밖에 없다. 만일 그렇다면 그 배후에 두 가지 이유를 추측하는 수밖에 없다. 하나는 그가 당파심에서 음해하는 수단으로 그랬다는 것이요, 또 하나는, 어떤 이들이 말하는 것같이, 준경의 어짊과 나라에 공로 있음을 모르는 것 아니나 그때 가뜩이나 당파 기분이 있는 조정에 그런 말을 하면 장차 화단(禍端)을 더 일으키는 것이 될 것이므로 그를 눌러 없애기 위하여 극력 배척한 것이라는 것이다. 그러나 삼공 이하 다 물러가기를 구하는 사람이기를 바라는 율곡으로 당파심에서 그랬다 할 수는 없으니, 그렇다면 마땅히 마지막 경우일 수밖에 없다.

만일 그렇다면 어떤가? 준경의 충심을 모르는 것이 아니요, 붕당의 분열이 숨길 수 없는 사실임을 알면서도, 될수록 불상사를 일으키지 않기 위하여 그 경고를 잘못이라 배척한다면 우리는 율곡의 의견에 대하여 어떻게 생각할 것인가? 선비들은 이것으로써 율곡을 높이 사모하는 이유를 삼는다. 그 끝내 선비를 위하는 마음, 사건을 될수록 확대시키지 말고 타협하여 원만히 해결짓도록 하자는 것, 다 어진 일이라고 한다. 그러나 과연 그럴까? 원만함을 목적으로 하는 유교식 군자의 이상으로 그것은 어진 일이었을는지 모른다. 그러나 그것으로써 진실이 얻어질까? 결코 그럴 수 없을 것이다.

첫째, 없는 평안을 있다 하며 어루만지는 것은 양편에 다 거짓을 하지 않고는 안 될 것이요, 일시 되었다 하더라도 언젠가 다시 문제가 될 것이다. 그것은 참은 아니다.

둘째는 사건을 될수록 작게 보자는 것은 나라를 위하는 마음에서 한 것은 틀림없으나 그것은 거짓이다. 율곡 자신도 결코 사건을 작게 본 것은 아니다. 준경의 유차를 그렇게 지독히 배척하는 그 일이 바로 사건을 극히 중대시하는 일이다. 그런데도 임금을 보고는 동서 싸움이 별것이 없고 조그마한 사사 싸움인데 공연히 주위의 사람들이 떠들고 또 우리나라 인심이 경박하여 그러는 것입니다 하였다. 그렇게 말해야만 사건이 작아지므로 그러는 것이라는 생각에서 한 말이겠지만, 그 어진 전술로 성공했던가? 아니다. 차라리 준경이 유차를 올린 기회에 철저히 수술을 했더라면 후일에 그렇게까지는 안 되었을 걸, 하는 생각이 든다.

셋째는 타협시켜 해결하자는 것은 결코 옳은 일이 아니다. 동서 싸움이 정말 심의겸*·김효원의 사사 감정으로 된 것이라면 혹 그럴 수 있을 것이지마는, 율곡이 당쟁의 원인을 그렇게밖에 생각 못했다면 율곡도 옅게 본 것이요, 그렇지 않고 그 원인이 깊은 줄은 알면서도 그랬다면 그때 사람의 비난대로 분명치 못하다. 그런 중병이 그러한 뜨뜻미지근한 수단으로 나을 리가 없다. 혹 성공된다 하더라도 일시적으로 꿰매는 데 지나지 않는다. 그러면 점점 더 만성적으로 뿌리를 깊이 내리게 될 것이다. 그러므로 하나님은 그것을 허락하지 않았다.

## 갑작스런 퇴장

율곡이 당론을 조정하기 위하여 애쓰는 모양을 보면 "아, 이 사람 있었도다" 하는 탄식과 함께 한 줌 눈물을 뿌리지 않을 수 없다. 죽은 사람을 팔아서까지 어루만져 화해를 시키려 애쓰는 그 모양은 마치 싸우는 두 아들을 놓고 너희는 참 의가 좋다고 달래는 어머니의 얼굴을 보는 듯하다. 그러나 하나님은 그렇게 하고 싶지 않았다. 한국사람의 착란된 심정을 너무 잘 아는 그는 그런 스스로 속이는 수단을 쓰고 싶지 않았다. 사실은 율곡 자기 입으로도 그것을 말하였다.

위의 둘째 조건에서 말한 대로 그가 임금을 보고 하는 말에 당론이란 조그만 것인데 '우리나라 인심이 경박해서' 그런다고 하였

*심의겸(沈義謙, 1535~87): 조선 중기의 문신. 인순왕후의 동생으로 척신이지만 척신에게 비판적이었다. 그러나 김효원의 이조전랑 천거 문제를 두고 급진사림파들이 척신정치를 척결하려 하자 기성사림파를 지지하는 쪽에 서서 사림파의 대립을 일으켰다. 동서 간의 대립이 심화되는 것을 우려한 이이의 「상소」로 김효원과 더불어 외직으로 밀려나, 개성유수·전라감사를 지냈다. 1584년 동인의 득세로 파직당했다. 심의겸의 집이 서쪽에 있어 심의겸파를 서인으로 불렀으며, 김효원의 집은 동쪽에 있었으므로 김효원파를 동인이라고 불렀다.

다. 거기가 중요한 것이다. 경박이라는 말을 가지고는 표현이 완전치 못하지만 아무튼 일이 벌어지는 원인을 민족적 성격에서 본 것은 옳은 일이다. 원인은 바로 그것이다. 그러므로 동기는 사사지만 당론의 원인은 결코 사사가 아니다. 민족 성격에 관한 문제다.

그런데 율곡이 그것을 어렴풋이 알면서도 분명히 붙잡지 못한 것은, 그 서는 태도가 철저하지 못한 데서부터 온다. 마땅히 종교적·역사적인 자리에서 생각했어야 할 것인데, 그렇지 않고 사사로운 감정의 충돌로 보려고 한 것이 잘못이었다. 그러므로 그의 조정이 거의 성립이 되어 양 당의 수령이 악수의 손을 내밀려 하는 순간 문득 주선 역을 하던 율곡은 퇴장하라는 명령을 받고, 일은 그 때문에 틀어지고 만다.

국민에게서 태산 같은 기대를 받았던 그가 겨우 49세의 장년으로 이제 바야흐로 수완을 나타낼 때라고 할 때에, 갑자기 역사의 무대에서 사라지고 말게 되니 섭리의 손의 움직임에 누가 아니 놀랄 수 있을까? 그의 부음이 들리매 늘 신임했던 선조는 통곡을 하여 울음소리가 밖에까지 들렸다 하며, 장례를 하는 날에 관리·시민·학생으로부터 시골 사람들에 이르기까지 몇십 리에 이어닿아 울며 회장(會葬)하고 울음소리가 들을 진동하였다 하니 그의 덕을 위해서 그렇지만, 더구나 다음에 올 역사를 보아, 서울의 자녀들이 저들 자신을 위하여 그러지 않을 수 없었다.

원만의 꿈 장막을 꿰매려던 사람은 이제 가고, 다음에 보이는 것은 끓는 가마의 연기가 남에서도 북에서도 보여 장차 저들을 휩싸려 하는 것이었기 때문이다. 한때 꿰매는 인간적인 방책을 물리치고 민족의 뇌척수 위에 철저한 수술을 더 하려는 하나님의 큰 손은 움직이었다.

아무리 생각해보아도 역사를 통한 하나님의 교육은 견디기 어려울 만큼 엄한 것이 있다.

# 26 첫 번째 환난

## 수평선 위의 검은 구름

선조 25년, 임진년 4월 13일, 서울 장안에서는 음흉과 궤사(詭邪)로 영화를 싸워 얻은 사람들이, 자다가는 끔쩍끔쩍 놀라 깨는 악몽과 섞여가며 맺는 안락의 꿈에서 아직 깨지도 않은 이른 아침, 나라의 남쪽 관문인 부산진 앞바다의 수평선 위에는 떠오르는 일륜(日輪)의 뒤를 이어 문득 한 점의 검은 구름이 움직이고 있었다.

태평한 반도 안에는 한 사람도 거기 대하여 주의의 눈길을 돌리는 사람이 없었고, 혹 있었다 하더라도 오직 풍년을 약속하는 봄비를 밴 심상한 구름으로만 알았을 것이다. 그러나 그것은 풍년 비가 아니라, 폭풍우를 실은 구름이었다. 태조의 건국 이래 2백 년의 역사를 심판하기 위하여 하나님이 보내는 폭풍우다.

태평양의 물이 햇빛의 열로 증발되어 생긴 구름과 음전·양전의 마주침으로 일어나는 뇌성으로 된 것이 아니라, 대팔주(大八洲)의 도가니 속에서 몇백 년 동안 하나님의 손이 부치시는 풍구 위에서 끓고 끓어 결정되어 나온 3십만 자루의 일본도와, 태평양 물결을 끊고 건너온 서양문명이 사랑하는 아들인 철포로써 된 것이었다.

아침 열시, 어쩔 줄 모르는 부산진 사람의 눈앞에는 그 검은 구름이던 것이 4백 척의 병선이 되어 바다를 뒤덮었고, 그 위에 깃발과 칼·창이 햇빛을 가리는 것이 나타났다. 풍신수길(豊臣秀吉)\*의 정명군(征明軍)이 쳐들어온 것이다. 큰 국난이 오는 것을 왜 그렇게도 모르고 있었을까? 나라의 관문을 지키는 책임을 진 부산첨사 정발은 이날 절영도에 사냥을 나갔다가 이 소식을 듣고야 돌아왔

\* 풍신수길(도요토미 히데요시, 1536~98): 일본 전국시대의 무장. 미천한 집에서 태어났으나 오다 노부나가(織田信長)의 부장으로 무공을 세워 출세하더니 그 주인이 죽은 뒤에 전국을 통일하여 태정대신이 되었다. 해외 침략의 야심을 품고 조선에 파병하여 임진왜란을 일으켰으나 실패했다.

선조가 그린 사군자 가운데 난과 죽.

으니, 몰라도 철저히 모른 것이었다. 이것도 다 한국역사 아니고는 못 보는 진기한 일이다. 나라를 위한 큰 계획 없는 이 백성에게 국방이 어디 있으리요?

전에 사신으로 일본을 갔다왔다한 신숙주가 죽을 때에, 이다음에 결코 일본과 사이가 나빠져서는 안 된다고 했다 하고, 율곡도 일찍이 선조를 보고 십 년이 못 되어 큰 변이 있을 터이니 군사 십만만 길러서 준비하자고 한 일이 있다. 그렇게 아는 사람의 눈에는 환난의 날이 밝게 보였건만 아직 무사한 것만 좋아하고 당파 싸움에만 열중하는 사람들의 귀에는 그것은 다 빈말로만 들렸다. 율곡이 양병론을 주장할 때, 후일 난중에 재상으로 고난을 겪게 되는 유성룡도 태평시절에 군사를 기르는 것은 화라고 반대하였다. 그도 전쟁을 겪고 난 후에야 비로소 후회하여 율곡은 참 성인이라, 만일 그 말을 들었던들 나라가 이렇게 되지는 않았으리라고 탄식을 하였다.

또 그처럼 미리 알아 준비는 못 하였다 하더라도, 명나라를 칠 터이니 길을 빌려달라 하며 여러 번 사신이 왔다갔다하는 동안에라도 정신만 차렸으면 임기응변이라도 하였을 것이다. 그러나 정신이 어지러워진 사람에게는 "명년에는 온다"고 전쟁을 미리 선언하는 적국 사신의 말도 한마디 농담으로밖에 아니 들렸다. 그러므로 태연히 베개를 높이고 있었다.

## 모든 것이 다 당론으로

그러나 그것도 또 양보하자. 눈으로 직접 보고도 스스로 손을 묶고 앉아 있었던 것은 무슨 일일까?

수길(秀吉)의 교섭이 하도 시끄러우므로 그 부동심(不動心)의 수양이 깊은 조정으로도 할 수 없이 움직이어 사정을 살피기 위하여 사신을 보내기로 하였다. 간 것은 김성일*·황윤길 두 사람이었다. 그러나 급기야 돌아와서는 두 사람이 하는 보고가 서로 반대다. 황윤길은 말하기를 "그 눈빛이 번쩍번쩍한 것이 과연 재주와 용맹이 있는 사람 같더라" 했고, 김성일은 말하기를 "그 눈이 쥐눈 같아 족히 두려울 것이 없더라" 하였다. 뉘 말을 믿어야 할까? 물론 바르게 본 것은 황이다. 그러나 모든 것이 다 당파로 결정되지 않으면 안 되었다.

황은 서인(西人)이요, 김은 동인(東人)이므로 동인이 세력을 잡은 그때에 김의 말이 옳은 것으로 선 것은 물론이다. 이제 우리는 임진·정유 8년 동안 욕을 본 원인이 무엇인지를 알았다. 모든 것이 다 이 변태심리에서 나오지 않은 것이 없다.

그러나 독자는 다시 더 한마디를 들어보면 어떠한가? 유성룡이 김성일을 보고 "그대 말이 황과 다르니, 만일 왜가 정말 오면 어찌 할 터인가?" 하고 물은즉 김성일의 대답이 "나 역시 어찌 왜가 종내 오지 않으리라 할 수 있소마는, 황의 말이 너무 지나친 듯하고 마치 왜가 사신의 뒤를 따라오는 것 같아 인심이 흉흉할 터이므로 그리하였소" 하였다. 모른 것 아니었고 못 본 것이 아니었다. 장차 올 환난을 직접 가서 눈으로 보고 왔다. 그러나 그들에게는 이따가

풍신수길(도요토미 히데요시)의 목상.

*김성일(金誠一, 1538~93): 이황의 문인으로 선조 23년 (1590) 통신부사로서 황윤길과 함께 일본에 건너가 동인의 입장에서 일본이 침략할 우려가 없다고 보고했다. 임진왜란이 일어나자 잘못 보고한 책임으로 처벌이 논의되었으나, 유성룡의 변호로 화를 면했다.

김성일의 패도·철퇴·안경과 안경집 등 유품.

내일 오는 환난보다 지금 이 시간에 누리는 안락과 권세가 더 중하였다.

술, 계집을 즐기던 황윤길이 사신으로 갔다온 뒤로부터 일체 그것을 끊고, 재물을 팔아 좋은 말을 사며 밤낮으로 말타고 활쏘기를 연습하며 "큰 난이 장차 오는데 사내가 나라에 몸을 바쳤으면 그저 죽을 수 없다" 하는 것을 보고도, 황의 말대로 하면 판국이 뒤집히어 서인이 주장하는 세상이 될 터이지 하는 것이 김성일의 머리에 떠오른 생각이요, 황은 서인이지 김은 우리 동인이지 하는 것이 나랏일 맡은 대신들의 마음이었다. 망국민이다.

김성일의 말보다 더 교묘하게 망국민의 심리를 그려낼 수 있는 시인, 화가가 어디 있나? 평안 평안, 안락 안락, 마치 주린 거러지가 비웃음과 욕과 짓밟고 때림과, 그 밖의 무엇과 바꾸어서라도 한 덩이 찬 밥을 구하는 모양으로, 고난 가운데 부대껴온 이 민족은 한 찰나의 안락을 바꾸어 얻기 위하여 정신차릴 겨를이 없었다.

그러므로 급해지는 풍운의 대세를 본 조헌*이 우유부단한 외교

*조헌(趙憲, 1544~92): 조선 선조 때의 문신·학자. 임진왜란 때 의병을 일으켜 금산서 싸우다 7백 의병 및 아들 완기와 함께 전사했다.

를 보고 분을 참지 못해 단연한 국책을 세워야 한다고 상소하여도 감사가 도무지 위로 올려보내주지 않았고, 고향 옥천에서 걸어서 올라와 임금께 직소한즉 미친 사람으로 대접하였고, 몇 해를 참다 못해 또다시 서울로 올라와 도끼를 가지고 대궐 밑에 엎디어 아니 들으시려거든 이 도끼로 신의 목을 찍으소서, 한즉 길주에 귀양으로 갚아주었다.

난이 나던 바로 전해 신묘에 일본 사신 현소(玄蘇)가 또 왔다는 말을 듣고 헌(憲)이 안타까움을 참지 못하여 또다시 올라가 그 사자를 베고 단연한 방책을 취하기를 말한즉, 염치없는 놈이라 하여 내버려두어, 정원 밖에서 명령을 기다리기 사흘을 하되 본체만체 하였다. 불길같이 솟아오르는 분을 누를 길 없어 궁문 주춧돌에 머리를 부딪혀 피가 흘러 눈물과 한데 섞여 쫙쫙 흐르는 것을 보고는 공연히 스스로 괴롭게 한다 비웃었다.

헌은 할 수 없이 "명년에 산골로 도망을 할 때는 내 말을 생각할 거다" 하는 한마디 예언을 내던지고는 고향으로 돌아가 홀로 걸음걷기를 연습하였다. 남이 물으면 대답하기를, "명년 왜란 때 효험을 볼 것이라"고 하였다. 이러한 모양이었다. 다가오는 환난을 향하여 짐짓 내 손으로 눈을 가리고 없는 평안을 있다 스스로 속이면서 순간의 안위를 탐하고 있는 동안에 이 무서운 심판의 폭풍은 온 것이다.

## 하나님이 보낸 사람

적군은 가는 곳마다 대적이 없었다. 두루마리를 말듯 8도를 휩쓸었다. 밀물같이 밀려드는 그 군대 앞에는 울고, 부르짖고, 아우성치고, 넘어지고, 짓밟히며, 찍히며 쫓기는 무리의 흰 거품이 떴을 뿐이요, 뒤에는 비린 냄새와 검은 재밖에 없는 거친 들이 남을 뿐이다. 명나라를 칠 길을 빌리노랍시고 어리석은 민족을 농락하며 내왕하는 동안에 우리나라 방방곡곡을 다 탐지하여둔 지리니 거칠 것이 없었다.

부산에 올라온 지 반 달이 못 되어 서울이 떨어지고, 뒤이어 평양 이북의 서북 한 모퉁이를 남기고는 조선 8도가 그 말발굽에 밟히지 않은 데가 없었다. 임금은 의주로 피난하고, 대국을 향하여 한 목숨을 건져달라고 애원하는 사자의 허둥지둥대는 발길이 압록강을 건너게 되었다.

8년 풍진의 자세한 이야기를 한다 해도 그것이다. 요컨대 패요, 욕이요, 빼앗김이요, 밟힘이요, 죽음이다. 그러나 섭리는 또 한국을 완전히 역사 무대에서 몰아낼 예정은 아니었다. 그러므로 그 환난 중에도 한 줄기 살길을 예비하기를 잊지 않았다. 충무공 이순신으로 하여금 지키게 한 바닷길이다. 만일 이 한 길이 아니었던들 오늘 역사의 이 무거운 짐을 지는 우리나마 없었을 것이요, 하나님이 이 한 사람을 이 나라에 주지 않았더라면 그 한 줄기 길은 없었을 것이다. 8년 동안이나 사나운 위력을 부리던 그 군대가 아무 소득 없이 명예스럽지 못한 퇴군을 한 것은 오로지 이 바닷길 하나를 얻지 못하였기 때문인데, 그 생명선을 지킨 이는 실로 우리 충무공이다.

이순신의 영정.

사람들은 이순신을 사모하되, 그가 한국사람을 위하여 만장의 기염을 토하였다 해서 그리한다. 과연 우리를 업신여기는 자들도 저를 말할 때에는 "조선에도 이런 영웅이 있었다"고 한다. 또 어떤 사람은 저가 세계에서 맨 처음으로 철갑선을 발명하였다 해서 그를 칭찬한다. 과연 그 거북선은 신기한 것이요, 그 빛나는 전공의 태반은 이 거북선에 있다 할 것이다. 또 어떤 이는 그 인격의 높음을 흠모한다. 과연 그는 원(原) 조선사람의 씨를 전한 사람이다. 효성이 있고, 의기 높고, 사(私)를 죽이며 공(公)을 살리고, 충의의 사람이요, 청절의 사람이었다. 전진에 있으매 7년 동안 여자를 가까

「동래부순절도」. 1592년 4월 15일 동래부에서 벌어진 조선과 일본 간의 전투상황을 담은 그림이다. 동래부사 송상현과 군민들은 갑자기 들이닥친 일본군에 맞서 최후까지 항전을 펼쳤다.

이 아니하였다 하며, 백성을 사랑하기를 손발같이 하였다. 그러나 그것만이 아니다.

    나는 그를 하나님이 보낸 사람이라 믿으므로 그를 생각하며 감격의 눈물을 못 금한다. 그는 하나님이 이 백성을 위하여, 이 망할 민족, 이 짓밟힌 씨올을 살리기 위하여 세운 사람이었다. 저는 당쟁

「귀선도」(龜船圖). 세계에서 처음으로 철갑선을 발명했다 하여 사람들은 이순신을 칭찬한다. 과연 그 거북선은 신기한 것이요, 그 빛나는 전공의 태반은 이 거북선에 있다 할 것이다.

의 더러운 진흙 위에 우연히 떨어진 한 송이 연꽃이 아니요, 깊고 깊은 그 진창 밑에 살아 있는 뿌리에서 나온 연꽃이었다. 그에게서 이 민족의 면목만 아니라, 그 사명이 구원되었고, 그로 인하여 이 민족의 재지가 드러났을 뿐만 아니라, 살아 있는 양심이 드러난 것이다. 더구나 그의 마지막을 보고 우리는 그가 하나님이 세운 사람이라는 생각을 한층 더 가지게 된다.

8년 전쟁에 공로가 있다면 그가 제일인데 그는 왜 개선장군이

> *삼척서천 산하명동: 이순신 장군이 자신의 두 자루의 칼에 명명한 이름.

되지 못하고 마지막 한 싸움에서 비장한 순사를 하지 않으면 안 되나? 왜 공을 세우기만 하고 영예를 거두지는 못하였나? 다름이 아니요, 영원의 승리자가 되기 위하여서다. 저는 받기 위하여, 누리기 위하여 있던 이가 아니요, 주기 위하여, 바치기 위하여 왔던 이였다. 하나님은 이 백성을 멸망에서 건지기 위하여 이 위대한 혼을 한때 빌리신 것이다. 그러므로 그는 개선장군이 되고 공신이 되어 집을 짓고 부귀를 누리지 못한 것이요, 한국도 그를 오래 둘 수 없었다. 그때 한국은 저와 같은 숭고한 혼을 가진 사람이 부끄럼없이 영예로운 생활을 하기에는 너무나 더러운 곳이었고, 오직 저의 희생을 얻어 겨우 멸망을 면하였으면 족하였다.

처음 임진란 때 조선사람의 씨가 없어지지 않은 것은 실로 그의 공이라 하겠는데, 그 전쟁이 한때 지나간즉 조정에서 그에게 준 것이 무엇이었던가를 기억하고, 다음에 만약 정유란 후 개선장군으로 돌아왔다면, 무엇으로 대접하였겠는가를 상상해보라. 그때 조정에서 저에게 준 것은 밧줄과 악형과 매국노라는 이름이었다. 정유 후에 살아 돌아왔다면, 모르기는 하거니와 유배나 사형이 기다리고 있었을 것이다. 그러나 하나님은 이것을, 이 아까운 혼을 위해서나 또 이 민족을 위해서나 차마 허락할 수 없는 것이었다. 그러므로 그는 그 사명의 마지막 싸움을 다 싸우고 이 민족의 구원이 확실해지자 곧 그 전장에서 삼척서천(三尺誓天) 산하명동(山河鳴動)*의 애도(愛刀)를 손에 든 채 불려가버리고 말았다.

## 전쟁의 참혹함

그와 같이 특별한 섭리로 멸망만은 면하였으나 이번 전쟁으로 나라는 말할 수 없이 비참에 빠져버렸다. 전쟁으로 인하여 죽은 생명만 해도 수를 알 수 없고, 산업이 모두 망가졌는데, 흉년과 염병이 겹쳐 왔으므로 각 도 백성이 모두 유리(流離)하게 되었다.

산과 들의 풀뿌리, 나무 껍질도 다 먹고, 길거리에서 대낮에 인

상식(人相食)을 하고, 주검이 들에 널리었다. 서울에는 수구문 밖에 내다버리는 시체가 산같이 쌓여 높기가 성 높이보다 더 몇 길이나 되고, 그것을 처리하는 데 1년이 넘게 걸렸다. 전쟁이 난 2년 후인 갑오 여름에는 황소 한 마리 값이 불과 쌀 서 말, 가는 무명 한 필에 겨우 좁쌀 두서너 되에 지나지 않았으며, 보물 같은 것은 팔려야 살 사람이 없고, 사람이 죽으면 그 살을 서로 다투어 뜯어 먹었다고 한다.

나라에서 싸움이 난 지 불과 1년에 국고가 말라 벼슬 팔기를 공공연히 허락하여 쌀 백 섬에 삼품, 서른 섬에 오품, 나중엔 열 스무 섬이면 가선당상(嘉善堂上)에 올린다 하지만, 원하는 사람이 없었다. 그런데 적군은 약탈을 하고, 이른바 구원하러 왔다는 명군(明軍)은 백성의 것을 마구 빼앗고 전국의 소·돼지·개·닭은 명나라 군사가 다 잡아먹고 농사에 쓸 것조차도 없었다. 술이 취한 명병이 길에 토악질을 하니 사람들이 서로 달려들어 다투어 주워 먹고, 약한 놈은 그것도 못 먹어 울부짖으니, 이것이 사람의 세상인가? 아귀의 지옥인가? 읽는 사람은 기억해야 한다. 우리는 이 지옥에서 죽지 않고, 죽으려 해도 못 죽고 살아남은 사람의 자손임을.

생명처럼 야속한 것은 없고, 생명처럼 무서운 것은 없고, 생명처럼 또 엄숙한 것이 없다. 동무의 시체라도 깎아먹고 살지 않으면 아니 되고, 거기서라도 살아난 자는 또 자녀를 낳고 또 밭 갈고 또 싸움하지 않으면 안 된다. 저주받은 운명이 아닌가? 그러나 천 년을 두고 매맞고, 짓밟히고, 조롱받고, 속임당하는 이 백성을 이와 같은 지옥에 몰아넣고, 부러지고, 찢기고, 피 흘리고, 허덕이며, 겨우 기어나올 만한 구멍 하나를 남겨놓고는 발로 차고, 채찍으로 후리며 몰아내는 조물주는 대체 이 백성을 가지고 무엇을 하자는 것인가? 망하란 말인가? 흥하란 말인가? 망하라 하는 것이라면 이렇게까지 고난을 겪으며 살게 할 것이 없을 것이요, 산 이상은 할 일이 있을 것 아닌가?

그렇다, 할 일이 있다! 이 환난으로 인하여 맑고 철저한 자아의

식으로 돌아옴이다. 이것을 보자는 시험이다. 하나님이 고대하는 것도 그것이요, 우리가 반드시 알아야 하는 것도 그것이다. 이 환난은 그들에게 무엇을 가르쳤던가?

## 민중의 반항

여기 대하여 먼저 반응을 보인 것은 역시 씨올이었다. 마지막에 믿을 것은 씨올밖에는 없다. 대신들이 어쩔 줄을 모르고 돌아가는데 씨올들은 맨주먹을 가지고 나라를 건지려는 운동을 일으켰다. 곳곳에서 일어난 의병이다. 물론 의병이라야 빛나는 전적을 낼 수는 없고, 한갓 푸른 피를 거친 들 위에 쏟았을 뿐이다. 그러나 밟혀서 꿈틀거리는 버러지의 고민같이, 습격을 받으면 반드시 대적을 쏘고 죽는 꿀벌의 반항같이, 이것은 그들이 살았노라는, 살겠다는 생활의식, 생존권의 주장을 나타낸 것이라는 데서 의미가 크다. 몇백 년 두고 예의지방(禮儀之邦)이라는 허울 좋은 이름에 팔려 쓸데없는 허식과 구구한 소절(小節)의 무거운 짐을 지느라 뼈가 빠지고 의기가 상실된 이 씨올도 이 강한 자극을 받고는, 혼수상태에서 의식을 회복하려는 중병인처럼, 한 소리 높이 부르짖은 것이다.

지사(志士) 여남은 사람을 모아가지고, 처자의 옷까지 벗겨가지고, 군사를 모집하여 가장 먼저 의병을 일으킨 자칭 천강홍의 대장군 곽재우\*, 백수서생(白首書生)으로 일어났다 삼부자가 다 충의 전사를 함으로 삼종사(三從死)란 말을 듣는 고경명\*\*, 외로운 진주성을 지키다가 마침내 형세가 이롭지 못하자 부자가 서로 안고 촉석루 아래 푸른 피를 뿌린 김천일\*\*\*, 비분강개하여 미친 선비라는 말을 들으며 7백 의사를 거느리고 금산을 지키다가 형세 외로워 칼은 부러지고 화살은 다하고 나중에 붉은 주먹으로 총창에 육박하다가 7백이 하나도 그 지키는 자리를 떠남이 없이 한곳에서 거꾸러져 의사총(義士塚)을 쌓은 중봉(重峯) 조헌……, 이들은 모

---

\* 곽재우(郭再祐, 1552~1617): 임진왜란 때의 의병장. 의령에서 의병을 일으켜 큰 공을 세웠다.
\*\* 고경명(高敬命, 1533~92): 조선 중기의 유학자·의병장. 임진왜란이 터지자 7천여 명의 의병을 거느리고 북상하던 중 관병과 합세하여 금산을 공격하다가 전사했다.
\*\*\* 김천일(金千鎰, 1537~93): 조선 중기의 문신·의병장. 1593년 6월 진주싸움에서 관군·의병의 지휘관인 도절제로서 항전했으나, 10만에 달하는 적군의 공세로 성이 함락되자 남강에 투신 자결했다.

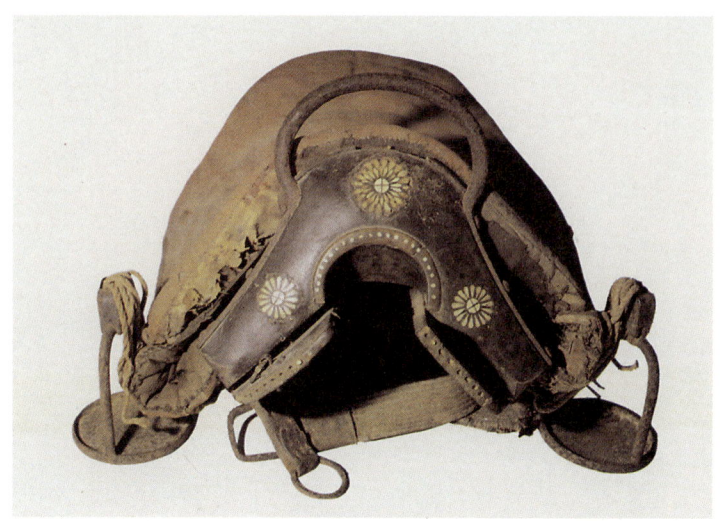

의병장 최문병이 사용하던 안장.

두 이 수없는 무명의 영웅들을 대표하는 사람들이다. 씨올의 외침이다. 부딪치는 사나운 물결 속에 우뚝 서 있는 큰 바위같이, 이 어지러운 사회에서 그들은 밑에 있는 생명의 화산맥을 드러내는 것이다.

## 전쟁에도 아니 없어진 것

민중은 그와 같이 맑은 정신이 드는 기색을 보였는데, 나라의 지배자와 지도계급은 여전히 가위에 눌려 있었다. 그 맥빠짐과 그 당파심만은 그대로 계속되었다.

무수한 인명을 잃고, 국재(國財)를 다 써버리고, 문헌과 예술품도, 모든 문화 유산을 수없이 잃어버렸는데, 이것만은, 이 당파 싸움만은 아니 잃었다. 환난의 의미가 이것을 쓸어버리는 데 있는데, 이것만은 도리어 남았으니 이상한 운명의 역사 아닌가? 나라 그르친 책임을 서로 미대어 그것으로 옛날의 묵은 원수를 갚으려는 그런 더러운 꼴을 냈고, 국경 한 모퉁이에 몰려서 구차한 목숨을 보존하면서도 공을 세우는 사람이 있으면 서로 시기하여 제 당의 세력을 지키기에만 급급하였다.

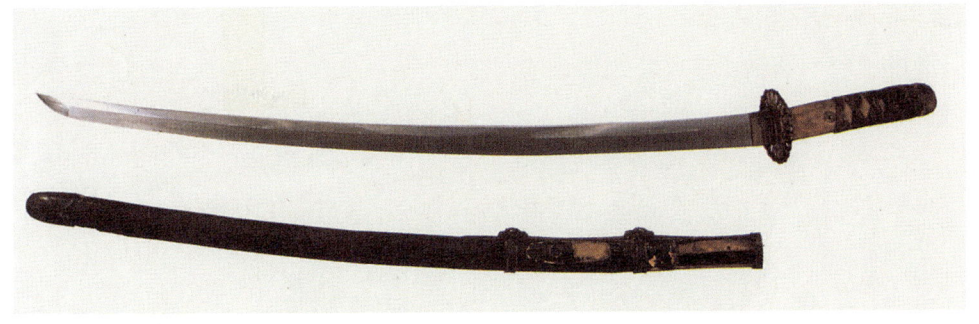

곽재우 의병장이 사용한 칼.

그래서 선조로 하여금 애타는 풍자를 하게 한 것이다.

國事蒼皇日　誰爲李郭忠
去邪存大計　恢待伏諸公
痛哭關山月　傷心鴨水風
朝臣今日後　寧復更西東

나랏일이 어지러운 때에 누가 옛날 당나라 어려울 때 충성을 다하여 나라를 구하던 이광필·곽자의 같은 충성을 다하겠느냐? 서울을 버리고 쫓겨는 왔으나 그래도 그것은 나라를 도로 찾자는 큰 뜻을 품고 한 것이니, 나라 회복은 오직 여러 사람을 기다릴 뿐이다. 관산의 달을 보아도 통곡이 나오고 압록강 건너오는 바람을 쐬어도 마음이 상할 뿐이로다. 여러 사람들아, 이 부끄럼, 이 쓰라림을 당하게 된 것은 다들 나라 생각 않고 당파 싸움만 하였기 때문인데, 이런 일을 당하고도 또 동인이요 서인이요 하겠는가, 하는 고충의 말이다.

그렇건만 그들에게는 이것은 반대로만 들린 듯하였다. 겨우 죽기를 면하고 의주에서 돌아와서는 싸움은 더 심각해졌다. 철학·종교에는 심각하지 못한 사람들이 당파 싸움에는 참 심각하였다. 저쪽을 꺾으려 의논을 할 때는 참 털을 불며 허물을 찾고, 산 사람, 죽은 사람, 새 일, 묵은 일 할 것 없이 그저 파 들추는 것이었다. 그리하여 동인이 갈라져 남인·북인*이 되고, 서인은 갈라져 노·소**

*남인·북인: 조선 선조 때 동인에서 갈려나온 붕당.
**노·소: 서인에서 갈려나온 노론·소론. 노론은 시파(時派)와 벽파(僻派)로 나뉜다.

가 되고, 북인은 또 대·소*로 갈리고, 그다음을 내려가면 또 파에서 파가 생겨 서로 얼크러져 싸우는 것이었다.

그랬기 때문에, 전후 정치계에 아무 기대할 것이 없었기 때문에, 곽재우로 하여금 난리 후 3년 경자에 '국세급급호태재'(國勢岌岌乎殆哉: 나라의 상태가 매우 위태롭다)의 「상소」를 올리게 하였다. 그래도 소용이 없으니 "고양이 기름은 쥐를 잡기 위한 것이니 도둑이 평정되었으면 내 할 일은 없다" 하고 벼슬을 버리고 산속에 들어가 벽곡(辟穀)을 하며 그는 여생을 마치었다.

또한 그 시대에 그 사람으로 하늘이 냈다 생각되던 김덕령을, 타고났던 그 절세의 용재를 한번 나라를 위해 써보지 못하고 삼일삼야 무등산을 울리고 다듬어냈다던 그 삼척 장검, 두 허리에 차고 다니던 좌우 백 근의 쌍철추(雙鐵椎)를 한번 마음껏 써보지 못하고 턱없는 이몽학의 모역에 참여하였다는 혐의로 몰아 때려죽이고 만 것도 이놈의 당파 싸움이다.

못생긴 놈들이 인물이 조금 뛰어난 것이 보이면 저런 사람을 두었다가는 우리가 아무것도 못해먹는다 하는 생각에 갖은 수단, 갖은 간계를 다하여 죽이고야 마는 것이 우리나라 지배계급의 버릇이다. 이 때문에 우리나라는 인물 기근에 빠졌고, 그것이 우리나라 형세가 점점 줄어들어가는 큰 원인이다. 선조는 이 파쟁관계로, 태자 결정 문제 때문에 말년이 불행했고, 광해 때에 일어난 궁중의 여러 비극, 몇 차례의 옥 사건, 임금이 폐위를 당하게 되는 모든 일이 이 얼크러진 파쟁 때문이다.

이리하여 사회의 밑층에서 일어나려던 각성운동은 오래된 고질 때문에 숨이 막혀버리고, 역사는 다시 지나온 바퀴 자리로 거꾸로 구르게 되었다.

*대·소: 북인에서 갈려나온 대북과 소북. 조선 선조 초기에 동서분당이 일어났고, 1591년에는 세자책립 문제로 서인 정철이 정권에서 물러나고 동인이 집권하게 되면서 서인의 탄핵문제를 두고 강경파인 북인과 온건파인 남인으로 분립했다. 그리고 임진왜란 이후 집권하게 된 북인은 1599년 홍여순이 대사헌으로 천거되었을 때 정랑 남이공이 반대한 일을 계기로 다시 대북과 소북으로 분당했다.

# 27 두 번째 환난

### 전쟁의 뜻

전쟁의 의미는 전장에서 다 되는 것이 아니다. 전장은 무력의 승부를 결정하는 곳이지만, 무력의 겨룸만이 전쟁이 아니다. 누구나 오늘날 세계의 형편을 아는 사람이라면 파리 강화회의로써 세계 대전이 끝난 것이 아님을 모를 리가 없다. 날마다 신문은 전장 아닌 정부, 공청, 공장, 농장, 탄광에서 계속되는 싸움 모양의 보고로 가득 차 있다.

만일 전쟁의 의미가 전장에서 다 되는 것이라면 아시리아는 메소포타미아의 영원한 제국이 되었을 것이요, 나폴레옹은 세계의 지배자가 되었을 것이다. 그러나 그렇게 되지 않은 것은 전쟁이 총칼을 사귀는 일만이 아니기 때문이다.

전쟁의 의미는 전쟁 때보다도 전쟁 후에, 전장보다도 학교와 공장과 농터와 가게에 있다. 침략자에게나 방어자에게나 다 말할 것 없이 전쟁은 한 큰 국민적 시련이라는 데 그 참뜻이 있다. 적국의 땅을 빼앗고 사람 죽이기를 마음대로 하는 것이 승리자가 아니라, 이 시련으로 일단 정신의 향상을 얻는 국민이 참 승리자요, 땅을 잃고 배상을 낸 것이 진 자가 아니라, 이 시련에 낙제하고 정신이 내려가는 국민이 정말 진 자다. 로마 제국이 무너진 것은 도리어 전쟁으로 사방을 정복하였던 것이 그 원인이 아니며, 독일이 일어선 것은 도리어 프랑스 군대의 짓밟힘을 당하는 가운데 된 것이 아닌가? 휴전 조약으로 전쟁이 끝난 줄 아는 국민은 이겼거나 졌거나를 말할 것 없이 어리석은 국민이다. 전쟁 후에 하는 일이야말로 중요하고 힘든 일이다.

임진·정유의 난에 역사가 한국민족에게 요구한 것은 풍신수길의 군사를 이기라는 것이 아니었다. 어떤 재주를 부려도 그때 한국이 그 정예군을 이길 수는 없었다. 그것은 몇백 년 전국시대에 다듬어지고 다듬어진 군대요, 또 서양에서 온 새 무기를 가지고 있었다.

그것은 한국을 심판하기 위하여 처음부터 준비된 것이었다. 우리 할 일은 그 군대, 그 무기를 꺾는 것보다도 전쟁 그것, 환난 그것을 이기는 것이었다. 거기서 견디어내는 것, 그것을 삼켜 넘기는 것, 그것을 삭여내는 것, 그 불과 피의 풀무 속에서 국민적 정신을 깊이 하고 깨끗이 하는 것이었다. 그 국난이 온 의미는 죄악의 길에서 발길을 돌려 나오는 일이었다. 단순한 무용(武勇)만 아니라 머리를, 전략만 아니라 슬기를 얻자는 것이었다. 시대를 읽는 사안(史眼), 자아를 살리는 이상을 요구한 것이었다. 그것이 전후의 살림에 나타났어야 할 것이었다.

그러나 위에서 말한 대로 한국은 낙제했다. 『임진록』(壬辰錄)*을 낳고 사명당을 낳는 씨울은 반드시 무감각하였던 것은 아닌데, 위에는 한 사람 구천(句踐)**도 범려(范蠡)도 없었기 때문에 그 기운이 건전한 부흥운동이 되지 못하고 한낱 감정에만 그치고 말았다. 그러므로 정의의 값을 받아내기에 인색하고, 끈덕진 하나님은 요구하는 바른 대답이 나올 때까지 묻기를 그치지 않기로 하였다. 인조 14년 만주에서 일어난 청 태종을 보내어 임진란 때 터진 머리에 피가 채 마르기도 전에 두 번째 타격을 주었으니, 선조 31년 수길의 군사가 물러가던 때부터 겨우 40년이다.

경남 밀양 표충사에 소장되어 있는 사명당의 영정.

*『임진록』: 작자·연대 미상의 고전소설. 임진왜란을 거치며 체험되고 전승된 전쟁 설화가 기록된 것이다.

** 구천: 중국 춘추시대 월(越)의 왕. 월은 구천의 아버지 윤상 때부터 인접국 오(吳)와 숙적관계에 있었다. 아버지가 세상을 떠난 뒤 구천은 쳐들어온 오왕 합려를 격퇴시키는 쾌거를 올렸다. 그러나 다시 침략해온 오에게 패하고 회계산에서 굴욕적인 강화를 맺어야만 했다. 그 뒤 명신 범려와 함께 군비를 증강하고 힘을 키워 끝내 오를 물리침으로써 복수에 성공했다.

청 태조 누르하치의 즉위식 광경.

## 청의 일어남

그동안에도 한국을 위하여 반성의 기회가 없었던 것은 아니다. 임진란 후에 동양 정국은 실로 풍운이 오락가락하는 때였다. 이때에 한국민족이 한번 크게 비약을 해보려면 할 수 있는 때였다. 풍신이 세계적 영웅인지 아닌지는 별문제로 하고, 그가 큰 역사적 일을 하려고 세움을 입은 사람이었던 것은 분명하다. 그는 역사상 이따금 보는 새 시대를 위한 청소 작업을 하는 인물의 하나. 졸병 출신으로 동양 천지의 풍운아로 올라갔다가 하루아침에 갑자기 떨어져 몸과 사업이 한 가지로 무너지고 마는 그는, 그 자신 세상 하직의 노래에 읊은 그대로다.

맺히었다 지는 풀 위의 이슬 같은 이 나,
나니와의 모든 일은 꿈속의 또 꿈인 듯.

저는 알렉산드로스, 칭기즈 칸, 나폴레옹 하는 종류에 속하는 운명의 인물이다. 어제의 스탈린도 그것이요, 오늘의 모택동도 그것인지 모른다. 그러나 그의 눈에 꿈속의 또 꿈같이 허망한 것으로 보였던 그 일은 역사에서는 없지 못할 큰 뜻을 가지는 일이다. 새 시대를 위하여 낡은 것을 될수록 사정없이 깨끗이 쓸어 치우는 일. 일본 강호시대(江戶時代)* 3백 년 태평시대를 마련한 것도 그요, 명나라에 치명의 일격을 가하여 만주 천지에 시대 바꿈의 저기압을 빚어놓은 것도 그다.

이때에 일본민족은 몇천 년 대륙에서 건너오는 역사의 물결에서 늘 수동적인 자리에만 있던 것이 비로소 능동적 반발의 형세를 취하려 하는 것이었다. 그러니 앞으로 일이 있을 것은 정한 일이다. 다음의 러일·청일의 전쟁, 만주사변, 중국사변이 다 그것이다. 그러니 덕천막부(德川幕府)**가 언무수문(偃武修文: 문치를 숭상하고 무비를 억제함)의 정책을 취하여 쇄국을 하는 것이 좀 이상은 하나, 그것은 장차 그 역사적 활동을 위하여 민력을 기르느라 그런 것이라고 하면 이상할 것도 없다.

그러한 역사의 대세를 살펴본다면 이때에 이 신산(辛酸)한 경험을 한 한국이, 아무리 덕천막부가 잠잠하고 온순한 듯이 보이기로서 그저 생각 없이 지나갈 수는 없는 때다. 명나라가 본래 만주에 대하여는 완전한 통치를 하지 못하고 겨우 부락의 추장들을 달래어 외번(外藩)***으로 다스려오던 것인데, 임진왜란 당시 조선에 출병하여 나라힘을 많이 써버린 후로는 점점 더 통치할 힘이 없어 그냥 내버려둔 상태였으니, 이때에 한국사람으로서 만일 임진왜란에서 받아야 할 교훈을 정말 받았다면, 조상의 땀이 배고 피가 흘렀고 뼈가 묻힌 이 만주를 한번 찾아, 거기 민족으로 갱생하자는 큰 계획을 세워볼 만한 형편이었다. 그런데 종내 그것을 몰랐다. 한두 번 시세가 와서 옆을 찔렀지만 손을 묶고 앉아 응하지 않았으니 참으로 뒤의 사람으로 하여금 통탄을 금치 못하게 하는 바다.

* 강호시대: 에도시대 또는 도쿠가와 시대라고도 한다. 도쿠가와 이에야스가 막부를 세운 1603년부터 1876년까지 265년간을 가리킨다. 정권의 본거지가 에도(江戶, 오늘의 도쿄)에 있었으므로 이렇게 부른다.

** 덕천막부: 도쿠가와 막부. 도쿠가와 이에야스(德川家康)가 창시한 일본의 마지막 막부. 1603년부터 메이지유신이 단행된 1867년까지 지속되었다. 막부란 실질적으로 일본을 통치한 세습적 군사정부를 말한다. 막부의 우두머리를 쇼군(將軍)이라 불렀다.

*** 외번: 중국 청나라 행정구역 중 자치적 통치를 인정하는 지역을 가리키는 말. 몽고, 신장, 칭하이(青海), 티베트, 만주 등.

티베트 고원. 흔히 세계의 지붕으로 일컬어지는 티베트는 청나라의 외번이었다.

* 누르하치(1559~1626): 만주족의 한 부족인 건주여진(建州女眞)의 추장으로 청나라를 세운 창업자 가운데 한 사람. 1616년, 누르하치는 천명(天命)이라는 연호를 사용, 자신을 '칸'(汗, 황제)으로 선언하고 자신의 왕조를 금(金 또는 後金)으로 이름을 정하여 12세기 여진왕조의 계승임을 선포했다.

역사는 게으름뱅이를 위하여 기다리는 법이 없다. 기다릴 줄 모르는 역사의 열매를 제때에 따는 것은 열성 있는 모험자만이 하는 일이다. 조선사람이 보고도 줍지 않는 복첩은 용기 있는 만주사람이 가져가버렸다.

이보다 전에 명의 세력이 쇠함에 따라 만주에는 여진의 여러 부락이 일어나 서로 다투는 동안 동가강 유역에서 일어난 누르하치(奴兒哈赤)*란 자가 선조 16년에 부조(父祖)의 원수를 갚는다고 군사를 일으켜 여러 부락을 쳐서 이기고 형세가 자못 떨치는 것이 있더니, 문득 천하 형세가 심상치 않은 것을 보고 비로소 큰 뜻을 품게 되었다. 그리하여 임진란이 일어나는 것을 보고 사신을 우리에게 보내어 자청 와서 도와주마 하였다. 이것이 다 시대의 부름을 들은 자의 일이었다.

조선은 이것을 보고 어쨌던가? 이만한 경고를 들었으면, 만주 되놈도 가만 아니 있는 이 시세를 조선도 깨닫는 것이 있어야 할 것인데, 그저 거기 대하여 좋은 말로 거절하여 보낸 뒤로는 그대로 잊어버렸다. 자청 도와주겠다는 것이 무엇인가? 이 땅에 욕심

27 두 번째 환난 325

이 있어서 하는 것쯤은 알 터인데, 그것을 알았기에 좋은 말로 거절했을 것인데, 그것을 어찌 생각 없이 잊을까? 저절로 일이 다 되었을까?

우리나라 정치가의 심리는 참 알 수 없다. 그러는 동안에 누르하치는 저 할 것을 척척 하고 있었다. 차차 커져서 이제는 명에 대해 들고일어섰다. 그리하여 우리 인조 8년에 만주 벌판에서 천하 대세를 결정하는 싸움이, 우리가 대국이라고 감히 처다도 못 보던 명과 짐승이라고 업신여기던 여진 사이에 벌어지게 되었다. 때는 이미 늦었다. 그러나 이때라도 한번 뜻만 있다면 시험해볼 때요, 이기지는 못하더라도 어부의 이를 취할 기회는 있었을 것이다. 그랬더라면 만주에 대한 발언권이라도 가졌을 것이다.

명나라는 이 싸움에 우리더러도 응원을 하라고 하였다. 임진란 때의 신세도 있으니 의리상 응원하기도 해야겠지만, 이때에 한번 독자적인 국책을 못 세워볼까? 그러나 그럴 만한 용기가 없었다. 겨우 2만 병을 보내는 데 그치었으니 소극도 이런 소극 정책이 어디 있을까? 또 그나마도 거느리고 간 강홍립·김경서도 그 인물이 아니어서 한낱 남의 이용물만 되고 말았고, 조정이란 것은 아무 생각 없이 그저 썩어빠진 옛 투대로 명·청 사이에 그 어디 가 붙는 것이 유리할까 그것만을 가리려 하고 있었다.

### 역사의 복수

역사는 게으름뱅이를 기다리지도 않거니와, 그보다도 원수를 갚는 법이다. 옛사람이 그래서 말하기를 "하늘이 주는 것을 받지 않으면 도리어 그 화를 입는다"고 하였다. 탈 수 있는 시세의 말을 타지 않으면 그놈이 그만 차던지고 간다. 다해야 할 역사적 사명을 다하지 않으면 그저 떨어지는 자가 되는 것만이 아니라, 무서운 벌을 받는다. 이것이 역사의 법칙이다. 그러므로 한민족이 그 조상의 옛터가 보내기를 사명의 외침으로써 하고, 그 시대의 물결

*민성휘(1582~1647): 조선 중기의 문신. 병자호란이 일어나자 병사 서우신과 함께 1만 3천 명의 군사를 거느리고 크게 활약했다.

이 허하기를 기회의 선물로써 하는데도 그것을 거부하고 가만히 앉아 있다면 그 역사의 호의를 무시한 죄의 값을 아니 받을 수 없을 것이다.

드디어 복수하는 날이 왔다. 인조 4년, 만주에서는 태조 누르하치가 죽고, 그 아들 태종이 서더니 이듬해 5년에 조선이 명나라와 통해 자기네를 칠 계획을 한다는 구실을 내세우고 3만 병(兵)을 거느리고 처들어왔다. 의주, 곽산, 정주, 안주가 차례로 함락되고 임금은 하는 수 없이 강화로 피하였더니, 뒤이어 평양이 떨어지고, 적병이 강화까지 오므로 부득이 굴복하여 형제의 의를 맺고, 임금의 종친을 볼모로 보내기로 약속하고 화의가 성립되었다. 업신여기던 북로(北虜)의 쓴맛을 처음으로 본 것이다.

그러나 임시 꿰매어가는 버릇은 그래도 못 놓았다. 이것이 영구 평화가 될 수 없는 것쯤은 반드시 투철한 식견을 기다릴 것 없이 어린애도 알 만한 것이건만, 그때 나라를 맡은 사람들은 그것도 모르고 꿈속에 있었다. 강화가 급해졌다는 말을 듣고 달려갔다가 화의가 벌써 되었으므로 뽑았던 칼을 도로 집에 꽂고 그냥 퇴군하는 임경업이 하도 분해 "조정에서 내게 4만 병만 주면 그까짓 오랑캐들을 무찌르고 검을 압록강에 씻고 돌아오련만" 하여도 아무도 대답하는 놈이 없었고, 간신히 평안감사 민성휘(閔聖徽)*의 추천을 입어 선천에 검산, 곽산에 능한산, 철산에 운암산, 용천에 용골산 하는 산성들을 쌓으며, "서쪽 국경 방면은 임모가 아니면 할 수 없다" 해서 의주부윤 겸 청북방어사의 직을 얻기는 하였으나, 국경을 지키기 위하여 2만 병만 달라 한즉 대답하기를 "화의가 굳게 성립이 되고 틈이 생길 일 없는데 그다지도 겁을 낼 것이 무엇이냐" 하였다.

이놈들이 이때 임 장군에게 넉넉한 군사를 주지 않는 것은 그의 세력이 커질까 걱정하기 때문이다. 이놈들이 무서운 것은 외국이 아니요, 나라 안에 큰 인물이 생기는 일이다. 외국은 강해지면 거기는 식민지로 복종하면 그만이므로 그들에게는 전쟁에 지는 것

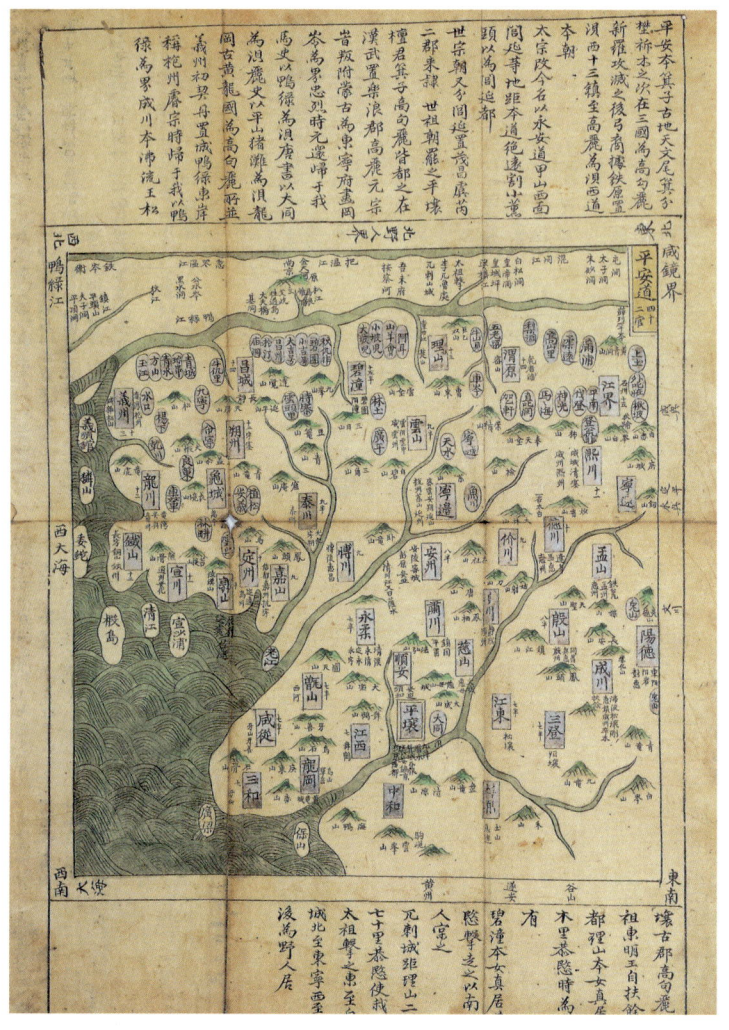

「팔도지도」 가운데 평안도 부분. 청나라의 침입 통로가 된 지역이라 병자호란 기간 중 평안도가 가장 큰 피해를 입었다.

도 걱정이 되지 않고 나라 주권이 없어지는 것도 문제가 아니었다. 그놈들에게는 오직 누가 올바르고 위대한 어떤 사람이 나서 자기네 세력을 빼앗을까봐 그것만 걱정이었다. 그러므로 군사(軍士)를 많이 안 주는 것이었다.

    그러는 동안에 10년의 세월이 흘렀다. 만주에서는 모든 준비가 다 되어 이제는 국호를 대청(大淸)이라 하고, 황제라 하며, 조선을 향해서는 형제의 관계를 바꾸어 군신으로 하고, 해마다 바치는 조공을 더하라는 명령이 왔다. 그대로 할 수 없다 했더니 인조 14년

삼전도비(왼쪽)와 남한산성.

에 청 태종이 스스로 10만 군을 끌고 들어왔다. 이것이 이른바 병자호란이다. 이 난은 미리 약속한 것이나 다름없는 것이건만, 아무 준비도 없는 나라에서는 적병이 들어온다는 소식을 듣고서야 새삼스러이 대경실색하는 것이었다. 의주 방면은 임경업이 미리 알고 몇 해를 두고 성을 쌓고 양식과 소금을 저축하여 준비한 것이 있으므로 그것을 아는 청 태종은 감히 의주로 들어올 생각을 하지 못하고 샛길로 적유령(狄踰嶺)을 넘어 들어와 불과 열흘 만에 서울에 다다랐다.

임 장군은 그 후에야 알았으나 그의 말대로 '군사 없는 장수'가 경업이면 어쩌리요. 서서 보는 수밖에 없었다. 임금도 또 강화로 피하기로 하여 비빈왕자(妃嬪王子)는 먼저 보냈으나 자신은 미처 가지 못하고 청병이 에워쌈을 당하였으므로 부득이 남한산성에 들어가게 되었다.

성중에는 굴복하고 화친하자는 이, 화친해서는 안 된다는 이, 서로 의견이 맞지 않아, 하나가 「항서」(降書)를 초 잡으면 하나는 찢고, 그러면 또 하나는 쓰는 이도 없을 수 없고 찢는 이도 없을 수 없다 하며 찢은 것을 다시 모아놓으며, 이렇듯 하여 군신이 눈물을 머금고 지키기 40일을 하다가 양진(糧盡)·역진(力盡)·계진(計盡), 더구나 강화가 함락되어 임금의 가족이 다 포로가 되었다는 소식을 듣고, 하는 수 없이 항복을 하기로 하였다.

그리하여 임금 자신이 삼전도(三田渡)*에 쌓아놓은 항단(降壇) 밑에 엎디어 여태껏 북로라고 업신여기던 만주 되놈 앞에서 그들의 풍속대로 삼배구고두(三拜九叩頭)의 예를 하고, 임금과 나라를 위하여 화친을 반대하였던 내 팔다리 같은 충신을 잡아 그들의 요구대로 그 손에 붙여 죽을 땅으로 보내지 않으면 안 되는 부끄럼을 당했으니, 이것이 타주지 않은 시대의 말의 뒷발로 차던지는 역사의 복수였다. 잡혀갔던 윤집·오달제·홍익한은 모두 만주에서 죽었으니, 이것이 유명한 삼학사(三學士)다.

* 삼전도: 오늘날의 서울 송파구 삼전동. 병자호란 때 청 태종은 직접 대군을 이끌고 서울에 침입하여 삼전도에서 진을 치고 남한산성으로 피신한 인조를 포위 공격하여 마침내 항복을 받아냈다.

# 28 임경업

### 슬픔과 분 속에 밴 사나이

임진란을 말하는 데 충무공을 뺄 수 없는 것같이, 병자호란을 말하는 데서 충민공을 내놓을 수는 없다. 이들은 다 그 시대를 위하여 하나님이 내세운 시대의 뜻을 대표하는 사람들이다. 우리는 임 장군의 생애에 쓰인 병자호란의 의미를 읽기로 하자.

그는 선조 27년 11월 2일 충주 달천촌에서 났다. 충주라면 임진란에 장군 신입(申砬)이 어쩔 줄 몰라하는 전 국민의 기대와 비는 마음을 한 몸에 모아가지고 세 길로 올라오는 왜병을 막으려 탄금대 위에 배수진을 쳤다가 그만 일패도지(一敗塗地)하여 붉은 피로 강물을 흐리게 한 끔찍한 역사를 지은 곳이요, 선조 27년이라면 이 뼈 아픈 일이 있은 지 겨우 3년 후이니, 그는 바로 이 전쟁의 슬픔과 분 속에 실려진 이요, 이 전쟁의 참혹한 꼴을 보면서 자라난 이다.

그는 나면서부터 반발성을 가졌었다. 아홉 살 때에 『항적전』(項籍傳)*을 배우다가 "글은 이름자를 쓰면 그만이지, 제발 만 사람을 대적하는 법을 가르쳐주시오" 하는 구절에 이르러 두세 번 탄식을 하며 "이것이 참 사내의 말이다" 했다 하며, 늘 대장부 석 자를 입에서 그치지 않았다고 하는 것이라든지, 늘 한숨지으며, "내가 천지 정기를 받아가지고 났는데 물건이 안 되고 사람이 되었으며, 계집이 안 되고 사내가 되었는데 요 조그마한 나라에 나서 기운을 못 펴고 일생을 보내게 되니 아까운 일이 아닌가" 하였다는 것은 다 이것을 말하는 것이다.

몸은 작고, 열은 크고, 날래고, 슬기 있고, 꾀 깊고, 말 잘하고, 무

*『항적전』: 한나라 유방에 맞섰던 초나라 항우에 대한 책. 적은 그의 이름이다.

엇보다도 충의의 정신이 강하였다.

27세에 무관 길에 나서서 차차 그 재지와 인격이 사람들에게 알려져, 만주 일이 급하게 되던 때에 "서쪽 국경 방면의 일은 임모가 아니면 안 된다"고 하여 의주부윤의 직을 따게 된 것은 위에서 말한 대로다. 남들이 다 명 청하게 있어 장차 오는 환난에 대하여 생각도 못 하고 있을 때에 장군만이 홀로 이를 미리 알고 백마산성을 쌓고, 양식을 저축하여 청 태종으로 하여금 감히 손을 대지 못하게 하였다.

세상에는 그와 청 태종이 어떻게 서로 저쪽의 인물과 군사 설비를 탐정하기 위하여 염탐꾼을 자주 보냈는지 하는 이야기가 많이 돌아가고 있고, 우리는 그것을 통하여 한때의 영웅인 청 태종으로서도 장군을 감히 업신여기지 못하였던 것을 안다. 그러나 적국의 임금이 그렇게 잘 아는 인물을 내 나라 사람들은 몰라주었다.

임경업 초상. 임경업은 친명반청(親明反淸)에 투철한 무장으로서 정묘호란과 병자호란 때 활약했다.

그의 계교를 쓰지도 않고, 난이 일어나기 바로 몇 달 전에 2만 명만 주어 국경을 지키게 해달라 할 때도, 한번 허락이 되어 장군도 "이제 2만 병을 얻었으니 도둑이 와도 무서울 것이 없다" 하게 되었던 것을 다시 한 백면서생의 "이때 많은 군사를 국경 방면에 있는 사람에게 줄 수 없다"는 기괴망측한 수작을 듣고 내렸던 명령을 도로 거두어, 장군으로 하여금 발을 구르며 "군사 없는 장수가 무엇을 하느냐"고 탄식을 하게 하였다. 적군이 이미 들어온 후에도 그는 5천 명 군사만 주면 그것으로 심양을 사뭇 찔러서 칼에 피 묻히지 않고 일을 바로잡을 수 있다고 하였건만 그 말을 들어

줄 만한 용기가 없었다.

　난이 지나간 후에도 그 한을 한번 씻으려고 명과 연락해보려고 하였으나 그만 실패로 돌아가고, 때마침 청이 명나라를 치는 군사를 일으키며 우리더러도 군사를 내라 강요하므로, 장군은 그때를 타려고 출정하여 진중에서 명군과 몰래 통하여 일을 일으키려다가 그만 발각이 되어 돌아오고 말았다. 그 죄로 청에서 장군을 잡아 보내라 하므로 자진하여 줄을 지고 만주로 갔다. 그러다가 중도에서 뛰쳐나와 조각배로 황해를 건너 산동반도에 상륙하여 명나라 조정을 움직이려 꾀하였으나 그때 명은 벌써 형세가 기울었고 더구나 그 의탁하였던 명나라 장군이 못생긴 인물이어서 장군을 잡아가지고 청군에 가버렸으므로 포로의 몸이 되어 심양으로 잡혀갔다.

　거기서 오래 곤욕을 당하다가 종내 꺾이지 않는 그 높은 의와 불타는 충성이 도리어 대적의 마음을 감복시켜 본국으로 보냄을 받게 되었다. 청 태종도 인물이라 남의 충신 대접이 내 충신 대접임을 알기 때문에 그리한 것이요, 또는 죽여서 이가 될 것이 없는 한 사람을 놔주어 한 나라 국민의 뜻을 사자는 큰 정책에서 그랬을 것이다.

　그러나 본국이, 그 본국을 위해 한시도 근심을 놓은 때 없고 갖은 고통을 겪으면서도 버린 일이 없는 그 본국이, 그를 위해 준비하였던 것은 무엇인가? 의주로 건너 서니 백성들은 남녀노소 할 것 없이 다 나와, "우리 사또님 오신다" "우리 장군님 오신다"고 에워싸며 눈물을 뿌리지 않는 이 없고, 고을마다 지나가는 동안에 마중이 끊이지 않고 칭찬이 자자했는데, 서울에 온즉 모함과 악형이 기다리고 있었다.

　김자점*이란 놈이 본래 장군을 시기하여 일마다 해하려 하여서 전에도 몇 번 그 손에 걸렸던 일이 있는데, 이때 아주 없애버리려고, 심기원**의 역모에 장군이 관계되었다고 꾸며가지고 지독한 고문을 하였으므로 그만 매질 끝에 숨이 끊어지니 나이 쉰셋이었

\* 김자점(金自點, 1588~1651): 조선 중기의 문신. 인조반정을 주도한 공서파(功西派)의 영수다. 효종이 청나라를 치려 한다는 사실을 청나라에 밀고하여, 역모로 주살되었다.

\*\* 심기원(沈器遠, ?~1644): 조선 중기의 문신. 인조반정의 공신으로 정사공신이 되고, 좌의정으로 남한산성 수어사를 겸임하게 되었으나 회은군 덕인을 추대하려는 반란을 꾀하다 탄로가 나서 죽게 되었다.

다. 죽을 때에 슬피 탄식하여 하는 말이, "천하 일이 평정되지 않았는데 나를 죽여 되느냐!"고.

## 실패의 영웅

인조는 장군이 죄 없이 해를 받는 것이 아까워 구할 뜻을 가졌으나, 약한 임금이라, 대신들에게 의견을 물으니 찬성하는 놈이 하나 없고, 어름어름하고 있는 동안에 승지(承旨)가 장군의 절명을 보고하였다. 그제서야 임금은 놀라며,

경업이 죽었어! 죽었단 말이냐? 그 무죄함을 말하려는데 정말 죽었단 말이냐? 그렇게 장하고 튼튼하던 사람인데 어찌 그리 빨리 죽었단 말이냐? 담대하여 쓸 만하고 공로도 많았는데 아깝구나. 남의 말에 걸려 종내 죽고 만단 말이냐? 내가 너를 죽이잔 생각이 아니었는데 네가 질러 숨이 지고 말았으니 아깝구나 아까워!

해도 이제는 쓸데가 없다. 그 죽었다는 소식이 퍼지매 사람마다 한숨짓고, "나랏일을 어찌할꼬, 임 장군을 죽여놓고!" 하고 눈물을 흘리었다. 그를 죽이고 나랏일이 아니 될 것이건만 죽였다. 천하 일 결정되기 전에 그가 죽어 될 수 없는 일이건만 그는 죽었다. 김자점을 미워할 것 있느냐? 그까짓 한 개 자점이야 몇 날이 못 가서 '자점(自點)이 만점(萬點)'이라고, 제 죄에 죽는 놈, 그놈이 죽인 것이 아니다. 이 민족이 스스로 죽인 것이지. 그럼 이것은 스스로 망하기로 작정한 민족인가? 알 수 없는 일이다.

그 재(才)와 용(勇)을 가지고, 그 의와 충을 가지고 이 시대에 나는 일이 우연이 아닌데 왜 넘어지기를 그리 맥없이 할까? 적국의 손에서도 아니 죽은 몸이 하필이면 돌아와서 제 나라의 손에 죽을까? 구하려는 이의 손이 방금 그 머리 위에 내리려 하는데, 보고

탄금대. 이곳은 신입 장군이 적은 병력으로 출전하여 왜군과 대결했으나 패전하자 스스로 목숨을 끊은 곳이다.

일부러 도망이나 하듯 갑자기 가버리는 것은 이상한 일이 아닌가?

그는 역사의 고아였던가? 시대의 길을 잘못 들었던가? 하나님이 그를 불과 연기와 울음소리 속에서 나게 하고 길러서 일단 천하 일을 결정하고 나라를 건질 만한 자리에 놓고, 그러고는 참혹하게 빼앗아감은 무엇인가? 더구나 민족의 양심을 아프게 할 대로 아프게 하고 부끄럽게 만들 대로 부끄럽게 만든 후 훌쩍 데려감은 무슨 뜻인가? 하나님은 이 시대에, 씨올이 "우리 사또님, 우리 장군님" 하는 이 한 사람을 왜 허락하지 않았을까? 모든 의문을 푸는 것은 오직 한마디 말이 있을 뿐이다——고난을 철저히 겪어보아라!

그와 충무를 비교하면 대조가 잘 된다. 저가 나라의 남문을 지킨 대신 이는 북문을 지켰다. 저가 바다의 영웅이면 이는 육지의 호걸이다. 그 빼어난 재용(才勇)에서 같고, 그 뛰어난 식견에서 같고, 그 높은 충의의 인격에서 같다. 저를 병자에 두었으면 임 장군이 되었을 것이요, 이를 임진에 내놓았으면 이 충무가 되었을 것이다.

그러나 둘의 운명은 달랐다. 그 한 몸 한 마음을 나라와 겨레 위해 바친 데서 다를 것 없으나 하나는 계획을 세워, 세운 대로 성공하여 나라를 건지는 사명을 다하였고, 하나는 애를 쓰면 쓰는 대로 틀려나가 천고의 원한을 맺고 갔을 뿐이다. 그 재(才)가 못하여 인가? 그 만났던 적국이 달라서인가? 아니다. 그보다 그때의 대세가 허하지 않았기 때문이다. 둘의 운명이 다름은 둘이 맡은 시대의 뜻이 다르기 때문이다.

우리가 생각해도 심양을 사뭇 찌르자는 것은 해볼 만한 전략이었다. 청 태종으로 하여금 간담이 서늘하게 만드는 그의 지략과 그의 기개에 병(兵)을 주고 시세로 허하여 그 쾌완(快腕)을 한번 마음껏 내두르게 하였더라면 혹은 '피장부혜아장부'(彼丈夫兮我丈夫)의 칼을 흑룡강 물에 씻었을 것이다. 그의 칼에는 이렇게 명(銘)이 새겨져 있었다.

    석 자 되는 용천검에 만 권 되는 책이로다.
    하늘이 나 냈으니 그 뜻이 무어더냐.
    산동에 재상 나고 산서에 장수 난다는
    너희가 사내라면 나도 또한 사내로다.
    三尺龍泉萬卷書　皇天生我意何如
    山東宰相山西將　彼丈夫兮我丈夫

이런 뜻이요, 기백이건만 그대로 실현이 못 되고 말았다. 병자호란이 임진란에 뒤이어 온 국난이요, 시간의 차이가 40년밖에 안 되나 그 뜻은 다르다. 하나님은 먼젓번에는 한 줄기 핏길을 마련해놓고 내모는 것이었으나 이번은 그것도 없다. 그러므로 먼젓번에는 의주에서 숨을 태우고 울돌목에서 빠져날 수가 있었으나 이번은 사뭇 삼전도로 가야 하였다. 그러므로 이번은 6, 7년을 끌 필요가 없고 단 석 달이면 되었다. 저가 이순신이 한 일을 하지 못한 것은 이 때문이다.

충무는 죽어도 순사요, 제 손으로 한 자결이지만, 이는 역적의 이름으로 맞아죽었다. 나라가 용납 못 한 점은 같다. 총사령관이 적군의 소총에 맞아 죽는다는 것은 자기가 일부러 하지 않고는 있을 수 없는 일이다. 그러므로 세상이 충무의 죽음을 자결이라 하는 것이다. 이기고 돌아오면 반드시 당파의 그물에 걸려 죽을 것이므로 대적을 완전히 부수고 다시는 들어올 염려가 없다 생각되자 나가서 적군의 손을 빌려 죽은 것이다. 그는 이 점에서까지 나라를 건졌다.

그러나 임 장군의 경우는 그와 달랐다. 이번은 철두철미 구겨박자는 것이다. 그러므로 이 국민은 민족의 영웅을 죽였다는 심판까지 못 면하게 된 것이다. 저때에는 환난 중에도 오히려 의병이 있고, 자랑이 있을 수 있었으나, 이번은 다만 부끄럼이 있을 뿐이다.

## 믿음의 사람

그의 일생은 마치 찢어진 바위 틈으로 뚫고 들어와 굴 속을 비추는 한 줄기 광선같이 주위의 어둠을 점점 더 진하게 하는 존재다. 그의 사적을 알아서 우리는 이 시대의 쓰라린 맛을 한층 더 느낀다. 그러나 그는 단순한 이빨 가는 원혼일까? 우리 안에서 노해 우는 사자일까? 아니다. 결코 그렇지 않다. 그는 한번 이렇듯 압박받는 시대를 대표하는 비분의 사람이요, 원한의 사람이면서도, 다른 면에서 얼음을 들추고 나오는 새싹과 같이 희망과 신앙으로 새 시대를 미리 나타내는 사람이었다.

호란이 지나간 2년 후 무인(戊寅)에 그가 의주부윤으로 있어 나랏일을 걱정하는 정성에서 올린 「진만상편의급군무소」(陳灣上便宜及軍務疏)라는 것이 있는데 그 마지막 조에서 그는 이렇게 말하였다.

육(六)은 왈, 경천재(敬天災)니, 옛사람이 말이 있어 이르기를 임금이 잠깐 하는 한 생각의 아름다운 것이 빛난 구름 단 이슬 같고, 잠깐 하는 한 생각의 모진 것이 사나운 바람 닥치는 우레 같다 하니, 그 말이 참 옳습니다. 하늘이 미워하는 것은 곧 사랑하는 것입니다. 대개 재앙이 있을 때 공경하면 재앙이 되지 않는 것이요, 공경하는 마음이 없으면 위태롭고 망하는 일이 올 것입니다. 오늘 천재지변물괴(天災地變物怪)가 자주자주 일어나는 것은 참으로 임금님의 복입니다. 바라건대 상감께서는 재앙을 만나시고 더욱 덕을 닦으시어 재앙이 변하여 상서로운 것이 되게 하시며 화가 변하여 복이 되게 하시기를 바라옵니다.

그 노염이 어디 있으며, 그 분한 빛이 어디 있으며, 그 한탄이 어디 있는가? 이 말을 들을 때, 우리는 마치 사나운 겨울바람을 물리치고 얼굴에 봄바람을 맞는 듯한 느낌이 든다. 누가 이것을 칼 가지고 싸우는 장군의 말이라 할까? 그의 용장을 말하는 사람은 많아도 그에게 이런 신앙이 있었는지 아는 사람은 별로 없다. 모르기는 하거니와 그의 전기를 읽어서 이 한 구절에 깊이 주의하는 사람이 몇이나 될까? 신앙의 눈으로 모든 것을 보자는 우리 마음으로써도 이 구절을 읽을 때에는 의외라는 느낌을 못 면하였다.

그러나 이것은 진심으로 한 말이다. 추(秋)팔월 밝은 달이 통군정 위에 비치고, 역사적 회포를 자아내지 않고는 마지않는 압록강 바람이 소매에 가득 차는 밤, 나라 걱정에 타는 가슴을 안고, "오래된 병을 앓는 사람이 원기는 이미 쇠하고, 백 가지 증세가 한꺼번에 도져 기침이 나고, 담이 떠오르고, 숨이 헐떡헐떡 아침 저녁으로 명을 기다리고 있는 듯한" 이 나라를 소생시켜볼까 하고 구국대책을 쓰는 장군이 형식적인 말이나 옛 투의 글귀를 썼을 리가 없다. 6조의 마지막에 이 한 조를 넣은 것은 생각하고 생각한 후 쓴 것일 것이다.

그러면 칼을 들고 말을 달리어 3군을 꾸짖는 장군이 나라를 바로잡는 길이 부국강병하는 데 있다면 그럴듯하지만, 어찌 환난에 순종하고 공경하는 마음으로 그것을 받아야 한다고 하는가? 일마

*천망아: 天之亡我의 줄임말. 아무런 허물도 없이 저절로 몰락한다는 뜻이다.

다 계획은 틀어지고 기회마다 기대는 어긋나 분을 참지 못해 하는 영웅이 바로 '천망아'(天亡我)*라 하면 몰라도 어떻게 재변물괴는 하늘이 우리를 사랑하는 까닭이라 하는가? 우리는 이 말을 듣고 바로 이스라엘의 예언자를 생각하지 않을 수 없다. 저로 하여금 이 말을 하게 하는 하나님은 과연 "깊도다, 하나님의 지혜와 지식의 넉넉함이여!"다. "하늘이 미워하는 것이 곧 사랑하는 것이라"는, 이런 말이 어떻게 나올까? 이 한마디는 얼마나 무거운 역사적 의미를 가지는 말인가? 이 말이 임 장군의 입에서 나올 줄은 미처 기대는 못 하였더라도 그의 입에서 그 한 말을 들을 때 우리는 얼마나 마음이 달라지는 것을 느끼는가?

그 한마디를 다른 사람도 아닌 임 장군 입에서 들을 때, 우리는 만주를 찾는 기회를 잃어버린 한도, 삼전도의 부끄러움도, 짐승만도 못한 놈들이 단 한 사람으로 났던 장군을 죽여 나랏일을 그르쳤다는 분에 이를 갈던 것도 다 잊어버리고 그저 무언지 모르게 고마운 마음에 눈물이 저절로 흐름을 금치 못한다.

그렇다. 장군은 청 태종의 목을 베기 위해 났던 사람도 아니요, 만주군을 물리치기 위해 났던 사람도 아니요, 역대 국민으로부터 나라 지킨 군신(軍神)으로 제사를 받기 위해 났던 사람도 아니요, 다만 이 한마디 말을 하기 위해 났던 사람이다. 이렇게 말함이 잘못일까? 이렇게 말함이 장군을 잘못 안 것일까? 아니다. 결코 그렇지 않다. 그의 타고난 성품과 그 시대와, 그가 한 일을 종합하여 생각할 때 우리는 온전히 이 신앙, 이 회개 하나를 위해 났던 사람임이 틀림없음을 확신한다. 그는 민족을 위해 대신 신앙 고백을 한 것이다. 그것은 아직 전체가 떠드는 잠꼬대와 신음에 비해서는 너무도 가늘고 약한 느낌이 없지 않으나, 그것이 참인 다음에는 반드시 전체의 한 얼굴을 깨우고야 말 것이다.

만일 이 한마디가 없었다면 얼마나 적막하였을까? 그러나 또 만일 이 말이 나왔다 하더라도 임 장군의 마지막이 그렇지 않고 개선장군이 되었다면, 그 말이 무슨 힘이 있었을까? 역시 이 말이 우

28 임경업 339

리의 마비된 심장을 찌르기 위해서는 저가 어디까지나 수난의 사람으로 최후를 마치는 것이 필요하였다. 영원히 믿음의 사람, 회심의 사람이 되기 위해 그는 완전히 실패하는 것이 필요하였다.

사실 이때까지의 모든 환난은 이 수난의 민족 입에서 이 한마디 말을 듣기 위한 것이 아니었던가? 환난을 이기는 것은 그것을 하나님의 사랑으로 아는 것밖에 길이 없기 때문이다. 이제 눌린 자의 입에서 이 화해와 뉘우침과 절대 신뢰, 절대 긍정의 말이 나왔고 역사 위에 뚜렷이 그것이 남게 되었다. 이것이 어찌 임경업 한 사람의 말일까? 무너진 터에서 올라오는 한 새싹이다. 그러나 알지 못해라, 이 겨자 씨가 과연 공중에서 나는 새까지 깃들이게 할 만한 나무가 될 것인가, 못 될 것인가? 이 한 알 누룩이 능히 민족의 서 말 가루를 발효시킬 것인가, 못 할 것인가?

## 29  신생의 가는 빛

### 전쟁의 선물

병자호란에서 섭리의 손은 한국민족을 몰아낼 때까지 몰아냈다. 이때까지 저는 혹 모르고, 혹 일부러 그 손을 요리조리 피해올 수 있었다. 그러나 이제는 이 이상 더 빠져나갈 구멍이 없다. 임진왜란에는 나라를 온통 짓밟히고도 오히려 변명할 구실이 있었다. 이제는 그것도 있을 수 없다. 당파 싸움 속에서 8년 대난을 맞고 당파 싸움 속에서 그 대난을 보내는 사람들은 그 마음이 참 모질다 하겠으나, 그것은 대국 명나라가 있기 때문에 믿고 그런 것이라면 변명이 어느 정도 되었다고도 할 수 있다.

압록강까지 몰려가기는 했을망정 뒤에는 황조(皇朝)의 천병(天兵)이 있으니 그것에 의지하여 떨어져가는 왕관을 붙잡을 수 있었고, 붙잡은 다음에는 또 구차한 안심을 하게 되는 것도 무리가 아니라고 설명할 수도 있다. 원인은 다른 데 있었지만 오비이락 격으로 명병(明兵)이 오자 대적은 쫓겨갔으니 번방재조(藩邦再造: 어려움에 처한 제후국을 도와 나라를 다시 꾸리게 해줌)\*라고 천은의 망극을 느끼는 것도 그럴 만큼 되었다고 할 수도 있다.

만일 임진왜란 후, 하나님이 한국을 향하여 그 모질고 둔하고 소갈머리 없고 더러운 것을 책망하였다면 그들은 오히려 거기 대하여 반문을 할 수 있었을 것이다. "꼭 죽게 되었을 때 앞에 하수구를 열었으니 짐짓 그리 빠지게 함이 아닙니까" 하고.

그러나 병자에는 그럴 수 없었다. 조선사람이 대국 천조로 믿는 그 중국을 북방 오랑캐라고 여기던 만주의 한 부족이 보는 눈 앞에서 대번에 거꾸러뜨리고 짓밟았다. 그것은 마치 이렇게 강문(强

---

\* 번방재조(藩邦再造): 조선 선조(宣祖) 임금이 나라를 지켜준 명나라에 보은 하는 뜻으로 쓴 "만절필동 재조번방"(萬折必東再造藩邦: 일만 번 꺾여도 반드시 동쪽으로 흐르거니 명나라가 왜적을 물리치고 우리나라를 다시 찾아주었네)이라는 글에서 나온 말이다.

問)하는 것 같았다 ─ "이러면 오히려 믿겠느냐." 이렇게 되면 이 이상 더 회피할 길이 없다. 다시 더 믿을 우상도 없고, 구차하게 빌려 쓰고 있던 면목이나마 삼전도에서 다 떨어지고 난 다음에는 아무것도 남은 것이 없었다. 인순(因循)하려야 다시 더 할 수가 없고 주저하려야 이 이상 더 할 여지가 없어졌다. 이제는 하수구도 없는 사지(死地)니만큼 스스로 생사를 잊고 반발을 하는 수밖에 없게 되었다.

전쟁은 홍수와 같이 파괴 속에서 새것을 준비한다. 흐린 물이 휩쓸면 모든 생명을 다 삼켜버리는 듯하지만, 일단 지나가면 새로운 번성을 가져오는 살찐 옥토를 그 뒤에 남겨놓는다. 그와 같이 전쟁도 올 때에는 인간사회를 짓밟아 수라장을 만들고 마나, 물러갈 때에는 풍성한 정신적 앙금 흙을 선물로 남겨놓고 간다. 사람의 피는 그저 썩는 법이 없다. 제1차 세계대전 당시 독일에서는 시체로 비료를 만든다는 풍설이 떠돈 일이 있다. 연합국 편에서 만들어낸 선전인지 모른다. 어쨌거나 그와는 다른 의미에서 사람의 주검은 건비료다.

역사의 수레바퀴에 찍히어 넘어가는 자의 주검이 묻힌 곳에서 새 역사의 살찐 이삭이 팬다. 살아서는 네 편 내 편, 이긴 놈 진 놈의 차별이 있으나, 역사의 거름이 될 때에는 그 차별도 없다. 생명의 신비로운 자기 혁신의 법칙이 거기 움직이고 있다. 자기에게서 나간 배설물도 이용하여 새로 자라는 재료를 만들듯, 분명히 가장 큰 죄악에서도 가장 큰 선을 뽑아내고야 마는 것이 역사다. 한대(漢代) 문화는 춘추전국시대 5백 년 전쟁터에서 자란 것이요, 서양 근세의 팔팔 뛰는 사상은 십자군이 흘린 피를 거름으로 삼고 피어나온 것이다.

임진·병자에 죽은 우리 사람, 일본사람, 만주사람의 시체도 선물을 내지 않을 수 없다. 살아서는 서로 원수인 줄 알았으나 같이 평화의 어머니 가슴에 들어가보면 같은 운동을 하고 있는 것임이 알려진다. 일본은 겉으로는 우리에게서 도둑질해갔지만 속으로

＊척화론(斥和論): 병자호란 때 청나라와 화의를 맺어서는 안 된다고 하는 주장.

는 우리에게 주고 갔다. 만주는 당장에는 우리를 모욕한 듯하나 영원으로는 우리를 높이고 갔다. 삼전도 수항단(受降壇) 위에 앉은 것은 청 태종이요, 아래 엎드린 것은 조선 인조였으나, 사실은 그날 만주족이 우리를 떠들어 자존자립의 단으로 올라가게 하였다. 전쟁이 지나가고 평화가 복구되자 일어난 것은 신생운동이었다.

## 삼학사

쓸쓸한 무너진 터에서 올라오는 첫 번째 소리는 자유에 대한 요구였다. 그것은 곧 난시(亂時)와 난후(亂後)에 죽 번져나간 배청운동(排淸運動)이다. 그중에서도 이름있는 것은 저 삼학사의 척화론＊이다. 처음에는 전쟁 중에 일어난 만큼, 마치 일선 시체 속에서 "어이구!" 하는 소리가 날 때 도깨비가 난 듯해 도망을 치듯이 무서운 소리였다. 도저히 생명이 있을 것 같지 않은 데서 생명의 소리를 들으면 그런 것이다. 그러나 있을 수 없는 데서 나는 것이야말로 생명의 소리 아닌가?

생명의 소리인데 도깨비로 아는 것은 잘못이지만, 그렇기 때문에 생명이다. 놀라게 함이 없이는 생명이 없다. 생명은 기적이다. 그러나 정말 일선(一線)의 승리의 진상은 시체 속에서 "어이구!" 소리를 듣고 등골에 땀을 뺐던 사람만이 보고할 자격이 있는 모양으로, 정말 자유의 정신도 듣는 자가 질겁을 할 만큼 시체더미 속에서 부르짖는 사람으로 시작이 된다. 삼학사는 곧 그것이다.

항복 권고를 하는 청사(淸使)가 온 남한산성 속에서, 목숨이 경각에 달린 그 속에서 척화의 급선봉이 되었으니, 이것은 시체 속에서 나는 "어이구!" 아닌가? 그것은 이성으로는 못 할 소리다. 그러므로 듣고, 다들 놀랐다. 그들도 "어이구!" 하고는 다시 죽어버린 일선 전사 모양으로 척화 주장의 부르짖음을 하고는 만주 들판에서 사라지고 말았다. 그러나 그것은 신생 일선의 첫 보고였다. 그들의 척화론은 그때 정세로 보면 사실 무리한 소리였다. 한 개 대언장어(大言壯語: 분수에 맞지 않는 말을 희떱게 지껄임)라 할 수 있다. 말로는 단연주의라 하지만, 사실 한번 겨뤄볼 실력의 준비가 있는가 하면 아무것도 없다. 그러므로 그것은 일편 공론(空論)이라 할 수 있다.

그러나 그것은 모르는 말이다. 그들이 겨누는 것은 이해가 아니다. 정신이다. 그들의 배청(排淸)은 정책이라기보다는 한 개 선언이다. 이해는 한때의 문제지만 정신은 만대의 문제다. 그들은 정신이 살았음을 선언한 것이다. "어이구!" 하고 다시 시체 속으로 돌아가는 전사는 제가 일어서 싸우겠다는 말이 아니다.

다만 격전에서도 오히려 죽지 않은 정신의 보고를 한마디로 하고 승리는 뒤에 오는 동지에게 맡기고 가는 것이다. 자유의 첫 부르짖음은 늘 그런 것이다. 그러므로 그것은 아직 시체 속에서 선언을 한 것이다.

\* 초구: 담비 모피로 만든 가죽 옷.
\*\* 이완(李浣, 1579~1627): 조선 중기의 무신. 이순신의 조카. 송시열과 함께 비밀 메시지를 받아 북벌대업을 도모했으나 효종의 죽음으로 계획을 중지했다.

## 효종의 북벌계획

선언이 있고 난 뒤에는 실행이다. 실행의 책임을 맡은 것은 뒤에 오는 부대다. 그 부대의 대표는 효종이었다. 효종은 인조의 아들로서 볼모로 청정(淸廷)에 잡혀가 온갖 쓰라림을 남김없이 맛보았으므로, 돌아와서 임금이 된 다음에는 힘써 북벌 경영을 하였다. 군비를 저축하고, 군사를 기르고 영상 송시열에게 초구(貂裘)\*를 내리며, 대장 이완\*\*에게 갑주를 주어 기회 오기를 기다려 한번 만주를 치려 하였다. 실행이 되었든 못 되었든 아무튼 건국 이래 처음이다. 그러다가 김자점이란 놈이 청정에 밀고를 하였기 때문에 한때 어려움을 당하기도 하였으나 그래도 종내 그 계획은 버리지 않았다.

청강에 비 듣는 소리 그 무엇이 우습관대

만산홍록(滿山紅綠)이 휘드러져 웃는고야
두어라 춘풍이 몇 날이리 우을 대로 우어라.

이것은 그때 효종의 심경을 보여주는 노래다. 그러나 또 알 수 없는 것은 하늘의 뜻이었다. 효종이 그렇듯 "춘풍이 몇 날이리" 하고 기다리는 때는 청에서도 국세가 한창 올라가는 때라 시기는 좀처럼 오지 않았다. 그리하여 오랜 계획은 실행의 날을 못 보고 말았다. 그 후의 임금들도 그 뜻만은 계승하였으나 그때는 청조도 저 유명한 강희·건륭* 때라 그 위엄이 온 아시아를 휩쓸던 시대이므로 감히 손을 내밀 수가 없었다.

송시열 초상. 청나라에 볼모로 잡혀갔던 치욕을 씻고자 북벌을 최우선 과제로 삼았던 효종은 즉위 후 송시열·김상헌·김집 등 서인계 대청(對淸) 강경파를 중용하여 북벌계획을 추진했다.

그래 장군 이완으로 하여금,

군산(群山)을 삭평(削平)턴들 동정호 넓을랏다
계수를 베었던들 달이 더욱 밝을 것을
뜻 두고 못 이루니 못내 설위하노라.

* 강희·건륭: '강희·건륭 시대'로 일컬어지는 청조 최고의 융성기. 강희는 청 제4대 황제다. 삼번의 난을 평정해 대만, 몽고, 티베트를 정복하고 헤이룽 강의 러시아를 몰아내어 네르친스크 조약을 체결했다. 강희제의 손자인 건륭은 청 제6대 황제다. 10회의 대외정벌에 성공하여 인도차이나, 대만, 티베트 등의 지역을 평정하여 당시 세계에서 가장 강한 국가를 형성했다.

하는 슬픈 탄식을 하게 하였다.

"뜻 두고 못 이룬다" 하였지만 역사는 이때에 우리의 끈기를 보자는 듯했다. 우리 뜻이 얼마나 깊은가를 보려는 것 아닐까? 나무가 흔들려야만 뿌리가 깊어지듯이 뜻은 이루어지지 않는 데서만 깊어진다. 깊어져 깊어져 조만(早晚) 성패의 옅은 껍질을 뚫고 영원의 바위에 이르러야만 참 부동의 정신이라 할 것이다. 그 정신을 기르는 것이야말로 우리의 역사적 과제 아니었던가? 자유는 바로 외물(外物)의 구속을 이기는 데 있다. 얻어서 자유가 아니라 얻으려는 데가 자유다. 청의 멍에를 언제 완전히 벗을는지는 모르나, 적어도 벗자는 생각, 벗으려 애쓰는 정신이 일어난 것만은 사실이다.

29 신생의 가는 빛

## 당론탕평

신생의 부르짖음의 두 번째 소리는 당론을 탕평하자는 것이다. 외적의 멍에를 벗는 것이 물론 당면한 긴급한 문제지만, 외적은 대갈일성으로 물러가는 것은 아니요, 단순한 군사계획으로만 되는 것도 아니다. 부흥운동이 군사적 광복계획에만 그치는 한 그것은 천박함을 면할 수 없고 일시적이 아닐 수 없다. "춘풍이 몇 날이리" 식으로는 안 된다. 그것이 진실한 재생운동이 되기 위해서는 민족의 자기 개조적 도덕운동으로까지 깊어지지 않으면 안 된다. 자유는 안에 있는 것이지 결코 밖에 있지 않다. 사실 효종 때의 의기 충천하는 듯하던 북벌열은 몇십 년이 못 가서 벌써 식기 시작하였다. 그것은 그 열이 감정에서 왔던 것이지 깊은 도덕적·종교적인 것이 아니기 때문이다.

탕평비. 서울 종로구 명륜동 성균관대학교 안에 있다.

그리하여 숙종 때에는 벌써 문화 난숙의 시대가 되어 연문학(軟文學)*이 많이 유행하게 되었다. 이것을 국문학의 발달이라면 축하할 만도 하고, 민중의 생활이 올라간 결과라 하면 그럴듯한 점도 있으나, 문제는 정신에 있다. 국문학이라고 그저 좋은 것도 아니요, 생활 향상도 한때만 보고 말할 것이 못 된다. 속에 건전한 종교, 도덕적인 정신이 들어 있는 것이 아니면 오래갈 수도 없고 또 사실 역사를 나아가게 하지도 못한다.

그러므로 숙종 때 연문학이 발달한 것은 마치 충실치 못한 종자가 도리어 먼저 싹트다가 죽는 모양으로, 민족 부흥운동에서 보면 진보라기보다는 일단의 퇴보라 할 것이다. 그 이른바 문화·문학의 배경이 되는 것은 옛날 구차한 노예 생활에서 얻은 일시적 승평시대(昇平時代)에 지나지 않기 때문이다.

*연문학: 남녀 간의 연애를 다룬 에로티시즘이 짙은 문학.

탕평채. 탕평채라는 음식명은 영조 때 여러 당파가 잘 협력하자는 탕평책을 논하는 자리의 음식상에 처음 등장했다는 데서 유래한다.

그러므로 이 일어나는 자유운동이 실패로 돌아가지 않으려면 먼저 새 국민 도덕을 세우고 사회에 청신한 기풍을 일으키지 않고서는 안 될 것인데, 그것을 하려면 그때에 모든 폐의 근본이 되어 정신적으로 물질적으로 국력을 소모시키는 당쟁을 뿌리에서부터 없애지 않고는 안 되었다. 만일 이것을 못 고치면 대외적·대내적 모든 계획, 운동이 다 빈말일 뿐이다. 그 당쟁 근절을 목적으로 하는 것이 탕평운동이라는 것이다.

탕평운동이 일어난 것은 영조 때다. 숙종 때는 문화가 찬란한 때라 하지만 당론은 더 심해졌다. 그리고 이 두 사실은 서로 안팎을 이루는 일들이다. 그러므로 그 문학의 발달을 민족적 부흥운동에서 보면 퇴보라 하는 것이다. 만일 그대로 나갔다면 나라 일은 더욱 어지러워졌을 것이요, 그러면 그 찬란한 듯하던 문화도 오래가지 못했을 것이다. 그런데 이때에 마침 중흥영주(中興英主)라는 일컬음을 듣는 영(英)·정(正) 두 임금이 있어 국력 부흥에 많은 힘을 써서 자못 실적을 드는 것이 있었다.

영조는 왕위에 있은 것이 52년이었고, 정조는 20여 년이었다. 이 영·정 두 임금은 그 다스리는 80년 동안 당론 탕평에 힘을 썼다. 영조는 그 말년에 동궁으로 있었던 정조를 보고 "지금 나라 형편이 문화의 발달은 성하고, 당파 싸움은 심하여 마치 북송 때와 같으니 주의하여 정치에 힘쓰라"고 특별 부탁을 하고 갔다. 정조는 그 뜻을 받아 그 침실을 탕탕평평실이라 하여 이것을 밤낮 잊지 말고 실행하자는 결심을 하였다.

탕평이란 말은 『서경』에 있는 "무편무당(毋偏毋黨: 치우치지 않고 무리 짓지 않으면) 왕도탕탕(王道蕩蕩: 왕의 도가 드넓고) 무당무편(毋黨毋偏: 무리 짓지 않고 치우치지 않으면) 왕도평평(王道平平:

금으로 만든 영조의 도장(옥새). 영조는 아들이 없는 경종의 이복동생으로서 왕위에 올라 탕평정치를 폈다.

왕의 도가 공평해진다)"이라는 데서 따온 것이다. 그러나 이때 당론은 이미 그 뿌리가 깊고 가지가 얼크러졌으므로 쉬이 없앨 수가 없었다. 가위에 눌린 사람 모양으로 깨기 시작한 것은 사실인데 아직 깨려고 애를 써도 깨지지 않는 것이었다.

### 실학파

셋째, 마지막 부르짖음은 한국을 알자는 운동이다. 영·정 두 임금 때는 문운(文運)이 성하기가 세종조 이래 처음이라 하는 시대로서, 제도에서, 산업에서, 학문에서 볼만한 것이 많이 있었는데, 그중에서도 특별히 빛난 것은 학문의 연구요, 모든 연구 중에서도 더욱 의미 있는 것은 한국 연구가 성했던 것이다.

본래 우리나라 학문의 풍이 고려 이래로 타락하여 중국의 찌꺼기를 얻어 팔아먹는 것을 일삼을 뿐이요, 독창적인 연구가 없어서, 한때 식자라는 사람들도 천하라면 중국만을 생각할 뿐이요, 선철(先哲)이라면 문무(文武)·공맹을 알 뿐이었지 학문의 자기화를 몰랐다.

삼국시대는 아직 정신적으로 종이 되지 않은 때이므로 사상·학문·예술에 독자적인 것이 있었다. 많은 전쟁을 겪어오는 동안에

「화성능행도」 8폭병풍 중 정조의 어가가 시흥행궁 앞에 다다른 모습. 「화성능행도」는 1795년 정조가 부모의 회갑을 맞이해 화성에서 베푼 잔치에 관련된 행사를 담은 기록화다.

모든 문헌과 유물이 거의 다 없어졌고, 더구나 중국 숭배사상에 중독이 된 후로는 우리나라 고유했던 것을 모두 야하다, 속되다 하는 그릇된 생각에 일부러 파괴하였으므로 거의 그 부스러기조차 찾아볼 수 없게 되었다. 고구려·백제에는 반드시 볼만한 것이 있었을 것인데, 전패국이 되었던 만큼 아무것도 전하는 것이 없게 된 것은 참으로 한스러운 일이다.

신라도 마찬가지기는 하나 한두 가지 남은 것이 있어 그때 모양을 짐작케 하는 것이 있다. 하나는 화랑이니, 이것은 나라 고유한

29 신생의 가는 빛 349

부국안민책을 제시한 실학 사상서들. 왼쪽부터 홍만선의 『산림경제』, 박세당의 『색경』, 유수원의 『우서』, 신속의 『농가집성』.

사상 학문의 내림을 말하는 것이다. 최치원이 난랑비문(鸞郞碑文)에서 '국유현묘지도'(國有玄妙之道)*라 한 것은 이 소식을 전하는 것이다. 그다음은 원효의 불교다. 원효가 불교계에서 독특한 지위를 가지는 것은 세상이 다 아는 것인데, 그의 독특함이 어디서 왔느냐 하면 그것은 그의 연구가 단순한 남의 모방이 아니고 종래 우리나라 고유한 정신의 자리에서 자득(自得)한 것이기 때문일 것이다. 그다음은 설총**의 유교다. 그의 아버지가 불교에서 그랬던 것같이 그는 유교를 독자적인 견지에서 이해하였다. 학설의 자세한 것은 전하는 것이 없으나 경전을 방언으로 읽고 이두를 만들었다는 것이 그것을 말한다.

이런 것으로 미루어 삼국시대에는 우리 학문에 독자적인 것이 있었음을 알 수 있다. 그러나 당의 세력을 빌려 통일을 하고 모든 것에서 당제(唐制)를 모방하면서부터 고유 문화는 많이 없어지게 되었다. 그러던 것이 고려에 들어와서 과거제를 채용하면서부터 학문은 아예 관리 양성이 목적이 되어버렸고, 더구나 묘청의 난 후에는 고유 문화는 점점 말살을 당하고 말아 학문이라면 그저 유학이 되어버렸다.

그러나 고려 마지막까지는 그래도 옛 사상이 맥맥히 전해오는 것이 있었는데 이조에 들어와서는 그것이 아주 없어지고 말았다.

* 난랑비문의 '국유현묘지도': 난랑비문은 최치원이 신라 화랑 난랑을 기려서 세운 비석에 쓴 글을 말하고, 국유현묘지도란 신라 고유의 가르침인 풍류를 일컫는다.
** 설총(薛聰, ?~?): 신라 신문왕 때의 학자. 신라 10현의 한 사람이며, 강수(强首)·최치원과 함께 신라 3문장으로 불린다. 아버지는 원효이고, 어머니는 요석공주이다. 신라에 한문이 처음 들어왔을 때 구경(九經)을 우리말로 풀이했는데, 이것이 신라 이두의 시초다.

반계서당. 반계 유형원이 제자를 가르치며 저술을 했던 곳으로, 전북 부안에 있다. 『반계수록』도 이곳에서 썼다.

학문 연구는 결국 국민 의기의 반영인데, 국민의 의기가 죽어서 아주 중국의 번방(藩邦)으로 자인하고, 자유정신이 온통 죽었으니 활발한 연구가 있을 리가 없다.

또 학문의 발달은 반면에 경제의 안정, 생활의 윤택을 의미하는 것인데 이조같이 경제의 발전이라는 생각은 없이 온전히 농민을 짜먹는 것을 일삼는 정치 밑에서 산업이 발달할 리 없고, 산업이 발달 못하는데 학문의 자유로운 연구가 있을 리가 없다. 그러므로 이조의 학문이라면 오로지 지배계급에 한한 것이다. 그러므로 학문은 온전히 정치의 연모가 되고 일신의 영달을 목적으로 하는 지극히 고루한 것이 되어버렸다.

이조의 학문은 이 두 가지 원인 즉 하나는 자주적인 국민정신을 잃은 것, 하나는 민중에 대한 심한 착취——이 때문에 발달할 수 없었다.

이러한 고루한 지배계급에 대하여 싸우는 산림파가 있기는 하였으나, 또 그나마 우리나라 정신의 줄거리 되는 것이 전해왔다면 이들을 통해서이나, 이들도 자주정신이 없는 점은 마찬가지요, 또 당파 싸움 때문에 활달한 사상을 가질 수 없었다. 그러던 것이 임진·병자의 두 큰 난을 겪으며 국민은 크게 자극을 받았다.

그리하여 스스로 자기를 찾으려는 생각이 일어나기 시작하였다. 이 공기에 호응하여 일어난 것이 실학파라는 것이다. 그들의 특색은 두 가지 있다. 하나는 지금까지 내버려두었던 우리나라 고유의 것을 찾자는 것이요, 하나는 지금까지 해온 것 같은 그런 형식적인, 관념적인 것이 아니고 실제적인 견지에서 나라 부흥의 길을 찾아보자는 것이다.

효종·현종의 제(際)에 유형원\*이 성리학 및 과거문(科擧文) 전성의 시대에 평생 조선의 실지(實地)를 연구하여 수종의 저술을 하고 더욱 『반계수록』(磻溪隨錄) 26권에는 고래의 사실에 증거한 조선 경제의 개조책을 베푸니, 이가 실로 신학풍의 앞잡이가 된 것이다. 반계 이후 숙종·영조의 제에 이익이 나서 더욱 실증실용(實證實用)의 학을 창(唱)하고 이 풍을 널리 행하여 영조 이후 학자는 물론이요, 단순한 문사라도 그 태도를 실용적 내성적(內省的)으로 가져서 조선 연구의 호수가 와짝 넘치게 되니『동사강목』『열조통기』(列朝通記) 등의 저자인 안정복, 『강역지』(彊域志)『산수경』『동음해』(東音解)『훈민정음도해』 등의 저자인 신경준, 『문헌비고』의 주되는 찬집자인 이만운, 『경도잡지』『사군지』『발해고』 등의 저자인 유득공, 『해동역사』의 저자인 한치윤, 『택리지』의 저자인 이중환, 『연려실기술』의 저자인 이긍익, 『동국여지도』의 작성자인 정항령 등은 그 대표적인 인물이라 할 것이며, 이 실학의 풍이 유진(流進)하여 정조 말 정약용이 나서 박학정식(博學精識)으로써『경세유표』『아방강역고』『풍속고』『의학요람』 등 『여유당집』(與猶堂集) 백수십 권을 저술함에 미쳐 그 최고조를 보였다(최남선 저, 『조선역사』).

\*유형원(柳馨遠, 1622~73): 조선 효종 때의 학자. 호는 반계(磻溪). 옛날 정전제의 부활을 주장했고 실사구시의 학풍이 시작되는 맹아기에 실학을 학문의 위치에 올려놓았다. 실학의 개척자로 일컬어진다.

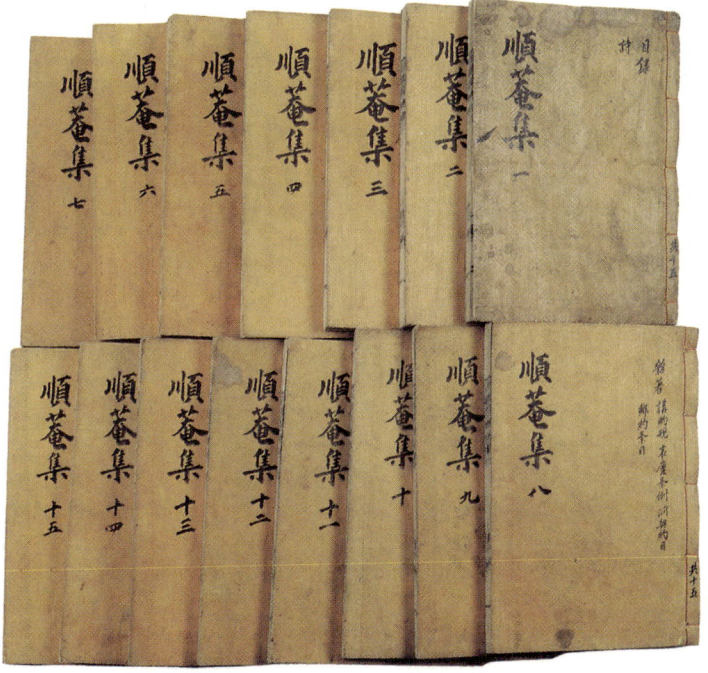

안정복의 『순암집』. 원집 26권 14책과 연보·행장 등이 별권으로 간행되었다. 1900년경 후손에 의해 목활자로 간행되었다.

이제 이 신생운동은 가장 높은 계단에 다다랐다. 정치적 해방운동에서 도덕적 민심 확청운동(民心廓淸運動)으로, 소극적 확청운동에서 적극적 자기 확충운동으로 나아갔다. 돌이켜보면, 당당한 역사의 출발을 하였던 동아의 한 큰 민족이 자기를 잃고 허위의 길을 헤매기 시작한 것도 벌써 오래전부터의 일이기도 하다.

사명이 컸던 고구려가 넘어진 지 이미 천수백 년, 그동안에 역사는 외로 꺾이고 바로 꺾이며 파란 위에 파란을 거듭하였다. 당의 엎누름이 있었고, 거란의 도둑질이 있었고, 몽고의 짓밟음이 있었고, 여진의 시달림이 있었고, 또 임진란, 또 병자란. 이리하여 수난의 골짜기를 헤매었었다.

그러는 동안에 옛날의 빛나던 문화의 전당은 재와 흙에 묻히고, 가시덤불에 갇히어 돌아보는 이 없으며, 그 존재를 알 수 없게 되었고, 일찍이 영광의 왕관을 썼던 자는 그 마음의 진실을 잃고 스스로 지키기를 잊었으며, 가난 중에 자포자기하여 빌어먹는 살림에 멍청하게 되었다.

정약용이 만든 녹로(왼쪽)와 거중기. 녹로는 배다리 놓을 때와 수원성을 쌓을 때 사용했으며, 녹로를 개량해 만든 거중기는 특히 수원성 공사에서 요긴하게 쓰였다.

　그러나 하나님의 채찍은 드디어 그를 쳐 깨우쳤다. 이제 그는 부르짖는 제 소리에 꿈을 깨는 사람처럼 놀라 깨어 과거와 현재의 대조되는 두 자아를 한데 연락하는 맑은 정신으로 돌아왔다. 그리하여 새로운 희망을 가지고 잃어버렸던 전당을 수리하기 시작하였다. 저가 만일 그 자신과 노력을 잃지 않는다면 오래지 않아 얼크러진 가시덤불을 헤치며, 깃들이는 들짐승의 무리를 내쫓은 후 무너진 담을 다시 쌓고 퇴락한 궁전을 고쳐 세우는 날이 올 것이다.

# 30 기독교의 들어옴

### 새 종교의 요구

그러나 역사의 무너진 전당을 고쳐 세우는 그 일은 단순한 복고만이어도 안 되고 대증치료적인 개선만이어도 안 된다. 철저한 자기 혁신이요, 새로운 역사적 자람이 아니면 안 된다. 옛 기록을 연구하고 옛 풍속을 도로 찾아, 잊었던 역사를 고쳐 알고 묻혔던 문화를 다시 캐내는 것이 신생운동에 없어서는 안 되는 첫 계단이기는 하나, 거기서만 그쳐서는 안 된다. 고사(古史), 고전(古典)을 연구하는 것은 민족적 자아의 통일된 의식을 불러일으키기 위한 것인데, 그 의식을 가지고는 자라는 현재의 역사에 도덕적 책임자로 깨지 않으면 아니 된다.

그러므로 고전 연구는 생명의식을 일으키는 한에서만 의미를 가지는 것이요, 고전 그 자체가 곧 생명이 될 수는 없다. 고전주의에 그치는 신생운동이 필연적으로 시들어 썩고 마는 실례를 서양 문예부흥기 남유럽의 역사가 이를 보여주고 있다. 그러므로 천 년 동안 정신을 어지럽혀 헤맴의 길을 걸은 한국이 이제 다시 제정신이 돌아오는 데서도 천 년 전 삼국시대로 되돌아갈 것은 아니다. 그렇게는 될 수도 없거니와, 된다 해도 의미가 없다. 역사는 자라는 것이기 때문이다.

자기는 어젯밤에 잤으나 깰 때는 오늘 아침의 생명을 가지고 오늘의 세계에서 오늘의 일을 가지고 오늘의 사람으로 깨는 것같이, 한국이 저를 잃기는 천 년 전에 잃었으나 깨는 이때에는 근세인으로 깨지 않으면 안 된다.

한국을 연구한다 함은 죽은 과거의 고분을 캐는 고고학이 아니다. 한국의 개성을 앎이요, 그 개성을 가지고 자라나는 역사의 현재에 대하여 가지는 사명을 깨달음이다. 이 세 가지가 있어야 정말 자기를 안 것이다. 이 의미에서 그때 실학파 사람들이 실사구시*를 내세우고, 늘 현실에 발을 디디고 서는 의논을 하려고 힘쓴 것은 참 잘한 일이었다. 그러나 실사에는 또 실사의 잘못이 있다. 현실에 충실한 사람은 잘못하면 대증치료만을 하는 졸렬한 의원이 되어버리기가 쉽다. 그때 우리나라 형편은 임 장군 말대로 오래 앓은 병인이 숨을 헐떡거리는 상태에 빠진 것과 같은데, 백 가지 증세가 한꺼번에 일어나는 병인에겐 약을 쓰려 해도 쓸 수가 없다. 무엇보다 먼저 필요한 것은 원기를 회복하는 일이다. 약도 원기가 있어야 받아들이지 원기가 끊어지면 약도 소용이 없다. 그러기 위해서는 새 피로 수혈을 하고, 문을 열어 청신한 공기를 호흡시켜야만 한다.

어느 시대나 시폐(時弊)를 바로잡기를 부르짖는 경세가들의 의논이 늘 그 개개로 보면 다 이치에 맞지 않는 것이 없으면서도 실제로는 실효를 내지 못하는 일이 많은데, 그것은 그 병이 나는 근본적 잘못을 바로잡으려 하지 않고 그 나타나는 증상을 다스리기에만 바쁘기 때문이다. 근본적 잘못을 바로잡으려면 그것은 생리적 원리를 잘 알아야 할 것이다.

기독교의 『성경』에는 예수가 약을 쓰지 않고 병을 고쳤다는 이야기가 많은데, 그것은 반드시 과학에 어그러지는 것이 아니다. 그가 병을 고쳐줄 때는 대개 병인을 보고 먼저 "네 죄를 사하였느니라" 혹은 "네 믿음이 너를 낫게 하였느니라" 하는 일이 많았고, 또 병인에게 손을 대어 만져주기도 하였다. 이것은 그가 사람의 생물적 생명과 정신적 생명에 밀접한 관계가 있는 것을, 좀더 분명히 말한다면, 몸이란 것은 정신이 나타난 것임을 잘 알았기 때문이었다.

원기란 것은 볼 수 없는 정신적인 생명이 볼 수 있는 생리적인 것으로 나타나는 그 근본 되는 것이다. 그러므로 먼저 그 정신의

* 실사구시(實事求是): '사실에 바탕을 두고 진리를 탐구하는 일'이란 뜻. 원래는 명대 양명학을 비판하며 청나라의 고증학파가 내세운 표어이다. 이들의 과학적·객관주의적 학문 태도가 조선 후기 실학자로 불리는 조선 유학자들에게 새로운 바람을 불어넣었다.

바로 섬이 필요하다. 그래서 "죄를 사했다, 믿어라" 하는 것이요, 그 정신에서는 나와 네가 하나이므로 참 바로된 정신은 이쪽에서 저쪽으로 육신의 경계선을 넘어 직접 작용할 수 있기 때문에 만져 준 것이다. 육체적인 병만 아니라 정신적인 병을 고치는 데도 마찬가지다. 그 근본을 고치는 것이 가장 필요하다. 그러나 그 근본 되는 것은 스스로 하는 것이므로 대증적으로 외물(外物)의 힘을 더해서 될 것이 아니다.

그때 질식이 되고 빈혈이 온 한국사회는 신전제(新田制), 신세제(新稅制), 신학제(新學制)가 모두 필요한 약이 아닌 것 아니지만, 그 약이 섭취되어 효과가 나타나려면 우선 사회에 꽉 들어찬 침체, 고루한 흐린 공기를 헤쳐버리고 청신한 생명력이 가득 찬 정신적 분위기를 넣어주는 것과 새 원기로 벌떡거릴 수 있는 신념에 심장을 깨워 일으키는 것이 긴요하였다. 그러나 이것은 단순한 현실론만 가지고는 될 수 없다. 현실론은 말은 옳으면서도 순환론에 빠질 수밖에 없다.

한 시대가 새로워지려면 결국 기적이 일어나야만 한다. 기적을 행하는 것은 외물을 기다리지 않고 스스로 하는 정신만이다. 그러므로 결국 종교 문제다. 유럽의 신생운동이 종교혁신에 이르러 가지고야 참 신생이 된 것은 이 때문이다. 그런데 이때의 종교는 어떠하였느냐 하면 불교에서도 유교에서도 새로운 것을 기대할 수 없었다. 이제 깬다는 것은 씨올이 깨는 것이므로 요구되는 것은 씨올의 종교다. 그런데 유교도 불교도 다 씨올의 종교는 될 수 없었다. 그것은 완전히 씨올을 떠나 특권층의 것이 되어버렸고, 그 특권층과 함께 썩었으므로 도저히 씨올의 가슴을 흔들 힘이 없었다. 씨올이 구하는 것은 곧 새 양심이다. 두 종교가 다 특권층에 붙음으로써 씨올의 양심을 마비시켜버렸다. 그러므로 그때의 형식으로 굳어진 불교 교리나 고루한 선비의 유교 사상을 가지고는 아무리 뒤집고 고쳐보아도 씨올을 흔드는 새것은 나올 수 없었다.

무슨 논(論), 무슨 설이 아니라 씨올의 가슴에 한 가지로 드나드는 새 신념, 새 원기, 새 생명이 필요한데 그것을 줄 수 없었다. 그러므로 새벽 공기가 밖으로부터 들어와 온 집안 사람을 불러일으켜 새날의 활동을 시작시키듯이 어디선가 새 종교가 와야 하였다. 단군조선이 일어난 것은 하나님 숭배의 옛 종교로였다. 기자조선이 일어난 것은 새로 들어온 유교로였다. 삼국시대 문화는 불교로였다. 이제 이 모든 종교가 다 썩어버렸다. 씨올을 건질 새 종교는 그럼 어디서 올까? 사실 이때 새 종교가 올 길은 이미 준비되어 있었다.

### 세계의 형편

이제 우리는 기독교가 한국에 들어오던 이야기를 하지 않으면 안 되게 되었다. 그러나 그것을 말하기 전에 그때 세계의 대세를 조금 말할 필요가 있다. 이제 세계는 전과 다른 의미의 새 시대로 들어왔고 따라서 기독교가 전해진 것도 그것과 관련하여 생각하지 않으면 안 된다.

15, 6세기는 인류역사에서 특별한 시대다. 그 인간의 자기 발전, 그 자유운동, 그 근대사회의 이루어짐 때문에도 그렇지만, 그 사건들 뒤에 숨어 있는 역사의 뜻을 생각할 때 더욱 그 위대함에 놀라지 않을 수 없다. 무엇을 위한 자각이며, 무엇을 위한 자유며, 무엇을 위한 유기적 사회인가? 일찍이 위대한 바울은 기원초 서양문화의 샘 구멍인 아테네의 아레오바고에서 역사적 대응변을 한 일이 있다.

> 각 나라 백성을 한 혈맥으로 지으사 온 땅에 거하게 하시고 저의 연대를 정하시고 거하는 지경을 한정하셨으니 하나님을 찾을 때라…….

여러 민족·국가의 일고 꺼짐이 있고, 시대의 변천이 있는 것은

*비텐베르크(Wittenberg): 부패해가는 가톨릭 교회에 대한 항의로 95개조를 발표하고 파문당한 뒤, 루터가 성서의 독일어 번역을 완성했던 성(城).

한 가지 목적이 있어서 되는 일이라는 것이다. 그리고 그 목적이 뭐냐 하면, 인류로 하여금 하나님을 찾아 알게 하는 것이라는 말이다. 이것은 놀라운 사상이다. 이때까지 우주와 인생의 뜻을 가르치는 깊고 넓은 철학이나 종교가 없었던 것은 아니다. 그러나 이렇게 전 인류와 모든 시대를 종합하는 통일적인 역사철학을 분명히 말하여준 것은 없었다. 이것은 참 놀라운 선언이었다. 그러나 이 선언을 하던 그때에 있어보면 이는 한 개 공상 같았다.

인류의 역사가 있은 이래 오랫동안 각 민족은 제각기 살고, 생활해왔다. 동양은 동양, 서양은 서양, 내 민족은 내 민족, 네 민족은 네 민족, 이리하여 근본적인 연락이나 통일 없이 제각기 고립된 문화권 속에서 살아왔으며 역사는 꼭 같은 바퀴를 돌아 되풀이하는 것으로만 알았다. 그러나 시대는 쉬지 않고 흘러서 이 선언이 빈말이 아님을 알게 되었다. 그것이 근대적인 세계관·인생관·역사관이다.

그러나 어떤 진리가 실현되는 것은 먼저 그것을 이해할 만한 환경과 생활 경험이 있고서야 된다. 그러므로 온 인류를 한 뜻을 가지는 정신적 체계로 통일하려 할 때 먼저 자유 의지와 인격을 가지는 인간이 필요하였고, 또 긴밀한 유기적 연대관계 아래 현실의 통일된 사회가 필요하였다. 문예부흥과 산업혁명과 종교개혁은 이 때문에 있었던 것이요, 그것이 있기 위하여 십자군과 과학 발명과 지리상의 발견이 있었다.

이것이 15, 6세기가 가지는 의미다. 바티칸의 사탄이 삼층관을 쓰고 앉아서 기독교 왕국의 주문을 인간의 목에 달아놓은 때에는 인간의 자유란 없었다. 그러나 십자군이 원정을 하느라 분주히 다니는 동안 그 주문의 부적은 언젠지 모르게 떨어지고, 열정적인 남구 사람들은 우선 인간을 위해 교회에 반기를 들었다. 그리하여 그 불길이 드디어 알프스 산을 넘어 비텐베르크*의 깊은 숲에서 "믿음만으로 구원을 얻는다"는 횃불이 높이 들리어 자유의 정신이 막을 수 없는 대세가 된 때는 벌써 제노아 수부(水夫) 아들의 일편

신념의 손으로 이때까지 감추어두었던 지구의 다른 반면이 처음으로 개방되어 글자 그대로 세계사의 본 무대가 열렸다.

기독교가 세계적으로 퍼지기 시작하였다. 포르투갈은 서쪽을, 에스파냐는 동쪽을 하며 세계를 둘로 갈라가지고 충실한 심부름꾼 노릇을 하여 세계의 구석마다 전파하기를 시작하였다. 그들의 목적은 물론 황금에 있었고 토인의 착취에 있었지, 전도에 있지는 않았다. 혹 전도 생각을 했다 하더라도 그것은 어리석고 단순한 토인을 속이는 수단으로나 하였을 것이다. 그러나 그들이 알았든 몰랐든, 선의로 하였건 악의로 하였건, 진리는 그들을 기계로 삼아 자기 갈 데로 갔다. 또 한편 로마 교회에서는 신교 세력이 날로 성하여감을 보고 거기 대항하기 위하여 새 개척지를 동양에서 구하여 인도·중국·안남*·일본으로 전도사를 보내었다. 그들이 참 전도의 정신에서 했는지 혹은 교파적 경쟁심에서 했는지 그것은 우리는 모른다. 하나님이 홀로 알 일이다.

그러나 어떤 정신으로 했든지 진리는 농사꾼이 뿌리는 종자와 마찬가지로 그 뿌리는 손이 깨끗하고 더러움에 관계없이 그 생명의 작용을 하였다. 그리하여 기독교 진리는 동양의 몇천 년 높은 도덕으로 준비되어온 양심 밭에 떨어졌다. 이때에 활동한 것은 제수이트파**로서, 그 창설자의 한 사람인 프란시스 사비에르가 인도에 온 것이 1542년이요, 그보다 7년 후인 1549년에는 일본에 전도하여 절지단종(切支丹宗)***의 시작을 이루었고 그 후 중국에 전도하다가 1552년 남중국 상천도에서 세상을 떠났으며, 그의 뒤에 같은 파의 선교사가 이어 와서 전도하였다.

*안남(安南): 프랑스 지배하의 베트남, 더 정확히는 식민지가 되기 이전 츠엉키(중부 행정구)로 알려졌던 지금의 베트남 중부지방.
**제수이트파(jesuit派): 예수회. 로욜라가 신교세력에 맞서 세운 천주교에 속하는 남자수도회. 천주교의 세계포교에 힘썼다.
***절지단종: 일본에 들어온 천주교를 일본음으로 번역한 것으로, 천주교 종파란 뜻.

## 어디까지나 자진(自進)을 기다림

이것이 기독교가 한국에 들어오려던 때의 세계의 형편이다. 그때까지 한국은 세계와의 접촉 없이 역사의 비탈길을 거꾸러지며 미끄러지며 굴러내리고 있었다. 콜럼버스가 새 대륙을 발견할 때에 우리는 성종조의 썩어 문드러진 사회에서 취해 있었고, 도이치에 신교운동이 바야흐로 맹렬하던 때에 우리는 사화의 미친 놀음에 빠져 있었고, 태평양에 에스파냐·포르투갈·화란 모든 나라의 장사 배가 분주히 왔다갔다하고, 시베리아와 인도에 영·노(露)의 군도 소리가 요란하던 때에도 우리는 임진·정유·여진·이괄 등의 난리로 눈뜰 겨를이 없었다. 남들이 새로운 과학 연구에 파묻혀 그 결과 놀랄 만한 발명, 발견을 신이 나서 하는 때에 우리는 당파 싸움에 미쳐 나라도 세상도 모르고 있었다. 그러나 역사의 대세의 물결은 쉬지 않고 반도로 밀려오고 있었다.

임진란 때에 천주교 선교사 세스페데스*가 소서행장(小西行長) 군에 따라와 전도를 계획해본 일이 있다. 그러나 종내 기회를 얻지 못하고 갔다. 난리 후에는 포로로 잡혀가서 그때 일본 구주지방에 성하였던 천주교에 입신한 사람들이 본국 전도를 계획한 것이 몇 차례 있었으나 그것도 다 실패로 돌아가고 말았다.

인조 때는 명나라에 사신으로 갔던 정두원(鄭斗源)이 북경에서 천주교 선교사를 만나 화포·자명종·천리경·천문서적 들을 얻어 가지고 온 일이 있다. 천주교에 관하여도 물론 들었을 것이나 오직 그들의 역법(曆法)을 수입하여 썼을 뿐이요, 사상적으로 크게 영향을 받은 것은 없었다.

그다음 효종 때에 하멜 이외 30여 명의 화란 사람들이 제주도에 표착한 일이 있었으나 십여 년 동안을 붙잡아두고 구경거리로 삼으며 학대를 했을 뿐이요, 종교나 사상에 대하여 반성해보는 것 같은 자극을 얻지 못하였다. 그와 같이 오랫동안 두고 여러 번 밖으로부터 자극이 왔으나 한국의 가슴은 열지 못하고 말았다. 가까운 이웃인 일본이나 중국에는 혹 상품에 섞여 기독교가 오기도 하고, 총과 한꺼번에 오기도 하여 세계 대세의 강제적인 침입도 있었는데, 한국만은 거기서 빠졌다. 우연인가? 운명인가? 그러면 그 뜻은 마치 그런 피동적 입신은 못쓴다고 하는 것인 듯하였다. 그리하여 언제까지든지 스스로 자진하여 구하기를 기다리는 듯 대세의 물

* 세스페데스(Gregoriode Cespedes, 1551~1611): 포르투갈의 제수이트파 선교사. 일본에서 포교활동을 하다가 임진왜란 때 고니시 유키나가(소서행장)의 초청으로 웅천성에 건너와 최초로 내한한 유럽인이 되었다.

제주도에 세워진 하멜기념비. 네덜란드 동인도회사의 선원이었던 하멜은 1653년 제주도에 표착하여 억류되어 있다가 1666년 일본으로 탈출하여 본국으로 돌아갔다.

결소리만 문앞을 스칠 뿐이요, 종내 침입하지는 않았다.

그러나 이제는 전 인류의 총합주(總合奏)가 되는 세계 역사에서 한국만이 혼자 언제까지나 권 밖에 있을 수는 없다. 하물며 오랜 광란 이후 비로소 자아의 맑은 의식이 돌아와 새 종교를 구하고 있는 한국임에서리요? 마침내 소아시아에 있는 바울을 보고 건너와 진리를 가르쳐주기를 청하던 마케도니아 사람 모양으로 압록강 건너편에서는 사자를 향하여 오기를 청하는 날이 오게 되었다.

## 눌린 자가 찾는 손길

숙종으로부터 영조에 이르는 동안 천주교에 대한 인식이 우리 나라에도 차차 퍼지게 되었다. 이것은 해마다 거래하는 동지사(冬至使)*를 통하여 되는 것인데, 이때는 아직 종교라기보다는 일종의 새 맛이 있는 학문으로 환영을 받았고 천주학 혹은 서학이라고 불렸다. 그것을 믿는 사람은 대개 남인이었다. 그때 서인의 세력에 눌려서 불우한 상태에 있는 그들은 자연 현 사회에 대한 불만을

*동지사: 조선 때, 해마다 동짓날에 맞춰 중국으로 보내던 사신.

품고 반발적인 사상을 가지고 실학으로 기울어지게 되었으므로 그들의 눈에 이 새 종교의 청신하고 고상한 도덕면이 매우 매력적으로 느껴졌던 모양이다. 이것은 우리가 한국의 정신사를 생각하는 데서 주의할 만한 일이다.

유교가 한국에 들어온 때도 분명한 기록은 없으나 그때 사정으로 미루어보면 지배자층을 통하여 들어왔고, 불교도 일부 민간에 들어왔던 것이 있는지 모르나 적어도 공공연히 크게 들어온 것은 정치 세력을 타고 왔다. 그러므로 그 두 종교는 처음부터 사회의 상층으로부터 시작되었고 후에 민간에 널리 퍼진 때에도 그것은 늘 지배자의 종교, 국교였다. 그런데 이 기독교만은 그와 반대로 지배자가 아니고 불우한 지위에 있는 자를 통하여 왔다. 유교나 불교와 같이 나라 사이의 외교의 한 부분으로 온 것이 아니고 민간의 요구로 오게 되었다. 그러므로 이것은 그 후의 발달에서도 나라의 지배 세력과 늘 싸우는 자리에 있었다. 그러므로 도덕 면에서 크게 영향을 미칠 수 있었다.

종교가 자기를 이용하려던 자를 도리어 포로로 삼아 자기의 기계로 쓰는 일은 흔히 있는 일이다. 천주학의 신기한 교설을 제 호주머니 속에 잡아넣어가지고 박학(博學)을 자랑하려던 남인들이 드디어 그 종교에 사로잡혀버리고 말았다. 정조 7년인 1783년 겨울, 동지사의 서장관(書狀官)으로 갔던, 그때 스물일곱 살의 청년인 이승훈*이 북경에서 천주교사의 전도를 듣고 입신하여 세례를 받고 돌아오매, 우선 그의 인척 되는 이가환·정약종**·정약용 하는 사람들을 비롯해 남인 중의 유식자가 많이 공명하여 믿게 되었고, 점점 퍼지어 열성 있는 신앙단체가 성립되었다. 이것이 한국 기독교의 제일석(第一石)이다.

"전도의 역사를 보면 어떤 시대 어떤 나라에서나 전도자가 먼저 건너와서 홍법(弘法)이 시작된다. 그런데 하나님의 섭리는 얼마나 현묘(玄妙)한가? 아무런 전도 없이 한국 교회가 시작된 것은 아주 특필할 만한 일이다"라고 말하는 이도 있지만(楠田斧三郎 著,『朝

* 이승훈(李承薰, 1756~1801): 조선 최초의 천주교 영세 교인. 중국에서 교리를 익히고, 교리서적과 십자고상(十字苦像)을 갖고 귀국, 교회를 건립하여 미사와 영세를 행하며 전도활동을 했다. 1801년 신유박해 때 사형당했다.

** 정약종(丁若鍾, 1760~1801): 정약용의 형으로 조선 후기의 천주교 순교자. 여러 차례에 걸친 천주교 탄압으로 형제와 친구들이 배교하는 와중에도 끝까지 신앙을 버리지 않았다.

鮮天主教小史』), 이 사실은 우리가 이때까지 보아온 한국역사에 비추어볼 때 실로 깊고 큰 뜻이 거기 있음을 알게 된다.

서양문명의 물결이 남중국에도 오고, 대만에도 오고, 유구(琉球)*·살마(薩摩)**에도 오고, 흑룡강변까지 오는 때에도 왜 그 중앙에 있는 한국은 그대로 두었으며, 오되 선교사는 종내 오지 않고 이편에서 손을 내밀 때까지 기다리는 것일까?

일본 전국시대 말에 구주지방의 대명(大名)들과 같이 무기나 상리(商利)를 위하여 천주교를 환영하였던 것도 아니요, 중국에서와 마찬가지로 천문·기하·대수·포술 등 서양 학문을 위하여 하였던 것도 아니요, 우리에게는 처음부터 온전히 세상을 건지고 인생을 건지는 진리로, 연구하는 것으로 시작이 되었으며, 마침내 이편에서 머리를 숙여 세례를 구하게 되었다는 것은 비단 교회사에서뿐 아니라 일반 역사를 이해하는 데도 잊어서는 안 될 일이다.

이승훈의 초상화.

이것은 한국사람이 특히 철학적·종교적 소질이 풍부해서 된 것도 아니요, 한국사상이 기독교에 가까워서 된 것도 아니요, 다만 한국사람이 자기 처지가 지푸라기라도 붙잡아야 하는 처지에 빠진 것을 알았기 때문이다. 그보다 섭리의 손이 그렇게 만들었다 해야 옳을 것이다.

## 첫 번째 핍박

핵심이 한번 생기자 이 새 종교는 맹렬한 형세로 퍼져나갔고, 그 퍼져나가는 신앙의 불길은 드디어, 썩은 물웅덩이같이 침체되었던 사회에 큰 파문을 일으키기 시작하였다.

처음에 천주학이 일종의 학문으로 학자의 책상 위에 있을 때는

*유구: 류큐. 오늘날의 오키나와를 가리킨다.
** 살마: 사쓰마 반도. 일본 규슈 남단의 가고시마 만을 둘러싼 반도다.

천진암. 우리나라 천주교신앙의 발상지다.

아무 힘 있는 것이 되지 못하였고, 나라에서도 별 간섭을 하지 않았으나, 점점 실천을 명하는 신앙이 되어 기독교의 본색을 나타내게 되매 사회에서는 이 이상한 교풍에 대하여 싫어하는 생각을 품는 사람이 많고 더구나 그 교도들이 재래 사회제도와 종교의 중심이 되는 조상의 제사를 그만두고 위패를 버리는 것이 크게 인심을 격동시켜, 천주학을 사론(邪論)이라 배척하는 소리가 차차 높아지게 되었다. 그리하여 나라에서도 이승훈이 북경서 입신하고 온 3년 후인 정조 10년에 천주교 금지의 영을 내리고 중국으로부터 거기 관한 책을 사들이는 것을 엄금하기로 하였다.

이 금지령에 첫 번째 희생으로 걸려들어 맨 처음 순교 영광의 관을 쓴 것은 전라도 진산 사람 윤지충·권상연 두 사람이었다. 그들은 양반 출생으로 벼슬을 한 일도 있었던 사람들로서 믿게 되었는데, 제사를 폐하였다는 이유로 고발이 되어, 조상의 위패에 절하고 이교(異敎)를 버리면 용서한다는 관리의 강요하는 말을 단연 물리치고 선뜻 목을 잘리었다.

이 일이 있은 후 교도들은 지도자의 필요를 느껴 북경 천주교당에 선교사를 보내달라고 청을 하였다. 북경에서 핍박이 심하니 생김이 한국사람 비슷한 사람을 보내는 것이 좋을 것이라 하여 중국 신부 주문모를 보내었다. 그는 소주 출생으로, 어려서 부모를 잃고 일찍이 천주교 교육을 받아 신부가 되었더니, 1794년 겨울 역부(驛夫)로 변복을 하고 압록강을 건너왔는데, 그때 나이 스물네 살의 청년이었다. 서울에 온 후, 숨어 있으면서 7년 동안 힘써 전도를 하였고 후에 잡히어 순교의 거룩한 죽음을 하였다.

이때 임금 정조는 탕평책을 써서 남인 시파(時派)에 속하는 채제공*을 들어 쓰고 신임하였는데, 시파는 천주교와 가까운 인연이 있었으므로 그가 있는 동안은 큰 핍박이 일지 않았다. 그러나 1799년과 그 이듬해에 제공과 정조가 다 세상을 떠나가매 서인이 다시 세력을 얻고 남인을 타도하기 위하여 천주교에 대하여 큰 탄압을 내리었다. 때는 1801년 순조 원년 신유의 일이다. 이승훈·이가환·정약종이 죽고 그 밖에 죽은 자가 3백 명이나 되었다. 저 유명한 학자 다산 정약용이 유배를 당한 것도 이때의 일이다. 주문모는 위태로워지자 일단 압록강까지 갔으나 영감을 얻어 다시 돌아와 자수하고 노량진에서 형을 받아 죽었다.

주문모는 죽을 때 앞으로 30년간 한국의 교도는 목자를 잃으리라고 예언을 하였다고 전하는데, 과연 그 후 30년 동안 남아 있는 교도가 힘도 썼건만 종내 교사가 오지 못하였고 교도가 흩어지는 상태더니, 1836년에 비로소 프랑스 신부 모방이 의주로 몰래 들어오는 데 성공하고, 그 뒤를 이어 샤스탕, 앙베르 두 사람이 오매 다시 교세를 떨치기 시작하였다. 그러더니 1839년 헌종 5년 기해(己亥)에 갑자기 핍박이 다시 일어나 세 사람 교사가 잡히어 온갖 고초를 겪은 후 사형을 당하고, 교도 중에서도 죽은 자가 수십 명이었다.

이후 얼마 동안은 경계가 심하므로 교세는 가만히 숨어가는 형편이다가 처음으로 한국인 신부가 된 김대건**의 활동으로 1845년에 다시 선교사가 오게 되고, 그 후 철종 때 정치가 풀어짐에 따라 교사가 이어 이어 들어오게 되어 12명이 되었고, 교도도 몇만

* 채제공(蔡濟恭, 1720~99): 영·정조 때의 재상. 1790년 천주교 박해가 시작되자 천주교 묵인을 주장했다.
** 김대건(金大建, 1822~46): 최초의 한국인 신부. 중국에서 사제서품을 받고 국내로 잠입해 활발한 전교활동을 벌이다 체포되어 1846년 새남터에서 순교했다.

우리나라 최초의 신부인 김대건.

을 헤아리게 되었다. 그러다가 고종 3년 병인(丙寅)에 대원군의 큰 학살*에 몇만 신도와 아홉 사람의 외국인 선교사가 죽었고, 그로 인하여 양란(洋亂) 사건이 생겨 쇄국령이 내려지더니, 대원군이 쫓겨나고 나라를 열게 됨에 미쳐서 핍박이 차차 없어지게 되었다.

신교는 천주교보다 떨어져 왔다. 1832년, 독일 선교사 구즈라프가 전도를 목적으로 충청도 바닷가에 왔던 일이 있었으나 성공하지 못하였고, 1866년 양란 당시에 최난헌(崔蘭軒)이라 부르는 영국 사람 토머스가 미국 배를 타고 왔다가 뜻을 이루지 못하고 평양에서 참살당한 것은 세상에서 잘 아는 바다. 그랬더니 그 후 영국의 존 로스라는 사람이 만주에 와 있으면서 한국 전도를 목적으로 『성경』을 번역 인쇄하여 많이 들여보내었고, 일반적으로 전도가 성하게 되기는 1882년 한미조약이 맺어진 이후다. 이것이 기독교가 전해지게 된 대략이다.

이승훈이 북경에서 돌아가면 한 몸을 복음에 바쳐 전도에 힘쓸 것을 약속하고 돌아온 후, 백수십 년의 세월이 흐르는 동안 한국의 교회는 말로 못할 고난, 핍박 가운데 싸우며 자랐다. 진리에 목이 마른 그들은 만주로 중국으로 헤매며 한 사람의 지도자를 끌어들이기 위하여 씽씽 부는 하늬바람이 살을 찌르는 압록강, 두만강의 얼음 위에서 떨기를 사양하지 않았고, 한 줄기 전도 길을 얻기 위하여 노한 물결 날뛰는 황해 바다에 조각배를 의지하여 나부껴 떠나가는 것도 두려워하지 않았다.

상복 밑에 겨우 관리의 눈을 피하며, 시궁 구멍으로 나가 국경을 넘으며, 굴 속에 숨으며, 산속에서 굶으며, 그러다가 마지막에는 찬송가를 부르며 사형장으로 나갔던 용감한 선교사들의 일, 비방과 핍박을 견디며 믿다가 잡힌즉 조용히 묶음을 받고, 죽인즉 흔연

*대원군의 큰 학살: 병인교난을 가리킴. 러시아로부터 통상 개시요청을 받았을 때 조선정부는 천주교를 이용해 프랑스의 힘을 빌리려고 하다가 뜻대로 안 되자, 대원군이 천주교 탄압의 영을 내려 남종삼, 홍봉주 등과 프랑스 선교사 베르뇌 등 팔도에서 8천여 명의 교도를 학살했다. 이 일로 병인양요가 발생했다.

30 기독교의 들어옴 367

히 칼을 받던 거룩한 순교자의 일, 죽일수록 점점 더 퍼져가는 신앙의 불길, 읽어서 감격하지 않을 것 없이, 비단으로 꾸민 듯한 것이 처음으로 전해왔던 당시의 역사다.

그러하였기 때문에 이 썩어가던 사회에 새로 맑은 기분을 넣어줄 수가 있었다. 오늘날 벌써 똑똑해지고 유식해지고 타협 잘하고 방편을 잘 쓰는 기독교도는 저들의 조상이 그렇게 소박하였고, 그렇게 목숨을 내걸었고, 그렇게 직접적이요, 그렇게 저돌적이었음을 알아야 할 것이다. 시대는 점점 위기가 다가오고 있음을 예감시키는 이때에.

이것이 시대가 요구하는 씨울의 새 종교 아니었나? 오랜 수난 후 맑은 정신이 돌아오기 시작하였고 새 생명의 빛은 제시되었다. 빛이 이기어 새 시대를 지을 것인가? 어둠이 다시 새로 나는 새 생명의 싹을 삼키고 말 것인가? 이 중요한 시기에 새 종교의 투사들은 용감하였다. 그때의 한국 모양을 생각하고 그 순교의 역사를 읽으면 이런 일이 과연 있었을까 하고 의심하리만큼 놀랍다. 그것은 고난에 의하여 세련된 혼이 사람의 참 자기를 불러일으키는 진리에 접해 일어난 모습이었다.

# 31 다시 거꾸러짐

### 기독교가 맡은 역사적 과제

기독교가 들어온 것은 결코 우연이 아니었다. 그때에 할 일이 있어서 온 것이었다. 마치 열국시대가 나오려 할 때에 유교가 먼저 들어오고, 삼국시대가 벌어지려 할 때에 불교가 먼저 들어왔던 것 같이, 그다음에 전개될 최근의 역사를 준비하려고 온 것이었다.

그런데 그 기독교가 그것을 못 하였다. 그러므로 일어나던 신생 운동도 소용이 없고, 역사는 다시 거꾸로 떨어져 들어간다. 생명의 흐름은 또 한 번 밑으로 숨는다. 무너진 터 위에 솟는 생명의 새싹, 정신을 잃은 병인의 눈동자에 떠오르는 의식의 가는 빛, 방탕의 길을 헤매던 버린 자식이 돌려놓는 뉘우침의 첫 발길—그것은 얼마나 감격스런 일이며, 얼마나 엄숙한 사실이며, 얼마나 눈물 나는 시며, 얼마나 거룩한 은혜인가? 이 일이 한민족의 역사 위에 있으려 했던 것이다.

오랜 폭풍우의 밤이 지나가고, 검은 구름 사이로 먼동이 트는 첫 빛살을 올려쏘듯이, 천오백 년 고난의 길을 걸은 후 역사의 지평선 위에 신생의 가는 일선(一線)이 떠오르기 시작했던 것이다. 그러나 돋아나던 싹이 그만 짓밟혀버리고, 맑아지던 눈동자가 다시 까무러지고, 들렸던 첫발이 도로 빗나가고 만다면, 그것은 아아 얼마나 분한 일이며, 얼마나 슬픈 일이며, 얼마나 기막히는 불행이요, 얼마나 몸부림치고 싶은 형벌인가? 이 일이 실제로 이 역사에 일어난 것이다.

기독교가 한국에 들어올 때 한국을 건지기 위하여 맡은 과제는 셋이었다. 첫째는 계급주의를 깨뜨리는 일이요, 둘째는 사대사상을 쓸어버리는 일이요, 셋째는 숙명론의 미신을 없애는 일이었다. 이것은 우리나라 예로부터 있었던 종교와 유교와 불교가 민족을 이끌어가는 참 정신적 등뼈나 심장이 되지 못하고, 한갓 잘못되는 역사의 소용돌이 밑에서 얽혀 돌아가는 동안 생긴 썩어져 가라앉은 사상의 앙금이다. 지독한 변태심리의 당파 싸움이란 결국 이것의 결과라 할 것이다. 그러므로 이 정신적 고질을 고침 없이는 새 역사는 있을 수 없다. 그러므로 이것을 고치기 위하여 천지에 처음으로 섬길 이는 영이신 하나님 하나밖에 없다 하며, 모든 인류는 다 형제라 하며, 사랑을 강조하고, 절대 순종의 믿음을 주장하는 엄격한 도덕적인 종교인 기독교가 오게 된 것이다.

이때에 옛날부터 있었던 종교는 아주 타락하고 생명력을 잃어 사람의 마음을 이끌어갈 수가 없을 뿐만 아니라 모든 죄악의 근본이었다. 양반계급들은 자기네의 지위를 유지하기 위하여 될수록 종교를 나쁘게 이용하였다. 기독교는 그 사명을 다하기 위해 이 타락한 세 개의 기성종교와 싸우지 않으면 안 되었다. 그런데 그것을 못하고 말았다. 그 때문에 심한 핍박을 받기도 하였고, 어느 정도 고친 것도 있지만 완전히 이기지 못하고 말았다. 사실 이때 우리나라가 살아나려면 완전한 종교개혁 혹은 정신 혁명이 있었어야 하는 것이었는데, 천주교가 그것을 하지 못하였다. 그 자신이 사실 유럽에서 쫓겨온 낡은 종교이기 때문에 못 하였을 것이다.

기독교가 본래 그런 것은 아니다. 기독교만 아니라 근본을 말하면 우리나라 옛 종교도 유교도 불교도 그런 것은 아니다. 인생을 건지자는 것이지 압박하고 짜먹는 데 협력하자는 것은 아니다. 그러나 세도로 굳어진 기성종교는 이미 그 사회의 권력층과 붙어먹은 것이므로 역사가 나아가는 데 반동적인 노릇을 한다. 그러므로 종교개혁은 필요한 것이다. 천주교가 그리스도의 근본 정신을 가지고 왔다면 그것을 하려 하지 않았을 리가 없다. 그러나 그 자체가 유럽에서도 나가는 자유정신의 근대 역사에서 반동적인 노릇을 그만두려 하는 것이 아니므로, 여기 와서 진리를 전하여도 묵은 찌꺼기를 깨끗이 청산하지 않았다. 그 자체 안에 계급주의가 있고, 사대사상이 있고, 미신적인 요소가 남아 있는데, 어떻게 남을 고칠 수 있었을까? 실패한 근본 원인은 여기에 있다고 할 것이다.

그러나 아무리 지나간 묵은 찌꺼기가 꼈다 하더라도 그때의 유교나 불교가 썩은 데는 비할 바 아니었으니, 만일 받는 한국의 마음으로서 정말 살 길을 구하는 마음이 간절하였다면, 그 가지고 오는 그릇이야 어느 정도 깨졌거나 낡았거나 거기는 관계 없이 그 속에 담긴 참 산 종교를 받을 수 있었을 것이다. 그런데 그것을 못 하였다. 그렇게 비장한 순교자를 많이 내면서도 개인적인 믿음뿐이었지 사회혁신을 못 하고 만 것은 참 아까운 일이다.

## 천주교의 실패

양반들이 자기네가 지배하는 특권을 영구히 가지기 위해 첫째로 한 것은 계급사상을 강조하는 것이었다. 사농공상(士農工商)이요, 7천(賤)이요, 8천이요* 하는 것을 만들어놓고는 그 뒷받침을 유교에서 구하였다. 그리하여 글을 배우는 선비에게는 어려서부터 특권의식을 넣어주고 일반 백성에게는 복종하는 것은 하늘이 내린 법으로 가르쳐서 영구히 종으로 부리려 하였다. 천주교로써 정말 한국민족을 건지려면 반드시 이것과 맹렬한 싸움을 했어야 할 것이다. 그런데 교회에서도 양반은 여전히 양반이요, 상놈은 여전히 상놈이었다.

그다음 특권계급이 또 민중 압박으로 쓴 방법은 중국을 아주 대국으로 섬겨야 한다는 사상을 가르쳐준 것이다. 그들은 그렇게 민중을 중국에 팔아먹은 대신, 그 지위를 가지고 그 대국의 세력을 빌려서 자기네의 지위를 튼튼히 하고, 그 대신 반도 안에서는 마음 놓고 짜먹었다. 우리나라 농민이 특별히 발달하지 못한 것은 이 두 겹의 착취를 당하였기 때문이다.

반도의 특권층은 중국에 대하여 종으로서의 의무를 다하고 그

*7천, 8천: 조선왕조 때, 천한 계급이 종사하는 천한 일. 7천-노비, 기생, 영인(악공과 광대), 혜장(갓바치), 향리(지방행정 실무자), 사령(관아의 심부름꾼), 승려 등. 8천-사노비, 승려, 백정, 무당, 광대, 상여꾼, 기생, 공장(工匠) 등.

리고 반도 안에서 특권계급으로 영화를 누려야 했기 때문에 더욱 가혹하지 않을 수 없었다. 그 현실의 종살이제도를 지지하기 위하여, 혁명의식을 없애기 위하여 사대존주(事大尊周)의 정신적 종살이는 절대 필요했던 것이다. 천주교가 정말 한국을 건지려 했다면 이것부터 했어야 한 것이다. 그러나 그러려 한 것 같지 않다. 천주라는 이름부터 중국 사상에서 해방되려는 생각이 없음을 말한다. 천주교는 보수적이었다.

그다음 또 양반계급들이 한 것은 불교를 내리누르고 예로부터 오는 사상을 모두 천대한 것이다. 어진 임금 세종이 절을 지었다가 선비들한테 손을 데었다는 이야기는 이미 하였지만, 거기서부터 벌써 지배계급들의 심장을 알 수 있다. 세종은 우리가 아는 대로 생각이 깊은 이인데 불교를 믿어도 노상 미신으로만은 아니 하였을 것이다. 나라의 백년 대계를 위하여 집현전을 세우는 이가 절을 세웠다면 그 역시 깊은 생각에서 했을 것이다. 그런데 거기 결사 반대한 것은 진리를 위해서라 할 수도, 나라를 위해서라 할 수도 없다. 오로지 권력과 계급 때문이었을 것이다.

유교는 높은 도덕이지만 인생의 길인 종교적인 요구를 만족시키는 데 부족함이 없지 않다. 그러므로 중국에서도 유교와 아울러 도교가 있었고, 불교가 외국에서 들어와 곧 성하게 된 까닭도 거기 있다 하여야 할 것이다. 그러면 나라를 하는 데 깊은 종교적 신앙 없이 할 수 없을 것이다. 그런데 이조에서는 유교 하나로 나아갔고 불교를 눌러버렸다. 세조가 불교 장려를 했다 하나 그것은 제가 사람을 많이 죽였으니 그 죄를 면해볼까 하는 생각에서였지 국민 정신을 위한 것이라 할 수 없다. 그 후로 줄곧 불교를 천대하였고 나중에 중은 사회적으로 아주 천한 계급으로 대접해버렸다. 그랬으므로 불교가 말이 아니었다. 물론 거기는 불교 자체에 책임이 있다. 종교는 핍박 때문에 발전을 못 하는 것은 아니다. 사실 기독교가 로마 제국을 이긴 것은 카타콤베\*를 그 본영으로 삼고 싸웠기 때문이었다. 참종교가 자라는 것은 도리어 핍박 아래서다. 그러니

\* 카타콤베(catacombe): 무덤으로 사용하기 위한 벽장이 붙은 좁은 통로나 회랑으로 이루어진 지하묘지.

만일 한국의 불교가 정말 살았다면 이조의 압박으로 인한 것이라고 핑계는 대지 못할 것이다. 그 스스로가 벌써 썩었기 때문이다.

개국 처음부터 무학의 이야기가 냄새 나는 이야기요, 도선의 소리는 참 진리의 등불이 줄기 시작한 것임을 말하는 것이다. 그러나 불교 자체의 일은 그렇다 하더라도, 나라로서는 종교에 대하여 깊이 생각하는 것이 있어야 할 것인데 그렇지 못한 것이 잘못이었다. 불교와 재래 종교에 대하여 그와 같이 엎누르고 천대한 결과 나타난 것은 무어냐 하면 미신이 성한 것이다.

미신은 어느 사회에나 있지, 없지 않다. 그러나 우리나라처럼 심한 곳은 없다. 그런데 그 원인이 무어냐 하면 민중의 정신이 기운을 펴지 못하고 옴츠려 음성으로 자라게 된 것이 그 원인이다. 내놓고 떳떳이 공부하고 믿을 수 없고, 압박자의 밑에서 어떻게 살아남을까 그것만 생각하니 혁명할 실력은 없고 세상이 언제 바뀌나 그 생각만 하니, 자연 발달할 것은 미신밖에 없다. 그런데 정치는 정당한 종교를 주지 않는 미신은 자꾸 장려하고 이용하였다. 그러므로 민중은 아주 정신적으로 등뼈를 잃어버렸다.

그랬으니 천주교 신자가 정말 눈이 있었다면 이 미신을 없애기 위해 맹렬한 싸움을 시작했어야 할 것이다. 사실 하기도 하였다. 그러나 그것도 조상숭배를 미신이라 하여 제사 지내지 말라는 것만 강조했지 그 근본되는 숙명적·마술숭배적인 것을 힘있게 때리지는 못하였다. 조상 제사에도 폐해가 없는 것은 아니나, 그것은 동양을 잘 모르는 서양 신학자의 옅은 소견에서 내린 판단일 뿐이요, 사실 거기는 도덕의 뿌리가 적지 않게 들어 있는 것이었다. 그것을 건드림으로써 도리어 민중에까지 들어가기가 어렵게 되었다.

그보다는 민중 교육에 힘써야 했는데, 천주교는 그것을 하지 않고 옹기점에만 붙어 있었다. 사실 그때 과학적으로 떨어진 한국이 그에 대한 요구는 컸을 것이고, 그것을 잘 이용하였더라면 큰 개혁 운동을 할 수 있었을 것이다. 천주교가 실패한 큰 원인은 이 민중 교육을 하지 않은 데 있다.

이리하여서 일어나던 신생운동도 자라지 못하고 말았다. 믿음의 뿌리 없는 개혁운동이 자랄 리가 없다. 그리하여 영·정 두 임금이 힘쓴 보람도 없이 당쟁은 그대로 남았다. 양반들은 굳어진 제도 밑에서 서로 지위를 얻으려고 싸움만 하고, 극도로 지치고 정신적으로 마비가 된 민중은 감히 혁명을 일으키려 하지도 못하고 또 반항하기도 하였지만 원체 가르침도 못 받고 조직도 없는 민중이라 모두 실패할 수밖에 없었다. 그리하여 서울에서는 당파 싸움과 벼슬 팔고 사기요, 지방에서는 백성의 기름과 피를 긁는 사나운 벼슬아치의 학정이 점점 더해갈 뿐이었다.

## 홍경래의 혁명

이때 홍경래*가 혁명을 일으켰던 것은 크게 뜻있는 일이었다. 우리들은 그에게 얼마나 큰 계획이 있었으며 얼마나 높은 정신이 있었는지, 또 그 혁명의 동기가 얼마나 깨끗하였는지 모른다. 참 혁명가였는지, 한 개 야심가였는지 그것도 모른다. 그러나 아무튼 그가 눌렸던 민중의 대표자요, 몇백 년 줄어들었던 생명이 한번 꿈틀거려보는 반항이요, 학대받던 혼의 폭발인 것만은 틀림없다.

그는 평안도 사람이다. 평안도가 어떤 곳이냐? 고구려의 옛터 아닌가? 그 산이 있고, 그 냇물이 있은 담엔 그 정신이 아니 남았을 리가 없다. 그 흙은 한족(漢族)과 겨뤄대던 고구려 사람의 살일 것이요, 그 물은 그들의 땀일 것이다. 재 위에서 부는 바람에 그 한숨이 들어 있었을 것이요, 숲속에서 으르렁대는 짐승의 소리에 울음이 남았을 것이다. 그는 용강 사람이다. 용강이 어떤 곳이냐? 평양의 옆이요, 황해의 해변이다. 그는 단군의 이야기 속에서 자랐을 것이요, 을지문덕의 사적을 보고 컸을 것이다. 한사군 4백 년 싸우고 난 것이 그의 조상이요, 고구려가 망하던 원한이 남은 것이 그의 성격일 것이다.

자칭 평서대원수(平西大元帥)라 하고 민중을 이끌어 일으켜 역

* 홍경래(洪景來, 1771~1812): 조선 순조 때의 혁명가. 평양 향시에 합격, 과거에 응하러 상경했는데, 지방 차별의 폐습으로 과거에 낙방하자 국정에 불만을 품고 1811년 평북 가산에서 군사를 일으켜 혁명을 꾀했다. 그 이듬해 정주에서 패사(敗死)했다.

사를 한번 고쳐보자고 일어난 그가 거기서 난 것은 우연이 아니었다. 이 사대주의·당파주의·운명철학, 이 양반의 등쌀에 짓밟히고 찌그러지고 쫄아든 민족을 한번 고쳐보는 인물이 난다면 그 땅을 내놓고 다시 있을 수 없고, 그 눌리는 천대받은 평치를 내놓고 또 있을 수 없을 것이다. 그러니 이것은 하늘이 한번 불러일으킨 것이라 할 수 있지 않을까?

이때에 한번 나라가 바로되었다면 양반·상놈의 그 더러운 역사의 때가 벗겨졌을 것이요, 그랬다면 한번 민족통일을 하여 그때 차차 내리썩는 청조에, 만주에, 한번 기운을 펴는 것도 못 할 것이 아니었을 것이요, 그랬다면 대원군이요, 민비의 그 따위 흉한 꼴도 없었을 것이요, 그랬다면 또 러일·청일 하는 싸움이 이 나라에서 일어나지도 못하였을 것이요, 그것이 그랬다면 이완용·송병준도 없었을 것이요, 일제 36년도 없었을 것이다. 그랬다면 그렇듯 5백 년 썩어든 민족의 심장을 한번 소탕하고, 유럽에서 태평양으로 밀려드는 민족주의의 새 물결을 타고 새 문화의 출발을 하였더라면, 역사가 오늘과 같이 이렇게 어렵게는 아니 되었을 것이다. 그런데 아니었다. 우리 생각과 달랐다.

전하는 말에, 그가 어려서 서당에서 공부할 때에 하루는 훈장이 저 중국의 유명한 진시황을 죽이려다가 실패하고 만 연(燕)나라 의사(義士) 형가(荊軻)를 두고 시를 지으라 하였다 한다. 형가는 그때 태자 단(丹)의 뜻을 받아 죽을 각오를 하고 그 폭군을 암살하려 칼을 품고 가는 길이었다. 역수(易水) 물가에서 서로 작별하고 갈라지는데, 비장한 각오를 한 형가인지라, 그 전별하는 노래에,

바람은 쓸쓸한데 역수 물 차고나,
사내가 한번 가니 다시 올 길 없구나!
風蕭蕭兮 易水寒　壯士一去兮 不復還

하였다고 하지 않나? 그 형가를 두고 지으라는 것이다. 어린 홍경

래는 붓을 들더니,

秋風易水壯士拳　白日咸陽天子頭

라 써 바쳤다. 훈장은 글장을 들더니 흥얼대는 콧소리로 "추풍역수장사권이요(가을바람 역수가 장사의 주먹이요), 백일함양천자두라(밝은 대낮 함양 땅 천자의 머리로다)" 하고 불렀다. 그것을 옆에서 듣던 홍경래는 문득 훈장을 보고 항의를 하여 "그렇게 읊을 것이 아니라 이렇게 읊을 것"이라 하고는 목소리를 높여,

秋風易水壯士拳으로
白日咸陽天子頭를
가을바람 역수 가 장사의 주먹으로
대낮에 함양의 천자 머리를 깨부수리.

하며 그 '으로'와 '를'자에다가 힘을 주고는 주먹으로 방바닥을 꺼져라고 내리갈겼다. 그것을 본 훈장은 벌벌 떨고 "얘, 나는 너를 가르칠 수 없다"고 했다는 것이다.

　대낮에 중국 천자의 대강이를 한번 바숴보자는 홍경래에게 북악산 밑에 꼬부리고 있는 이조의 임금이란 것과 진딧물 밑구멍에 붙어 단물이나 빨아먹는 개미떼같이 그 옆에 붙어 있는 양반이란 것들이 문제 될 것이 없다. 기개가 있다면 있었다. 또 여러 가지로 전하는 말을 들으면 재주도 있었다. 하지만 시세가 허락지 않음을 어찌하리요* 가산(嘉山) 다복동(多福洞)에서 계획을 교묘하게 꾸며 일을 일으키기는 하였지만, 일이 뜻대로 되지 않고 그 실패를 못내 슬프고 분해하는 평안도 민중의 입에 "다복동을 일으킨다"는 말 한마디를 남겼을 뿐이지, 청천강 실개천 하나를 못 건너고 정주성 북장대에서 그만 속절없이 이슬로 사라지고 말았다.

　홍경래는 왜 실패하였을까? 물론 그의 잘못이 있을 것이다. 내

서울 중구 정동에 있는 정동교회. 1898년에 완공된 우리나라 최초의 현대식 신교 교회건물이다.

부에 불통일이 있었단 말도 있고, 일의 비밀이 새어 예정보다 질러 일어나느라고 준비가 채 되지 못하였다는 말도 있고, 그때의 안주 병사도 사실은 호응할 마음이 있었으나 형편을 보느라고 대항한 것이니 한번 모험을 하고 청천강을 건너기만 하였으면 되는 것인데, 그것을 못 하였으므로 병사 편에서도 강경하게 나와서 일이 틀렸다는 말도 있다.

  그러나 우리는 그런 조건보다도 더 큰 역사적 필연이 거기 없었나 찾아보아야 한다. 그러고 보면 있기도 하다. 그것은 민중을 완전히 동원하지 못하였다는 것이다. 그들에게 정신적 준비가 부족하였다. 그가 8도의 서낭과 질에 아니 간 곳 없이 다니며 동지를 구하였다는 말도 있기는 하나, 전체적으로 그에 관한 전설이 보여주는 것은 어디까지나 지략의 사람이요, 술수의 사람이지 결코 높은 정신이나 의기의 사람이라는 말이 적다. 그것으로는 민중을 동원하지는 못한다. 그러나 또 그것만이 아니다. 다른 데서 보면 그만 못한 인물도 성공을 하는 일이 있고, 그가 일어난 평안도·황해

31 다시 거꾸러짐 377

동학군의 근거지였던 전주성. 동학은 19세기 후반 서양 세력의 침투와 조선 사회의 내재적 위기 속에서 보국안민·광제창생(廣濟蒼生)을 내세우면서 등장했다.

도 민중은 반드시 동원되지 않았다고도 할 수 없다. 한때는 굉장한 형세였다.

그리고 보면 우리는 거기 시세라 할까, 운명이라 할까, 섭리의 간섭이라는 생각을 아니 할 수 없다. 실패할 만한 이유가 반드시 분명치 않은 것이 거기 있다는 말이다. 그것은 우리가 뜻으로 해석하여 넘기는 수밖에 없다. 그렇다면 그것은 철저함을 요구하는 하나님의 성격에서 나온 것이라 하여야 할 것이다.

### 개신교의 활동

이렇게 생각할 때 다시금 우리 주의를 끄는 것은 기독교 개신교가 온 것과 동학이 일어남이다. 개신교는 마치 천주교가 하려다가 실패한 것을 네가 다시 해보라는 듯이 늦게야 보냄을 받아왔다.

그들은 같은 기독교나 그 정신에서는 천주교와 대단히 다르다. 이것은 본래 자유정신 때문에 거기서 반항하고 나왔으니만큼 전통보다는 자유를 존중한다. 의식보다는 교리의 깨달음을 중요하게 여긴다. 저것이 귀족적인 대신에 이것은 평민적이다. 의회정치는 개신교의 사상 속에서 자란 것이다. 민족주의와 자본주의도 이것

충남 홍성에 세워진 척화비. 척화비는 1871년 대원군이 서양 제국주의 세력의 침략을 경계하기 위해 서울과 부산을 비롯해 전국 각지에 세운 비석이다.

\* 오산학교: 1907년 이승훈이 평안북도 정주군 오산면에 창립한 사립중등학교. 해방 후, 서울의 오산 중·고등학교가 되었다.
\*\* 샤포: 챙이 달린 프랑스의 군모. 흔히 나사(羅紗)로 만든다.

과 손을 잡고 자라온 것이다. 더구나 그때 한국에 선교사를 주로 보낸 미국의 프로테스탄트는 그 건국정신인 민주주의를 앞장세우고 있는 것이었다.

이제 그 프로테스탄트가 한국에 온 것이다. 그러므로 그 신앙이 들어오자 많은 새로운 운동이 일어나게 되었다. 쇄국주의를 집어치우고 세계에 대하여 나라를 열고, 독립국가가 되어야 한다는 사상, 한글을 쓰고, 새 교육을 하고, 사회에 꽉 박혀 있는 계급적인 풍속, 여러 가지 미신, 이런 것을 두들겨 부수고 새 문명의 국민이 되어야 한다는 운동이 이 개신교의 영향으로 된 것이었다. 이것이 다 그전 천주교의 백 년 넘는 역사에서는 보지 못하던 것이었다. 또 천주교는 서울 이남지방이 그 무대였던 데 반하여 이 개신교는 주로 서북지방에서 성했던 것과, 그중에서도 사회의 밑층이 많이 믿었던 것도 주의할 일이었다. 한때 이 새 종교는 맹렬한 형세로 퍼져나갔다. 그리고 나라를 한번 바로잡아보자고 새 사상에 깨었던 열렬한 애국지사들이 이들 속에서 많이 나온 것도 주의할 만한 일이다.

우리나라 새 교육의 시작인 배화학당, 이화학당, 경신학당, 대성학교, 오산학교\* 또 그 밖에 서울과 시골에서 일어났던 수많은 학교, 신문, 잡지, 병원 이런 것들이 모두 직접 또는 간접으로 이 개신교의 영향으로 된 것이었다. 이때 사회의 각 방면에서 일어났던 원기와 맑은 공기와 혁신의 기분은 실로 몇백 년 이래 처음으로 보는 현상이었다. 촌락마다 신문학을 가르치는 학교가 일어나고, 머리를 깎고 단출하고 물들인 옷을 입고 북과 행진 나팔에 맞추어 체조를 하고 씩씩한 곡조의 노래를 하고, 샤포\*\*를 쓴 학도생이라면 그저 무조건 받들어주고, 때때로 모여서 하는 연합운동회 때면 그야말로 강산이 들썩들썩하는 흥분이었다.

서울에 있는 오산고등학교. 1907년 평북 정주군에 이승훈이 설립한 오산학교의 전통을 이어받고 있다.

그러고는 서울·시골 할 것 없이 비분강개하는 눈물과 부르짖음으로 가득 찬 연설회·토론회가 연달아 일어나고, 민중을 깨우자는 운동이 불길처럼 일어났다. 사람마다 하는 소리가 개명·개화요, 입마다 외치는 것이 삼천리 강토, 2천만 민족이었다. 이리하여 양반의 학정 밑에 짜먹히고, 짜먹혀 마른 나무같이 되었던 나라에 새봄이 돌아온 듯하였다.

## 동학

그렇게 기독교 개신교와 그것을 타고 온 민족주의 사상, 그때 바야흐로 일어나는 자본주의적 개척·개발 사상의 영향을 받아 사회가 한번 큰 혁신을 해보려고 움직이는 때에, 또 한편에서는 동학*이 일어났다. 이것은 그 이름이 표시하는 대로 서학 곧 천주학에 대한 반동으로 일어난 것이다. 그 사상이나 교리에는 반드시 새롭고 독특하다 할 만한 것이 있는 것은 아니다.

그러나 이것이 밖으로부터 오는 자극에 영향을 받아 깨어나는 일종의 자각운동이라는 데 그 의미가 있다. 순종교적이라기보다는

*동학(東學): 서학인 천주교를 반대하여, 최제우가 창도한 일종의 민족종교. 동학에는 여성과 어린이를 소중히 대하라는 교리가 담겨 있다. 이는 조선 스스로 근대성에 대한 깨우침이 뿌리에서부터 일고 있었음을 보여주는 증거이다.

제폭구민(除暴救民: 폭정을 없애어 백성을 살린다)이라는 표어와 그 후 전봉준의 일이 보여주는 대로, 한 개의 혁명운동이었다. 그러므로 그 주창자인 최제우는 잡히어 사형을 당하였다. 그러나 그 안에 많은 미신적인 요소를 가지고 있던 것으로 인하여 진보적이라 할 수 없었다. 민중을 깨우지 못하였다.

## 대종교

그다음 동학과 아울러 생각할 만한 정신운동의 하나는 대종교다. 혹은 단군교라고도 한다. 단군 할아버지 내림으로 오는 우리 옛날 종교를 우리는 거의 완전히 잃어버렸다. 고구려시대의 선인·선비, 신라시대의 화랑이 그 모습을 전하는 것일 텐데, 그때 중국으로부터 흘러들어온 유교·도교·불교의 자극을 받아, 우리 예로부터 오는 '한·밝음·맑음'의 사상을 고갱이로, 한 개 체계 있는 철학·도덕·신앙을 발전시켜보려고 애썼음이 그것일 텐데, 그만 그것을 크게 이루지 못하고 말았다.

고려시대에 와서 대위국(大爲國)운동에서 한번 마지막 발버둥을 쳐보다가 유교파에 못 견디어 실패한 다음에는 이조에 들어와서는 아주 잊어버리고, 겨우 가난한 민중의 집에 모시는 제석님·성주님, 시골길 고갯턱에 종잇조각, 신짝에 매달리는 국수당, 산속 절간의 외로운 뒷방에 더부살이를 하는 산신령님, 동구밖 한구석에서 두세 그루 노목을 지키는 서낭님(城隍), 산당에 그 없어지다 남은 모습을 머물렀을 뿐이었다. 그나마도 이것이 우리나라 조상 내림 신앙의 끄트머리인 줄 아는 사람도 별로 없었다. 그러던 것을 지금으로부터 몇십 년 전에 와서 서양으로부터 들어오는 민족주의 사상의 영향을 받아 우리도 잊어버렸던 할아버지 단군을 찾게 되면서부터, 더구나도 기독교의 자극을 받아 일어난 것이 이 대종교다.

먼저 이것을 주창하고 나선 이는 나철*인데, 그는 어디서 단군 이래 고구려로, 발해로 전해 내려오던 삼일신고(三一神誥)**를 찾

* 나철(羅喆, 1863~1916): 대종교를 중창(重創)한 인물. 그가 중창한 대종교에는 다른 민족종교와 달리 식자층들이 많이 끼어 있었고, 또 민족정신을 보존하고자 단군을 신앙 대상으로 삼았다.
** 삼일신고: 대종교의 주요 경전. 366자의 한문으로 된 짧은 경전으로, 5부분으로 나뉘어 있다.

서울로 압송되는 전봉준.

아냈다 하고, 그것을 중심으로 교리·의식을 짜냈고, 그 자신은 구월산 삼성사(三聖祠)에서 자결을 하였다. 그것도 아마 예수의 십자가 사상 영향 때문인지도 모른다. 이것이 어느 정도 예로부터 오는 가르침인지 모른다. 그러나 아무튼 민족정신이 깨는 한 구절인 것만은 틀림없다. 그러나 그것이 종내 민중의 마음을 붙잡지는 못하고 말았다.

### 지친 민족

이때 역사의 요청은 한마디로 깨는 데 있었다. 민족으로 깨고, 세계에 깨고, 시대에 깨야 한다. 기차·기선이 나오고, 전신·전화가 생기고, 이제부터 세계 역사는 급템포로 달리게 된다. 전에 보던 대국 사람이나 되놈이나 왜놈만이 아니고, 가지가지의 얼굴과 말과 글을 가진 양고자놈들이 온다. 영국·미국·덕국(獨)·법국

대일본제국헌법 발포식.

(佛)·아라사(露)·화란. 전에 못 보던 여러 가지 기계가 나온다. 총·육혈포·자명종·천리경·인쇄기. 이러므로 옛날 생각과 제도와 정치를 가지고는 도저히 살아갈 수가 없다. 각 민족이 제각기 생존경쟁·약육강식·부국강병을 부르짖으며 서로 씨름을 한다.

일이 급해졌다. 어제까지 우리가 바다 가운데 왜놈이라고 업신여기던 일본이 명치유신*을 하여 봉건시대의 막부를 집어치우고, 근대식의 나라를 세우고 임금을 천황이라 하고, 나라를 열어 세계 모든 열강과 교통을 하며 우리더러도 나라를 열라고 트집을 해온다. 일찍이 이런 세상을 보지 못하였다. 이것 사서삼경에서도 못 보는 것이요, 팔만대장경에서도 못 듣던 일이다.

일이 이렇게 되면 김씨고 이씨고 자랑하고 있을 수도 없고, 양반이요 상놈이요 뽐낼 수도 없다. 노론이요, 소론이요 문제가 아니 된다. 여태껏 그 이상은 없는 줄 알던 중국이 양고자한테 꼼짝을 못하여 땅을 빼앗기고 배상을 물지 않나? 이때에 살려거든 우리도 한 민족으로 깨어 말을 같이하고 도덕·풍속을 같이하는 우리는 한 핏줄로 된 운명을 같이하는, 살아도 같이 살고 죽어도 같이 죽는, 한 덩어리인 줄을 알아, 힘을 모아 새로 한 나라를 세우고, 낡은 생각을 버리고 나날이 발달해가는 새 지식·기술을 배워 세계의 여러 나라와 어깨를 겨루고 나갈 결심을 했어야 할 것이었

*명치유신(明治維新): 메이지 유신. 도쿠가와 막부를 붕괴시키고 천황 친정 형태의 통일국가를 형성시킨 근대 일본의 정치·사회적 변혁이다.

다. 시급히 한 큰 혁신을 하지 않으면 아니 될 것이었다.

그것을 하자는 실학이었는데 실학파가 그것을 못 하고 낡은 책장만 뒤집다 말았지 민심을 뒤집지 못하였다. 그래서 천주교였는데 천주교가 또 천당·지옥만 찾다 말았다. 그래 안 되었다 하여서 한번 큰 청소를 하라고 홍경래를 세웠건만 그가 비만 들었다가 말고 쓸지 못하였다. 그 때문에 밑에서부터, 속에서부터 고치라고, 그때 벌써 서양서는 역사를 뒤집어놓고 개신교이므로, 그 젊은 투사를 태평양 물결을 끊고 보냈건만, 그리하여 한때 큰 바람을 일으켰건만 그것으로도 되지 않았다. 이때에 이 자유사상으로, 이 정의와 경건과 희생·봉사의 새 종교로 민중의 가슴에 불을 붙여 한번 근본적인 혁명을 했어야 하는 것이었다. 그런데 그것을 못 하였다.

왜 못 하였나? 사회적으로 하면 중산계급이 없었기 때문이다. 언제나 사회가 발전하는 힘은 중산계급에 있다. 그들은 밑의 가난한 층같이 지나친 고역에 힘이 빠진 것도 아니요, 위의 특권층같이 썩은 것도 아니요, 생활의 여유를 가져 사상할 자유가 있고, 일을 할 경제적 실력을 가지고 있다. 그러므로 아래 계급에 대하여는 끌어올리는 작용을 하고, 지배계급에 대하여는 억제하고 싸우는 작용을 하여, 지배·피지배의 관계가 극단적으로 나빠지지 않도록 하며, 사회를 움직여나간다. 정치가 비교적 바로되는 사회면 이 중류계급이 발달하고, 학정이 심하면 그것이 없어지고 따라서 민중이 극도로 피폐에 빠져 나라가 온통 망하게 된다.

같은 동양의 옛 사회로서 일본은 새 문명을 받아 혁명하는 데 성공을 하고 우리는 못 하여 망국의 슬픔을 당하게 된 것은, 그들은 덕천막부 3백 년에 튼튼한 중산계급을 발달시킬 수 있었고, 우리는 임진·병자 두 난리에 나라가 여지없이 파괴를 당하였는데, 지배자인 양반계급이 조금도 그것을 거름 주어 북돋워줄 생각은 아니 하고 짜먹기만 했기 때문에 그만 사회의 근본 밑힘이 빠져버렸기 때문이다. 허탈해진 민중은 반항조차도 못 한다. 그러나 민중이 그렇게 되면 그것을 짜먹고 살던 지배계급도 망하고야 만다. 그

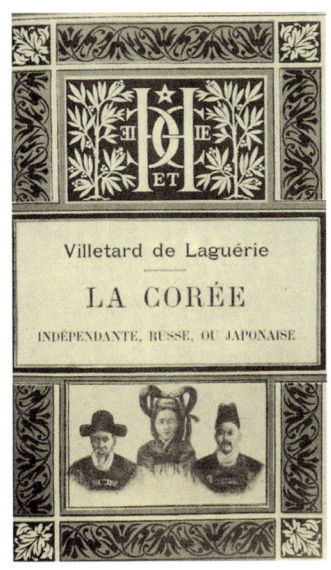

왼쪽: 1898년 프랑스에서 발간된 한국소개 출판물.
오른쪽: 쇄국정책을 펴던 대원군을 하야시키고 개국을 단행했던 명성황후.

것을 모른 데가 우리나라 양반의 미운 점이다. 그러나 이것을 뜻을 붙여 생각해보면 하나님이 노했다고 할 수밖에 없다.

역사에는 그래도 행운·시운이라는 것이 있는 법이다. 일본이 미국 페리* 제독의 강권에 못 이겨 나라를 열게 된 것은 참 운이 좋았다 할 수 있다. 우리나라에서도 이와 비슷한 기회가 있으려면 몇 번 있을 수 있었는데 종내 다 그저 지나가고 이 게으름뱅이 민족을 깨워주지 못 하였다. 하멜의 일행이 몇십 년을 있었건만 서양 소개를 못 하고, 병인양요에 불란서가 물러간 것은 저희 나라 일 때문이건만 이쪽에서는 우리 세력이 세서 됐거니 생각하여 점점 더 문을 닫게만 되고, 대동강에 셔먼 호가 들어온즉 때아닌 홍수에 속아 실패하게 되고, 일이 모두 이런 식이어서 그 뒤에 일부러 하는 손이 움직이고 있는 것을 보여준다.

그러나 하나님이 치우친 악의를 가질 리는 없다. 노하였다면 우리가 잘못했기 때문이요, 그것을 고치기 위해서일 것이다. 역사의 근본 법칙을 그렇게 무시하고는 나라가 아니 된다는 말이다.

*페리(Matthew C. Perry, 1794~1858): 미국의 해군 사령관. 1853~54년 원정대를 끌고 와서, 일본이 거의 2세기 동안이나 유지해온 쇄국정책을 버리고 서구와 무역 및 외교관계를 맺게 했다. 이렇게 해서 미국은 영국·프랑스·러시아와 동등한 위치에서 동아시아에서의 경제적 이득을 추구할 수 있게 되었다.

갑신정변이 일어났던 우정총국. 서울 종로구 견지동에 있으며, 현 체신기념관이다.

## 마지막 막

그때 우리나라 꼴은 무엇보다도 전주 이씨네 집안에 잘 나타나 있었다. 하필이면 대원군이요, 민비인가? 이것이 다 마지막 망국극을 하기 위해 준비된 배우들이었다. 당파 싸움을 하다 하다, 외척이 전권 세도를 하다 하다, 끝마무름이 그 궁중의 싸움이었다.

5백 년 고난의 골목인 서울 길거리에서 연 날리는 열두 살 소년을 안아다가 임금자리에 앉힐 때 영화를 길이 누리자는 생각이었지, 그 운명이 그 아이의 손에 잡혀 있던 연줄처럼 끊어져 나갈 것인 줄은 몰랐다. 양반집 사랑으로 다니며 술잔이나 얻어먹는 그 아비가 대원군이 될 줄은 꿈도 못 꾸었고, 그 어린 임금의 왕후를 구하는데 고르고 골라 말썽 없을 만한 민씨집 딸을 데려올 때, 그것이 이다음 날 자기와 세력을 겨루다 집안을 망치고 나라를 망칠 싸움의 적수인 민비가 될 줄은 천만 뜻밖이었을 것이다.

그러나 보이지 않는 손은 후일에는 다 그 뜻이 분명하게 될 일을 바둑돌 놓듯이 하나씩 놓고 있었다. 그러고는 그 뒤에 수구파요

위: 『고종실록』에 실려 있는 갑오경장에 관한 부분.
아래: 왼쪽부터 갑오경장·갑신정변의 세 주역인 김홍집, 김옥균, 홍영식.

개화파요, 친일이요 친청이요, 친로요 친미요 하는 파들을 갈라 배치시켜 서로 싸우게 하였다. 그 모양이 꼭 늙은 갈보와 같았다.

제가 스스로 제 운명을 개척하고 사람 노릇을 하자는 생각이 없고 오늘 이놈에게, 내일은 저놈에게 붙어 그때그때 구차한 안락을 탐하는 것이었다. 그러다가 끄트머리는 결국 이놈에게도 사랑을 잃고 저놈에게도 미움을 사 한 몸이 망해버리는 것과 마찬가지다.

그렇기 때문에 일부 먼저 깬 사람들의 힘씀으로 갑신정변*·갑오경장** 하는 운동이 없지 않았으나 소용이 없었다. 싸움의 결과 대원군은 중국에 붙들려가고, 민비는 일본 군대의 손에 죽고, 임금은 자리에서 쫓겨나고 아들이 대신 들어섰다가 그나마도 오래

* 갑신정변(甲申政變): 민씨 정권을 무너뜨리고 청국과의 종속관계를 청산하고자 1884년에 김옥균 등의 급진 개화파가 일으킨 정변으로 국민주권국가 건설을 지향한 최초의 정치개혁운동이다.
** 갑오경장(甲午更張): 갑오개혁이라고도 함. 1894년 7월부터 1896년 2월까지 개화파 내각이 추진한 근대적 제도개혁이다.

한일합병 직후의 초기 총독부 청사.

못 가고 1910년 8월 28일에 한일합병이 되어 나라가 아주 망해버렸다.

그러니 민족의 부끄럼이 이제는 끝에 간 것이다. 고구려 때에는 욕을 먹었는지 모르고, 신라 때에는 매를 맞았는지 모르고, 고려 때에는 넘어졌는지 모르지만, 이번에는 아주 거꾸로 구겨박혔다. 고구려에는 발해가 있고, 신라에는 마의태자·궁예가 있고, 고려에는 최 도통·정포은이 있지만 이조에는 그것도 없다. 이준이 헤이그에 붉은 피를 뿌리고 민충정*이 서울에 푸른 대를 올렸으나, 그것으로 가리기에는 그 허물이 너무 크다.

신라가 당나라에 수그렸다 하나 그래도 나라의 땅을 찾기에 힘을 썼고, 고려가 몽고에 굴복하였으나 그래도 나라가 없어진 것은 아니었다. 이번에는 나라란 이름이 아주 없어지고 남의 한 개 식민지가 되어버렸으니, 5천 년 역사에 이런 일이 없었다. 하나님은 이번에는 아주 이 민족한테 속지 않기로 작정한 것이다.

하필이면 일본이냐? 일본을 우리가 길러냈고 가르쳐왔다. 동

\* 민충정(閔忠正, 1861~1905): 한말의 정치가 민영환(閔泳煥). 충정은 그의 시호. 을사조약이 체결되자 2천만 동포와 고종, 그리고 주한 외국사절에게 보내는 세 통의 유서를 남기고 죽음으로 항거했다.

3·1운동을 묘사한 높이 10미터 되는 부조.

해 바다 가운데 있어서 그 사는 사람 종자의 일부는 원시시대 인종의 하나인 아이누요, 또 다른 일부는 남양으로 올라온 계통의 인종인데, 거기 비로소 문화 사회를 발달시키기 시작한 것은 이른바 천손(天孫) 민족이라는, 필시 이 반도를 타고 구주지방으로 건너갔던 우리 민족의 한 물결이었다. 그 신화가 그것을 말하고, 그 석기시대의 유물이 그것을 증명한다.

그 후 그들에게 처음으로 한자를 가르쳐준 것이 우리요, 유교·불교를 전해준 것이 또한 우리였다. 그들의 문화는 대륙과의 교통이 아니고는 발전할 수 없고, 그들의 경제는 우리와 오감이 없이 되어갈 수 없었다. 임나(任那)도 그래서 있는 말이요, 왜구도 그래서 있던 사실이다. 덕천막부가 조선통신사\*를 크게 대접하였던 것도 그 때문이었다.

그러니 우리가 만일 튼튼한 주권을 가지고 제해(制海) 교통을 완전히 하였다면 일본의 운명은 우리 손에 있는 것이었다. 그리하여 서양 문명이 올 때에 우리가 만일 만주를 뒤뜰로 삼고 일본 열도

\* 조선통신사(朝鮮通信使): 조선시대에 우리나라에서 일본 막부의 장군에게 보낸 공식사절단. 1603년부터 시작된 조선통신사 파견은 양국간의 평화적인 외교란 측면만이 아니라, 학술·사상·예술과 같은 일본문화 여러 부분에 걸쳐 상당한 영향을 미쳤다.

31 다시 거꾸러짐 389

를 앞 방파제로 삼는 형편이었다면, 역사는 이렇게 되지는 않았을 것이다. 그런데 친청·친로·친일 하며 몇십 년 국제 매음을 하다가 우리가 길러내고 우리가 업신여기던 일본한테 나라를 몽땅 빼앗겼으니, 이것은 마치 행랑 머슴한테 주부가 실절(失節)을 한 셈이다. 하나님은 이 민족의 반발이 일어날 때까지 하실 작정이었다.

그러므로 제1차 세계대전이 일어나고 민족자결주의*에 따라 많은 민족이 해방이 되어도 우리는 빠졌고, 3·1운동을 일으켜 민족의 역사에서 전에 못 보던 용기와 통일과 평화의 정신을 보였건만 그것으로도 안 되었다. 받아야 할 교육이 아직 있고, 겪어야 할 시련이 또 있다. 그리하여 제2차 세계대전에 이르러서는 민족의 의식이 아주 끊어지나 이어지나 아슬아슬한 지경에 빠져들었다.

이것으로 우리 고난의 역사의 대충 보기가 끝났다. 돌아보면, 아아 삼국시대 이래 그 걸어온 길이 얼마나 잔혹했나? 눈물과 피로 걸었다기보다 기었고, 기었다기보다 굴러왔고 발길에 채어왔다. 그리고 5백 년 수난도 오히려 부족하여 돌아오던 회복의 기운도 사라지고 다시 더 심한 연옥의 바닥으로 거꾸러져 내려가는 뒷모양을 보며, 아니다, 우리 자신이 그것임을 깊이 의식하면서, 그러나 그보다도 날이 장차 오면 이것이 다 뜻이 있는 한 구절이 될 줄을 믿으면서 이 장을 마치자.

* 민족자결주의: 민족의식을 지닌 한 집단이 독자적인 국가를 형성하고 자신의 정부를 선택할 수 있다는 사상. 미국 대통령 윌슨은 '전후 평화를 위한 14개조'에서 민족자결주의를 세계질서에 필요한 주요 목표로 올려놓았다.

# 32 해방

## 새 날

역사는 흘러간다. 시대는 변한다. 와야 할 줄 알면서도 오려니 꿈도 못 꾸던 날이 왔다. 고난의 역사에 해방이다. 역사가는 기록의 또 한 페이지를 넘기고 의미를 또 고쳐 읽어볼 때가 되었다.

그때에 우리는 "남해의 사나운 물결 밑을 통과한다" 하여서 될 수록 정신을 차리고 지내자 했건만 역시 그 사나움이 너무하였기 때문에 그저 그 물결이 흔들고 떠미는 대로 부대낄 뿐이었지, 미처 깊은 생각을 해볼 겨를이 없었다. 바치라니 그저 어린것의 먹을 것까지 긁어 바쳤고, 말하지 말라니 말을 그만두고, 글을 내버리라니 그 좋은 글도 내버렸고, 성을 고치라니 그대로 조상까지 내버렸을 뿐이지, 도대체 어디로 가는 것인가 생각을 해보려 하지도 못했다.

전쟁의 마지막 대목에 전쟁에 끌려나가는 우리 젊은이들의 모양이 그대로 민족 운명의 표시였다. 분명히 가고 싶은 길이 아닌데, 옳지 않은 길인 줄도 아는데 그런 줄 알면서도, 대적에게는 그만두고 우리 자신을 향하여 물으려는 생각도 없이, 눈을 가리는 대로 가림을 당하고 어디론지 끌려가는 것이었다. 간대야 죽음밖에 있을 것 없는 줄을 알면서도 살기 위하여 끌려간다고 하였다. 익살이지. 살기 위해 죽을 데로 가니. 그것이 곧 민족 전체가 가는 길이었다. 생존은 우리에게서 모든 정신적인 것, 의미적인 것을 빼앗아버렸었다.

그러나 지금은 그 사납던 물결도 지나가고, 벌벌 떠는, 입지 못하고 먹지 못한 몸일망정, 새 나라 제주도 해안선에 올라온 우리이므로 그 바다를 돌아볼 수 있게 되었다.

일제로부터 해방된 것을 축하하기 위해 전남 광양서국민학교 교정에 모인 군민들.

알면서도 모를 것은 역사다. 역사를 연구하는 것은 미래를 예측하기 위해서지만, 미래는 예측 못 한다. 예측 못 하니 역사지 물리학적으로 예측이 된다면 역사는 있을 수 없다. 그러나 그래도 예측해보아야 한다. 예측하면서 예측 아니 되는 데, 예측할 수 없건만 예측해보는 데 역사가 있다. 어련히 오고야 말 해방인 줄 믿었지만 또 못 믿었다. 그러므로 정작 왔을 때는 모두 꿈인가 하였다. 연대표 위에는 틀림없는 36년이건만 느낌으로는 360년도 더 되는 것 같았다. '일제 36년' 하면, 그렇게밖에 아니 되었던가 의심이 난다. 그 고난은 그렇게 심하였고 영원히 벗겨질 것 같지 않았다.

그 악착스런 이리가 이 양을 놓고 물러갈 줄은 저희도 생각 못 했거니와 우리도 감히 생각 못 하였다. 그 이빨은 우리 간 잎 길피에까지 들어갔고 그 발톱은 우리 등뼈 마디 짬에까지 박혔었다. 적어도 이성을 가지고는 그 물러갈 날을 예측할 수 없었다. 정치권이 그들 손에 있고, 경제정책이 그들 자기네 본위요, 토지가 대부분 그들 소유가 되었고, 교육 방침이 철저한 일본 국민이나 혹은 그들의 영구한 종 기름에 있었고, 마지막에는 풍속을 고치고, 성을 갈고, 말을 없애고, 글을 말살하려는 데까지 이르렀는데, 세계 사조조차 혼란에 빠져, 민족 사이에 동정의 생각도 얻어볼 수 없고, 국제 간에 정의감도 찾아볼 수 없어져, 세계 모퉁이 모퉁이에서 대낮에 인간의 대량 학살을 공공연히 하게 되었으니, 아무도 그 종살이에 끝이 오리라고는 예측을 하지 못하였다.

그랬기 때문에 옛날 지사라던 사람들도 다 넘어가고, 지도자라는 사람들도 다 타협하고, 지식인도 다 팔려버리고 말았다. 교육자는 학생을 보고 일본인이 되어야 한다고 아는 거짓말을 하고, 종교가는 교인들을 보고 일본을 섬기는 것이 하나님의 뜻이라고 짐짓 짓는 죄로 인도하고 있었다. 순 조선대로 남아 견딘 것이 있었다면 그것은 무식하고 못난 씨올이었다.

그러던 것이 1945년 8월 15일 갑자기 해방이 되었다. 어제까지 우리들이 하던 일을 서로 마음속에 두고 건너다보았을 때, 어색하고 거북할 지경이었다. 그러나 일본이 쫓겨난 것만은 사실이었다. 일본의 군벌들이 우리나라의 썩다 썩다 남은 벼슬아치들을 약간의 위협과 달램과 속임수와 억지로 큰 힘을 들이지 않고 묶어 돌려놓고, 간신히 늦게나마 고개를 들어보려는 새 한국의 넋을 한쪽 발로 비벼버리고, 삼천리 강토 2천만 민족을 몽땅 통째로 삼켰던지 1만 2771일 만에 한마디 소리도 크게 지른 것 없이 맥없이 맥없이 물러나게 되었으니 꿈이랄 수밖에 없었다.

## 도둑같이 온 해방

그러므로 이 해방에서 우리가 첫째로 밝혀야 하는 것은, 이것이 도둑같이 뜻밖에 왔다는 것이다. 해방 후 분한 일, 보기 싫은 꼴이 하나둘만 아니지만, 그중에도 참 분한 일은 이 해방을 도둑해가려는 놈들이 많은 것이다. 그들은 자기네만은 이 해방을 미리 알았노라고 선전한다. 그것은 그들이 이 도둑같이 온 해방을 자기네가 보낸 것처럼 말하여 도둑해가려는 심장에서 하는 소리다. 그러나 그것은 거짓말이다.

만일 그들이 그렇게 미리 알았다면, 그렇게 시대를 내다보는 선견지명(先見之明)이 있었다면, 왜 8월 14일까지 그렇게도 겸손하게 복종을 하고 있었던가? 그때에 한마디라도 미리 말하여 민중을 위로하고 용기를 가다듬어준 것이 있다면 이제 와서 새삼스러이 선전을 하지 않아도 민중이 지도자로 모셨을 것이다.

그만두어라, 솔직하자, 너와 내가 다 몰랐느니라. 다 자고 있었느니라. 신사 참배하라면 허리가 부러지게 하고, 성을 고치라면 서로 다투어가며 하고, 시국 강연을 하라면 있는 재주를 다 부려서 하고, 영·미를 욕하고, 전향하라면 참 '앗싸리' 전향을 하고, 곱게만 보일 수 있다면 『성경』도 고치고, 교회당도 팔아먹고, 신용을 얻을 수 있다면 네발로 기어도 보이고, 개소리로 짖어도 보여준, 이 나라의 지사, 사상가, 종교가, 교육자, 지식인, 문인에, 또 해외에서 유랑 몇십 년 이름은 좋아도 서로서로 박사파, 선생파, 무슨 계, 무슨 단, 하와이나 샌프란시스코에서는 미국인 심부름꾼 노릇을 하며 세력 다툼을 하고, 중경·남경에선 중국인 강낭죽을 얻어먹으며 자리 싸움을 하던 사람들이 알기는 무엇을 미리 알았단 말인가? 사상은 무슨 사상이고 정치는 무슨 정치운동을 하였다는 말인가? 이 나라가 해방될 줄을 미리 안 사람은 하나도 없다. 또 설혹 미리 알았다 하더라도 그래서 미리 싸웠던 사람은 하나도 없다.

알기는 그만두고 믿은 사람도 없었다. 믿었다면 무지한 민중이 무지해서 무지하게 막으로 믿었지, 학식깨나 있고 밥술이나 먹고 몸맵시라도 매끈히 내고 다니는 놈에게는 하나도 없었다. 조금이라도 믿었다면 왜 그다지도 비겁하게, 그다지도 소갈머리 없이 하였을까? 한 사람 간디가 있었단 말인가? 한 사람 마치니가 있었단 말인가? 몰랐으면 솔직히 몰랐노라, 못 믿었으면 바른 대로 못 믿었노라 고백을 하면, 그저 받았다는 심정에 기쁨이나 더하지 않겠나? 시대가 온 뒤에 나서서 벌써 올 줄 알았노라 하며, 그것을 이용하여 인기나 얻고 성권이나 쥐려는 것은 얼마나 비열한 일인가? 그런 협잡꾼들과 우리 해방은 아무 상관이 없다.

이 해방은 우리가 자고 있을 때에 도둑같이 왔다. 이 도둑은 가져가려는 도둑이 아니요, 몰래 가져다주는 도둑이지만, 그 대신 도둑 아니라 하면 있던 것까지 빼앗아가지고 갈 그야말로 무서운 도둑이다. 미리 알았노라는 협잡꾼들을 물리쳐라. 정치가 본래 협잡이니라. 협잡 아니라는 놈일수록 협잡꾼이니라. 도둑같이 왔으면 주인 없는 해방이기 때문에 당연히 그것은 씨올의 것이 된다.

## 하늘이 준 떡

둘째로 알아야 할 것은, 이 해방은 하늘에서 온 것이라는 것이다. 아무도 모른 것은 아무도 꾸민 사람이 없기 때문이다. 사람이 꾸미지 않고 온 것은 하늘의 선물이다. 이것은 하늘에서 직접 민중에게 준 해방이다. 아무도 이에 대하여 공로를 주장할 중간적인 자가 없다. 종이 될 때 별로 반항도 못 하고 되었던 것같이 놓일 때도 아무 힘 쓴 것 없이 갑자기 뜻밖에 놓였다. 뜻밖이니만큼 기쁨이 더 크다. 이것은 아마 섭리가 우리가 기뻐하는 것을 보자고, 그리하여 착한 마음이 저절로 소성(蘇盛)되는 것을 보자고, 일부러 하신 일이다. 한 개 교육이다.

사실 마음이 기쁨과 감사에 차면 선이 저절로 넘쳐나는 법이다. 그럼 그럴 만한 일이다. 그랬더라면 얼마나 좋았을까? 이 해방은 어느 인물이 힘써서 된 것도 아니요, 어느 파가 투쟁을 해서 된 것도 아니다. 일이 이렇게 된 것은 앞으로 오려는 시대를 생각할 때 참 잘된 일이었다. 이 앞의 역사는 낡은 세력이 간섭해서는 안 된다. 낡은 사상으로는 못 한다. 새 역사다. 그러므로 구세력, 구인물, 구사상이 아무 공로를 주장할 수 없이 온 것은 참 잘된 일이다. 그러므로 하늘이 했다는 것이다.

　루스벨트와 스탈린이 밀담을 해서 작정하게 한 것은 남은 것의 간섭 방해를 피하게 하기 위해서다. 그러므로 그 밀회에 참여한 사람이 없는 한 아무도 관계된 자는 없다. 관계된 자가 있다면 이따가 그것을 받을 주인인 씨올뿐이다. 가난하고 무지한 민중이다. 가난한 까닭에 세력이 없고, 세력이 없어 학문도 못 하였고 출세도 못 하였고, 마음이 못생긴 까닭에 일본 국민 노릇도 못 하였고, 변할 줄도 전향할 줄도 몰랐고, 외국으로 도망갈 용기도 없고, 시세를 맞추는 재주도 없어서, 큰 뜻이 있는 것도 아니지만 한국을 못 놓았고, 타고난 그대로, 맡겨진 그대로 당하는 그대로 한국 버릇을 못 놓고 한국 땅을 못 떠나고 한국 냄새를 못 버리고 한국마음을 못 잊고, 한국의 고난과 욕을 못 피하고, 죽어도 한국의 흙으로 죽을 수밖에 없다 하고 있었던 그 씨올이다. 만일 그들이 아니었다면 그들을 통해 '한국'이란 것이 남아 있지 않았다면 해방이 가 붙을 곳이 없지 않은가?

　루스벨트는 무슨 생각이었는지, 스탈린은 무슨 심사였는지, 그들이 다 영원히 휘장 뒤로 사라져버린 오늘, 그 당초의 경위는 알 길이 없지만, 아무튼 선의로나 악의로나 그들은 해방이 하늘로부터 한국민중 위에 직접 떨어지게 만들어놓았다는 것만은 사실이다. 그러므로 분명히 밝혀야 하는 것은 이 해방의 주인은 한국민중이라는 점이다. 그 간악한 정치 밑에서도 일본국민이 되어버리지 못한 한국민중이라는 것이 엄연히 있으니 해방이요 독립이지, 만일 생활로, 정신으로, 말로, 사고방식으로까지 일본이 다 되어버렸던 유식인·유력자·유산계급만이 있었다면 해방을 주려고 해도 가 닿을 곳이 없었을 것이다.

　또 정권욕에 자기 선전을 하지만, 한국민중 없는데 누구보고 선전·선동을 할까? '모스크바'에서 무슨 전술을 배워가지고 왔다기로 죽은 시체만 있는 곳에 무슨 활동을 할 수 있으며, 미국에서 어떤 교섭, 어떤 매매계약을 하고 왔다기로 한국민 없는 한국에 무슨

얄타 회담. 1945년 2월 미국의 루스벨트, 영국의 처칠, 소련의 스탈린이 전후 처리문제 등을 협의하기 위해 행한 회담이다.

나라를 세울 수 있을까? 그러니 민(民)이 본(本)이요 주(主)가 아닌가?

가난하지만 가난하니 땅에 붙고 하늘만 바라보는 것이요, 무지하지만 무지하니 살아 있는 것이다. 살아 하늘만 바라는 민, 씨올이 있으니 정치요 국가요 자리요 감투지, 그 하나만 없으면 아무것도 있을 수 없다. 그러고 보면 36년간 지켰다면 이 스스로 지키는 줄 모르고 지킨 이 씨올만이 지킨 것이요, 싸웠다면 그저 죽지 못해 견뎌온 씨올만이 싸워온 것이다. 누가 감히 지도를 했노라고 그 공과 덕을 횡령할 놈이 없지 않은가? 하나님이 그것을 하시기 때문에, 혹 다른 말로 하면, 역사의 사실이 그렇기 때문에, 그 공과 덕을 아무 데도 빼앗기지 않게 하려고 비밀리에 꾸며, 마른하늘에 벼락같이 씨올의 머리 위에 직접 떨어진 것이다. 그리하여 그 기뻐하는 것을 보고 그 고난의 값을 배나 갚아주고, 새 사명을 다할 힘이 스스로 솟아나도록 한 것이다.

그런데 이제 그 해방은 우리가 투쟁한 결과라 하여 씨올은 정말 끝까지 무지 가난한 것으로 대접하고, 받았던 선물을 그 손에서 빼앗으니 이 데모크라시 시대라는 이 시대에 이것이 무슨 일인가? 이런 어리석은, 이런 통분한, 이런 무섭고 치떨리는 일이 어디 있을까?

## 씨올의 해방

해방은 하늘에서 왔다. 그러므로 솔직한 씨올은 소식을 듣자마자 하늘이 준 떡이지, 하였다. 이것은 누구라 할 것 없이 누구의 입에서나 나온 말이요, 누구의 마음에나 있는 생각이었다. 그렇게 하늘과 씨올이 화답하였다. 하늘의 뜻을 씨올이 알아보고, 민중의 마음을 하늘이 안다면 역사는 바로될 것이다. 그때 그 씨올의 심정은 참 아름다웠다. 누가 누구를 칭찬할 사람도 없고, 누가 무엇을 기대할 것도 없고, 내 일도 아닌 네 일도 아닌 그저 일, 그 일에 대하여 감격하는 마음, 우리 눈의 눈물이 맑은 것같이 마음도 그렇게 맑았다. 그 맑은 마음, 그 감격을 가졌으면 못 청산할 과거가 없고 못 맞아들일 미래가 없었다.

인자의 날이 언제 오느냐 묻는 데 대하여 예수는 "인자의 한 날을 보려 해도 못 본다. 인자는 여기 있다 저기 있다 할 것이 아니요, 번개가 동에서 번쩍이면 서에서 번쩍이는 것같이 인자가 올 때도 그렇다"라고 대답을 하였다. 이때야말로 거의 인자의 날을 생각나게 하는 것이었다. 그때에야 누가 있을까? 아무도 없었다. 그저 나라가 있을 뿐이지, 그때에야 좌(左)인들 있었을까, 우(右)인들 있었을까? 김씨, 이씨가 있었을까? 계급이 있었을까? 다만 방금 난 송아지 같은 한국이 있었을 뿐이다. 고치자면 무엇이나 서슴지 않고 고치고, 바치라면 누구나 아낌없이 바칠 마음이었다. 참으로 새 나라를 세우기에 넉넉하였다.

그런데 그것이 사흘이 못 가서 선동이 들어오고 모략이 나오고 폭동이 일어나고 쟁탈이 일어나, 내려오는 빛을 맞으려 하늘로 향하던 민중의 얼굴은 그만 타격을 받아 땅으로 떨어지고 옆으로 비틀어지고, 광명은 그들의 눈에서 가려져버렸다.

대체 카이로 회담*은 왜 있었으며, 포츠담 조약은 왜 있었으며, 스탈린과 루스벨트 밀담은 왜 있었나? 일이 왜 그렇게 극비밀리에 되었으며, 러시아는 왜 그렇게 약속을 어기고 재빨리 행동을 하여 전쟁의 종국이 벼락 식으로 오게 되었나? 왜 원자탄이며, 왜 일본의 급작스러운 항복인가?

아무리 과학적인 관찰로 보더라도 이것을 우연이라 하기에는 너무도 계획적으로 보이지 않나? 모든 일이 어떤 한 점을 향하여 갑자기 집중되는 것 같지 않은가? 그리고 그 한 점은 무엇일까? 남의 일은 또 몰라도 적어도 우리 자리에서 보면 해방을 하루아침

*카이로 회담: 제2차 세계대전 때 카이로에서 개최된 두 차례의 회담. "한국민이 노예상태에 놓여 있음을 유의하여 앞으로 한국을 자유독립국가로 할 것을 결의한다"고 명시해 한국의 독립이 처음으로 국제적인 보장을 받았다.

에 하늘에서 떨어뜨리기 위한 것이라고밖에 설명할 수 없다. 객관적 사실을 우리는 모른다. 일의 뜻을 생각할 때 그렇게밖에 설명할 길이 없다. 그런데 그 해방이 하늘에서 내리자마자 씨올의 손에 있지 못하고 도둑을 맞았으니 웬일인가?

### 감사·감격

왜 갑자기 하늘에서 떨어졌을까? 그 까닭 중 하나는 위에서 말한 대로 진정한 씨올의 해방이 되기 위해서다. 그다음의 또 하나는 씨올의 마음이 하나님에게로 향하기 위해서다. 이제 고난의 수련이 끝나고 새 시대가 오려는데 그 해방이 어느 계급이나 어느 당파의 손으로 된다면 역사는 또다시 옛날의 되풀이를 하는 수밖에 없게 될 것이다. 이른바 정치 기술자·사상가란 다 낡은 시대의 찌꺼기일 수밖에 없다. 그 듣고 본 것과 그 습관과 그 생각하는 방식이 지나가려는 낡은 시대의 것 아닌 것이 없다. 이제 구형의 국가가 역사의 무대에서 사라지려고 그 마지막 고민을 하고 있는 이때에 거기서 견습한 어떤 구세력의 손으로 해방이 되면 오는 새 나라의 건설을 맡는 것은 자연 그들이 될 터요, 그러면 전혀 새것을 기대할 수는 없을 것이다.

그러므로 섭리는 이 나라의 해방을 누구의 손에도 맡기지 않기로 하였다. 그 때문에 이 해방은 민족주의자가 한 것도 아니요, 공산주의자가 한 것도 아니요, 전체주의자가 한 것도 아니요, 무정부주의자가 한 것도 아니다. 국내 사람의 손으로 된 것도, 해외 지사의 손으로 된 것도 아니다. 이 해방의 원동력이나 방략(方略)이 어떤 종교에서 나왔다 할 수도 없고, 어떤 교육에서 나왔다 할 수도 없다.

공정하게 사실을 사실로 보는 한 이것을 인적 노력에 돌릴 수는 없고 부득이 하늘에 돌릴 수밖에 없게 되었다. 그렇게 해야만 아무도 그 고역을 치르고 나오는 민중을 속일 수 없고, 따라서 그들이

1948년 8월 15일에 거행된 대한민국 정부 수립 경축식.

오는 시대의 주인이 될 수 있기 때문이다.

　그렇게 되면 그때 민중의 마음에서 나올 것은 감사밖에 없다. 이 감사의 염이야말로 가장 중요한 인생의 첫걸음이다. 창작은 거기서만 나올 수 있다. 역경을 분투하게 하는 자극으로, 화를 복으로, 부끄럼을 너그러움의 계기로 만드는 것은 이 감사의 생각이다. 하나님이 뜻이 있어서 우리에게 값없이 생명의 길을 열어주었다. 생각하는 그 감사의 일념은 모든 역사적 대차관계를 일소해버리기에 족하고, 모든 현실의 인과관계에 얽힌 것들을 끊어놓기에 넉넉하다. 사회에 청신한 공기를 가져올 것도 이것이요, 민족 국가들 사이에 선의를 더 자라게 만들 것도 이것이요, 문화 창조의 노력에 영감을 주는 것도 이것이다.

낡은 시대의 열패자를 갑자기 변하여 새 시대의 주인으로 만드는 것은 오직 이 한 생각이다. 어떤 나라도 국민의 가슴속에 감사와 감격하는 생각을 기르지 않고 향상시킬 수도 없고, 국제 간 친선을 도모할 수도 없거니와, 우리같이 압박과 환난으로 인하여 숙명관이 그 인생철학이 되고, 의구혐오(疑懼嫌惡)가 그 사회적 풍습이 되고, 인순고식(因循姑息)이 그 생활습관이 된 씨올에게는 더구나도 그렇다.

감사하다는 것은 하나님에게로 돌아가는 마음이다. 역사의 의미를 깨닫는 마음이다. 역사에 새 통일을 줌이다. 역사의 근본이 되는 정신 속에서 자기를 발견함이다. 우주의 윤리적 질서를 회복함이다. 사실 해방이 되던 날에는 고맙고 기쁜 마음밖에 없었다. 누구에게 고맙다는 것도 아니요, 그저 고마웠다. 그저 고마웠기 때문에 그것은 하나님에 대한 감사였다. 그때 우리 마음이 역사의 근본이 되는 하나님에게 돌아가고 있었다. 그 한 마음이 솟아날 때, 이때까지의 불평과 고통이 다 사라지고 모든 고난의 의미가 환해졌고, 모든 민족이 우리를 향하여 축하의 손을 드는 것을 느꼈으며, 하늘의 별들도 우리 편을 들고, 하나님이 우리와 같이 계심을 느꼈다.

그때는 종교를 믿는 사람, 아니 믿는 사람 할 것 없이 다 어떤 한 뜻을 믿었다. 그때는 누구에게나 이 세상은 분명 뜻이 있는 세상이었다. 그럴 때 뒤에는 아무 부끄러운 것, 원망스러운 것이 없었고, 앞에는 아무 무서운 것, 미운 것이 없었다. 이것이 하나님에게로 돌아간 증거다.

이제 고랑은 깨지고, 감옥 문은 열리고, 죄수는 자유로운 사람이 되었다. 그는 오래간만에 대지를 디뎌보고, 햇빛을 바라보고, 구름을 건너다보고, 신선한 공기를 마셔보았다. 모든 것이 기쁨이었다. 이제부터 나도 자유다. 내 천지다. 그러나 그것은 잠깐이었다. 얼마 못 되어서 그는 자기의 쇠약과 주림과 주위의 찬바람과 비웃음과 악의를 가지는 얼굴들과 유혹하는 목소리를 느끼지 않을 수 없었다. 어디로 가야 할지 앞길이 막막하였다. 이제 이 세대 장 발장은 어디로 갈 것인지?

## 나라힘이 말랐다

해방의 거룩한 감격이 정치적 야심가로 인하여 꿈처럼 사라지고, 이 집에서 저 집으로 내쫓김을 당하고 냉대를 받는 장 발장 모양으로, 일마다에서 차차 현실을 알게 되자 민중은 당황해하기 시작하였다. 첫째로 절실히 느낀 것이 나라의 경제력이 다시없이 말랐다는 것이다. 당초에 일본이 올 때 먼저 신작로를 내고, 철도를 깔고, 토지를 측량하고, 농사 개량을 하고, 광산을 캐내고, 어업을 장려하고, 공업을 일으키고, 은행을 세우고, 각 방면으로 자본주의화에 힘썼다. 그리하여 오랫동안 양반들의 착취로 원시상태를 못 면했던 경제에 처음으로 근대적인 발전이 시작되었다.

한국 말년에 그칠 줄 모르고 떠들어 인심을 뒤숭숭하게 하던 정치 파쟁이 자취를 감추고 거기 따라 담 뒤에서 손을 넘실대는 땅꾼놈들 같은 외국 정상배들의 손이 딱 끊어지고, 교통·통신의 그물이 퍼지고, 강력한 일본 군대와 경찰의 눈이 쉬지 않고 감시를 하자 종살이는 될망정 사회에 어느 정도의 안정감이 생겼다. 거기다가 합병한 지 몇 해가 아니 되어 제1차 세계대전이 일어나므로, 그 전쟁 경기의 영향을 입어 우리도 어느 정도 산업의 발달을 보게 되었다. 그러나 그것은 외양뿐이요, 속으로는 망해가는 길이었다.

당초에 일본이 군국주의 군벌파들이 주동이 되었을 때는 우리 나라에 대한 정책*도 아주 강경하게, 우리를 모두 북만주 벌판으

* 군국주의 군벌파들이 주동이 된 정책: 무단통치. 일본이 무력으로 조선을 강점한 1910년 8월 29일부터 1919년 3·1운동까지 총독부의 식민지 지배방법이다. 군사·정치·문화활동을 모두 금지하고 공포분위기에서 행정·경제·사회·문화 등 전부분에 걸쳐 식민통치의 기반을 마련해갔다.

*일본의 문화정책: 1920년대 일본 제국주의의 조선 식민지 지배정책. 3·1운동 이후 조선총독으로 부임한 사이토 마코토는, 무단통치가 통하지 않음을 알고, 새로운 조선지배정책으로 '문화의 발달과 민력의 충실'이라는 기만적인 문화정치를 표방하고 나섰다.

** 황국 신민화: 일제의 조선민족 말살정책의 하나로 조선인에게 대일본제국의 신민이 될 것과 더 나아가 일본 천황에게 충성을 강요한 정책.

로 내몰고 반도에는 자기네가 와서 살 방침이었으나, 대전 후 세계적으로 평화주의가 짙어졌고 더구나 3·1운동으로 우리나라 민중도 깨기 시작하자 그렇게 야만적으로 할 수 없는 줄을 알아 그 정책을 변경하게 되었다. 그것을 이른바 문화정책*이라 하였다. 그 내용은 우리나라 지식층을 그 식민지 정치의 앞잡이로 쓰며, 일부 유력층에 약간의 혜택을 주어 정신적으로 마비를 시켜 입을 틀어막는 대신 일반 민중은 영원히 노력만을 제공하는 종으로 두자는 것이었다.

그렇게 하여 20년을 내려오는 동안 나라는 외양으로는 발전한 듯하나 경제의 실권은 거의 다 일본사람의 손으로 들어가고 말았다. 그런데 대동아전쟁이 일어났다. 이것은 일본의 군벌주의자들이 유럽의 그것들과 동서 서로 맞불러가며 일으킨 것이다. 그리하여 제2차 세계대전으로 벌어지게 되었다. 이것은 역사적으로 보면 제국주의가 제 속에 품고 있는 죄악으로 어쩔 수 없이 몰락해가는 마지막 과정이었다. 그러므로 어차피 역사의 쓰레기통으로 들어가는 자기네의 운명을 아는 군벌 독재가들은 최후의 발악을 하였다. 그리하여 초토전술(뿌리째 뽑아)운동을 시작하였다. 말하자면 내가 못 먹을진대 너도 못 먹는다는 식이다. 백성이고 민중이고 역사고 문화고 생각할 여지가 없고, 죽을 때까지 잿더미가 될 때까지 나라의 힘을 송두리째 뽑아 전쟁을 하자는 것이다. 그러니 아낄 것이 없다. 본국에서도 그렇거늘 하물며 식민지인 우릴까?

황국 신민화**·애국연맹은 그래서 시작된 것이다. 그 목적의 하나는 정신적으로 한국민족을 아주 없애자는 것이요, 또 하나는 경제적으로 있는 힘을 다 뽑아먹자는 것이다. 한국민족만 아니라 자유사상을 가져서는 안 되고, 인도주의를 품어서는 안 되고 도리를 생각해서는 안 된다. 단지 군인이 하라는 대로 기계처럼 되라는 것이다. 그래서 관청, 학교, 교회, 회사 할 것 없이 아침마다 황국신민서사(皇國臣民誓詞)라는 것을 외워야 한다. "우리는 황국의 신민이다. 충성을 다하여 군국에 갚으리라."

베를린 함락. 1945년 5월 2일에 베를린은 폐허 가운데 함락되고 소련군이 국기를 독일 관청의 옥상에 걸었다.

  이것을 애도 어른도, 유식자도 무식자도, 알고도 모르고도 외워야 한다. 안 하면 비국민이다. 그러면 감옥에 가야 하고 죽어야 한다. 간 데마다 국기를 붙이고 그걸 보고 절을 해야 한다. 신사에 가서 절을 해야 한다. 열두시가 되면 무슨 일을 하다가도, 길을 가다가도, 아마 그들의 뜻으로 하면 똥을 누다가도 벌떡 일어서서 묵도를 하기 위해 나뭇등걸처럼 서야 한다. 이제 와서 생각하면 지랄이다.

  인간이란 약삭빠른 듯하면서도 아직 멀었다. 요새 하는 것도 그때를 또 본뜬 것 아닌가? 군인이란 머리가 그렇게밖에 못 움직이는 것이냐? 하지만 이성은 이기는 날이 오고야 말 것이다. 이성을 사람에게 준 것은 하나님이기 때문이다. 그리고 그다음은 집에서

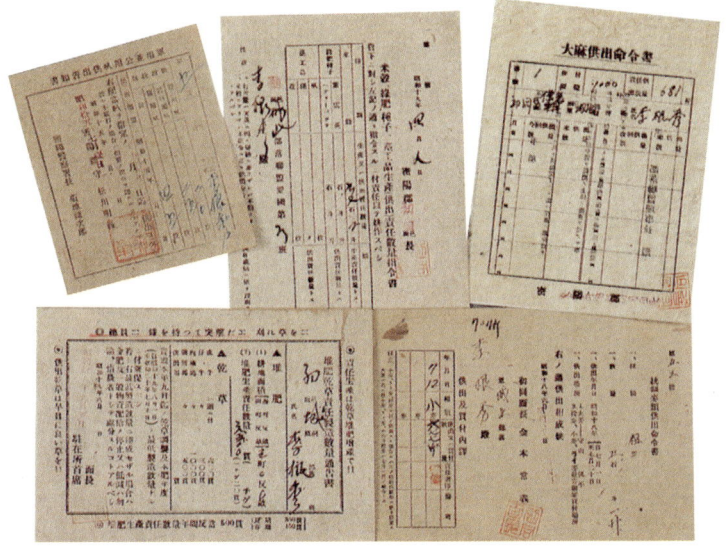

1940년대 일제가 하달한 각종 「공출명령서」. 빼앗을 대로 빼앗고 긁을 대로 긁어가 버려 나중에 일본이 쫓겨갈 무렵에는 나라힘이 다 말라 버렸다.

도 한국말을 해서는 안 된다. 글을 써서는 안 된다. 한국 옷을 입어서는 안 된다. 그러고는 하루 3홉 2작을 더 먹어서는 안 된다. 그렇게 하여서 모든 것은 전쟁을 위해 바쳐야 했다. 농사하여 낸 것, 공장에서 만든 것, 집에서 기른 강아지까지 바쳐야 했다.

이와 같이 하여 빼앗을 대로 빼앗고, 긁을 대로 긁었으므로 나중에 일본이 쫓겨갈 무렵에는 나라힘이 다 말라버렸다. 산은 다시 그들이 올 때와 같이 빨간 산이 되고, 공장은 모조리 쉬고, 창고란 창고는 껍질만이요, 논밭이라는 논밭은 다 뼈만 남게 되었다. 만일 전쟁이 몇 해만 더 계속되었다면 어찌 되었을까? 생각만 하여도 소름이 끼치는 일이다.

그렇게 생각할 때 해방은 하나님이 우리를 건지신 것이라는 생각을 아니 할 수 없다. 모양이 그러하였으므로 해방은 되었다지만 경륜을 해가기가 참 어려웠다. 그러나 거기가 바로 우리가 새 국민으로서 할 일이 있는 데다. 그런데 그런 생각은 아니 하고 정치한답시고 나서서는 일본사람이 도둑질해먹다가 그나마 남기고 간 것을 마저 도둑질해먹고, 공산당과 싸운다는 배짱으로 일본이 깎아먹다 남은 산을 마저 싹 깎아먹었으니 어떻게 한단 말인가? 지금 물가가 해방 전의 몇천 배로 올랐으니, 그만큼 물자는 부족하고 살기는 어렵다는 말이 아닌가?

## 기술의 부족

그다음 우리가 새 나라를 시작하며 당한 어려움의 또 하나는 기술의 부족이었다. 일본의 군벌과 자본가는 우리를 종으로 부려먹으려 하였지, 이 땅의 앞날의 주인으로 가르치고 기르자는 생각은 하지 않았다. 그러므로 우리에게서 노력을 뽑아 쓰기만 하였지 기술을 가르쳐주지 않았다.

근대 살림은 고도로 발달한 기술 문명인데 기술을 모르고 어떻게 하나? 관청을 놓고 갔건만 정치를 배우지 못하였으니 어떻게 하나? 공장은 버리고 갔건만 누가 운영을 하나? 은행은 맡았건만 누가 국민경제를 요리해갈 자신이 있나? 이때야말로 한마음이 되어 전체를 위하는 정신으로 될수록 빠른 시일 안에 배워 얻도록 했어야 할 터인데 임시 급한 생각에 일본시대의 기술자를 그냥 썼으니 일이 바로될 수 없었다.

첫째, 그들은 본래 일본의 앞잡이였으니만큼, 다는 아니지만, 국민적 양심이 부족한 자가 많고, 또 시대가 갑자기 변하여 그 기술은 구식 것이 되어버렸다. 여기 어려움이 있었다.

정신적·물질적으로 묵은 역사적 찌꺼기를 잘 청산하지 못한 것과, 새로운 복잡한 국제관계에 잘 적응하지 못한 것과, 더구나 어려운 것은 정치계였다. 미국 계통과 중경 계통이 다 낡아빠진 사상인데, 거기 조국이고 민족이고 생각 아니 하고 레닌·스탈린만 아는 공산주의자가 나서 휘젓고, 그 뒤에 각각 미국·소련의 세력이 있어서 놀리고 있으니 일이 바로될 수 없었다. 그리하여 옥신각신하다가 신탁통치* 문제로 일이 아주 버그러져 38선으로 분열이 되고 말았다.

\* 신탁통치(信託統治): 국제연합(UN)의 위임을 받은 국가가 일정한 지역을 다스리는 특수한 통치형태.

신탁통치를 반대하던 공산당이 하루 사이에 돌변하여 '신탁통치 절대 지지'를 외치고 있다.

## 국가사상의 결핍

또 그다음 나라 생각할 줄을 모른다. 나라 생각 아니 하는 죄로 천오백 년 동안 이 꼴인데 아직도 나라를 사랑하지 아니한다. 이 민중은 이날까지 속아온 민중이므로 무리도 아니다. 본래 정치란 묵인이다. 임금질을 누가 해달랬느냐? 정치를 누가 해달랬느냐? 저희가 나서서 한답시고 떠드니, 사람 살기에 알맞게 하면 묵인해 두는 것이고, 잘못이 있어도 사람이란 평안을 요구하는 것이니 과히 심한 것 없으면 참을 대로 참다가, 정말 아니 되겠으면 그때는 민중이 일어나 혁명을 하고, 또 나서는 놈 중에서 비교적 그럴듯한 것을 골라 맡기고 또 묵인해두는 것이다.

그렇게 몇천 년을 오던 것이 이제는 그럴 수 없다. 우리가 직접 하자 하는 것이 민주주의다. 그런데 우리나라는 역대로 그 정치한다는 자마다 자마다 민중 생각을 아니 하였기 때문에 백성이 정치의 따뜻한 혜택을 입어본 일이 없다. 그러므로 벼슬아치라면 이리같이만 알았다. 그런데다가 일본이 다른 민족으로서 억누르고 업신여기는 데서 몇십 년을 살아왔으니 정부요 관청이라 하면 벌써 대적으로만 아는 버릇이 박혔다. 해방이 되었다는 말을 듣고 공유물·관청을 모두 파괴하고 제각기 뜯어가고, 심지어 학교는 일본놈이 지은 것이니 마음대로 물건을 가져가도 좋다, 길가의 나무도 찍어 쓰자, 공원의 꽃도 일본놈의 것, 양력은 일본의 것, 없애자 없애자 식

한반도를 갈라놓은 38도선.

으로 나간 것은 무지라면 참 무지지만 역사를 생각해볼 때 무리가 아니다.

불쌍하고 가엾은 민족이다. 제 민족을 모르는 것도 아니요, 제 나라를 모르는 것도 아니다. 인간성을 가지면서도 의붓어미 밑에서 자랐기 때문에 그 인간성이 찌그러져 나타나는 자식 모양으로, 국가사상이 옳게 발달이 되지 못하였다. 이 사람들을 가지고 정치를 해야 하는 것이었다. 이 백성을 무지하다 마라. 저들은 이날까지 임금도 없었고 지도자도 없었다. 도둑한테 끌려왔고, 이리한테 몰려왔다. 저들은 나라 없는 백성이다. 이제 저들이 스스로 나라를 하도록 하는 것이 일이다.

### 사상의 빈곤

그러나 새 나라를 맡아놓고 가장 큰 불행은 정신의 혼란, 사상의 빈곤이었다. 이 민중, 이 무지하고 무질서하고 무조직하고 무표정하고 무산(無産)인 민중이 나라를 세워야 한다. 역사의 주인이 되어야 한다. 누가 저희들의 선생이 되고, 지도자가 될까? 선생은 분명히 있어야 하고 지도자는 틀림없이 있어야 한다. 나라의 주체는 저들이지만, 나라는 믿음 없이는 못 하는 것이요, 철학 없이는 못 하는 것이며, 조직과 구령 없이는 못 한다. 믿음과 철학을 주는 것

이 선생이요, 조직과 구령을 주는 것이 지도자다.

저들의 가난은 마치 숯의 그을림과 같은 것이요, 저들의 무지는 말하자면 광석의 조잡함과 같은 것이다. 그것이 그들의 밑천이다. 누가 능히 그 가난과 무지 속에 있는 힘과 열과 빛을 해방시켜 잘 써줄 수 있을까, 그것이 문제다.

가뜩이나 부대껴 비틀려온 심정에다가 일본 정치가와 교사가 몇십 년 두고 가르쳐주기를, 한국민족은 일찍이 독립해본 일이 없는 민족이다, 고유 문화란 없다, 단군이란 한 개 전설이다 해왔기 때문에, 일부 남아 있는, 상투 밑에서 아직도 고린내 나는 한학자를 도리어 제한 외에는, 그리고 무식한, 이야기 속에서 살아오는 시골 사람을 제하고는 이른바 신교육을 받았다는 사람은 사실 조선이 무엇인지 한국이 무엇인지 몰랐고, 제게 무슨 보람 있고 값 있는 것이 있는지, 말하자면 제 속에 어떤 피가 흐르고 있는지를 몰랐다. 따라서 국민적 정신, 역사적 사명, 세계문화에 대한 공헌 이상이 없었다. 의무 없는, 지상명령을 가지지 못한, 따라서 자존이 없는, 국민이 아니라 군중, 민중이 아니라 생군(生群)에 지나지 않았다. 경제적으로 무산일 뿐 아니라 사상적으로 무산이요, 지식적으로 무지일 뿐 아니라 정신적으로 무지에 이르렀다.

그리하여 그만 본능적인 생의 충동대로 야속한 존재를 계속해 왔으니, 생의 맹목적인 명령을 거스르지 못해 이유도 모르고 뜻도 모르고 살아오며 존재의 밑금을 굴러왔으니 정신적인 것이 자랐을 리가 없다. 그동안에 종교는 무엇을 했던가? 유교는 관혼상제의 의식이나 지켜주었고, 불교는 산천 기도에 아들이나 낳게 해주었고, 기독교는 무엇을 했나? 기독교만이 종교는 아니지. 기독교가 반드시 가장 나은 것도 아니지. 하지만 기독교가 태평양의 물결을 끊으며, 압록강의 얼음을 밟으며, 노량진 새남터*에 서리 같은 칼날을 받으며 이 고난의 역사가 그 가장 된 고비에 들 무렵에 건너온 것은 민중을 건지는 새 윤리와 새 정신의 종교가 되기 위해서가 아니었던가? 그것이 그 사명이 아니었나?

* 새남터: 옛날에 역적들의 사형을 집행하던 곳. 천주교 신자 순교지로도 유명하다.

유교와 불교는 제 할 몫을 먼저 하고 그늘에 쉬는 릴레이 선수 모양으로 버둥버둥 자고 있어도 좋을는지 모르지만 기독교는 아직 제 책임을 다하지 못하였다. 해방까지 오는 데 그 공헌이 있다면 있다. 그나마라도 민족적 양심, 인도적인 정신을 유지해온 것이 있는 것은 주로 기독교의 힘이라 할 것이다.

그러나 그것으로 다 된 것은 아니다. 더 해야 한다. 불교·유교를 다시 깨워 새 생기를 주는 것도 저의 책임이다. 중국에 불교가 들어올 때 유교의 성리학이 일어났고, 우리나라에 불교가 들어올 때 화랑도가 일어났고, 유럽의 프로테스탄트가 제수이트파를 일으켜 썩어가던 가톨릭을 갱신시켰듯이, 한 종교가 살면 다른 종교도 반드시 살아난다. 모든 종교는 구경 하나기 때문이다. 그러므로 기독교가 처음 들어올 때에도 그 경향이 없지 않았다. 동학은 그 실례다. 그러나 그 정도에 그치고 만 것은 기독교의 실패다. 핍박이 없으니 이겼다 할는지 모르지만, 핍박 없는 것이 죽은 증거다. 시체를 보고는, 비록 강아지의 것이라도 발길질 아니하는 법이다.

그러므로 미션 학교를 하고, 고아원·양로원·신학교를 하고, 기도해 병을 고치고, 성신을 받아 예언을 한답시고 미치고, 일본 때는 일본에, 이승만 때는 이승만에 붙어, 벽돌로 집을 짓고, 종을 울리고 부흥회를 했지만 그 밖에 한 것이 무엇인가? 그것만이어서는 안 된다. 그것은 도리어 다 없어도 괜찮다. 반드시 있어야 할 것은 민중의 혼을 깨우쳐야 할 것이다. 해방이 될 때에 신랑을 맞는 신부 모양으로, 그 민중의 정신적 준비가 되어 있도록 했어야 할 것이다. 고유한 종교가 하려다 못 하고, 유교가 하려다 못 하고, 불교가 하려다 못 한 것을 이제 책임 배턴을 쥐었으면 그들을 위해서라도 했어야 할 것이다. 그러면 다 살아난다.

그런데 못 하지 않았나? 천당 가는 것이 목적이 아니다. 천당 가기 전에 이 땅 위에 하늘나라가 임하게 하자는 것이 기독교다. 그럼 저절로 천당에 갈 것이다. 구원 얻는 것이 목적이 아니다. 형제의 죄를 사해주는 것이 기독교다. 그러면 구원이 저절로 될 것이

1952년 8월 15일에 거행된 제2대 이승만 대통령의 취임식. 초대 대통령에 선출되었던 이승만은 1952년 재선이 어렵게 되자 헌법을 대통령직선제로 개정하여 제2대 대통령에 재선되었다.

다. 그런데 천당만 찾고 구원만 부르는 데서 잘못을 하였다.

기독교는 그래, 이 고난의 짐을 지다 못해 전락의 길을 걷는 20세기의 어린양을 위해 구레네 시몬이 되었던가? 그 십자가를 조금이라도 들어주었던가? 이 큰길가에 앉은 세기의 늙은 갈보의 얼굴을 좀 들여다보아주었는가? 그리하여 그 비탄의 주름살을 한 오리나마 펴준 것이 있는가? 그 짓밟힌 허리의 더러움을 씻기 위하여 한 방울 눈물이라도 떨어뜨렸는가? 그 수그린 고개를 들어 광명을 보게 하도록 한 번이라도 손을 내민 일이 있는가? 그가 이제 와서는 새 세기의 아들을 낳을 수난의 여왕인 줄 알기나 하였던가, 몰랐던가? 만일 그대들이 그것을 알았다면 그의 귀에 대고 노래라도 한마디 불러주어 위로를 해주고, 그의 장차 올 결혼날을 위해 옷이라도 마련했어야 할 것이다.

이제 그날은 왔는데도, "신랑이 오니 나와 맞으라!" 하는데도, 그는 옷을 벗었고, 등을 준비 못 하였고, 기름을 마련하지 못해 그대로 쭈그리고만 있지 않나? 발을 동동 구르고 숨이 넘어가려 하지 않나? 기독교가 무엇을 하자는 거냐? 무엇을 하자고 한 번에 몇만 명씩 순교를 하며 이 은둔(隱遁) 국민에게 왔느냐? 이 늙은 갈보를, 그 잃어버린 처녀성을 다시 회복하고, 그 소녀미를 도로 찾고, 그 잃어버린 꽃바구니를 다시 채워 여왕으로 단장해 내놓자는 것이 아니냐? 이 수난의 민족을 다시 나게 하기 위한 것이 아니냐? 그런데 못 했으니!

못 한 증거를 단적으로 말하라느냐? 백 년의 기독교 역사에 기독교 인물이 나지 못 했느니라. 신부·목사·장로·교회만 있으면 되는 것이 아니다. 기독교 인물이 있어야 한다. 실제로 응용 못 하는 학문이 소용이 없는 모양으로, 역사에 응용 못 되는 종교는 소용이 없다. 전문 종교가가 아니고 종교 인물이란 산 역사에 응용된 종교다. 연구실은 생산공장을 위해 있고, 교회는 산 역사의 행진을 위해 있다. 이상재·이승훈·안창호*·조만식** 한번 간 후에는 기독교 인물이 없다.

대한민국임시정부에서 활약할 당시의 도산 안창호.

이 나라의 정신적 파산! 사상의 빈곤! 해방이 되었다 하니 단군기원이나 찾았지 그 밖의 것을 모르는 나라, 한다는 소리가 벌써 케케묵은 민족지상·국가지상·화랑도나 팔아먹으려는 지도자들, 꺼져가다 꺼져가다 하나님이 특별히 생각하여 살아난 한글도 하마터면 망가뜨려버릴 뻔한 사람들, 종교인도 교육인도 예술인도 고리대금업자나 인육상(人肉商)도 돈만 있으면 저마다 정치를 한다는 사회, 늙은 서재필***로 하여금 "50년 전과 조금도 달라진 것이 없다"고 슬픈 한숨을 쉬게 한 이 민족, 이 민족의 정신적 빈곤을 무엇으로 형용할까?

* 안창호(安昌浩, 1878~1938): 독립운동가·교육자. 호는 도산(島山). 한말에는 애국계몽 활동을 했으며, 이후 도덕적 실력양성과 교육에 중점을 두고 독립운동에 일생을 바쳤다.
** 조만식(曺晩植, 1883~1950(?)): 독립운동가·교육자·정치가. 1919년 3·1운동에 참가했고, 그해 오산학교 교장, 1932년 조선일보사 사장을 역임했다. 해방 후 평양에서 조선민주당을 창당해 반탁운동을 전개하던 중 소련군에 연금된 후 소식을 모른다.
*** 서재필(徐載弼, 1864~1951): 한말·일제시대의 정치가·독립운동가. 갑신정변 주역의 한 사람이며, 『독립신문』 발간과 독립협회 결성에 중요한 역할을 했다.

## 오직 마음 하나

해방이 된 때의 모양이 이러하였다. 그러면 어떻게 할까? 하나님은 어떻게 하라고 이 해방을 주었을까? 준비는 도무지 없는데,

힘을 써 싸워서 얻은 것도 아닌 해방을 민중의 머리 위에 벼락처럼 떨어뜨린 것은 무슨 뜻일까?

아무리 생각이 옅은 사람이라도, 아무리 유물주의자라도, 아무리 합리주의자라도, 이것을 현재 주어진 사실로 놓고는, "마음 하나밖에 없다!"는 결론 이외에 다른 말이 있을 수 없다. 되어도 마음에서, 못 되어도 마음에서. 그것밖에 밑천이 없고, 그것밖에 발붙일 곳이 없고, 그것밖에 길이 없다. 예수가 "내가 길이요, 진리요, 생명이다" 하였지만, 그 나는 마음이다. 하나님을 누가 보아서 믿는 것도 아니요, 믿고 싶어 믿는 것도 아니요, 아니 믿고 싶어서 아니 믿는 것도 아니다. 그 밖에 다른 도리가 없지 않은가? 마음이 할 수 없어, 알 수 없어 하는 소리가 하나님이다.

그것을 네가 실재라 할 테면 실재라 해도 좋고, 자연이라 할 테면 자연이라 해도 좋고, 생명이라거나 원리라거나 절대라거나 존재라거나 이름은 아무래도 좋다. 간디의 말대로 무신론이라 해도 좋다. 정신이라면 정신이요, 물질이라면 물질이다. 있다거나 없다거나 간에 아무튼 네 마음이 어떻게 할 수 없는, 아니 가려도 아니 갈 수도 없는 그 무엇이 있지 않나? 믿음으로 가도 가기는 가는 것이고, 의심과 부정으로도 가기는 가는 것이다.

그것이 내 마음이라면 내 마음, 또 하나님이라면 하나님, 정말 일은 거기서 나오고 그리 간다. 힘이 들어도 할 수 없고, 불쌍해도 할 수 없고, 분해도, 죽기보다 더 어려워도 할 수 없는 일이다. 마음과 해보는 수밖에 없다. 아무리 잘살다가도 나중 갈 때는 이것과 해보는 수밖에 없다. 아무리 못나고 못살아도 역시 이것과 해보는 수밖에 없다. 착취를 해도 또 할 수 있고, 해도 죄도 아니 되는 것은 이내 마음뿐이요, 부려먹어도 부려먹어도 또 부려먹을 수 있고, 부려먹을수록 좋은 것은 이내 마음뿐이다. 없던 힘이 나와도 여기서요, 없던 지혜가 생긴대도 여기서일 수밖에 없다.

하나님이 있는지 없는지 누가 아느냐? 몰라서 하는 가정이요, 할 수 없는 믿음이다. 종교가는 제법 아는 척하지만 모른다. 모르기 때문에 하나님이요, 피하지도 버리지도 못한다. 그가 나를 어떻게는 해도 내가 그를 어떻게는 할 수 없지 않느냐? 그것을 하나님이라 한다.

없다면 운명이지, 운명도 아니면 우연이지, 하지만 우연이니까 필연이 아니냐? 어쩔 수 없이 내게 주어진 것이 이 하나밖에 없다. 이 마음이 자유하는 마음, 자유하는 정신이라는 것이다. 철학자가 객관적으로 자유가 있다거나 없다거나 그까짓 것은 한인(閑人)의 한담이요, 이 급박한 역사적 현재에서 우리 앞에 놓인 사실은 오직 이것뿐이다——"이제라도 해야 된다. 이제라도 우리가 하려면 될 수 있다. 마음만 있으면 된다." 과학자·유물론자가 있어서 이것밖에 더 분명한 것을 줄 수 있다면 나도 이 자리에서 유물론자가 된다.

빈 소리 하지 말고 공상하지 마라. 우리가 받은 유일한 역사적 유산은 이것뿐이다. 못생겼지만 이것뿐인 우리 마음, 우리 정신. 닦으면 얼마든지 닦이고, 키우기만 하면 곧 크는 마음, 그 대신 없다 하면 아무것도 없다. 5천 년인지 6천 년인지 모르고, 세계 몇 나라, 몇 문명인지 모르나, 그것이 흐르다 흐르다 그 결과 이 가엾은 늙은 갈보 같은 우리에게 가져다준 것은 이것이다. 사실 어느 나라 무슨 문화도 복잡한 듯하지만 들추고 보면 수북한 껍질뿐이요, 마지막에 정말 남는 것은 이것뿐이다——자유하는 정신. 이렇게 하느라고 하나님은 모든 것을 우리 예측에 벗어나게 하셨다.

우리는 생각하였다——우리가 용감하게, 끈기 있게, 겸손하게, 심각하게 이 고난의 훈련을 다 마치는 날 우리에게 영광이 오리라고. 그러나 어리석었다. 하나님의 뜻은 우리의 뜻과 다르기에 저 하늘이 땅에서 먼 듯하였다. 해방이 이렇게 뜻밖에 무리하게 무섭게 올 줄은 참 몰랐다. 이제 우리는 "네 자리를 걷어가지고 걸어가라!" 하는 명령을 받은 중풍 병자와 같다. 힘이 없는데 걸어가라는 명령을 받았으니 오직 할 일은 그대로 믿고 하는 것뿐이다.

믿음이 본래 있어서 "이 믿음이 너를 낫게 하였느니라" 하는 것

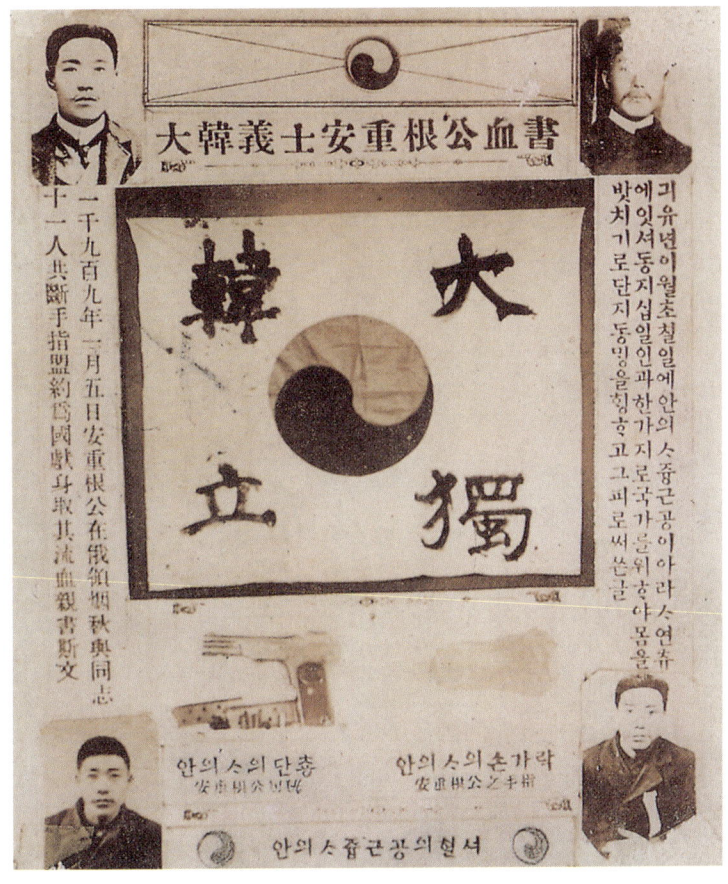

안중근 의사가 단지동맹(斷指同盟)을 맺고 조국독립을 위해 헌신할 것을 맹세하며 쓴 혈서를 엽서로 만들었다.

이 아니다. 이제 그 선언으로 믿음이 생기는 것이다. 독립하고서 선언이 아니라, 선언으로 시작이다. 믿으면 믿음이 생기는 것이고 아니 믿으면 죽었다. 해방이 된 것 없는데 "너는 해방되었다"고 선언한 것은 해방을 믿으란 말이다. 이제부터 자기 해방을 하란 말이다. 이것이 하늘에서 떨어진 해방의 의미다.

## 믿음의 필요

그런데 우리에게 그 믿음이 없었다. 새 믿음, 새 정신을 일으키자고 모든 것을 빼앗았는데, 믿음은 빈 것이요, 정신은 없음이기 때문에 그렇게 한 것인데, 우리는 비우고는 허전한 것 같고 없이는 못 살 것 같아, 지나간 날의 낡은 관념, 묵은 그림자를 붙들었다. 시대를 몰랐다. 일본은 압박 36년에 아무 소득 없이 다만 한동안 우리에게 고난의 쓴 잔을 맡기는 것이 그 사명이었다는 듯 물결처럼 쫓겨가고 말았다. 그 오는 것이 그렇게 무서웠고, 그 달라붙는 것이 그렇게 영악하였는데 그 감이 어찌 그리도 맥없었는가? 청일, 러일 두 전쟁을 할 때에 나라를 기울여가지고 우리 땅을 짓밟으려 하였고, 만주사변·대동아전쟁*을 할 적에 민족을 뒤집어 떨어가지고 우리 등을 밟고 넘어가며 하였는데, 수많은 생명을 죽인 것밖에 얻은 것이 아무것도 없다.

   그 마지막 전쟁을 일으킬 때에 거기 한 사람의 예언자가 있어 그 나라를 꾸짖었다. 그는 자기 나라를 동해의 면도칼이라고 하였다. 그리하여 부르기를, "너 동해의 면도칼아, 하나님이 중화민국 5천 년의 교만을 징계하기 위하여 너를 들어 오늘 그 머리털을 깎거니와, 그 머리털을 다 깎는 날 면도, 너는 어떻게 할 터이냐" 하고 슬피 불렀다(矢內原忠雄). 과연 예언은 그대로 맞았다. 중국이 자랑하던 머리털은 깎이었다. 그러고는 그 면도는 태평양에 내던졌다. 이제 우리는 믿을 것, 흉내낼 것, 본뜰 것이 하나 없다. 우리가 전쟁으로 옷을 벗기고 신을 뺏기고 살을 찢긴 셈이지만, 그것은 다 우리가 우리 정조를 팖으로 그들에게서 얻었던 것이다.

   이제 그것이 떨어진 것은 우리에게 복이요 영광이지 아까울 것이 없다. 우리가 생각이 있는 백성이라면 해방이 되던 날 곧 잿물로 몸을 씻고, 불의로 얻은 살이 다 빠지도록 단식을 하고 새 임을, 정말 우리 임을 맞을 준비를 했어야 할 것이다. 더구나 만주에는, 이 핏기 없는 갈보가 진통에 거의 숨이 끊어지려는 뒤에서 아기가 나기만 하면 삼키려고 엎디어 기다리는 흉악한 곰이 있음에서일까?

   그러나 이 민족은 그런 생각을 하지 않았다. 해방이 된 이튿날 길가에 나가 '사쿠라' 나무를 찍는 씨올은 무지는 하지만 그대로 감정은 살아 있다 할 수 있는데, 이 잘산다는 층은 어림이 없었다.

\* 대동아전쟁: 제2차 세계대전을 가리킴. 일본이 동아시아 지역에서 구미의 식민지 지배를 타파하고 아시아 제 민족의 해방을 위한다는 명목 아래 대동아공영권을 주장하며 일으킨 전쟁이다.

아직도 '왜식' 맛을 못 잊어 입을 다신다. 그러다가는 또 미국사람이 들어오기가 바쁘게 껌을 씹고, 로스케가 오기가 바쁘게 해바라기 씨를 깠다.

이것이 민족이냐? 국민이냐? 갈보, 참 더러운 갈보 아니냐? 타와릿슈, 미스터 김, 미스 리 할 줄만 알았지 세상이 어떻게 되어가는지를 몰랐구나. 세계역사를 공부하려고도 않고, 하지 않던 정치를 부지런히 배워 할 생각도 않고, 그저 이제 일본놈이 갔으니 우리가 하면 된다는 단순한 생각밖에 못 하였다. 그나마도 서로 사양할 생각도 않고, 하늘 생각은 이제 잊어버리고, 그저라는 생각만 있어 그 떡을 혼자 마음껏 먹어보려고 미칠 뿐이었다. 그러고는 한다는 재주가 중국 수천 년의 케케묵은, 그렇지 않으면 일본 제국주의자의 쓰다가 망하고 간 낡은 것을 주워들고 큰 것이나 되는 양 뽐내고 민중을 속이고 도둑질해먹으려는 것이었다.

깎아먹는 나무는 10년만 기다리면 될 수 있고, 무너진 집은 다시 지으면 되고, 기차가 다 낡아 깨지면 걸어라도 다닐 수 있고, 수도가 터지면 우물을 파먹지, 전기 없으면 호롱불이라도 켜지, 하지만, 아아, 정신이 도로 썩는 것은 어떻게 하나?

학자님 무엇하고 있나?
스님 무엇하고 있나?
신부, 목사 무엇하고 있나?
한을 밝히고, 맑히고, 풀고 닦자던 선비님은 계신가? 아니 계신가?

이렇게 오시는 임 내 도려바렸으니
날 다시 찾으신들 내 무슨 낯을 들리
임이여 종으로 보고 문간에다 두소서

임 떠나 가신 뒤에 밤 어이 길고 길고

비바람 무슨 일로 그리도 둘러친지
기다려 참음 보잔 걸 내 모르고 저바려

울고 또 운단들 내 설움 다 하오리
깨물고 깨문단들 내 분이 풀리오리
임이여 내 아픈 맘 그 줄이나 아소서

울지 말고 돌아오라 이제라도 아니 늦어
지난 허물 아니 보고 새 살림 차려주마
마음 곧 바친다면야 묶어둘 죄 있으랴

네 어미 갈보거니 넌들 깨끗할 것이냐
수정 같은 살을 찾아 하늘 아래 만날 거냐
썩어질 살을 안 보고 마음 찾아 왔노라.
　　－뉘우침

# 33 6·25

### 달라진 역사의 성격

역사는 점점 더 알 수 없다. 해방이 갑자기 온 것도 알 수 없거니와, 6·25전쟁을 당하고 나서는 점점 더 알 수 없다. 그러나 알 수 없는 것은 생각하라는 말이다.

6·25전쟁은 임진란과 비슷한 점이 있다. 첫째, 그 도무지 모른 데서 같다. 임진란도 그날 아침까지 몰랐고, 6·25도 그날 새벽까지 도무지 몰랐다. 또 그 도무지 준비 없었던 데서도 같다. 그렇게 큰 국난이요, 저쪽에서는 미리미리 준비한 것인데 이쪽에서는 왜 그리도 준비가 없었을까? 두 번 다 잘못은 저쪽에 있는 것이요, 우리가 어디까지나 평화민족인 것은 증명이 되었지만, 나라로서 외적에 대한 준비가 그렇게 없었다는 것은 부끄러운 일이다.

두 전쟁은 또 그 경과에서도 비슷하다. 임진에도 며칠이 못 되어 나라땅을 거의 다 빼앗겼다가 서북 모퉁이에서부터 반격을 시작해 도로 찾았는데 6·25에도 잠깐 동안에 남한 전부를 거의 다 잃고 동남 한구석으로 밀렸다가 겨우 반격을 시작하여 찾았다. 전번의 명나라는 이번 미국에 해당하고, 그때 살아난 것이 수군(水軍)의 힘에 있었다면, 이번에 살아난 것은 공군의 힘이었다. 또 그때에는 민간의 의병이 많이 일어났는데 이번에는 전쟁의 성질상 민병은 있을 수 없지만 국민정신이 올라간 것은 마찬가지다.

그러나 그것만 아니라, 두 전쟁이 다 그것으로 나라의 힘이 말할 수 없이 빠진 것이 같고, 더구나 그 까닭을 알 수 없는 데서 같다. 전쟁이 왜 일어났나? 그 까닭을 안다면 모를 것 없이 환히 안다고도 할 수 있지만, 또다시 생각하면 알 수 없는 일이다. 그것은 둘 다 그 전쟁들이 일방적인 것이기 때문이다. 일으킨 저쪽에서야 일부러 침략하자는 것이니 물을 필요도 없지만 이쪽에서는 전혀 침략할 생각도, 시비를 건드릴 생각도 없었던 것이다. 그러므로 알 수 없다는 것이다.

그러나 그 알 수 없는 점이 생각할 점이다. 본래 해방이 아무 준비 없이 왔다. 싸워 얻은 것도 아니요, 미리 예측하고 기다렸던 것도 아니요, 물자도 없이, 기술도 없이, 국민적 정치훈련도 없이, 문화 창조의 정신력을 기른 것도 없이 도둑같이 왔다. 말하자면 아무 준비도 못 한 채 무대 위로 올라가라는 명령을 받은 배우가 된 셈이다. 그 배우는 화 있을진저. 극을 놀지 못하고 추태를 부리게 되었으니 저는 왜 긴긴 밤을 그냥 있었을까? 왜 묻지도, 각본을 읽지도 않고, 분장도 아니 하고, 연습도 아니 하고 있었을까? 알 수 없는 일이다.

그러나 더 알 수 없는 것은 준비 아니 한 배우보다도 준비도 아니 한 그를 무대로 올라가라고 독촉하는 그 감독의 생각이다. 왜 그럴까? 어떻게 하려고 그럴까? 정말 추태를 부리게 할 작정인가? 그럴 리는 없다. 배우의 추태는 배우의 실패만이 아니고 자기의 실패임을 그가 모를 리 없다.

그런 것이 아니다. 준비 없는 배우 그대로 추태를 부리게 하는 것이 곧 그의 각본이기 때문이다. 우리는 위에서 우리 역사를 중도에 변경된 각본이라 하였지만 또 변경이다. 사실 엄정한 의미에서 보면 모든 역사는 언제나 변경되는 각본이다. 각본 없이 즉흥적으로 하는 극이라 할 수 있다. 화가는 제 그림을 미리 머릿속에 가지고 있지만 또 한 획, 한 획의 붓은 처음 생각과는 딴판으로 다른 것이다. 하나님의 시간은 영원한 현재다. 구원은 언제나 현재에 있다. 전능한 하나님은 예정도 하지만 또 무계획적이기도 하다. 그러므로 은총적일 수 있다. 영원불변하는 법도 있지만 또 순간마다 특사령을 내린다. 이제 준비 없이 전쟁을 시키는 것은, 역사가 새 시대로 사뭇 들어갔기 때문이다.

6·25 당시 마산 근처의 도로를 따라 전투지역을 피해 나오고 있는 피난민들.

해방이 왔는데 또 5년이 못 되어 전쟁이 난다는 것은, 역사가 세계적으로 되었기 때문이다. 옛날같이 한 나라 일은 한 나라의 힘으로, 한 민족의 운명은 그 민족의 노력으로 되는 것이라면, 일정한 원인에서 일정한 결과가 나오는 때라면 해방이 도둑같이 올 리도 없고, 나라의 운명이 달린 전쟁이 벼락같이 올 리도 없다. 이제 역사는 성격이 달라졌다. 이제 일을 결정하는 것은 국민도 아니요, 민족도 아니요, 계급도 아니다. 세계다. 환경도 아니요, 법칙도 아니요, 정신인 시대가 오고 있다. 그렇기 때문에 기다릴 여지가 없다. 사뭇 들어온 것이다. 이것이 전과는 다른 것이다.

### 신들의 싸움

아무도 지나간 날의 관념을 가지고는 이 전쟁이 왜 일어났나 설명하지 못할 것이다. 제2차 세계대전 때 없앤 것보다 더 많은 인명과 물자를 없애면서도 선전포고도, 전쟁이란 이름조차도 없이 한 이 전쟁, 냉전이니 열전이니 전에 모르던 새 이름을 가지고 하는 전쟁, 원자탄을 만들면서 쓰고 싶어도 못 쓰는 전쟁, 내 편 속에 대적이 있고, 대적 속에 내 편이 있는, 이 전쟁 아닌 전쟁은 옛날같이 임금과 임금의 싸움도 아니요, 민족과 민족의 싸움도, 계급과 계급의 싸움도 아니다. 제국주의 전쟁같이 영토, 권익의 싸움도 아니다.

제2차 세계대전 때부터 달라졌지만 6·25는 제2차 세계대전의 연장만도 아니다. 더 달라졌다. 그때만 해도 전쟁이 끝난 후 전쟁 범죄자를 처벌하였지만, 이 전쟁은 언제나 끝이 날 것이며, 또 끝나면 누구를 책임자로 처벌할 터인가? 맥아더*는 이 전쟁은 신학의 싸움이라 했다고 하지만 그럼 이 전쟁의 책임자는 기독교인가? 불교인가? 마호메트교인가? 재미있지 않은가? 원시사회의 전쟁을 부족신들의 싸움이라 하였는데, 그러면 4, 5천 년 문명 후에 역사는 다시 원시사회로 돌아갔나?

그렇다, 이것은 신들의 싸움이다. 사람의 싸움이 아니다. 그러나 그 신은 나무 숲에 있는 것도 아니요, 돌집 속에 있는 것도 아니다. 사람의 마음속에 깊이 들어 있는 신이다. 이제 싸움도 먹을 것, 입을 것, 땅, 돈, 권리를 빼앗으려고 주먹으로, 칼로, 기계로, 약으로 싸우는 육체의 싸움이 아니요, 생각으로 싸우는 정신의 싸움이다. 그러므로 사람이 그 몸을 빌려 싸우기는 하면서도 그 까닭과 뜻을 모르는 일이 많다. 그러므로 양편이 다 서로 죽여도 누구를 죽이는지, 왜 죽이는지, 또 장차 어떻게 벌어져나가는 일인지를 몰랐다.

남북한의 싸움이라지만 북한이 남한을 칠 까닭이 없고, 남한이 북한을 대적할 까닭도 없다. 우리는 다 대립하는 미·소 두 힘에 붙잡혀 그 싸움을 대신 싸워줄 뿐이다. 그러나 다시 생각하면 미·소도 서로 싸울 까닭이 없다. 다 같이 너도 살고 나도 살자는 인간이요, 하나가 되어가는 이 세계에 싸워야 할 까닭이 없다. 두 나라 국민이 인간으로서는 서로 미워할 건덕지가 없는데, 다만 생각이

맥아더 장군.

* 맥아더(Douglas MacArthur, 1880~1964): 미국의 장군. 제2차 세계대전 중 남서태평양 전역(戰域) 사령관이었고, 연합군 점령기에 전후의 일본을 통치했으며, 6·25전쟁 초기의 9개월 동안 유엔군 총사령관직을 맡았다.

*루스벨트(Franklin D. Roosevelt, 1882~1945): 미국의 제32대 대통령. 대공황 타개를 위하여 뉴딜정책을 추진했고, 제2차 세계대전 동안 연합국을 지도했다.

다르기 때문이다. 두 나라는 대립되는 두 사상·주의를 대표할 뿐이다. 그러면 생각이라는 것이 무엇이며 어디서 오는 것인가? 왜 생각을 하게 되는 것인가? 알 수 없다. 인간은 생각에 잠겼다. 그러므로 신들의 싸움이라는 것이다.

싸우는 국민들을 보고, 왜 싸워 죽느냐? 물어도 대답을 못 한다. 그런데 싸우는 사람들은 그렇지 않고 서로 저쪽을 원수로 알고 죽였다. 싸우는 까닭도 원인도 목적도 모르고 싸웠으므로 더욱 참혹하였다. 그러나 사실 이 전쟁은 모든 전쟁의 대표였다. 모든 전쟁이 본래 다 이런 것인데, 서로 미워할 까닭도 터무니도 없는 사람끼리 죽여온 것이다. 인간은 동류끼리 전쟁을 하는 물건이다. 아니다. 알 수 없는 신들의 싸움을 싸워주는 것이다.

그러나 정말은 신들의 싸움도 아니다. 신은 하나, 하나님이지 여럿이 아니다. 사람이 하나님과 싸우는 것이다. 하나님(生)은 싸우는 존재다. 싸움은 만물의 아버지다. 하나님이 지나가는 길 뒤에 부서지는 물결이 전쟁이란 것이다. 하나님(靈)이 나가는 길을 모르고 저항하기 때문에 전쟁은 일어난다. 인간이 역사 진행의 뜻을 알아 저항하기를 그만두는 날 영원한 평화와 자유는 올 것이다. 그 뜻을 배우라는 것이 지금 오고 있는 우주시대요, 그 시대가 시작되는 나팔소리가 6·25다. 새 시대가 동튼 것이 38선이다.

## 38선

6·25전쟁은 38선 때문인데, 38선이란 무엇인가? 대체 그것을 만든 것은 누구인가? 루스벨트*와 스탈린인가? 아니다. 그러면 우연인가. 38선이 생기는 데는 역사적 필연이 있다. 38선이란 다른 것이 아니고 우리나라 절반이라는 말인데, 두 놈이 다 우리나라를 차지하고 싶었는데, 서로 양보하지 않기 때문에 절반을 가른 것이다. 두 놈이 다 안중에 우리나라가 없었다. 자기네 나라 이익뿐이지. 정말 세계평화를 위하고, 정말 우리를 해방시키고 싶었다면 그

렇게는 안 했을 것이다.

그러면 두 나라는 왜 우리나라를 차지하고 싶었나? 우리나라의 지정학적·전략적 위치가 그렇기 때문이다. 우리를 2천 년 수난의 민족으로 만든 이 위치가 또 우리를 6·25의 환난 속으로 이끌었다. 이 위치는 호령의 사령탑이라고 이미 말하지 않았나? 이 나라를 얻는 자는 동양을 얻는 것이요, 동양을 얻으면 세계를 얻을 것이다. 소련은 제가 서가려면 세계적화를 내세우지 않고는 안 되는데, 세계를 적화하려면 반드시 먼저 동양을 적화해야 한다. 그러므로 파리로 가는 길은 북경에 있다는 것 아닌가? 그런데 동양적화를 하려면 반드시 우리나라를 얻지 않고는 안 된다. 만일 우리나라만 공산화된다면 일본·필리핀·안남·타이 등등 다 문제없다. 그러나 그 대신 만일 우리나라가 그대로 자유진영으로 버틴다면 만주가 비록 한때 적화가 된다 하더라도 안심이 아니 되는 것이요, 만주가 자유주의의 나라가 된다면 중국이 그냥 있을 수 없다.

이러므로 이것을 알기 때문에 스탈린은 종내 한국을 해방시키되 자기 세력 안에 넣기를 주장하였을 것이요, 루스벨트는 또 루스벨트대로 자기네가 자유주의의 맹주로 나아가려면 반드시 태평양을 가져야 하고, 태평양을 가지려면 필리핀과 일본을 가져야 하는데, 필리핀과 일본을 자유진영으로 확보하려면 이 반도를 놓쳐서는 아니 될 줄을 알았기 때문에 놓지 않으려고 하였을 것이다. 이렇게 되어서 38선은 생겼다. 우리는 이 사령탑을 스스로 못 지키고 진공상태에 빠졌기 때문에 고난의 회오리바람을 겪는다. 그렇기 때문에 역사적 필연이다. 이것은 역사 자체가 그은 금이다.

그러나 역사 자체가 그었다는 말은 결코 사람의 책임이 없다는 말은 아니다. 지키지 못한 우리나 침략자인 스탈린은 말할 것도 없고, 루스벨트는 그 잘못을 변명할 여지가 없다. 그가 자기네 국민의 일시적인 안락을 위하여 스탈린과 흥정조로 나가 타협을 하지 말고 정말 세계 구원의 사명을 가지고 자기네 한 나라의 운명을 걸고라도 싸운다는 태도로 나왔더라면 그때 소련은 결코 버틸 힘이 없었다. 그러므로 우리나라 운명이 이렇게는 안 되었을 것이었고 6·25는 없었을 것이다. 미국의 잘못된 안일주의·여론주의가 중국을 공산진영으로 넘겨주었고, 우리나라를 그르쳤으며 자기네와 유엔 여러 나라와 수많은 인명과 물자를 연기로 태워버렸다. 그렇게 볼 때 38선은 세계역사의 금이다. 미국 민주주의와 소련 공산주의의 금새를 매겨놓는 금이다. 현대문명의 낙제선이다.

38선의 뜻은 거기서 그치지 않는다. 이것은 역사가 그은 금이지만 또 하나님이 그은 금이다. 하필이면 만주제국이며 일본 관동군*이요, 하필이면 장개석** 정권의 썩음이며, 하필이면 연해주 해삼위***인가? 19세기 제국주의 러시아가 시베리아를 점령하고 그 끝에 연해주를 차지하고 우리 함경북도와 코를 맞대게 되어도 그것이 해방되는 날 소련 군대가 넘어오는 길이 될 줄은 몰랐다. 구한국이 망할 때 많은 애국지사가 해삼위로 망명을 하고, 일제 압박을 못 견디는 사람들이 북간도로, 노령으로 피난을 갈 적에 우리에게 고마운 것이었지, 이다음 그 이세들이 새로 나는 나라를 둘로 가르는 침략자의 앞잡이가 될 줄은 몰랐다.

만주제국이 되고, 철없는 민중이 일본군의 세력을 타고 남북 만주의 방방곡곡에 가 살게 되었을 때 세월이 그만인가보다 하였지, 후일 그것이 인연이 되어 만주의 간섭이 있고 그때 마적(馬賊)질해먹던 것들이 하룻밤 사이에 해방군이라 하며 말썽을 부리게 될 줄은 상상조차 못 하였다. 장개석 정권이 그렇게 썩지 않았던들 중국이 공산화는 아니 되었을 것이오, 중국이 자유주의 나라가 되었던들 이렇게 어렵게는 아니 되었을 것이다. 또 38선이 생겼다 하더라도 남북한의 자연적 조건이 그렇게 서로 다르지만 않았더라도 이다지 비참하게는 아니 되었을 것이다. 그러나 이 모든 조건이 미리미리 준비되어가지고 38선은 생겼다. 어떤 목적 때문에 마련된 듯으로만 보인다.

---

* 관동군(關東軍): 중국과 소련을 침략할 목적으로 1906~45년에 중국 동북지방을 강점하고 있던 일본육군 주력부대의 하나.

** 장개석(蔣介石, 1887~1975): 장제스. 타이완의 군인·정치가. 중국 통일을 놓고 중국공산당과 대립하여 1928~49년 중국국민당 정부의 주석을 지냈고 1949년 이후에는 타이완의 국민정부 주석을 지냈다.

*** 연해주 해삼위: 극동지역 러시아 연방 프리모르스키 지역과 이 지역의 주도이자 항구도시인 블라디보스토크를 한국에서는 각각 연해주, 해삼위라 불렀다.

## 하나님의 시험문제

38선은 하나님이 이 민족을 시험하려고 낸 시험문제다. 아마 마지막 문제일는지 모른다. 이번에 급제하면 사는 것이고, 이번까지 낙제하면 영원히 망하고 말 것이다.

세계가 하나가 되고 문명이 우주시대에 뛰어들게 되는 때에 종살이를 하는 민족이 있어서는 아니 되겠으므로 삼손같이 고난의 맷돌을 굴리던 한국이 갑자기 해방이 되었다. 우리만 아니라 지금 모든 매었던 민족이 해방을 얻었다. 진시황이 죽고 3천 궁녀가 해방이 되듯, 로마 제국이 망하고 콜로세움에 갇혔던 맹수들이 놓여나듯, 인격의 자유를 빼앗기고 인육을 잘라 팔리고 있던 모든 약소민족, 인간의 존엄성을 잃고 비웃음거리가 되었던 모든 씨올이 갑자기 홍수처럼 놓여나와 워싱턴·뉴욕·모스크바·제네바를 휩쓸기 시작하고 있지 않나?

그러나 아무리 역사의 특사일(特赦日)이라도 근본 도덕의 원리를 무시하지는 않는다. 스스로 함이 생명의 법칙인 이상 그것을 잊어버려서는 안 된다. 그러므로 그것을 보자고 내세운 문제가 38선이다. 본래 우리의 잘못은 자유와 통일을 모른 데 있다. 자기를 깊이 파지 않은 데 있다. 그러므로 해방을 시켜 역사의 연합운동날에 참여는 시키되, 그저 주지 않고 나라 복판에 금을 긋고 이것을 넘어보라고 한 것이다. 그만큼 학대를 받고 천대를 받았으면 자유가 귀한 줄을 알았어야 할 것이다.

자유가 귀한 줄을 안다면 통일한 나라 아니고는 안 되는 줄을 분명히 깨달았어야 할 것이다. 환난을 그만큼 겪었으면 그것이 대동지환(大同之患)인 줄을 알았어야 할 것이다. 대동하지 못하는 것이 온갖 고난의 근본 원인이요, 반대로 환난의 뜻은 대동을 시키자는 것이다. 그동안 생각을 했어야 할 것이다. 남이 모르는 고난의 철학을 얻어야 할 것이다.

그것을 보자는 것이, 한마디로 국민의 성격을 다듬었나 보자는 것이 이 38선이다. 천오백 년은 그만두고 일제 36년 그 고난의 풀무 속에서, 그 수련의 물결 밑에서 역사적 모든 찌끼, 때, 모든 허물, 섞여든 것이 다 빠지고 씻기고 오직 하나만이 남았어야 할 것이다. 오직 하나 새 나라, 한 나라의 믿음만이.

그것을 보자고 쪼갠 금이다. 38선은 민족의 가슴을 쪼갠 금이다. 씨알이 여물었느냐? 또 깍지만이냐? 떨리는 하나님은 손으로 쪼겠다. 이북에 진주한 소련군, 이남에 들어온 미군, 그 손에 든 소총, 기관총, 폭탄, 비행기가 그 무어냐? 하나님의 떨리는 손 아니냐? 속에 씨알이 여물었으면 하나다. 하나님을 기쁘시게 하는 '한'이다. 못 영글었으면 두 개의 죽은 깍지다.

38선은 어느 모로 보나 부조리다. 이치에 어그러진, 있을 수 없는 일이다. 그 대신 반드시 없어야 하는 것이요, 하자고만 하면 아주 쉽게 될 것이다. 마치 칼로 배때기를 찌른 것과 같고, 몽둥이로 물을 자르는 것과 같다. 못 자를 것을 잘라놓은 데 문제가 있다. 그러나 살 생각 하나가 있는 놈이면 여러 잡생각을 할 것 없이 칼을 쑥 뽑을 것이요, 뽑으면 잘랐던 물이 도로 합해지듯이 곧 하나가 될 것이다. 아무리 힘이 있고 끈기가 있다 하여도 흐르는 물을 자를 놈은 없다. 민족이 제 성격을 변함없는 물같이 가지고 있다면 어느 놈이 능히 자를 수 있을까?

38선은 칼로 해결할 수 있는 선이 아니요, 이성으로, 도리로, 천리로, 본성으로 해결해야 할 선이다. 살 생각만 있으면, 삶이 무엇이며 어떻게 하면 사는가를 깨닫기만 하면, 이제 곧 없어지는 선이다. 백만 대군이 양쪽에 서 있더라도 서로 손을 잡고 "우리는 하나다" 하는 민족을 가를 수는 없다. 자를 수 없던 물이 얼면 잘라지듯이 우리도 우리 본성을 잊고 얼어버리고, 생명은 아닌, 사상이요, 주의요, 방침이요, 방법이요, 공산당이요, 중경파요, 미주파요 하는 잡생각이 들어왔기 때문에 분열이 생긴 것이다.

그 단순한 물 같고 불 같은 진리를 못 깨달았다면, 또 물속으로 들어가고 불속으로 들어가는 수밖에 없다. 참의 하나님에 법칙 있

1948년 10월 반란군을 진압하기 위해 이동 중인 진압군.

는 역사에, 어쩔 수 없는 일이다. 도리를 무시하는 민족은 부조리의 심판을 받아야 한다. 그것이 바로 6·25다.

## 새 국민의 걸음

그러나 6·25의 뜻은 그것만이 아니다. 더 크고 깊은 것이 있다. 생명은 신비로운 것이요, 역사는 재미 있는 것이다. 죽음은 삶의 시작이요, 실패는 새 세대의 약속이 된다. 씨가 떨어지는 데 나무의 남이 있고, 물이 스며들어서 샘이 솟아오른다. 자는 가운데 자람이 있고, 앓는 동안에 앎이 생긴다. 38선, 6·25도 실패요 환난이지만 속에서 새로 자라고 안 것이 있다.

5천 년 역사에 이런 환난은 없었다. 임진란·병자호란을 끔찍하다 하지만 여기 비할 바가 못 된다. 그렇지만 우리는 죽지는 않았다. 나무가 상처를 입으면서도 자라듯이, 우리도 타격을 받고 통일

제주도 4·3사건 때 강제로 소개된 노인들.

* 여수·순천사건: 1948년 10월 19일 전라남도 여수에 주둔하던 국군 제14연대가 일으킨 사건. 동족을 학살할 수 없다는 것과 38선을 철폐하고 조국통일을 이루자는 명분으로 제주 4·3사태 진압을 위한 출동명령을 거부하고 순천 등지까지 무력점거를 확산시킨 사건이다.

** 제주도사건: 1948년 4월 3일 미군정 치하에 있던 제주도에서 발생한 사건. 8·15 해방 후 제주도의 정치적 주도권을 잡고 있던 사회주의 세력들과 미군정의 지지를 받은 우파 세력 사이에 갈등이 점차 심화되어 대규모 봉기가 일어났다. 사상자 3만여 명을 낸 이 사건은 1949년 봄 종결되었다.

*** 이승만(李承晩, 1875~1965): 독립운동가, 초대 대통령. 일제강점기에 주로 미국에 머물며 독립운동을 했으며, 해방 후 1948년 7월 국회에서 초대 대통령에 선출되었다. 1960년 3월 15일 이기붕을 부통령으로 당선시키려는 대대적 부정선거가 4·19혁명을 불러와 대통령직에서 물러났다.

을 이루지 못하고 실패는 하면서도 새 시대의 국민으로 자랐다. 대구사건, 여수·순천사건*, 제주도사건** 때만 하여도 아직 국민의 생각이 흔들리고 더듬는 형편이었는데, 6·25를 지나고 나서는 대체로 통일의 틀이 잡혔다. 아직 남북통일에까지는 못 갔으나 민중의 생각은 방향을 잡기 시작하였다.

씨올이 깨기 시작하였다. 이승만*** 정권, 자유당, 4·19, 5·16, 거듭거듭 파란이 쉬지 않으나 그 가운데서도 빙하의 걸음처럼 느리기는 하지마는, 자라고 있는 것은 민중이다. 그런 파란 그 자체가 민중이 깨는 증거다. 그 과정에서 6·25는 큰 한 걸음이다. 넘어지면서 개천을 건너뛴 셈이다. 정치가, 장군, 군인이 하는 짓에는 한심스런 것도 많다. 국민병사건, 거창사건, 이북 가서 공산당을 복수한답시고 약탈, 겁탈을 마음대로 한 것들을 생각하면 분통이 터지는 일이 많다. 죽인다면 이정재, 최인규 따위를 죽이기보다는 더 먼저 죽였어야 할 놈들이 아직도 수두룩하다. 하지만 그것이 문제가 아니다. 그까짓 것들은 큰 눈으로 넘겨보면서라도 씨올은 나아가고 있다. 조금 있으면 그런 낡은 시대의 찌꺼기들은 다 없어지고 말 것이다.

  우리는 어떻게 해서든지 전쟁을 아니 하여야 하지만 설혹 이제 6·25보다 더 참혹한 전쟁이 난다 하여도 씨올은 결코 밑지지는 않을 것이다. 망하는 것은 특권사상의 벼슬아치·군인·재벌일 것이다. 이렇듯이, 아기가 앓으면서도 자라고 있듯이, 실패는 하면서도 새 시대를 향해 나아가고 있다. 이 민족은 아직 더 고난은 당하는지 모른다. 더 많이 당할 것이다. 그러나 결코 역사의 무대에서 쫓겨나지는 않을 것이다. 이제 우리에게 죽지 않을 자신만은 생겼다. 그것이 6·25가 끼치고 간 첫 번째 선물이다.

## 유엔 정신의 자라남

  그다음에 이 전쟁이 주고 간 큰 선물 가운데 하나는 유엔의 힘이 자란 것이다. 사실 이 전쟁은 국제적으로 하면 유엔의 실력을 시험해본 것이다. 제2차 세계대전 후 유엔이 생겼다고는 하나, 파키스탄 같은 것을 조금 해결한 일이 있다고는 하나, 과연 세계의 질서를 유지해가는 데 얼마만한 실력이 있느냐는 문제였다. 즉 참가국들이 세계 문제를 어느 만큼 성의 있게 다룰 것인가가 아직 의심스러웠다.

  제1차 세계대전 후 맹렬하게 일어나는 평화사상으로 국제연맹이 생겼고, 거기 큰 기대를 가졌었으나 이른바 큰 나라는 나라들의 옛날 국가지상주의가 그대로 있는 정책 때문에 얼마 못 가서 깨어지고 만 것을 우리는 잘 알고 있다. 또 그렇지나 않을까?

  그런데 6·25가 터지자마자 유엔은 이것을 유엔군의 힘으로 해결할 것을 결의하고 한국에서는 먼 여러 나라가 모두 그 군대를 보내어 전에 못 보던 큰 규모의 싸움을 하여 완전한 해결까지는 못 갔으나 아무튼 침략자를 내쫓는 데 성공은 하였다. 이것은 세계

역사에서 전에 못 본 크게 뜻 있는 일이다. 나라 사이의 문제를 세계적으로 해결한 큰 본보기다. 이 앞의 시대를 표시하는 길이다.

유엔은 인류 이성의 표지(標識)이다. 완전은 못 되나 아무튼 유엔이 이긴 것은 이상이 이긴 것이다. 이날까지 나라란 것은 사람이 가지겠다는 욕심, 제 힘대로 휘둘러보겠다는 욕심이 단체적으로 나타난 것에 지나지 않는 것이었다. 그러나 사람에게는 내 생각만 아니라 남의 생각도 하자는 생각이 있다. 그것이 이성이다. 이성이야말로 사람을 짐승의 지경에서 건져 높이 정신적인 데로 발달하게 만드는 것이다.

그러나 그 이성이 개인의 경우에는 상당히 발달하여 도리를 가르치는 위대한 교사들이 난 것이 벌써 몇천 년 전이지만 단체에서는 좀처럼 되지 않았다. 나라 안에서는 매우 점잖은 성격과 높은 도덕을 가지는 국민이 국가적으로는 잔혹한 전쟁을 하는 것을 정의로 알고 남을 침략하는 것을 덕이라 칭찬을 해왔다. 그러던 것이 교통이 점점 잦아지면서부터 민족감정에서 오는 치우친 생각을 누르고 차차 이성에 호소하여 인도주의, 민족자결주의, 국제협조주의를 부르짖게 되었다. 그러나 이것을 세계의 나라들이 모여서 공식적으로 토론을 하고 세계적인 기구를 두어서 그것을 실행하기에 이른 것은 겨우 몇십 년 전이다. 이런 의미에서 6·25는 크게 뜻 있는 일이다. 한국 문제를 해결하는 데서 유엔은 그 위신이 올라가고 실력이 늘었다. 그때에 6·25를 본체만체하였던들 소련의 침략은 점점 더 옆의 사람을 사람으로 여기지 않는 태도로 나갔을 것이요, 그랬다면 우리나라는 그만두고 이십 년 동안 세계는 어떻게 되었을는지 모른다.

그러나 유엔이 일어난 것은 단순히 이성의 이김만이 아니다. 이성이 있었다면 맨 처음부터 있는 이성이다. 세계의 여러 나라들이 그전에 그 존재를 알지 못하던 한국을 위하여 사람과 물자를 아끼지 않고 내어 싸운 것은 이성이 갑자기 자라서가 아니요, 또 침략해오는 소련·중공은 이성이 갑자기 죽어서가 아니다. 이성의 뒤에는 사실의 뒷받침이 있어야 된다. 유엔 여러 나라가 한국에 군대를 보낸 것은 그것이 곧 제 일이기 때문이다. 세계가 이미 하나가 되었으므로 그것을 깨달은 것이다.

## 새 시대의 미리 알림

그러므로 6·25의 폭격소리는 사실은 새 시대가 임하는 소리였다. 국가의 성격이 옛날과 달라진다. 문명의 성질이 전과 달라진다. 이제는 옛날 세계관·인생관·국가관·역사관을 가지고 살아갈 수 없게 되었다. 6·25가 분명히 증언하는 것은 미·소의 대립은 잘못이라는 것이다. 대립으로 인류의 문제가 해결될 수 없다는 것이다. 미국이 이유 있다면 소련도 이유가 있다는 것이다. 소련이 결사적이면 미국도 결사적으로 하겠다는 것이다. 소련·중공군이 낙동강까지 밀고 오면 이쪽에서는 압록강까지 밀어 보여주었다. 그러나 그 이상은 못 한다. 생각이 없어서 아니 하는 것도 아니요, 힘이 없어 못 하는 것도 아니다.

우리 보기에도 왜관까지 내리민 인민군이 왜 어물어물하고 있었는지 모른다. 미국 군사 전문가가 하는 말이, 그때 쭉 내리밀었더라면 자기네는 하는 수 없었다고 하지 않나? 또 압록강을 넘겠다는 맥아더를 기어이 기어이 끌어들이지 않았나? 우리 보기에라도 그때 만주까지 들이쳤다면 전쟁은 좀더 크게 벌어졌을는지 모르나 그렇다고 해서 감히 중공군이 유엔군을 이길 힘이 있었을 것 같지는 않다. 그러나 그것이 다 공상이다. 사실은 그렇게 되지 않았다. 그렇게 되지 않은 것은 그럴 만한 까닭이 있어서일 것이다.

까닭이 무슨 까닭일까? 미국이 이겨도 아니 되고, 소련이 이겨도 아니 된다는 말이다. 둘의 대립은 대립함으로 낡은 사상, 낡은 세력을 소모시키고, 그동안에 새것을 키우자는 것이다. 미국의 자본주의도 소련의 공산주의도 한때 인류역사에 그 할 일이 있어서 나왔다. 이제 자본주의 꽃필 대로 활짝 꽃이 피었고, 공산주의는 그 위에 서리를 칠 대로 쳤다. 꽃도 늘 있을 꽃이 아니요, 서리도 늘 서슬을 부릴 서리가 아니다. 둘이 다 가고 말 것이요, 그 안에 새 씨알이 영글고 있을 것이다. 미·소의 대립을 보고 그 누가 이기나 그것을 기다리고, 더구나 그 형편을 보아 이기는 편에 가 붙자는 생각은 어리석은 생각이다. 역사는 절대로 그렇게는 안 된다. 미국이 이기지도 못할 것이요, 소련·중공이 이기지도 못할 것이다.

6·25는 순전히 소모전이었다. 그것은 두 진영의 대립을 표시하는 것이다. 두 놈은 서로 과학 내기, 물자 내기, 정책 내기, 군력 내기, 선전 내기를 하여 그 힘을 다 써버리고야 말 것이다. 그리하여 그 물질과 사상이 다 닳고 바닥이 나와야 그때에 새 문화의 탑을 쌓기 시작할 것이다. 하나는 돈이요, 하나는 칼이다. 둘이 다 민주주의를 주장하지만 그것은 간판에 불과하며 사실은 돈과 칼의 싸움이다. 둘이 다 없어져야 정말 민주주의가 살아나올 것이다.

지금까지 인류역사가 다른 것이 아니고 생각하는 지혜의 인간 호모 사피엔스가 돈에 붙었다 칼에 붙었다 한 것이다. 이제 그러기를 그만두고 지혜가 자립 자주하는 날이 와야 한다. 그것이 정말 자유요, 문명이다. 그렇게 되려고 이 대립이요, 6·25다. 앞으로 제3차 세계대전이 일거나 말거나 이 소모전은 계속될 것이다. 그것은 모든 제도와 사상이 그 자체가 가지는 모순 때문에 필연적으로 망하는, 역사의 어쩔 수 없는 법칙 때문이다. 그래야 새것이 나온다.

새것이 무엇이냐? 중도다. 세계 문제는 둘 중 하나를 고름(二者擇一)으로 해결될 것이 아니다. 한 놈이 죽고 한 놈이 이김으로 결말을 짓는 것은 어린아이 같은 유치한 장난 아닌가? 이긴 놈도 진 놈도 없어야 정말 이김이다. 두 놈이 다 실패해야 두 놈이 다 구원된다. 구원을 해주어야 정말 이김이지 대적을 죽이는 놈은 먼저 진 것이다. 소설도 그렇거늘 전능의 하나님이 시키는 우주극에 이긴 놈, 진 놈이 있을 리 없다. 다 져야 한다. 그리고 보다 높은 제삼자가 나와야 한다. 그보다 높은 제삼자의 자리가 중도다.

하나님은 위에도 안 계시고 아래에도 안 계시고 중에 계신다. 중이 하늘이다. 중은 중간이 아니다. 중심이지. 심이다. 속이다. 극이다. 이쪽도 저쪽도 아니요다. 나다. 전에도 후에도 어제도 아니요, 이제다. 유물도 유심도 아니요, 삶이다. 이것도 저것도 아무것도 아니요, 하나다. 한이다. 그래, 중도는 한 길이라 하자. 만국·만민·만물·만신이 다 가야 하는 한 길이다.

한민족이 한을 모른다는 것은 참 우스운 일이요, 안타까운 일이다. 소련 가서 종살이하마 약속하고는 외교에 성공했다는 놈들아, 미국 가서 심부름 충실히 하마 한 것을 무슨 영광이나 되는 양 꽃뿌리고 맞이하는 놈들아, 그게 어찌 우리 갈 길이냐? 허리에 칼을 꽂음은 어서 빼란 명령 아니냐? 나라의 절반을 자름은 곧 도로 붙이라는 명령이 아니냐? 형제를 칼 들려 맞세움은 칼을 내버리고 울고 서로 쓸어안으라는 말이지 어찌 정말 싸우라는 말이냐? 미국·소련이 서로 세력을 자랑함은 거기 속지 말라 함이지, 어찌 그 어느 놈에 붙으란 말이냐? 왜 그렇게 힘이 없느냐? 힘이 하나에 있다. 한을 함에 힘이 있는데 네가 몰랐구나.

참 아까운 일이 아닌가? 두 군대가 남북으로 들어왔을 때 "우리는 한 민족이다" 힘있게 선언을 했더라면 얼마나 좋아. 두 놈이 맞줄을 잡고 나라 복판에 없는 금을 그을 때, 한 놈은 공산주의를 내대고 한 놈은 자본주의를 내댈 때, 우리는 공산도 자본도 아니다, 우리는 한 나라다. 한을 알 뿐이지 둘을 모른다, 한으로 죽을지언정 둘로 살지는 않는다고 하였더라면 얼마나 영광이냐? 세계에 서로 제 이상이 없노라는 국민과 그 돈과 그 무기 앞에서 그것을 정면으로 보고 그것을 업신여겼다면 두 놈이 다 무안, 무색하였지. 그랬다면 세계의 모든 약소민족이 만세를 불렀지. 2천 년 고난의 역사에 보람을 내고 부끄럼을 단번에 씻을 수 있는 기회를 놓쳤으니 그 어찌 아니 분하냐?

생각해보라. 우리가 만일 그렇듯 중도를 잡았다면, 그때 일본도 중립국 주장이 강하던 때니 쉬이 악수할 수 있었고, 그렇다면 필리핀·타이·베트남 할 것 없이 다 서로 공명하였을 것이 아닌가? 그랬다면 동남 아시아 일대로, 인도로, 아라비아로, 이집트로, 한 평화의 진영을 칠 수 있지 않았나? 그랬다면 태평양이 정말 이름대로 평화의 바다가 될 수 있지 않았나? 만일 그랬다고 해보자. 그러면 미·소의 대립이 문제될 것인가? 38선을 긋고 6·25를 터뜨릴 때의 뜻은 그 한 점에 있었는데 그것을 놓치고 온통 문제를 잘못 해석하기 시작하였으니 어떻게 하나?

이제라도 우리가 나아갈 길은 중도를 지키는 데 있다. 한을 붙잡고 밝히는 데 있다. 비폭력주의·평화주의·세계국가주의·우주통일주의에 있다.

6·25를 겪어봤으면 무력으로 아니 될 줄을 알아야 할 것이요, 전쟁 즉시로 그만두어야 할 줄 알아야 할 것이요, 국경을 없애고 세계가 한 나라가 되어야 할 줄을 알아야 할 것이요, 우리의 생명이란 곧 우주적인 것임을 알아야 할 것이다. 그러나 그것은 믿음 없이는 못할 것이다.

## 흐린 물결은 지나가고

이제 흐린 물결은 지나갔다. 심한 파괴지만 본래 깨끗이 청소하자는 것이 이 전쟁의 목적이었다. 이 늙은 갈보의 겨드랑에서, 이빨 사이에서, 내장 갈피에서, 자궁 틈새에서, 뼛속에서, 세포 속에서, 박히고 끼우고 물들고 스며든 더러움, 늙음, 짖어짐을 말갛게 뽑아내자는 것이 이 전쟁이었다. 그러므로 아끼는 생각이 있어서는 안 된다. 지금 우리가 필요하다, 귀중하다 하는 것이 다 떨어져 나가야 한다. 모든 것이 다 없어지고 무일물(無一物), 무소유가 되어야 새 믿음이 일어날 것이다.

우리가 소유권, 전통, 유전을 부인하고 세녀를 주장하는 공산주의의 공격을 받는 것은 뜻 없는 일이 아니다. 우리가 정신적으로 깨끗해지면 공산주의는 문제되지 않을 것이나, 낡은 소유를 끼고

3인조, 9인조로 짝을 이룬 자유당의 3·15부정선거 투표행렬.

있는 것이 있으면 언제까지도 그 화를 못 면할 것이다.

우리가 감히 예언하자는 것이 아니었건만 예언이 되지 않았나? 30년 전 이 역사를 쓸 때 남해 물밑을 지난 다음에 제주도가 있다 했는데, 정말 우리는 지금 있던 것을 다 내버리고 알몸으로 제주도로 올라왔다. 하필이면 왜 제주도 한라산은 1,950미터가 되었나? 1950년이 전쟁으로 새 시대 새 나라가 시작되는 것을 표한 것 아닌가? 이제 우리는 새 역사의 한라산 밑에 천막을 친 셈이다. 새집을 짓는 날, 산 남쪽에 치고 북쪽에 쳤던 천막은 걷어치우게 될 것이다. 이제 바빌론에 사로잡힌 산림에서 돌아와 새 성전을 지어야 하는 사람들이다. 제 있을 집보다 성전을 먼저 세워야 할 것이요, 그 건축은 사로잡힌 시대의 것을 끼고 와서는 안 될 것이다.

완전히 새로운 것을 세우기 위하여 이때까지 보고 들은 것을 다 잊고, 버려야 한다. 바빌론의 낡은 종교 신전이 아무리 굉장한 듯하고, 우리가 거기서 한때 그것을 빌려 예배하였다 하더라도 이제 그것을 조금이라도 본떠서는 안 된다. 잊고, 버려야 한다. 그리고 새 감격 속에서 솟는 새 말씀과 새 형식을 붙잡아야 한다. 아무래

1960년 4월 19일에 있었던 학생들과 일반시민들의 시위.

도 상한 우리 몸이 새로 튼튼해지고, 우리 머리가 새 지식을 캐어내고, 우리 손이 새 기술을 다듬어내며, 우리 심정이 새로운 영의 소리를 알아들을 수 있게 되려면, 아직도 상당한 기간을 이 바닷가에서 남은 고난을 겪어야 할 것이다.

우리가 무어라 하였던가? 새 전장판이 부른다고 하지 않았나? 과연 새 전쟁이 일어났다. 우리가 무어라 하였던가? "우로 돌아, 앞으로!" 하면 우리가 앞장을 서게 된다고 하지 않았나? 정말 오늘 우리야말로 세계역사 행진의 맨 앞에 섰다.

우리는 또 무어라 하였던가? 진리인(眞理人)에게 사명이 있다고 하지 않았나? 사실 오늘 세계의 모든 종교는 새 종교를 향해 활발히 움직이고 있다. 우리는 또 무어라 했던가? 세계평화가 이루어지고야 만나는 『성경』의 말씀은 그대로 된다고 하지 않았나? 과연 지금 인류는 그전 어느 때보다도 더 진실되게 긴장된 마음으로 세계평화를 의논하고 있다.

이제 모든 나라, 모든 민족은 '하나의 세계'를 향해 나아가고 있다. 이제 우리는 우리가 본래 평화를 사랑하는 착한 민족이었다는 것, 고난의 터전을 맡았다는 것, 큰 국가를 못 이룬 것, 남의 식민지가 되어본 것, 진 나라 백성이면서 이긴 나라 백성이 된 것, 세계를 둘로 가르는 금이 우리 등에 그어졌다는 것을 다시금 다시금 깊이 생각해보아야 한다. 거기서 종교적 체험이 일어날 때까지.

이제 이 금수강산은 세계의 공동묘지가 되었다. 중국이 먹었다 토하고, 만주가 먹었다 토하고, 영악한 일본이 먹었다가도 아니 토하고는 못 견딘 나라, 흉악한 러시아가 침을 흘리면서도 못 먹었던 나라, 이 나라에 중국이 도로 나오고, 만주가 또 오고, 러시아가 다시 오고, 처음으로 문을 열어주었던 미국이 또 왔다. 그뿐 아니다. 세계의 모든 나라가, 그 사람 중에서 잘난 것들을 고르고 그 기계의 날카로운 것을 택하여 이 나라 강산을 두루 밟으며 3년을 어우러져 싸워, 붉은 피를 붓고 한데 엎어져 묻히었다.

이 나라는 인류의 제단, 유엔의 제단, 민족연합의 제단이 되었다. 아브라함이 그 아들을 잡아 제사를 드렸고, 그 아들에게서 민족의 조상들이 나왔듯 이제 이 인류는 그 아들을 잡아 드렸고, 새 시대, 새 나라, 새 인종을 얻기 위한 제사를 드렸다. 이 '한나라'는 '하나의 세계'의 제단이 되었다. 겪어야 하는 고난을 다 겪고, 당해야 하는 시련을 다 당한 후, 인류는 저들의 빛나는 후손을 이 세계의 모리아 산 '한나라'에 보내 일찍이 자기네 조상의 피로부터 성별(聖別)한 이 땅을 조물주 앞에 영원한 게티스버그(Gettysburg)로 드리고 눈물과 감사로 기도하는 날이 올 것이다.

역사는 심판인 동시에 또 예언이다. 미래에 대한 예언이기 때문에 과거를 심판할 수 있다. 오늘의 세계역사를 읽고 인간은 오늘의 자기를 하나님 앞에서 분명히 알아야 하지만, 또 거기서 내일의 자기를 보지 않으면 안 된다. 이따가 올 것을 머금지 않고 역사는 없다. 예언 아니고 역사는 없다. 오늘의 문제를 현실 문제로만 해결하려는 민족은 하나님의 심판대 앞에서 망할 것이다. 6·25는 '그날'을 예언하는 것이다. 모세를 이스라엘의 구원자로 세울 때 하나님은 "네가 선 땅은 거룩하니 신을 벗으라" 하였다고 한다. 그것은 모세가 모든 문제가 자기에게 있다는 것을 깨달은 것을 말하는 것이다.

우리 선 자리는 우리가 아는 이상으로 뜻이 깊고 큰 자리다. 전체 문제가 바로 여기에 있다. 그러므로 거룩하다. 거룩하므로 신을 벗으라는 것이다. 모든 방법, 모든 길을 버리라는 말이다. 신은 결국 헤맴이요, 헤맴은 곧 하나님에게서 도피하는 것이다. 하나님에게서, 참에서 도망하고 피하기를 그만두고 딱 정면으로 대하고 서는 순간, 길은 열릴 것이다. 그것이 한 길 곧 중도(中道)다.

새로운 것이 나오려 한다. 이날이 무슨 날인가? 아기 낳는 날이다. 몸 푸는 날이다. 이 늙은 갈보, 거렁뱅이 처녀, 수난의 여왕이 새날의 임금을 낳으려고 하는 산통의 부르짖음이 6·25다. 4·19, 5·16이다. 그런데 낳을 힘이 없다. 아기를 낳게 되어가지고도 낳을 힘이 없다는 계집아, 너와 아기가 다 죽을 것이다.

이러한 일을 들은 자가 누구며, 이러한 일을 본 자가 누구뇨. 나라가 어찌 하루에 생기었으며, 민족이 어찌 순식간에 낳이겠느냐? 그러나 시온은 구로(劬勞)하는 즉시에 그 자민(子民)을 순산하였도다. 여호와께서 가라사대, 내가 임신하게 하였은즉 해산하게 아니하겠느냐? 네 하나님이 가라사대, 나는 해산하게 하는 자인즉 어찌 태를 닫겠느냐?(「이사야」, 66장 8~9절)

## 제4부
# 고난에 뜻이 있다

고난은 이기는 자에게는 옥을 닦는 돌 같은 것이나,
거기 져버리는 놈에게는 망하게 하는 재난이다.
천 년 고난에 그만 눌려버린 한국은 그 때문에 생명이 망가지고 말았다.
혼은 그 날뛰는 힘을 잃어버렸고, 마음은 그 고요함을 빼앗기고 말았고,
원기를 꺾이고, 용기를 떨어뜨려버렸다.

# 34 생활에서 나타나는 고민하는 모습

### 속에 남는 역사

역사는 두 가지로 남는다. 하나는 뒤에 남는 것이요, 다른 하나는 속에 남는 것이다. 보통 일반적으로 역사라 할 때는 뒤에 남는 역사를 가리켜 하는 말이다. 조국의 흥망, 인민의 변동, 전쟁의 승패, 산업의 성쇠, 학문·예술의 융체(隆替)들은 다 과거의 사실로 남아 있어, 혹은 기록으로 혹은 유물로 후세에 전하게 된다.

그러나 역사는 기록으로 남거나 유물로 전하게 되는 그것만이 아니다. 그 밖에도 현재의 산 사실로 생명의 속에 남아 있는 것이 또 있다. 그것은 마치 소화된 음식같이, 효과를 나타내는 신체운동같이 그 원형 그대로를 다시 볼 수 없으나, 산 생명으로 민족적 존재 안에 남아 있어서 그 체격이 되고, 얼굴 생김이 되며, 마음씨·성격이 되고, 풍속·신앙이 되는 것이다. 먼젓것은 종이나 돌·쇠 위에 기록이 되는 것이지만, 뒤엣것은 역사를 낳은 저 자신의 얼굴 위에, 그 심장의 육비(肉碑)에 기록되는 것이다.

이 앞의 몇 장에서 우리가 보아온 것은 한국민족이 그 뒤에 끼치고 간 역사다. 높은 봉 위에서 산과 들을 보는 것같이 역사의 탑 위에서 굽어볼 때 4천 년 동안 변천한 모양을 하나하나 가리킬 수 있게 눈 아래 나타난다. 그 헤매는 모양, 그 거꾸러지는 모양, 그 애쓰고 울부짖는 모양이 구불구불 굽이쳐 흘러가는 냇물과 같이 역력히 보였다.

그러나 우리가 보지 않으면 아니 되는 것이 또 하나 있다. 그것이 이 민족의 생명 안에, 우리 자신 속에 살아남은 역사다. 4천 년 고난의 역사가 그들의 이마 위에, 음성 위에, 마음씨 위에 어떤 기록을 남기고 갔는가 하는 그것이다. 그러므로 우리는 이제 역사의 높은 탑 위에서 하던 굽어보기를 그만두고 한걸음을 저의 얼굴 앞으로 다가들어 그 고난자의 얼굴을 한번 보기로 한다.

고난은 이기는 자에게는 옥을 닦는 돌 같은 것이나, 거기 져버리는 놈에게는 망하게 하는 재난이다. 천 년 고난에 그만 눌려버린 한국은 그 때문에 생명이 망가지고 말았다. 혼은 그 날뛰는 힘을 잃어버렸고, 마음은 그 고요함을 빼앗기고 말았고, 원기를 꺾이고, 용기를 떨어뜨려버렸다.

곧 퇴영적이 되고, 소극적이 되고, 고루에 빠지고, 비속(卑俗)에 떨어졌다. 그러므로 고려시대 이래로 종교·문학·미술·풍속 할 것 없이 모든 것이 줄곧 시드는 길을 밟았을 뿐이요, 삼국시대에서 보던 것 같은 생명력이 넘치는 웅장하고 우아한 사상이나 작품을 볼 수 없게 되었다. 고난의 비통한 글자는 그들의 골격에도, 얼굴 모습에도, 음성에도 그리고 그 심장 위에도 칼로 새긴 듯이 깊이 새겨지고 말았다.

## 신앙

우선 생활의 중축을 이루는 종교에서 보면 고민상은 그대로 나타나 있다. 고려 이후는 외양으로는 유·불 두 종교가 다 성하였다. 불교는 한껏 성했던 신라의 뒤를 이어 그대로 성했고, 유교는 고려 처음에 와짝 일어나다가 한때 좀 꺾였으나 끝 무렵에 송학(宋學)*이 들어오면서 다시 성했고 이조에 들어와서는 아주 전성시대였다.

그러나 가다가 혹시 대가들이 나지 않은 것은 아니지만 일반 민중의 생활을 지배한 것은 건전한 유교 사상도 아니요, 깊은 불교 신앙도 아니었다. 외양으로는 불교식의 국민이라 할 수도 있고, 유교 교화에 젖은 백성이라 할 수도 있으나 고난을 이기는 참 산 신앙과 도덕이 있었는가 하면 그렇지 못하였다. 그들은 다가오는 고

*송학: 성리학이라고도 함. 중국 송나라 때의 유학으로, 주돈이 등이 선구가 되고 정호·정이 형제가 계승했으며, 남송 시기에 주희(주자)가 집대성했다.

도산서원에서 유림(儒林)들이 행사를 앞두고 열을 지어 서 있는 모습. 이러한 행사는 오늘날에도 계속되고 있다.

난에서 그만 질식을 당하고 충분한 정신의 호흡을 하지 못하였다. 그러고는 스스로 뱉는 더러운 공기를 섞어서 일종 건전치 못한 분위기를 만들고는 그것을 마셨다가는 뱉고, 뱉고는 또 마셨다. 숙명관이라는 것이다. 사상은 생활의 결과이면서 또 동기가 된다. 수난의 옥 속에서 뱉은 이 깨끗치 못한 사상은 후에 그만 전 민족의 심장을 마비시키는 독한 가스가 되어버렸다.

숙명관은 물론 우리에게만 있는 것이 아니다. 어느 사회나 사람의 지능이 발달하지 못하고, 불가항력의 지배를 받는 데서는 늘 있는 사상이다. 한옛적에 있어서는 사람은 거의 다 운명의 종으로 살았다. 동양은 더구나도 그렇다고 할 수 있다. 유교에도 불교에도 그 사상이 있다. 그러나 한국에서와 같이 심한 해독을 끼친 데는 없다. 무슨 까닭인가? 우리가 고난에 눌려버렸기 때문이다. 져버렸다.

숙명관은 압박당한 자의 철학이다. 생명의 갇힘이다. 종살이하는 놈의 신앙이다. 고난을 이기는 놈은 전투적인 생활관을 가진다. 프로메테우스 같은 것이다. 그러나 그저 져버리는 놈들은 자살을

전북 남원의 실상사 전경.

하든지 그렇지 않으면 숙명관을 가진다. 그것으로 스스로 위로하고 단념하려 한다. 숙명철학은 혼이 옴츠러드는 태도이다. 혼은 본래 번져나가는 것, 폭발하는 것인데, 그 본성을 잃고 옴츠러든 것이다.

한민족이 숙명관의 종이 된 것은 생명의 일선에서 거듭 오는 고난의 습격을 못 견디어 퇴각하기를 시작할 때부터다. 퇴각을 시작한 것은 믿음을 잃었기 때문이다. 정신이 스스로 저는 불사신인 것을 잊어버렸기 때문이다. 싸움은 이겨서 이기는 것이 아니라, 져도 졌다 하지 않으므로 이긴다. 죽음을 죽음으로 알지 않으므로 정신이 된다. 믿음이 정신이요, 믿음이 불사신이다. 그것을 내버리므로, 혼이 스스로 죽으므로 갇혀버렸다. 갇혀버린 혼, 그것이 곧 운명이다. 그러므로 운명은 자기를 잊은 자에게는 언제나 있는 것이요, 스스로 하는 자에게는 없다.

한번 이 사상이 생기자 전 민족의 혼을 타락시켜버렸다. 진취의 기상이 없어지고 경륜하는 의지를 잃었다. 운명이 우리 과거도 미래도 온통 가져가버렸다. 개인이 나고 죽고, 뜨고 꺼짐으로부터 나라가 일어나고 주저앉고, 흥하고 망함에 이르기까지 모두 운명으로, 천수로 되는 것이었다. 그러기에 앞길을 열 필요도 없고, 연구도 소용 없고, 다만 운명을 미리 알면 그만이요, 미리 씌어진 운수를 해석할 수만 있으면 그만이다. 그리하여 전 민족이 풍수(風水) 교도가 되어버렸고, 참서(讖書) 신자가 되어버렸다.

그런데 나라에서는, 더구나 울타리를 될수록 좁게 치고 불쌍한 염생이를 짜먹기만 하자는 이조의 지배자들은 이 미신을 깨뜨리기는 고사하고 이용하고 더 장려하였다. 자기네의 지위를 튼튼히 해가지고, 요 작은 강산 안에서 뽐내며 구차한 영화를 누리기 위하여 온 민족을 소경을 만들었다. 돌비를 만들어 짐짓 묻었다가 캐어내기, 참서를 일부러 만들어 민간에 퍼뜨리기, 이런 일은 얼마든지 있었다. 그것으로 혁명의식을 제해버리고, 사회 개조의 정신을 말살시켜버리고, 천수니 운수니 하는 주문의 맷돌을 민중의 목에 달아매었다. 그리하여 민중은 그 간악한 지배자의 인위적인 고난을 불가항력의 운명으로만 알고 가라앉는 배와 같이 침침연(浸浸然) 쇠퇴의 바다 밑으로 들어갔다.

그러나 그 뼈에 사무치는 고통을 어찌 잊을까? 그러므로 자포자기는 하면서도 그 고난을 벗어버리자는 원은 없을 수 없었다. 천시(天時)의 도래나 초인간적 인물이 나기를 기다리는 사상은 여기서 나왔다. 지금의 고난은 불가피하나 천도(天道)의 공정은 없을 수 없다. 그러므로 자기의 노력이 아니고 하늘의 배포가 바뀔 때를 기다리는 것이다. 이것이 우리나라에 유사 종교, 인조 종교가 많은 까닭이다.

그러나 숙명관은 섭리관에서 멀지 않다. 그 서로 다른 것으로 하면 바로 180도지만 정반대이기 때문에 그 떠나는 점은 하나다. 서로 다르나 서로 같다. 그러므로 이 민족은 한번 전환만 잘하면 높은 신앙으로 들어갈 수 있다. 자기(自棄)는 신뢰가 되기 쉽고 침체는 약동이 되기 어렵지 않다. 다만 거기 통전적(統全的)·도덕적인 뜻이 들어 있느냐 없느냐에 따라 신앙이 될 수도 있고, 숙명이 될 수도 있다.

34 생활에서 나타나는 고민하는 모습

## 예술

한국의 예술은 비애의 예술이란 말을 흔히 한다. 그것은 거짓이 아니다. 삼국시대 이전은 그렇지 않으나, 적어도 고려 이후는 사실이다. 예술은 자기 실현, 생활의 반영이다. 그 생활이 수난이요, 그 마음이 아픈데 그 부르는 노래, 그리는 그림이 슬픔, 아픔이 아닌 것이 어디 있을까? 또 문화의 유산으로 남아 있는 예술품의 분량으로도 한국은 가난뱅이다. 그나마도 있는 것은 대개 고대의 것이요, 현대에 가까울수록 빈약해지니 어느 사실이 고난의 역사라는 증거 아닌 것이 없다.

시가는 문학의 알짬이라는데, 옛날에는 노래를 매우 많이 가진 백성이었던 모양인데, 지금 남은 것은 없고, 있다는 것도 적은 수의 사람이 연구하는 고고의 자료나 될 뿐이다. 근대의 것으로는 민중의 입에 오르내리는 것은 많으나 모두가 비탄뿐이요, 그렇지 않으면 고식적 퇴폐 기분에서 나오는 야비·저속한 것뿐이다.『성경』의「시편」*에서 보는 것 같은, 인도의『베다』**에서 보는 것 같은 것을 볼 수 없다.

또 그것은 옛날이니 그만두고, 남들은 그래도 단테가 있고 밀턴이 있는데, 그런 사람의 혼을 깨우는 생명의 시는 그만두고라도, 민족의 순후(純厚)를 읊는, 혹은 청춘의 명쾌함을 노래하는 민요라든가,「라마르세예즈」***와 같이 국민의 금도(襟度)를 넓히고 기개를 높이며 열정을 자아내는 국민가조차도 없다. 이것은 국민의 혼이 시들고 이상이 죽은 것을 증명하는 것이다. 종의 입에서는 노래가 나올 수 없다. 이것을 옛날의 삼국, 발해 사람들이 시문으로 이름을 옆의 나라에 날리며 '연일가무'(連日歌舞), '환호역작'(歡呼力作)하였다는 것에 비추어볼 때 실로 아깝기 짝이 없다. 고역(苦役)이 징역꾼의 입에서 노래를 빼앗듯이 천 년 고난의 역사는 이 민족에게서 시가를 빼앗았다.

근래에 고유 문화를 살린다 하여 아리랑, 양산도를 교실에서도

*『성경』의「시편」(詩篇): 거룩한 노래들 또는 노래하도록 된 거룩한 시들로 이루어진『구약성서』의 한 책.
**인도의 베다(Veda): 고어체 산스크리트로 씌어졌으며 이란 지역에서 인도로 들어온 인도유럽어족 사이에서 유행한 성스러운 찬가 또는 시.
***라마르세예즈(La Marseillaise): 프랑스의 국가. 프랑스 혁명 당시 혁명군 공병대 장교이자 아마추어 음악가였던 클로드 조제프 루제 드 릴이 작곡했다.

금제허리띠 및 띠드리개. 신라, 5~6세기, 국보 제192호.

가르치는 것을 보니, 그것은 실로 구역을 참지 못할 일이다. 예로부터 나라에서 음악을 장려하는 것은 그것이 국민의 기풍에 크게 관계되기 때문이다. 제게서 나온 것이라고 다 좋은 것이 아니다. 옛날에도 남의 나라 망할 때의 노래는 배우지 않는다 하지 않던가? 재즈는 반드시 미국의 고상한 점을 표시하는 것은 아니다. 아리랑·양산도는 우리가 문화의 전당을 쌓으면서 부른 노래가 아니요, 그것을 무너뜨리면서 혹은 쫓겨 도망하면서 부른 노래였다. 신흥 국민은 그런 것은 부르지 말아야 한다. 고유라는 이름은 좋으나 그것은 퇴폐·타락을 연상케 하는 것이니, 어찌 장차 새 사회를 세울 위대한 혼을 낳을 현모양처가 될 처녀의 입에서 나와서 좋을까? 자랑할 것이 없으면 이제 새로 만드는 것이 좋다.

남들에게 민중문학이 발달하는 근세에 한국에서도 역사소설이 유행하였다. 그러나 그 사상은 장수, 전쟁 이야기 외에는 모두 은둔주의가 아니면 고민 문학이다. 명작이라는 『심청전』 『춘향전』 『사씨남정기』 같은 것이 다 수난의 여왕이 그리는 자기 그림 아닌 것이 없다.

석굴암의 석불. 석굴암에 남아 있는 신라시대의 조각을 보면 그 구상의 뛰어남, 솜씨의 묘하고 높음에 경탄하게 된다.

    조각·그림·공예품은 고려 때까지도 아름다운 것이 많으나 그것도 고구려·신라에 비할 것이 못 되고 이조에 와서는 더하다. 어쩌면 그렇게도 타기만만(惰氣滿滿)할까? 차마 볼 수 없다. 가령 예를 들면, 강서에 있는 고구려시대의 옛 무덤 속에 남아 있는 벽화나 불국사 석굴암에 남아 있는 신라시대의 조각을 근세의 것과 비교해보면 그 구상의 뛰어남, 솜씨의 묘하고 높음이 도저히 후의 것에 견줄 바가 아니다. 척 보아서도 먼젓것은 살았고 뒤엣것은 죽었다. 하나는 제 생명이 나타난 것이요, 하나는 아무 생각 없이 전날의 것을 본뜨고 흉내 내기 때문이다. 사람의 바탈이 변해서가 아니다. 우리가 타고난 바탈은 놀랄 만큼 예술적이다. 다만 예술은 결국 자기 얼굴을 그리는 것인데, 그 얼굴이 그렇듯 때묻고 맥빠졌기 때문에 그렇게 된 것이다. 어떤 때라도 그때 씻어버려 제 본래의 얼굴을 드러내고 늘어진 팔을 놀려 제 힘이 다시 돌아오면 산 예술이 다시 나올 것이다.

강서대묘 벽화 중 「사신도」.
고구려, 6~7세기.

예술 중에서도 일반 민중의 이상을 가장 잘 나타내는 것은 건축이다. 건축은 그 시대의 생활 이상이 실제 형상을 갖고 나온 것이다. 한 민족이 어떤 환경을 받아가지고 그것을 자료로 삼아 어떻게 자기를 나타내느냐 하는 것이 건축이다. 그러므로 그 건축을 보면 그 민족의 가슴통과 재주를 알 수 있다. 그리스 사람은 맑은 의지와 날카로운 감정을 가진 민족이었으므로 그들이 지은 건축은 그들 자신을 보는 듯 고아우미(高雅優美)한 것이요, 로마인들은 어디까지나 힘의 사람들이었으므로 그 시대의 건축은 또 그들을 보는 듯이 견뢰장중(堅牢莊重)한 것이다. 불교 사원은 곧 불교요, 고딕 건축은 곧 중세의 신앙이다.

우리의 건축도 우리의 초상이 아닐 수 없다. 만주·평양·경주 등지에 남은 고역지(古域址), 고분, 고궁전지(古宮殿址)를 보면 그 규모가 크고 기운이 살아 움직이는 것이 있으니 이는 그 설계자·작업자들이 그만한 가슴통과 기상과 솜씨를 가졌던 까닭이요, 근세

34 생활에서 나타나는 고민하는 모습 451

안압지. 경주시 인왕동에 있는 통일신라시대의 연못으로, 벽돌과 기와, 토기류, 장신구 등 만여 점이 넘는 각종 유물들이 출토되어 신라 사회의 실상을 밝히는 데 결정적인 도움을 주었다.

의 건축은 점점 그 규모가 작고 낮고 조화를 잃어 씩씩한 기상이 없으니 이 또한 그 꾸민 사람, 지은 사람의 이상과 솜씨가 내려간 것을 말하는 것이다.

  시험 삼아 눈을 들어 다 깎아먹은 언덕 밑 패인 골짜기 옆에 게딱지같이 붙어 있는 한 물커리의 초막을 보라. 그것을 보고 누가 '슬픔의 둥지'라 하지 않을 수 있을까? 그 납작한 것은 그 민지(民志)가 낮아졌음을 표하는 것이 아니고 무엇이며, 그 민듯한 지붕에 텁수룩한 영이 덮여 있는 것은 그 패기가 없고 잔지러지고 약해지어 압박 밑에 잠이 들고 가난 속에 졸고 있는 그 생활의 상징이 아니고 무엇인가? 흙담 낮은 바라지의 어두컴컴한 그 방에 명쾌한 기분이 날 게 무어냐? 차라리 시름의 굴이라 함이 맞을 것이요, 변소도 변변치 않고 시궁창도 시원히 내지 않은 그 집은 어찌 그것을 꾸준한 생활전(生活戰)의 본영이라 할 수 있느냐? 그보다는 오늘밖에 알지 못하는 지나가는 나그네가 그대로 자고 가는 틈서리라 함이 옳을 것이다.

다른 나라에서 보면 농가도 능히 몇십 명이 살 수 있는 큰 것이 있고, 초가에도 층집도 있고 그 꾸밈이 아름답고 영구적인 것이 많다. 우리 집이 그렇게 작아지고 구차해지고 또 더러워지고 볼품없이 되어버린 것은 물론 가난 때문도 있지만, 그보다도 우리에게 영원한 생각이 없고 확실히 선 계획이 없어졌기 때문이다. 하룻밤을 자도 만리성을 쌓는다고 말은 옳게 했건만. 그리고 이 모든 원인이 나라가 깨어진 데 있다. 살림을 세우려거든 나라를 세워라. 나라를 세우려거든 뜻을 세워라.

## 풍속

그 밖에 일반 풍속을 보아도 마찬가지로 고난의 낙인이 가지가지로 찍혀 있다.

우선 우리나라 사람같이 취미를 모르고 살림해온 민족은 없다. 부자의 집은 예외지만 일반 민중의 집은 뜰을 꾸미는 것이 거의 없고, 꽃을 심을 줄도 모른다. 살구·복숭아가 제일이요, 맨드라미·봉숭아가 기껏이다. 모란·작약은 양반 집에나 있을 것이요, 매(梅)·난(蘭)·국(菊)·죽(竹)은 그림에서나 알지 실제로는 모른다. 일본 농사꾼은 그래도 한두 개의 꽃분이 있고 만주 쿨리(勞動者)도 종달새를 기르는데, 이 사람들은 아무것도 없다. 나라마다 나라꽃이 있고 나라 상징이 있는데 우리는 그것도 없다. 무궁화를 내세우는 것도 근래에 된 일이요, 그나마도 정치 기분으로 된 것이지 취미로 된 것이 아니다. 아무도 무궁화에 뜻을 붙이는 이는 없다. 이 사람들은 생의 즐거움을 모른다. 삶의 맛을 보고 인생을 씹을 여유를 못 가졌다. 늘 쪼들린 사람, 늘 찌푸린 사람.

취미 부족을 나타내는 또 하나의 사실은 명절이 없어져감이다. 물론 거기는 여러 가지 원인이 있을 것이다. 그 명절이란 본래 대개 종교적 의미를 가지는 것인데 지금은 그 옛날의 그 유치했던 종교가 없어지니 그 행사도 자연히 없어지는 것이다. 또 근래 신구 문화의 바뀜으로 옛것이 모두 깨지니 그것도 원인 가운데 하나일 것이다. 그러나 다른 나라에서 보면 본래의 종교적 의미가 없어져도 차차 예술화되어 남게도 되고 신구 풍속이 갈려도 새 형식으로 계속하게 된다. 원래 민족은 신화 없어서는 못 살고 명절 없으면 안 된다.

명절은 일종의 정신적 소성(蘇盛)이다. 묵은 시름, 묵은 찌끼, 묵은 빚, 묵은 때를 확 떨어버리고, 한번 남녀노소·빈부귀천·재둔선악(才鈍善惡)의 모든 구별, 모든 차별을 다 없애고 맨사람으로 돌아가 '한'이 되어, 펼 대로 펴고, 놀 대로 놀고, 즐길 대로 즐기고, 흥분할 대로 기껏 흥분해보자는 것이다. 사람은 이것이 없이는 못 산다. 그래서 5월 수리요, 8월 가위요, 크리스마스 저녁이다. 그런데 우리나라에서는 그것이 차차 없어지는 편이다. 여기도 물론 가난이 큰 원인이기는 하나, 생각해보면 그보다 더 깊은 원인이 있다. 따져 말하기는 어려우나 민족적 생명의 썰물 때인가? 옛 기록에 나타난 것으로 보면 우리 민족이 결코 바탕이 비관적이거나 몰취미가 되어서 그런 것은 아니다. 다만 생활이 밑금에까지 내려갔기 때문이다.

다음 또 하나 주의할 것은 모든 것에 나타나 있는 고식성(姑息性), 임시성이다. 영구성·내구성·계획성·주도성의 부족이다. '아주'가 아니요 '아직'이다. '채다'가 아니요 '그만 그만'이다. '끝내'가 못 되고 '웬만 웬만'이다.

그 집 제도에서나 그 옷 제도에서 그렇고, 그 살림법, 그 산업법에서 그렇다. 곳마다 좋은 돌이 그렇게 많이 나는데 왜 석조 건물이 발달 못했을까? 하루만 살고 말 것 아닌데 왜 변소·하수도·출입구는 그렇게 등한히 했을까? 창과 문의 구별이 없고, 밥 먹는 데와 잠자는 데가 다름이 없다. 하루만 하고 말 일이 아닌데 일정한 작업복이 따로 없고, 일생을 두고 해먹을 것인데 분명한 직업의 표

신윤복이 그린 「단오놀이」. 명절은 일종의 정신적 소성(蘇盛)이다. 모든 구별, 모든 차별을 없애고 맨사람으로 돌아가 놀 대로 놀고 즐길 대로 즐겨보자는 것이다.

시가 없다. 남의 나라에서는 한 사람이 한 가지 일로 일생을 꿰뚫을 뿐만 아니라, 자자손손이 몇 대에 걸쳐 그 가업을 전해오는 것이 있는데 우리나라에는 농사를 제해놓고는 별로 그런 것을 보지 못한다. 그러니 자연 발달이 있을 리 없다.

또 한다 하여도 원시적인 방법을 그대로 받아 임시 생존을 유지해가는 수단으로 할 뿐이지 제 하는 직업에 사명감·봉사의식을 가지고 연구하여 뒤의 사람에게 끼쳐주자는 생각은 매우 부족하다. 실험·개량·모험·탐험·발명·발견하자는 의욕이 다 부족하다. 5천 년 동안 사람이 살아온 이 땅에 큰 수도도 운하도 없다. 산이 그렇게 많은 나라에 벌목만 알지 식목을 모르고, 삼면이 바다인 나라에 해양업은 도무지 없는 꼴이다.

이러므로 우리 문화가 삼국시대 이후로는 내려오는 길이지 올라가는 것이 못 된다. 정치와 관계가 물론 많으나 문화는 반드시 정치에 달려 있는 것이 아니다. 정치는 아무리 잘난 민족이라도 때로 혹 다른 민족과의 관계로 내려가고 올라감이 있을 수 있으나 사람이 문화의식·창조정신은 어느 때도 놔서는 안 될 것이다. 문화 창조의 정신이 강하기만 하면 한때 정치가 잘못된 것은 회복할 수 있다. 우리가 걱정되는 것은 정치적 불운보다도 그로 인하여 생긴 문화의식·역사정신의 약화다.

이 모든 풍(風)이 다 고난의 폭군이 우리 등에 지워준 짐이다. 그러나 그럴수록 이것을 이겨야 하는데, 그렇지 못하고 마치 죽지 못해 살아가는 죄수같이, 취미도 없이 계획도 없이 희망도 없이 내일도 없이, 만나면 서로 "진지 잡수셨습니까?" "많이 잡수십시오"를 인사로 주고받으며, 일마다 걸음마다 무의식적으로 "죽겠다"라는 탄식을 거듭하며, 그날 그날을 더듬어오게 되었다. 날씨가 맑으냐 흐리냐를 생각할 여유도 없고 기분이 좋은 아침이냐 저녁이냐를 물을 겨를도 없고, 우선 밥을 먹었나 묻고 싶은 사람, 좋아도 "죽겠다", 나빠도 "죽겠다", 즐거워도 "죽겠다", 슬퍼도 "죽겠다"……모든 느낌을 죽음으로 표시하고 싶은 사람들, 그것은 생존의 밑금을 걷는 사람들이 아닌가?

## 수난의 왕녀

이것으로 나는 솜씨 없는, 더구나도 마음씨가 모자라는 그림을 끊기로 한다. 솜씨 없다 함은 그 아름다움을 손상할까 싶어라기보다는 그 추(醜), 그 참(慘)을 그대로 나타낼 수 없어서 하는 말이요, 마음씨가 모자란다 함은 대접을 하고 싶어서라기보다는 그 보람, 그 뜻을 나 자신 속에서 보고 싶어서 하는 말이다. 그러나 나는 명공(名工)을 대신 세워서 읽는 이 앞에 그것을 다하기로 하리라.

그대들은 일찍이 프랑스의 이름난 바치 로댕의 「갈보였던 계집」이라는 아로새김을 본 일이 있는가? 나는 그것이 한국의 꼴이라는 생각을 금치 못하는 사람이다.

내 그 꼴을 보니 한 늙은 계집이 몸 위 절반을 앞으로 구부리고, 한 손을 등뒤에 붙여 가락을 구부려 고민을 나타내며, 한 손을 드리워 힘없이 자리를 붙들고 다리를 굽혀 걸터앉았는데, 그 고개를 깊이 수그렸더라. 온몸의 살은 떨려 마른 뼈가 두드러지고, 목은 쑥 빠지고, 가슴은 푹 우그러져, 극도의 노쇠를 보이고 있더라. 금빛같이 아름다움을 자랑하던 머리채는 흐트러져 세었고, 추파를 사람들에게 보내던 맑은 눈동자는 오므라든 확 속에 잠겨져 볼 수도 없다. 수많은 사나이들에게 사랑을 속삭이던 그 빨간 입술은 이 빠짐으로 인하여 오므라들었고, 수없는 날탕놈들을 유혹시키던 젖통은 시들고 말라 슬픈 탄식에 삭은 가슴을 보기 싫게 덮고 있다. 한창때에 야드러운 그 맵시를 가지고 되는 대로 놀아먹으며, 젊음이 늘 그만인 양 지나던 그 계집을 생각해보고 오늘의 저 모양을 다시 보매 참으로 슬픔을 금할 수 없더라.

대개 저는 일생을 남을 위하여 산 자라, 옆누름을 받았고, 짓밟음을 당하였고, 물건같이 다룸을 받았고, 짐승같이 대접함을 겪었다. 그뿐 아니라, 제 스스로가 저를 업신여겼고, 저를 잃었다. 그러나 그는 지금 어떤 값을 받고 있는가? 온몸에 남은 것은 더러움의 기록뿐이요, 한 마음에 남은 것은 슬픔의 기억만이다. 세상에 그 계집을 동정하는 이 없고, 구해주는 이 없고, 간 해에 그를 사랑하여 데리고 놀던 놈들도 냉랭히 한번 돌아보는 놈이 하나 없고, 이제 저는 사회적 영겁의 처벌 밑에 불쌍한 존재를 남의 세상에 붙이지 않으면 안 된다. 그렇듯 생각하고, 나는 그 계집을 향하여 업신여기는 침을 뱉었다.

그러나 읽는 이들아, 그 계집은 나를 놓지 않았다. 수그리고 거들떠보지도 않는 눈과 다물고 말하지 않는 입은 내게 그보다 이상의 것을 요구하였다. 그렇다, 그 이상의 것이 있지 않으면 안 된다. 단순히 슬픈 느낌이나 업신여기는 생각 이상의 것을 저에게 주어야 한다. 존경을 주어야 한다. 저는 사회의 죄악을 대신 맡아 졌기 때문이다. 늙은 갈보야, 너는 사회의 무지와 잔인과 비루와 거짓과, 인간 속에 들어 있는 수성(獸性), 인격 밑에 숨는 마성, 이 모든 것을 가냘픈 네 한 몸으로 다 받아 걸머졌었다. 그 때문에 너는 처녀성을 빼앗겼고 인간성을 잃었고, 젊음을 다 없애먹었다. 너 때문에 신사는 그 점잖음을 뽐낼 수 있고, 숙녀는 그 깨끗함을 자랑할 수 있다. 사회는 네 앞에 사죄하고 존경하는 뜻을 드리지 않으면 안 된다.

 모든 사람이 침 뱉는 더러움 속에 엄숙한 미를 발견한 로댕은 과연 뛰어난 바치 조각가다. 읽은 이들아, 우리도 로댕이 되지 않으면 안 된다. 아시아의 대륙에서 태평양으로 나아가는 큰길가에 앉아 천 년 동안 그 비참한 모양을 하고 앉은 이 늙은 갈보 앞에, 이 수난의 여왕 앞에 슬픔과 엄숙함과 존경을 가지고 머리를 숙여야 한다.

# 35 고난의 의미

### 자기를 들여다봄

눈부신 아침 햇빛이 비치는 흥안령 마루턱에서 한(韓)을 내다봄으로 시작되었던 우리 역사의 여행은 이제 그 길을 다 마치었다. 그러나 떠날 때에 보았던 그날의 날랜 사내는 지금은 한 개 비렁뱅이가 되어버리고 말았다. 저물어가는 데이뉴의 길거리를 지친 발걸음으로 저즘거리고 있는 장 발장같이 20세기의 문명이 만들어놓은 어둠의 골짜기에서 그는 지금도 전락의 길을 더듬고 있다. 가난과 압박과 병과 무지와 더러움과 모짐의 무거운 짐을 그 어깨에 메고 있다.

그대들은 그를 보고 어떤 느낌을 가지는가? 불쌍히 여기는 생각인가? 업신여기는 느낌인가? 끔찍이 여기는 마음인가? 그렇지 않으면 존경인가? 그렇다. 그래야만 된다고 나는 말하였다. 그러나 그것만도 아니다. 그대들이 만일 어느 눈부신 문명의 저자를 구경하기에 분주히 돌아다니다가 어느 뒷골목에서 이 비렁뱅이를 만났다면 업신여길 수도 있고 동정도 할 수 있을 것이다. 또 한 개의 진실한 글을 읽는 사람으로서 이 수난자의 전기를 읽고 그 얼굴을 들여다보고 있다면 부르르 떨 수도 있고 존경을 드릴 수도 있을 것이다.

그러나 우리가 어떻게 구경만 하고, 읽기만 하고, 바라만 보고 있으리요? 그 비렁뱅이는 바로 우리 자신이 아닌가? 다른 사람의 일인 듯 우리가 바라보고 있었던 그 끔찍한 형상은 고난의 시냇물 위에 비친 우리 자신의 그림자였다. 그러므로 우리는 이제 한걸음 더 나아가야 한다. 우리 자신을 고난자로 스스로 의식하고 수난자의 심정을 가지고 아픔을 우리 자신에 체험하여야 한다. 고난의 술잔을 그것인 줄 알고 삼킬 뿐만 아니라, 그 맛이 달기가 꿀 같다고 느껴야 한다. 이제 우리 마음을 바꿔야 한다. 제3자의 태도를 버리고 내가 되어야 한다.

그러면 고난의 짐을 지는 자들아, 오라. 헤매기를 그만두고 이 비장한 곡조로 높이 우는 고난의 냇가로 오라. 와서 그 무거운 짐을 이 높은 바위 끝에 내려놓고 이 고난의 뜻을 시원하게 이야기하자. 번뇌의 몸을 보리수 그늘 아래 던져 금강좌(金剛座)를 굳게 겯고 진리를 깨닫기 전에는 죽어도 아니 일어난다고 맹세하고 앉았던 싯다르타처럼 이 자리에서 이 고난을 극복하고야 말겠다고 결심을 하고 오라. 너와 내가 수난의 비렁뱅이니라.

## 우리는 고생하러 났다

생각하면 우리는 고생하기 위하여 이 세상에 나온 사람 같다. 4천 년 넘는 역사에 우리는 이제껏 태평시대라는 것을 모른다. 한옛적은 아득해 알 수 없고, 삼국시대 이후로는 글자 그대로 하루도 평안할 날이 없었다. 번거로움을 피하기 위하여 여기서 하나하나 들기를 그만두지마는 시험하여 삼국시대 이후 전쟁의 번수(番數)를 세어보면 백으로 꼽게 된다. 물론 이것은 글위리에 남은 것이다.

그중에서 내란은 그만두고 다른 민족이 쳐들어온 것만을 헤아려도 5, 60회가 되고, 다른 민족이 쳐들어온 것 중에서도 한 구석진 것은 그만두고 전국적으로 떠들었던 것만도 30회나 된다. 그리고 또 그 모든 전쟁이, 고구려가 한 것 몇 번을 내놓고는 모두 우리나라 땅 안에서 된 것이요, 또 시작으로나 결과로나 대개 막는 싸움이요, 진 싸움이다. 예로부터 성하지맹(城下之盟: 도성의 성 밑에서 항복하여 맺은 굴욕적인 맹약)을 부끄러워한다고 한다. 전쟁하고 강화조약을 맺으려거든 남의 땅에 가서 맺게 되어야지 내 성안에서 맺는다면 나는 진 것이 분명하지 않느냐? 그러므로 하는 말이다. 외국 군대의 점령 아래서 조약을 맺으니 나는 약점을 잡힌 것이 아니냐?

그런데 우리의 역사를 보면, 부끄러운 일이지만 하나도 성하지 맹 아닌 것이 없다. 그러므로 나라땅은 줄곧 줄어만 들었다. 삼국시대 이후로는 나라땅을 한 치도 넓힌 것은 없고 늘 빼앗긴 것뿐이다. 그리고 보니 백성은 전쟁의 화를 벗을 날이 없었다. 먼저 당한 전쟁의 상처가 채 낫기도 전에 새 적병을 또 막아야 하니 마음을 놓고 즐겁게 살 날이 하루도 없었다. 다른 민족에서 보면, 2백년, 3백 년의 평화시대가 있는데, 우리에게는 힘써 본대야 백 년 지난 것이 없고, 그것도 온전한 것이 못 된다.

신라의 통일 이후 성시라 한 것이 대략 백 년 되기는 하지만 그것도 내란으로 더럽혔고, 고려 덕종에서 예종에 이르는 90년 동안이 비교적 성한 때나 그것도 국경 방면에 도둑이 쉬지 않았다. 그러고는 그 끝 무렵 충렬에서 공민에 이르는 약 70년 동안이 또 전쟁은 좀 쉬었으나, 이때는 몽고의 속국으로 있었으므로 그 구속이 심했으니 태평시대라 할 수 없다.

이조에 들어와서 꼽자면 태조에서 성종까지 약 백 년이 있으나, 외환이 없었을 뿐이지 안으로 왕자들의 싸움, 단종 사건 등 인심이 흉흉했던 때다. 그 후로는 영·정 두 임금 때가 또 성시라고 하기는 하나 당쟁이 아직 끊이지 않았으니 그 역시 완전한 평화시대는 못 된다.

그렇게 우리는 평안이 무엇인지 모르는 국민이다. 우리가 웃었다면 그것은 쓴웃음을 지은 것이요, 우리가 춤을 추었다면 그것은 미쳐서 춘 것이다. 우리는 잔인한 로마 사람에게 한때의 쾌감을 주기 위하여 원형극장 안에서 싸우는 검노(劍奴)와 같이, 수욕(獸慾)에 불타는 사나이에게 한 덩이 고기로 다룸을 받는 갈보같이, 한갓 다른 사람을 위하여 고생하고 학대받기 위하여 나온 축생인 듯하다.

## 인류역사는 고난의 역사

그러나 말하기를 그만두라. 인류의 역사란 결국 눈물의 역사요, 피의 역사 아닌가? 고난을 당하는 것은 우리만이 아니다. 온 인류가 다 그렇다. 사람의 해골로 되지 않은 성벽을 어디서 보았느냐? 사람의 가죽을 병풍으로 삼지 않았다는 왕좌를 어디서 들었느냐? 한숨 없이는 예술이 없고, 희생 없이는 종교가 없다. 어떤 자가 이기고 어떤 자가 졌다 하며, 어떤 자가 어질고 어떤 자가 어리석다 하나, 모르는 말이다. 남을 죽이는 자는 제 마음이 먼저 찔렸고, 남을 책망하는 자는 제 가슴이 먼저 답답했느니라. 하나님의 것을 도둑질한 놈만이 사람에게 도둑을 맞을 수 있고, 제 속에 미움을 가진 놈만이 남의 고와함을 받을 수 있느니라.

이것을 너나의 일로 보지 말고 인생의 일로 볼 때 임금이 어디 있고 종이 어디 있으며, 계급이 어디 있고 죄인이 어디 있느냐? 다 같이 한 개 수난의 행렬을 지을 뿐이다. 왜 저들은 사랑하는 자식의 무덤을 내 손으로 파지 않으면 아니 되는가? 왜 저들은 서로 찌르는 목구멍에서 흐르는 혈조(血潮)에서만 정의를 배울 수 있는가? 한 개의 진리를 캐어내려면 만전을 허비할 뿐 아니라 만골이 말라야 하지 않나? 그런데 그 진리만 귀하고 그 죽음은 천한가? 한 마디 선을 말하려면 열 번 입을 열어야 할 뿐 아니라 백 번 무덤 문이 열려야 하지 않나? 그런데 그 선만 좋고 그 무덤은 불행인가?

가슴속에는 말할 수 없는 항상 타오르는 불덩어리를 품고, 마음은 형용할 수 없는 것에 목이 말라 하며, 무엇을 추구하는지, 어디로 모색을 하는지, 그러나 몸은 구르면서, 걸리면서, 넘어지고는 또 일어나며, 일어났다간 또 넘어지는 것이 사람이다, 역사다.

## 고난에 뜻 있다

그러나 고난은 결코 정의(情意) 없는 자연현상이 아니다. 잔혹

인도의 민족주의 지도자, 비폭력주의 제창자 간디.

한 운명의 장난도 아니다. 그것은 하나님의 섭리다. 인도의 위대한 혼이 성스러이 말한 것같이 "고난은 생명의 한 원리다"(간디). 우리는 고난 없는 생을 상상할 수 없다. 죽음은 삶의 한 끝이요, 병은 몸의 한 부분이다. 십자가의 길이 생명의 길이다.

고난은 죄를 씻는다. 가성 소다가 때를 씻는 것같이 고난은 인생을 씻어 깨끗하게 한다. 불의로 인하여 상하고 더러워진 영혼은 고난의 고즙(苦汁)으로 씻어야만 회복이 될 수 있다.

고난은 인생을 깊게 만든다. 이마 위에 깊은 주름살이 갈 때 마음속에 깊은 지혜가 생기고, 살을 뚫는 상처가 깊을 때 혼에서 솟아오르는 향기가 높다. 생명의 깊은 뜻은 피로 쓰는 글자로만, 눈물로 그리는 그림으로만, 한숨으로 부르는 노래로만 나타낼 수 있다. 평면적·세속적 인생관을 가지는 자는 저가 고난의 잔을 마셔보지 못하였기 때문이다.

고난은 인생을 위대하게 만든다. 고난을 견디고 남으로써 생명은 일단의 진화를 한다. 핍박을 받음으로 대적을 포용하는 관대함

35 고난의 의미 463

이 생기고, 궁핍과 형벌을 참음으로 자유와 고귀를 얻을 수 있다. 고난이 닥쳐올 때 사람은 사탄의 적수가 되든지 그렇지 않으면 하나님의 친구가 되든지 둘 중의 하나가 되지 않으면 안 된다. 고난은 육에서는 뜯어가지만 영에서는 점점 더 닦아낸다. 고난이 주는 손해와 아픔은 한때나, 그 주는 보람과 뜻은 영원한 것이다. 개인에서나 민족에서나 위대한 성격은 고난의 선물이다.

고난은 인생을 하나님에게로 이끈다. 궁핍에 주려보고서야 아버지를 찾는 버린 자식같이, 인류는 고난을 통해서만 생명의 근원인 하나님을 찾았다. 이스라엘의 종교는 애급의 압박과 광야의 고생 가운데 자라났고, 인도의 철학은 다른 민족과 사나운 자연과 싸우는 동안 브라만에 이르렀다. 지옥으로 가는 길이 선의로 포장이 되어 있다면 하나님에게로 나아가는 길은 악의로 포장이 되어 있다. 눈에 눈물이 어리면 그 렌즈를 통해 하늘나라가 보인다. 사람은 고난을 당해서만 까닭의 실꾸리를 감게 되고, 그 실꾸리를 감아가면 영원의 문간에 이르고 만다.

과연 고난은 "우리 생명이 피할 수 없는 한 가지 조건이다." "사람들은 자유의 제단에 알찐한 자기 희생과 견디고 참음의 제물을 드려야 한다. 비록 그 인내의 힘을 끝점까지 써내지 않으면 안 되는 분한 일과 압박이 있다 하더라도, 마지막까지 견디는 자라야 구원을 얻으리라고 한 말씀은 진리다. 그렇게 함으로써만 저희는 참 자유, 참 스와라지(自治)를 얻을 수 있다. 그렇게 함으로써만 저희는 진정한 행복을 얻을 수 있고, 그렇게 함으로써만 저희는 진정한 승리를 얻을 수 있다"(간디).

간디는 '고난을 통한 평화'는 영원의 법칙이라 하여 어떤 나라도 이 사실 없이는 일어난 일이 없고, 따라서 인도도 그 종살이에서 벗어나려면 이 영원의 법칙을 지키지 않고는 아니 된다고 하였다. 그렇다면 한국이 이 법칙에서 면제를 받지 못할 것임도 정한 일이다. 한국역사가 고난의 역사인 것은 역사를 낳는 것이 '아가페'이기 때문이다.

## 극복

고난을 받아야 한다. 우리 지은 죄로 인하여 고난을 받아야 한다. 재난이 올 때마다 피하기부터 하려 하고 비탄만 하지만, 그 당파심을 버리지 않는 한, 그 시기심을 버리지 않는 한, 의인 대접할 줄을 모르는 한 환난은 절대로 떠나지 않을 것이다. 하나님의 영원한 법칙에 의하여 그럴 것이다. 죄가 무슨 죄냐? 나를 버린 것이 죄요, 뜻을 찾지 않은 것이 죄다. 나를 버린 것이 하나님을 버린 것이요, 뜻을 찾지 않은 것이 생명을 찾지 않은 것이다. 우리의 평면적인 인생관을 고치기 위하여 고난을 받아야 한다. 자아에 충실하기 위하여, 고식주의를 깨뜨리기 위하여, 은둔주의를 벗기 위하여 이보다 더 심한 고난이라도 받아야 한다.

우리의 바탈을 드러내기 위하여 고난을 받아야 한다. 착한 것이 나약*으로 떨어지지 않기 위하여, 잃었던 용기를 다시 찾기 위하여, 약아빠짐으로 타락해버린 지혜를 도로 끌어올리기 위하여, 중간에 생긴 종살이 버릇을 없애기 위하여, 굳센 의지가 자아가 되고 고결한 혼을 다듬어내기 위하여 불 같은 고난이 필요하다.

우리의 생명을 마비시키는 숙명철학을 몰아내기 위하여 최후의 반발을 찔러 일으키는 지독한 고통이 필요하다. 장차 올 새 역사에서 우리의 사명을 다할 수 있는 자격자가 되기 위하여 고난은 절대 필요하다. 보다 높은 도덕, 보다 넓고 진보적인 사상의 앞잡이가 되기 위하여, 우리가 가진 낡은 모든 것을 사정없이 빼앗아가는 고난의 좁은 문이 필요하다.

이 백성에게 참종교를 주기 위하여 고난을 받을 필요가 있다. 생명의 한 단 더 높은 진화를 가져올 새 종교를 찾아내기 위하여 낡은 종교의 모든 미신을 뜯어치우는 고난이 필요하다. 세계를 하나로 만드는, 모든 부족신·계급신·주의신(主義神)을 다 몰아내는, 새 믿음을 얻기 위하여 우리의 가슴에서 모든 터부, 모든 주문, 모든 마술적인 것, 모든 신화적인 것, 모든 화복주의적인 것을 뽑아

* 『성서적 입장에서 본 조선역사』에는 '비약'(卑弱, 비겁하고 약함)으로 표기되어 있다.

내는 풀무 같은 엄격한 핵분열적인 고난이 있어야 한다.

그러면 일어서라, 고난의 짐을 지는 자들아, 수난의 겟세마네에 밤은 깊었고, 기드론 내를 이미 건넜다. 마지막이 가까울 것이다. 2천 년 전 고난의 왕이 "오직 아버지 뜻대로 하옵소서" 하고 고난의 쓴 잔을 바짝 당겨 들이켜고 십자가를 향하여 냅다 달린 것같이, 우리도 이 짐을 쾌히 지고 저 목메는 마지막 여울로 내려가자. 이때까지 우리를 비렁뱅이로 표시했던 누더기를 여기서 다 버리자. 그것은 우리가 허영의 저자에서 얻어 입은 것이었다. 이때까지 아끼던 모든 소유도 여기서 다 버리자. 그것은 우리 정신이 흐렸을 때 남의 집의 쓰레기통에서 주워넣은 것이었다.

지금까지 꼭꼭 간수해가지고, 자면서도 쥐고 잤던 조상 전래의 이 문서도 여기서 다 버리자. 그것은 다 불쌍한 우리 이웃에게 지운 빚 문서다. 우리의 땅을 빼앗았던 것도 다 용서하자. 이제부터 네 땅, 내 땅이 없다. 우리 할아버지, 아버지 죽인 원수도 용서하자. 이제 네 민족, 내 민족, 네 집, 내 집이 따로 없다. 우리 어린이를 우리 손에서 빼앗을 때 이를 갈고 뼈에 새겼던 원한도 이 흐름 속에 버리고, 우리들의 처녀를 짐승 같은 놈들이 잡아가고, 우리들의 아내를 우리들의 눈앞에서 욕보일 때에 털끝까지 올랐던 분, 세포 갈피 갈피에 박혔던 독, 그것도 이 물속에 다 던져버리자.

이 여울을 건너면 골고다가 있다. 고난의 임금에게 그것이 무슨 소용이 있느냐? 오직 이 짐만 져라. 이 지워주는 십자가만 사랑으로, 믿음으로, 소망으로 지고 건너라.

그러면 이제 우리 입에서 노래가 나올 것이다.

    내 임을 가까이 더 가까이
    올라가는 길은 십자가나
    나 늘 늘 노래로
    내 임을 가까이
    내 임만 가까이

더 가까이

헤매는 나그네 해는 지고
어둠이 덮칠 때 찬 돌베개
자는 꿈속에도
내 임을 가까이
내 임만 가까이
더 가까이

나타나 보이는 저 사다리
하늘에 닿으니 웬 은헨가
천사 날 불러서
내 임을 가까이
내 임만 가까이
더 가까이

기쁜 맘 깨어나 님을 노래
돌 같은 내 슬픔 쌓여 제단
한숨을 쉬어도
내 임을 가까이
내 임만 가까이
더 가까이

가벼운 날개 쳐 하늘 날 제
해 달 별 다 잊고 올라가리
영원히 노래로
내 임을 가까이
내 임만 가까이
더 가까이

# 36 역사가 지시하는 우리의 사명

### 우리에게도 세계적 사명이 있다

한국사람에게도 세계적 사명이 있느냐고 물으면 사람들은 어떤 대답을 할까? 더구나 그 지도적 지위에 섰다는 사람들은, 한국을 위해 생각하고, 이 사회를 사람 사는 것다운 사회로 만들려고 힘을 쓰는 사람들은 어떤 대답을 할까? 저들은 거기 대하여 아무 생각도, 세워놓은 의견도 없는 것이 아닐까? 우리는 일찍이 그런 것을 들은 일이 없다. 생활개선도 말하고 사회개량도 부르짖고 국민운동도 요새 와서는 많이 말하지만, 우리가 세계를 위하여, 인류를 위해서 이것을 해야 한다고 힘있게 믿는 바를 주장하는 것을 들은 일이 없다.

자유진영에 참여하여 반공전선에 한몫을 하는 것으로 세계적 사명이라 생각하는지 모르지만 그것으로는 부족하다. 그것은 마치 집에 앉아 세금을 내고 나도 나라를 위해 싸웠다는 것과 마찬가지다. 물론 그것도 같이 싸운 것이다. 그러나 우리들이 나라를 위해 목숨을 바쳤다고 할 때는 세금을 내어 국방비의 한 부분을 담당한 것쯤을 가지고는 안 된다. 그것은 국민인 담에는 자동적으로 다 하고 있는 것이다.

나라를 위해 바쳤다, 싸웠다 할 때는 내가 자진해서, 나만이 할 수 있는 어떤 일을 구체적으로 한 담에야만 할 수 있는 말이다. 그저 자연히 존재를 통해 되는 일로 한다면 뜰 앞의 돌도 세계 참여를 하고 있는 것이고, 풀 속에서 우는 벌레도 세계적 공헌을 하고 있다.

우리가 말하는 것은 그런 것이 아니고, 유의적(有意的)·정신적인 뜻에서 하는 말이다. 누구나 다 하는 일에 참여하는 것만으로는 안 된다. 나는 나로서의 할 일을 내가 발견하여 내 존재의 의미를 거기 걸고 한 담에야 사명이라 할 수 있다. 젊은이가 군대에 불려나간 것만으로도 부족하다. 전선에 나가 서야 한다. 전선에 참여하는 것만으로도 안 된다. 어느 봉우리면 봉우리, 어느 다리면 다리, 구체적으로 내 공격 목표 혹은 지키는 지점이 결정되어야 비로소 싸움이다. 그것조차도 상관의 명령으로 기계적으로 움직여서는 설혹 전사를 하였다 해도 의미가 적다. 정말 나라를 사랑하는 마음에 내가 자진해 힘을 다해서 그 뜻을 알고 한 다음에야 비로소 나라를 위해 사명을 다한 것이다.

마찬가지로, 세계 정세에 끌려 자유진영에 서고 반공투쟁을 하여도 그것은 엄정한 의미의 세계적 사명은 아니다. 사람은 정신이다. 정신은 스스로 하는 것이요, 독특하게 하는 것이다. 이런 의미에서 볼 때 우리나라의 정치를 맡는 사람도, 사회 지도를 하는 사람도 분명한 세계적 사명감은 없다.

세계적 사명 같은 것은 긴하지 않은 것일까? 그런 것은 도무지 없다고 생각하는가? 사실 보통 상식적인 관찰로 보면 한국사람에게는 세계적 사명 같은 것은 말할 여지도 없는 듯하다. 그 역사를 보면 볼수록 자존심을 잃게 하는 것인데 어디서 세계를 말할 용기가 나며, 그 생활에서 생각하면 당장의 목숨을 이어가는 것도 문제인데 어느 결에 인류의 일을 결정할 여유가 있을까? 세계적이니 뭐니 하는 것은 우리에게는 일종의 사치요, 주제넘은 생각 같다.

그러나 그래서는 안 된다. 살았다 함은 할 일이 있다는 말이다. 생(生)은 명(命)이다. 하나님이 명령하는 것이 삶이다. 삶은 함이다. 괴테의 말과 같이 "쓸데없는 존재는 죽음의 존재다." 사명에 대해 믿는 바가 없이는 생존권을 주장할 자격이 없다. 어떠니 한국사람도 살아야겠다는 것이며, 어떠니 우리에게도 자유를 달라는 것인가? 한국사람이 만일 그 생존권을 주장하고 그 자유를 요구하려면 그는 운명을 같이하는 인류 앞에서 그 무대에 올라가 한 가지로 맡아 할 일이 있어야 할 것이다.

이제껏 여러 방면으로 연구해온 것을 보면 진화가 여기까지 오는 데는 생물은 참으로 많은 값을 내고 왔고, 더구나 인류가 지금의 자리까지 오는 데는 무한한 희생을 하고 왔다. 문제가 오늘날까지 발달한 것은 결코 어느 한 민족이나 한 나라가 어느 때에 시작해서 된 것이 아니요, 마치 큰 강이 여러 갈래의 지류에 가지가지 흐름이 합해서 된 것같이, 여러 계통의 사회와 문화가 서로 섞이고 영향을 주고 작용하고 하여 복잡하게 종합이 되어서 된 것이다.

문화는 그만두고 우리 몸, 우리 인격, 우리 개성이라는 것조차 하나도 혼자서 된 것이 아니요, 여러 가지 종목, 여러 가지 피, 여러 가지 유전, 여러 가지 성격이 서로 영향을 주어서 된 것이다. 우리 몸이 세포의 합성인 것같이 우리 인격도 사실은 합성이다. 그러므로 나는 독특하면서도 남을 이해할 수 있고, 전체를 대표할 수 있다. 이와 같이 인류는 운명 공동적으로 존재하는 것이므로 우리가 그 안에서 살기를 주장하고, 나는 나로서의 자유를 주장하려면 반드시 할 일이 있어야 할 것이다.

그러므로 살았다 함은 결국 살 이유를 알았다 함이다. 그렇지 않고 아무 이유를 깨달은 것 없이 그저 살고 싶으니 살겠다는 것을 가지고는 이 투쟁적인 생에서는 힘이 없다. 까닭이 곧 힘이다. 사람은 정당한 까닭만 있으면 하나님과도 겨뤄대려 한다. 하나님이 전능한 것은 그 까닭이 전적(全的)이기 때문이다. 하나님은 전체다. 그 전체 앞에서 내가 살기를 요구하고 자유를 주장하려면 그 전체를 부정할 만한 자신이 있든지, 그렇지 않으면 그 전체에 나를 완전히 합치시킬 사랑이 있든지 해야 한다. 일한다는 것은 결국 전체에 대하여 사랑으로 복종함이다. 그러므로 사명 없이는 못 산다. 사명의 명을 내리는 이는 전체 곧 하나님, 역사에서 말하면 세계다.

세계는 무용한 존재를 허하지 않을 것이다. 위대한 문명의 창시자인 애급은 왜 멸망하였나? 다시 더할 수 없이 힘이 세던 로마는 왜 망해 없어졌나? 그 사명들을 잃었기 때문이다. 애급 사람으로서 재주가 모자랐다고는 할 수 없고, 로마 사람으로서 힘이 부족하였다고는 할 수 없다. 재주와 힘을 두고도 망한 것은 살겠다는 주장, 살 수 있다는 믿음이 없어졌기 때문일 것이다. 재주와 힘이 작용하는 것은 정신에 의하여 되는 것이다. 웅덩이가 가득 차고 흐르기를 그치면 썩듯이, 한 민족의 마음이 사명감을 잃어버리면 망하고 만다. 반대로 아직도 바라는 이상이 있고, 자부하는 사명이 있으면 결코 망하지 않는다.

유대인이 그 지리가 불리한 점으로 보아서, 그 정치적 재지가 부족한 점으로 보아서 도저히 로마에 비할 유(類)가 아니건만, 오늘날까지 세계 도처에서 학대와 업신여김을 당하면서도 살아 있고, 드디어 조국을 회복하게 된 것은 그 원인이 오로지 그들의 민족적 신앙에 있다고 할 수밖에 없다. 그들은 아직도 메시아를 기다린다. 그것이 그들의 역사적 등뼈다. 인도도 흑인도 다 그렇다. 한국도 그래야만 된다. 살고 싶거든 할 일을 발견해내어라. 고난의 역사라지만 그 역사에는 의미가 있어야 한다. 의미 없는 고난이 무엇이냐? 사실은 의미 없는 고난조차도 없다. 죽음뿐이지. 그러나 의미는 어디서 오나? 의미는 전체에 있다. 전체는 명하는 것이다. 그 명을 다하는 것이 의미다. 사명도 의미도 없이 하는 고난, 그것은 바위가 무너짐이요, 중생이 넘어짐이다.

그러므로 사명의 자각이야말로 재생의 원동력이다. 게으름뱅이는 일이 급하다 해야 깬다. 거의 쇠망하도록 지친 민족일수록 세계적 사명을 자각시킬 필요가 있다. 쇠망은 결국 정신적 쇠망이요, 정신은 결국 명이다. 하나님의 명이다.

그러므로 마치니가 지리멸렬한 이탈리아를 살려내려 할 때 먼저 한 것은 민족에게 사명감을 주는 것이었다. 그는 말했다. "우리가 할 일은 이제부터다"라고. 피히테*가 전국의 말발굽에 밟힌 독일을 일으키려 할 때에 먼저 한 것도 장차 세계를 지도할 것은 우리 독일 민족이라는 말이었다. 일본이 동해의 외로운 섬 속에서 꿈을 꾸고 있다가 일약해서 동아의 왕이 되려 할 때에도 국민을 향

* 피히테(Johann Gottlieb Fichte, 1762~1814): 독일의 철학자·애국자. 1807년 프랑스군이 베를린을 점령했을 때 "독일국민에게 고함"이란 강연으로 국민적 의식을 고조시켰다.

제2차 전 러시아소비에트대회에서 연설하는 레닌.

해 선전한 것이 "아시아 인종을 옹호할 자는 우리다"라는 것이었고, 나중에 되지 못할 억지스러운 전쟁을 할 때에도 끝까지 국민을 속여 선전한 말이 세계통일은 자기네가 해야 된다는 것이었다. 그러므로 레닌*이 학정 밑에서 허덕이는 농노를 일으키어 새 러시아를 건설하려 할 때에도 먼저 그 무식한 것들에게 세계혁명의 이상을 불어넣는 일이었다. 미국을 세우던 신영주(新英洲) 지도자들의 일도 그렇고, 인도를 해방시킨 간디의 일도 그러하다.

물론 이것들 중에는 순수하지 못한 것도 많다. 민중을 속이는 수단으로 한 것도 있다. 그러나 비록 그렇다 하더라도, 그것은 마치 양주업자도 사회봉사의 간판을 내걸듯이 사악이 정의에 대하여 하는 본의 아닌 항복이다. 그만큼 도리어 힘있는 반증이다.

민중운동은 세계적 공의의 뒷받침 없이는 안 된다는 말이다. 거짓 세계사명도 능히 한때 민중을 속여 총동원하여 놀랄 만한 활동을 하게 하거늘, 하물며 진리에 근거하고, 하나님의 의에 의하여 보장이 되는 우주사적 사명으로써 한다면 얼마나 더 위대한 일이 나올 것인가?

망국 민족 중에 나서, 진리라고 따라다니다가 반대자들의 악독한 핍박을 받아 최후의 용기를 내어야 하는 절박한 장면에서 자기네 주요 선생이라 섬기던 이를 대적의 손에 맡기고 어쩔 줄 모르고 도망을 하던 비겁한(卑怯漢)도 한번 영감을 받아 세계 끝까지

* 레닌(1870~1924): 러시아의 급진적 마르크스주의자. 러시아 공산당을 창설하여 10월 볼셰비키 혁명을 지도했고 소련 최초의 국가원수가 되었다. 제3인터내셔널(코민테른)을 창설했으며, 마르크스 이후 가장 위대한 혁명사상가인 동시에 역사상 가장 뛰어난 혁명지도자로 인정받고 있다.

그 진리를 전파하는 것이 자기네 사명이라 깨달을 때는 온 세계를 대적으로 용감하게 싸웠고, 마침내 그것을 정복하고야 말았다. 우리도 예외일 수 없다. 한민족이 만일 잔패민족(殘敗民族)이라는 더럽고 불쌍한 이름을 남기고 싶지 않거든 이제라도 어서 세계적 사명을 자각해야 한다.

### 일루의 희망

그러나 죽은 시체를 보고는 아무리 북을 두드려도 소용이 없다. 이 민족은 채 죽지는 않았느냐? 그럴 만한 가능성이 있느냐? 있다. 무엇으로써 있다느냐? 그 '착함'으로다. 맹자가 전국시대의 야심 군주의 하나인 제선왕(齊宣王)에게 왕도정치를 가르치려 할 때 그의 타락한 양심을 소생시켜 자신을 주기 위하여, 그가 일찍이 제사(祭祀) 소가 도살장으로 가며 떠는 것을 보고 동정하여 건져주었던 사실을 들어서, 이것은 '차마 못 하는 마음(不忍之心)'인데, 이것을 가졌으면 온 천하를 평정할 수 있다 하였다. 이 차마 못 하는 마음이란 곧 착한 마음이다.

그리고 지금 맹자의 말을 인용하였지만, 그 맹자에게서 주의할 것은 언제나 반드시 세계적인 이상을 말하는 점이다. 그때 말로는 평천하(平天下)라 하였다. 이 점이 맹자의 위대한 점이요, 역대의 모든 정치가, 민중의 교사들이 맹자를 놓지 않고 배우는 까닭이 있는 곳이다.

그런데 그 이상의 출발점이 어디냐 하면 착한 마음이다. 우리가 하늘에서 받아가지고 온, 그리고 우리 조상들이 흥안령을 넘기 전부터 가슴속 깊이 간수하고 길러온 이 착한 바탕이 미래의 세계 역사에서, 하려고만 한다면 큰 사명을 다할 수 있는 것이라고 우리는 믿는다. 오랜 고난 가운데 이 아름다운 천성은 많이 상한 점도 없지 않다. 지금 어떻게 보면 도리어 반대의 성질을 가지지 않나 의심나는 점도 있다. 혹시 깊이 보지 못하는 외국 사람이 한국

사람은 잔인하다고 말을 하는 사람도 있으나 그렇지 않다. 그런 말에 혹하여 스스로를 의심하면 못쓴다. 유교에서는 존심양성(存心養性)을 말한다. 바탈을 기르려면 마음을 두어야 한다. 조즉존(操則存)이요 사즉실(舍則失)이다. 마음에 믿으면 살아나 크는 것이고, 스스로 의심하면 죽어 없어진다.

우리는 우리가 스스로 '인'(仁)한 사람임을 믿어야 한다. 그것은 그렇게 쉬이 없어지지 않는다. 그것이 우리의 민족적 성격이 되기까지에는 길고 긴 세월이 들어서 된 것이다. 거기 비하면 아직 삼국시대 이후 천오백 년은 아무것도 아니다. 낙심할 것 없다. 우리가 가만히 손을 대어보면 이 상한 가슴 밑에 오히려 '인'의 일맥이 할딱이고 있음을 알 수 있다. 무너져가는 초막 속에 다른 것은 없어도 아직 '인'이 남아 있다. '인'은 알맹이다. 그것이 곧 생명이다. 하나님의 명이다. 없어질 수 없다.

오늘날 한국의 모양을 보고 생각하면, 여기 우리에게 희망이 있다는 말은, 마치 제선왕이 불인지심을 자기 속에 품으면서도 어지러운 전국시대의 세상을 볼 때 도저히 믿기지 않았던 모양으로, 우리도 스스로 믿어지지 않는다. 그러나 믿음이 될 수 있다. 맹자가 겨눈 것도 그 점이었다. 위대한 교사가 겨누는 요점은 늘 안에 있다. 듣는 자로 하여금 자기 속에서 발견하게 함이다. 자기 속에서 발견하는 것이 지극히 작으나 그것이 지극히 큰 것이다. 그것은 스스로 믿기 때문이다.

그러므로 사람으로서는 능치 못하나 하나님께서는 능치 못한 것이 없다는 것이다. 민족을 살리는 길은 믿음을 일으키는 데 있다. 상식을 가지는 사람이면 아무도 한국을 가지고 세계적 사명을 다할 수 있다고 생각은 못 할 것이다. 모든 판단의 표준이 바뀌지 않는 한 그런 일은 있을 수 없다. 그런데 사실 모든 판단의 표준이 바뀌는 일이 있다.

그것이 신앙의 세계이다. 믿음은 세계를 뒤집는다. 보통 이성으로써 아는 세계는 현상의 세계다. 그것은 참이 아니다. 참의 세계는 현상 뒤의 참을 믿음으로 열린다. 그러므로 세계가 바뀐다. 믿음의 자리에서 볼 때 세상이 크다는 것이 작고, 세상이 강하다는 것이 약하고, 세상이 옳고 귀하다는 것이 그르고 천한 것이 된다. 그것은 참이 나타나기 때문이다. 그러기에 옳게 말한다면, 믿음이 세계를 뒤집는 것이 아니라, 세상이 뒤집어놓은 것을 믿음이 도로 바로잡는 것이다. 세상은 겉을 보는 것이요 믿음은 속을 보며, 세상은 육으로 판단하는 것이요 믿음은 영으로 판단한다. 그러므로 서로 반대된다.

이제 생각해보라. 한 행렬이 어떤 목표를 향하여 나가는데, 중간에 가서 이때까지 목표로 알았던 것이 정말 목표의 그 반대쪽 공중에 비쳐 보인 허상이라는 것을 알게 되었다면 어떠하겠나? 그리하여 전군을 향하여 "우로 돌아, 앞으롯!" 하는 구령을 내린다면 어떤 현상이 일어나겠나? 그야말로 앞선 자가 뒤가 되고 뒤에 선 자가 앞이 되지 않겠나? 그런 일이 과연 있다. 아침 해가 올라올 때에 동편보다는 서편 산봉에 먼저 보이듯이, 역사에도 그런 일이 있다.

이제 우리 보기에는 인류역사 위에 그 일이 일어나려 하고 있다. 아니다. "때가 오려니와 지금이 그때라." 벌써 일어나고 있다. 한국이 세계의 한국이 되고, 아프리카 흑인이 세계 열강을 코에 걸고 놀려 하는 것이 무엇을 의미하나? 이때까지 양육강식을 근본원리로 삼고 나오던 문명이 차차 그 목표가 허상인 것을 알기 시작하였다. 이제 장차 역사의 방향이 180도로 변할 것인가. 반드시 그렇게 될 것이다. 왜? 그렇게 되지 않으면 세계는 파멸을 면할 수 없기 때문이다. 이것은 이제는 상식이다. 그러나 세계가 그렇게 될 리는 없다. 이 점은 과학적 지식이 아니요 믿음이다. 그러므로 역사에 "우로 돌아, 앞으롯!"은 꼭 올 것이다. 우리가 사명이 있다는 것은 이 때문이다.

이때까지의 역사는 폭력으로 하는 쟁탈의 역사였으나, 인류가 망하기를 자취(自取)하지 않는 한, 이 앞으로의 역사는 도덕적 싸

1985년 5월 서울에서 열린 남북적십자회담.

움의 역사일 수밖에 없다. 전에는 힘이 강하고 병기가 날카롭고 성질이 호전적인 자가 앞장을 섰고, 착하고 온유한 자는 바로 그 때문에 뒤에 서고 학대받지 않으면 안 되었다. 그러나 "우로 돌아, 앞으롯!"의 구령이 내린 장래 역사에서는 반드시 이와 정반대가 될 것이다. 도덕적으로 나은 자에게 높은 지위가 주어질 것이다. 그날에 다, 그날에는 한국이 하기만 하잔다면 할 일이 있지 않을까?

## 우리의 사명

고난의 짐을 지는 것은 우리가 잘못해서냐? 하나님이 그렇게 만든 것이냐? 그렇게 묻는 이가 있을지 모른다. 나는 이때까지 혹은 하나님의 뜻이라 하고, 혹은 우리들의 잘못이라고 하였다. 모순이라면 모순이다. 그러나 나는 그 이상 말할 수 없다. 사실이 그런 것을 어떻게 하나? 하나님이 그렇게 예정을 했다고 하면 그것은 미신이다. 반대로, 그것은 다 우리 잘못이라고 하면 독단이다. 비과학적이다. 하나님도 없고 우리 죄라는 것도 없다고 하면 그것은 억지다. 사람이 아니다. 설명할 수 없다. 그것을 설명하자는 것이 목적이 아니다. 우리가 말하는 것은 뜻이 있다는 말뿐이다. 하나님이라면 하나님이요, 나라면 나요, 물질현상이라면 물질현상이다.

그러나 그 무엇이었든 간에 이 우리라는 뜻을 가진 뜻에 사는 존재다. 유신론을 가지려면 가지고 무신론을 가지려면 가지고 마음대로 해라. 그러나 네가 한 가지 알 것은 그것으로 뜻이 부정되지는 않았느니라. 그 네가 어찌 못 하는 것이 하나님이니라. 나 없이는 하나님도 없다. 물 없는 바다가 없는 것과 마찬가지다. 그러나 또 바다 없는 물이 없다. 하나님 없는 나도 없다. 물이 바다 안에 있고 바다가 물 안에 있다. 하나님이 내 안에 있고 내가 하나님 안에 있다. 그러면 하나님이 한 거냐 우리가 한 거냐 물을 것 없지, 물을 것 없이 이 내버리고 싶은 이 역사에 세계사적 의미가 있다.

우리는 불의의 값을 지는 자다. 우리 불의냐 남의 불의냐 물을 것 없다. 벌써 말하지 않았나? 불의도 의도 역사의 것, 인류의 것이지, 네 것도 내 것도 아니다. 마치 생과 사가 네 것도 내 것도 아닌 것과 마찬가지다. 생은 사의 것이요, 사는 생의 것이요, 생사도 생명의 것이다. 하나님의 것이다. 불의도 그렇다. 아무튼 우리가 불의의 짐을 져서 이렇게 되었다는 것만은 카를 마르크스가 와도 부인 못 한다.

우리는 세계의 짐을 진다. 눈을 들어 벽 위의 지도를 보라. 파미르 고원에서 그 근원을 시작하는 천산산계(天山山系)의 여러 산줄기들은 구불구불 달려 동으로 나와 그 끝이 황해·동지나해를 건너뛰어 한반도로 향하는 듯하고, 또 한 가를 아시아 대륙에 두고, 또 한 가를 미 대륙에 두는 태평양의 물은 결 높이 서로 밀려 일본 열도의 방파제를 넘어 그 역시 한반도로 향하는 듯하다.

동서 양양(兩洋)의 문명은 그 찌꺼기를 이리로 미는 듯하다. 인도의 불교, 중국의 유교가 아름다운 점이 많되 압록강을 건너서는 그 가장 나쁜 폐해만을 남겼고, 구주의 사상, 미주의 문명이 혜택을 주는 점은 많되 부산항으로 올라올 때는 그 제일 무서운 독만을 끼쳤다. 동양문명의 폐는 퇴영적·보수적·형식적인 데 있는데, 그 쓴 물은 우리 혼자 받은 듯하고, 서양문명의 해는 물욕적·약탈적·외면적인 데 있는데, 그 독한 이빨은 우리만이 만난 듯하다. 먹고 남는 더러운 찌꺼기를 쓰레기통같이, 남들이 향락하고 이용하고 그 결과 남는 온갖 해독을 우리 약한 등에 다 졌다.

삼천리 강산은 불행의 박물관이요, 삼천만의 생명은 죄악의 실험관이다. 세계의 온갖 불행과 죄악의 결과를 보려는 자는 여기에 오면 볼 수 있다. 유교의 폐가 여기 있고 불교의 해가 여기 있으며, 군국주의의 표본이 여기 있고 자본주의의 노예가 여기 있다.

4천 년 역사는 우리가 위대해서 나왔다기보다 우리가 져야 하는 짐의 중대성에 있다. 그러나 이 짐을 지워놓고 세계에서 우리에게 준 것은 무엇인가? '까오리' '조센징' 업신여김이다. 비웃음이다. 손가락질이다. "이미 무거운 짐을 지워놓고, 또 그 무거운 짐 진 것을 비웃는다. 꾸짖음은 차라리 견딜 것이다. 냉소를 차마 누가 견딘다더냐?"(德富蘆花)*. 바울의 말을 빌리면, 우리는 사람과 천사와 세계에 구경거리가 되었다. 아니다, 세계사의 하수구가 되었다.

그러나 세계 사람들이여, 이 하수구에 감사하라. 그대들로 하여금 즐거움의 궁전에서 놀게 하는 것은 이 하수구 아닌가? 그대들의 자녀를 특별한 운명으로 난 것처럼 자존심 속에서 기르게 하는 것이 이 하수구 아닌가? 그대들의 눈에 보기에 싫은 것은 언제나 달게 받아 치워주는 것이 이 하수구 아닌가? 그리고 그대들의 그 살찐 육체와 그 문명한 머리를 길러주는 곡식과 채소를 만들어내는 것까지 또한 이 하수구 아닌가? 아, 너 위대한 세계사의 하수구여!

우리 사명은 여기에 있다. 이 불의의 짐을 원망도 하지 않고 회피도 하지 않고 용감하고 진실하게 지는 데 있다. 막연히 감상적으로 하는 말도 아니요, 억지의 곡해도 아니요, 시적(詩的)으로 하는

* 德富蘆花(도쿠토미 로카, 1868~1927): 메이지 시대 일본의 소설가. 일찍이 기독교 신자가 된 후 전도에 종사했다. 『불여귀』(不如歸), 『흑조』(黑潮) 등의 대표작이 있다.

비유도 아니다. 역사가 보여주는 사실이다. 그것을 짐으로써 우리 자신을 건지고 또 세계를 건진다. 불의의 결과는 그것을 지는 자 없이는 결코 없어지지 않는다. 인간을 위하여, 또 하나님을 위하여 이것을 져야 한다. 우리가 이것을 자진하여 택한 것은 아니다. 우리가 잘못하였으므로 우리에게로 왔다. 그러나 또 하나님이 그렇게 섭리하였다. 우리가 미워서 한 것도 아니요, 고와서 한 것도 아니다. 그러나 또 밉기 때문에 한 것이요, 또 곱기 때문에 한 것이다. 이것을 지는 것이 괴로우냐? 그렇다. 죽을 듯이 괴롭다. 그러나 또 달다. 지지 않는 자는 상상도 못 하는 단맛이 있다. 이것을 지는 것이 불명예냐? 그렇다. 머리를 들 수 없는 불명예다. 그러나 또 영광이다. 세상에서는 모르는 영광이다.

4천 년 역사를 가지며, 여태껏 우리는 세계사의 무대에서 이렇다 할 만한 것을 한 일이 없이 기다렸다. 한쪽 구석에서 학대받고 있는 동안에 이 밤이 다 새는가 하였다. 그러나 이제 때가 왔다. 세계의 불의를 담당함으로써 인류의 역사를 도덕적으로 한층 높이 올리는 일이다. 그것이 역사의 하수구 아닌가? 낮은 일은 높은 마음이 아니고는 할 수 없고, 작은 일은 큰 마음이 아니고는 할 수 없고, 더러운 것을 치우려면 무엇으로도 더러워지지 않는 마음이 있어야 하고, 죄를 처분하려면 어떤 죄로도 상하지 않는 거룩한 혼이 있어야 할 것이다.

이것을 하기 위하여 하나님이 우리에게 주신 것이 '착함'이다. 불인지심이다. '인'이다. 몇천 년 동안에 우리는 한 번도 남을 침략한 일이 없다. 우리가 박해를 받지 않는 한 다른 민족을 배척한 일도 없다. 그러나 우리는 그것을 지키느라 잘못 생각하여 비굴함을 착함으로 안 일이 있었고, 무관심을 관대로 안 일이 있었으며, 단념을 믿음으로 안 일이 있다.

그러나 그것은 다 잘못이다. 불의의 짐을 진다 함은 결코 비굴해지라는 말이 아니다. 하수구가 되라는 말이 더러워지라는 말은 아니다. 하수구의 일은 잘 받음에 있다. 잘 받으려면 잘 돌려야 한다.

시내가 받은 물을 다 바다로 돌리듯이 모든 불의를 감수하는 것은 좋으나 감수만 하고 돌릴 줄 모르면 막혀버린 하수구같이 곧 썩어 그 해가 더 심할 것이다. 하수구는 보이는 위에서는 받는 구멍이 있는 대신 보이지 않는 밑에 이 무한의 바다로 통하는 길이 있어야 한다. 모든 불의를 받아서는 하나님에게로 돌려야 한다. 그것이 절대 신앙이다. 세계사의 하수구가 되었거든, 나와 세상을 건지는 사명을 다하려면 내 속을 깊이 뚫어 하나님에게 직통하는 지하도를 어서 파야 한다.

그러므로 이것이 이 세대에서 보면 지극히 더럽고 불행하나, 오는 세기에서 보면 말할 수 없는 영광이요 기쁨이다. 이것을 하기 위하여 비상한 용맹과 비상하게 높은 도덕으로 싸우는 힘이 필요하다. 이것은 이때까지 있던 싸움과는 다른 싸움이다. 생명은 싸움이니 역사에 싸움이 그칠 수는 없을 것이다. 그러나 전에 하던 폭력과 미움으로 하는 싸움이 지나가고 새 싸움이 시작될 것이다. 예수가 "내가 세상을 이겼노라" 하던 그 싸움이다. 이제 그가 선언한 그 싸움이 이 앞의 세계에서는 본격적으로 벌어질 것이다. 여기서는 꼴찌이던 우리가 거기서는 앞장을 서게 되어야 한다.

### 새 전쟁

새 전쟁이 우리를 부른다. 영웅들이 싸우는 쟁탈의 전쟁이 아니요, 진리의 전쟁이다. 그 부름에 대하여 일어나는 것은 강철의 총검이 아니요, 참의 정(情)·의(意)다. 세계의 역사는 이제 전환을 하려 하고 있다. 장차 역사의 쓰레기통으로 들어갈 현대의 대국가들이 구식의 이 쟁탈질을 하느라고 눈이 벌건 이때에 우리는 이따가 올 새 싸움을 위하여 마음의 준비를 하여야 한다. 초대 기독교인이 로마 제국에 대하여 용감했던 것같이 우리도 현대문명에 대하여 싸움을 돋우지 않으면 안 된다. 그들이 우리 겉옷을 빼앗으면 속옷까지 주고, 그들이 우리를 종으로 부리면 형제의 사랑으로써 봉사하고, 그들이 우리를 해하면 "죄를 저들에게 돌리지 마옵소서" 하는 기도를 할 수 있는 힘을 준비해가지고 나서야 한다.

간디의 말과 같이, 수난은 결코 약한 자의 일이 아니요, 강한 자의 일이다. 자기 안에 보다 더 위대한 힘을 믿는 것이 수난의 도다. 우리 싸움은 불행을 남에게 떠밀자는 싸움이 아니라, 죄악의 결과인 고난을 내 몸에 달게 받음으로써 세계의 생명을 살리자는 일이다. 우리 양심에 준비가 부족할 때까지는 우리는 스스로 약함을 염려하여 겁낼 것이다. 그러나 정의의 빛이 우리 마음에 비치고 진리에 대한 사랑이 우리 속에 불붙을 때 현대의 무력 국가들은 결국 한낱 골리앗*에 지나지 않음을 발견할 것이다.

다윗**의 한 몸 위에 온 이스라엘의 운명이 달렸던 것같이 우리의 이기고 짐에 전 세계의 장래가 달렸다. 그렇게 말함을 의심하는가? 너무 지나친 영광이어서 의심하는가? 그것을 영광으로 생각하는 것부터 지나간 세계의 낡은 관념이요, 또 그것이 불가능할 것같이 생각하거든 돌 하나로 이스라엘을 구하던 다윗의 일을 의심해도 좋다. 다윗이 목동이므로 위대하였던 것이 아니다. 하나님의 사명을 받았으므로 위대하였다. 그것은 또 옛날 일이라 안 믿어도 좋다. 돌 하나도 아니 가지고 한 거인을 이긴 것 아니라 백만 군대를 이긴 것을 보려나? 인도를 해방시킨 간디다.

우리가 인류의 장래를 결정하는 것도 우리에게 능력이 있어서가 아니다. 섭리가 그렇게 명하기 때문이다. 역사적 필연이라는 말이다. 세계 불의의 결과가 우리에게 지워졌으니, 우리가 만일 그것을 깨끗이 씻지 못한다면 다른 사람은 할 자가 없다. 그러므로 우리의 사명이다. 사명은 우리가 아니고는 할 수 없는 것이다. 영국도 그것을 할 수 없고 미국도 그것을 할 수가 없다. 그것을 하기에는 그들은 너무 넉넉해졌고 너무 높아졌다.

이것은 세계의 하수구요, 공창(公娼)인 우리만이 할 수 있는 일이다. 하지 않으면 안 되는 일이다. 저들이 너무 부하고 귀해졌다는 것은 저들은 채무자라는 말이다. 물질적으로 채권자인 저들은

* 골리앗(Goliath): 『구약성경』에 나오는, 다윗에게 죽은 기원전 11세기경의 블레셋의 거인이다.
** 다윗(David, ?~기원전 962년경): 기원전 1000년경부터 기원전 962년경까지 이스라엘을 다스린 제2대 왕(사울 다음). 이스라엘을 통일하고 예루살렘을 수도로 삼았다. 유대인들에게 전해오는 바에 따르면 견고한 왕조를 세운 이상적인 왕으로서, 그와 그의 통치에 관련하여 이스라엘 민족의 메시아 대망이 생겨났다.

정신적으로는 채무자다. 저는 우리에게 빚진 자다. 그러므로 빚 청장(淸帳)은 우리만이 할 수 있다. 지난날에도 새 역사의 싹은 언제나 쓰레기통에서 나왔지만 이제 오는 역사에서는 더구나도 그렇다. 그러므로 한국·인도·유대·흑인 이들이 그 덮어누르는 불의의 고난에서 이기고 나와서, 제 노릇을 하면 인류는 구원을 얻는 것이요, 그렇지 못하면 이 세계는 운명이 결정된 것이다.

그러므로 인생이 물질의 종 아닌 것이 우리에 의하여 증명되어야 한다. 권력이 정의 아닌 것, 종내 권력이 정의를 이기지 못하는 것이 우리로 인하여 증명되어야 한다. 불의의 세력이 결코 인생을 멸망시키지 못하는 것이 우리로 인하여 증명되어야 한다. 사랑으로써 사탄을 이기고 고난당함으로 인류를 구한다는 말이 거짓 아님을 증거하여야 하고, 죄는 용서함으로만 없어진다는 것을 우리가 천하 앞에 증거하여야 한다. 온 인류의 운명이 우리에게 달렸다는 것은 이 때문이다.

## 진리인의 지위

그렇게 생각할 때 미래를 위하여 우리의 주의를 끄는 존재가 둘이 있다. 그 땅에서는 만주 평원이요, 그 사람에서는 진리의 사람이라. 자유에는 그 활동의 무대가 필요하다. 2천 년 동안 사슬에 매여 있던 죄수가 놓여나와 자유로운 활동을 하려고 할 때에 가장 적당한 곳은 끝없이 아득한 만주 평원이다. 만주가 비록 우리 역사의 보금자리기는 하나 옛날에는 문화 발달에 적당치 않았다. 그것은 인지(人智)의 발달을 기다려서 개척될 곳이었다. 송화강(松花江)이 북으로 흐르는 것은 이제 다시 생각하니 까닭이 있는 듯하다. 이제 사람은 많아지고 기계는 진보하고, 바로 이 넓은 천지에 걸음을 내켜볼 때다. 이 의미에서 일본의 만주 개척, 공산 중국의 만주 점령은 뜻이 있다. 우리 할 일은 아직 정치적 분야에는 있지 않다. 그러나 넓은 대평원에 점점이 흩어져 있어 거친 풀 속에서 머리 숙여 묵묵히 일하는 착한 사람은 미래의 역사를 기다리는 무엇이 아닐까?

역사의 무대에서는 각각 다 자기 할 것이 있다. 청소를 하는 자, 무대를 꾸미는 자, 극을 하는 자, 청소할 때는 비 든 자가 주인이요, 꾸밀 때는 망치 든 자가 주인이요, 연극할 때는 배우가 주인이다. 누가 알랴, 사나운 짐승을 다 몰아내고, 마적이 소탕되고, 지리 답사가 끝나고 학술 탐험이 완성되어 거친 땅이 열려 좋은 논이 되고, 험한 산이 무너져 보옥(寶玉)을 토하며, 도로가 정돈되고 문화 시설을 갖추었을 때에 평화의 인종이 거기서 세계적 사명을 다하는 활동 근거를 쌓으려고 기다리고 있지 않으리라고.

그러나 사람이 있고서 말이다. 사람 없이 만주가 무슨 일이 있으며, 조선이 무슨 소용이 있나? 산 사람, 곧 진리의 사람이 있고서 볼 일이다. 하나님이 미래의 인류사를 위하여 우리에게 다시 없이 큰 사명을 지웠다면, 그것을 다하기 위하여 이 민족이 용감히 서지 않으면 안 될 것이다. 거목이 자라려 할 때 우선 그 생명의 배아(胚芽)가 있는 것이요, 민중이 깨려 할 때 그 핵심 단체가 있는 것이다. 이 핵심체 될 자가 누구일까? 진리를 사랑하는 사람이어야 할 것이다. 미래의 역사는 종교적인 믿음의 눈을 가진 자가 아니고는 알 수 없을 것이다. 미래의 싸움은 진리로 싸우는 싸움이요, 믿음으로 이기는 싸움이다.

유교도 저 할 일을 하려다가 채 못 하였고, 불교도 저 할 일을 하려다가 채 못 하였고, 기독교도 저 할 일을 하려다가 채 못 하고 세계는 크게 달라졌다. 모든 문명 모든 종교의 찌꺼기를 다 지고 새 날을 위해 준비를 하려는 우리에게는 새 종교가 필요하다. 뜻 있는 자는 싸움 준비를 할 때다.

새 시대를 낳으려는 세계의 산통 소리가 점점 높아간다. 불안의 공기가 세계를 뒤덮었다. 그러나 그것은 불길이 서기 전에 설엉키는 연기와 같이, 장차 오려는 위대한 시대의 예고에 지나지 않는다. 그러므로 용사들아, 옷을 팔아 칼을 사라. 세대는 보통이 아니다. 낡은 관념의 옷, 제도의 옷, 의식의 옷을 팔아 좌우에 날 선 진리의 검을 사라. 낡은 종교, 낡은 세계관, 낡은 역사철학, 낡은 인간의식, 지상의 도덕, 지상의 사람을 모두 팔아라. 팔아서 영원의 풀무간에서 거룩한 대장장이가 다듬어낸, 정금보다 더 순수한 진리의 검을 사라. 이제부터 소용 있는 것은 그것뿐이다.

학교 교실에서만 위엄이 있고 그 밖에만 나가면 아무 힘이 없는 그리고 전쟁판에만 나가면 반대가 되어버리는 그런 따위 도덕은 이 앞의 역사에서는 소용이 없다. 성당·법당 안에서만 경건하고 눈물나고, 나오면 곧 말라버리는 그런 믿음, 우주 하나를 찢어 열 개 스무 개로 만드는 종교, 몇 사람을 행복하게 하기 위하여 대부분의 불쌍한 사람을 영원히 가두어두려고 지옥을 마련하는 종교, 그런 따위 귀족주의 종교는 이 앞의 역사에는 소용이 없다.

생존경쟁 철학 위에 서는 애국심은 이 앞의 세계에서는 배척이 되어야 한다. 우리가 이 땅을 사랑함은 이른바 조국애에서가 아니다. 여기를 묵이고는 하늘나라를 임하게 할 곳이 없기 때문이다. 우리가 이 민중을 사랑함은 이른바 동포애에서가 아니다. 이 사람들을 내놓고는 하나님의 음성을 들을 곳이 없기 때문이다. 이들을 잊고는 하나님의 뜻을 나타낼 수 없기 때문이다. 이 백성이 제 노릇을 하여야 한다는 것은 생존권에 대한 주장이 아니라 진리에 대한 주장이다. 한민족이 못사는 것은 온 우주의 아픔이기 때문이다. 하나님의 슬픔이기 때문이다. 한국의 심장 위에 이 진리의 무장이 완비되는 날 저는 새 시대의 용사다.

## 그날의 원망(遠望)

그러나 장차 올 날을 누가 아느냐? 그것은 아무도 모른다. 신문기자와 같이 무책임한 말을 하는 것으로 그 직업을 삼는 자 아니고는 아무도 세계의 내일을 단언할 자는 없다. 그러므로 우리는 이 이상 더 말할 자격이 없고, 다만 피스카의 봉 끝에서 멀리 바라보는 것으로 만족하지 않으면 안 된다.

그러면 눈을 들어 바라보라. 거칠고 쓸쓸한 들판이 끝나는 곳에 한 줄기 요단 강이 가로누웠고, 거리를 건너면 새 가나안이 기다리고 있다. 거기서 싸울 때는 칼이 소용없다. '칼을 쳐서 보습을 만들고 창을 쳐서 낫'을 만들었다. 거기서 이 수난의 비렁뱅이는 영원히 문전에 선 나사로같이 과거의 모든 고통과 업신여김에서 벗어나 위로와 존경을 받을 것이다. '만국의 영광과 존귀를 가지고 그리로 들어갈' 것이다. 거기서 지난날 큰길가에 앉아 있던 갈보는 그 받은 고난으로 정화되어 여왕이 될 것이다.

그러면 젊은 혼들아, 일어나라. 이 고난의 짐을 지자. 위대한 사명을 믿으면서 거룩한 사랑에 불타면서 죄악으로 더럽혀진 이 지구를 메고 순교자의 걸음으로 고난의 연옥을 걷자. 그 불길에 이 살이 다 타고 이 뼈가 녹아서 다하는 날 생명은 새로운 성장을 할 것이다. 진리는 새로운 광명을 더할 것이다. 역사는 새로운 단계에 오를 것이다.

# 37 역사가 주는 교훈

### 국민적 반성

사람에게 가장 귀한 것은 자기를 돌아볼 줄 아는 일이다. 사람이 사람 된 까닭이 바로 여기에 있다. 진화가 된 끝을 의식이라 할 것인데, 의식은 생명이 스스로를 돌아봄 곧 자기 반성이라 할 수 있다. 그리고 그 행동하는 스스로를 돌아보는 생각의 초점 혹은 중심이 자아다. 낱 사람이 그런 것같이 국민도 스스로를 반성할 줄 알아야 국민이라 할 수 있다.

반성은 자아의 중심에서 멀수록 하기가 쉽고 가까울수록 어렵다. 먼 산의 윤곽은 칼로 깎은 듯이 분명하지만 그 산에 가까이 가면 갈수록 굴곡이 복잡하여 알 수가 없어진다. 그와 마찬가지로 사람의 일에서도 몇천 년 전 조상의 일일수록, 제 나라의 일이 아니고 남의 나라 일일수록 그 잘잘못을 판단하기가 쉽고, 제 나라에 가까워질수록 알기가 어렵다. 정말 자아에 이르면 정말 알기 어렵다. 이른바 등잔 밑이 어둡다는 것이다. 그러나 일은 어디서 잘못되느냐 하면 자아에서다. 행동하는 주체는 제가 되기 때문이다. 모순인 것 같으나 자아는 알 수 없는 것인데 그 자아야말로 꼭 알아야 한다.

반성은 모든 지식 행동의 총결산인 동시에 또 그 시작이다. 하나님을 아는 것이 지식의 근본이라는 말이 있지만 그 말은 뒤집어놓으면 자기를 아는 것이 지식·지혜의 근본이라고 할 수 있다. 하나님은 자아의 속의 속에 계시기 때문이다. 그것을 능히 하는 사람을 어질다, 혹은 거룩하다고 한다. 혜(慧), 예(睿), 성(聖)이 모두 그 지경을 가리키는 말이다. 또 혹은 그것을 도통(道通)이라 대오철저

(大悟徹底)라 하기도 한다.

자기를 아는 사람, 우주 만물의 중심으로서의 자아, 그 자아의 생각하고 행동하는 주체로서의 나의 나를 깨우쳐 아는 사람이 어진 것같이, 한민족도 제 역사, 그중에서도 현대사를 바로 알아야 어진 민족, 어진 국민이라 할 수 있다. 그러나 그 현대사야말로 바로 깨우쳐 알기가 어렵다.

## 역사적 교훈

반성의 목적은 가르침을 얻는 데 있다. 그리고 가르침의 목적은 자기를 키우고 발전시키는 데 있다. 생명은 자라는 생명이요, 진리도 자라는 진리다. 하나님은 영원한 자기 발전, 자기 교육이라 할 수 있다. 하나님 그 자체, 우주 생명의 근본 그 자체를 우리가 알 리는 없지마는 우리에게 체험되는 것으로는 그렇다는 말이다. 그러므로 역사는 곧 민족의 자기 교육이다.

그렇기 때문에 정치는 교육적이어야 한다. 지배 통치만 하지 말고 교화하고 풍교(風敎)를 일으켜야 한다. 그래서 불교이전(不敎而戰)은 민지기야(民之棄也)라, "가르치지 않고 싸움을 시키는 것은 백성을 마구 버리는 것"이라고 하는 것이다.

정치가 교육적이어야 한다면, 교육은 마땅히 정치적이어야 한다. 읽고 쓰고 셈이나 하는 교육이라면 의·식·주에 필요한 지식·기술을 가르쳐주는 것인 줄만 아니, 그러한 개인적인 것만 아니라 교육은 반드시 나라를 어떻게 하느냐 그 정치를 가르쳐주어야 한다.

물론 정치가 교육의 극치는 아니다. 사람은 사회생활·단체생활을 하는 것이요, 그 사회 그 나라를 떠나서는 사람 노릇을 할 수 없기 때문에 정치를 가르쳐주어야만 하기는 하나, 정치가 인생의 구경 목적은 아니다. 사람은 그보다 훨씬 더 높은 정신적인 데, 종교적인 데까지 가는 것이다. 정치는 필요하지만 중간적인 것밖에 못

된다. 그러기 때문에 맹자가,

中天下而立 定四海之民, 君子樂之, 所性不在焉

이라고 한 것이다. 세계를 한번 이상대로 만들어보는 것이 군자가 즐거워하는 일이지만 정말 그 바탈로 여기는 것은 아니라는 말이다. 정말 인생의 구경 목적은 그보다 더 높은 데 있다는 말이다.

大人者 正己而物正

이라는 말로 표시하였다. 참으로 바로 된 사람은 스스로를 바르게 하면 밖의 세계는 저절로 바르게 된다는 것이다. 그렇기 때문에 정치는 인간 궁극의 자리는 아니다. 그러나 현실에서는 이것이 가장 중요하고 모든 활동의 테두리를 이것이 결정하는 것이므로 사람은 그 하는 모든 일을 여기에 관계시키지 않을 수 없다. 그렇기 때문에 모든 역사적 사건과 경험은 결국 국민적 시련, 그 지(智)와 능(能)과 덕(德)을 다듬어내는 시험으로 알고 그렇게 만들어내야 할 것이다.

### 진보냐 퇴보냐

그러면 우리가 해방 후의 역사를 반성해볼 때에 그것은 진보냐 그렇지 않으면 퇴보냐?

우선 그것은 진보라고 할 수 있다. 왜 진보냐? 역사의 진보, 퇴보의 표준은 무엇이냐? 한 말로 묶어서 자유다. 길고 긴 수천 년 역사라고 하지만 그 대체로 나아가는 방향을 보면 인간의 자유가 점점 발달해간 과정이라 할 수 있다. 처음에는 자연력에서, 다음에는 무지한 미신에서, 또 가난에서, 병에서, 점점 해방되어가는 것이 역사의 흐름이다. 그런데 그 자유로의 과정에서 우리 해방 후의 역사는 한걸음을 내친 구절이다. 잃었던 민족의 자유를 찾아서 자유 국민이 되었으니 그것은 확실히 진보다.

그러나 다른 면에서 생각할 때, 그것은 퇴보다. 왜 그러냐? 자유가 밖으로는 는 것 같으나 속으로는 줄었다. 정치의 목표는 개개인의 완전한 자유 발전에 있다고 할 것인데 해방 후의 역사가 어떠냐 하면 민족적으로는 자유를 얻었는데 사회적으로는 개인의 자유가 점점 줄었다. 표방은 민주주의라 하면서 실제로는 20년 동안 걸어온 길이 점점 독재정치로 흘러갔다. 아무리 자유 국민이 되었다 하더라도 이름뿐이고 실제가 없으면 소용없다. 이것이 민족해방만 아니라, 사회해방이 되어야 한다고 부르짖는 까닭이다.

어째서 그러냐? 생각하는 주체는 개인이기 때문이다. 민족에도 민족적인 자아가 있다고 할 수는 있으나, 그것이 있어서 국가 민족의 일을 해결해간다고 할 수 있으나, 그 민족이나 국가적 자아는 반드시 개인적인 자아를 통해서만 생각하고 판단하게 생겼지, 민족이나 국민이 직접 하는 수는 없다. 그러므로 자유는 개인적인 자유에까지 실현되어야만 참 자유지 그렇지 못하면 자유가 아니다. 그렇기 때문에 그 의미에서 해방 후 오늘까지의 역사는 퇴보다.

그러면 어떻게 할 것인가? 한편으로 생각하면 진보 같고 또 한편으로 생각하면 퇴보라 해야 마땅한 이 역사에 어떻게 단안을 내려야 할 것인가? 판단은 반드시 내리지 않으면 안 된다.

그렇게 생각할 때 우리는 다시 진보다 하고 단정을 내려야 한다. 어째서 그런가? 역사는 싸움인데 싸움은 결국 정신의 싸움이요, 진보는 결국 신념이기 때문이다.

해방 후의 역사는 겉으로는 자유나 속으로는 자유가 없다. 그러나 또 한 번 더 깊이 속으로 들어가면 자유다. 독재화되이가는 정치 밑에서 자유는 점점 준 듯하나 국민의 속에는 반항의식이 점점 더 높아간다. 씨올은 점점 깨어간다. 그러므로 이것은 진보라는 것이다. 본래 역사는 절대의 진보다. 나아가도 나아간 것이요, 물러가도 나아간 것이다. 그 이유는 이 생명의 역사는 그 근본이 그 대체가 나아가는 것, 발전하는 것, 자라는 것이기 때문이다. 올라가는 산길에서 한때 내려가는 언덕도 결국 올라가는 길인 것같이 이 역사의 행진에서는 작게 보면 오르고 내림 같은 모든 운동이 다 올라감이다. 이렇게 믿는 것이 곧 역사를 이해함이요, 진보요, 이김이다. 져도 지지 않는 자를 지울 놈이 천하에 없다. 그러므로 우리는 한때 지고 물러갔지만, 그것은 결국은 이기고 나아가는 것임을 믿음으로 모든 짐과 물러감을 곧 즉시 회복해야 한다. 정신이 자유로우면 자유는 종래 얻어지고야 마는 법이다. 이 의미에서 이 역사는 진보다.

### 회복의 길

그러면 그 고치는 방안은 무엇인가? 반항의식으로 있는 것을 자유에까지 실현하고, 한때 물러간 역사를 도로 돌이켜 나아가게 하는 방법은 어디 있을까? 오직 지성에게 있다. 어째서 그런가?

우선 우리 역사의 실패의 원인을 생각해보자. 해방 후 우리는 어째서 줄곧 나아가는 걸음을 걷지 못하고 실패를 하여 오늘의 어지러움에 빠지게 되었나?

그 첫째는 가난이다.

둘째는 다른 나라의 간섭이다. 해방부터가 우리 힘으로 싸워 얻은 것이 못 되고 국제적인 관계로 인해서 온 것이지만, 그랬기 때문에 우리나라를 보고 오가소립(吾家所立: 자기가 도와서 출세시켜준 사람이라는 뜻)으로 아는 나라들이 우리를 그냥 두지 않았다. 그것이 우리 길이 순탄치 못한 한 원인이다.

셋째는 우리 정치인의 잘못이다. 이것이 너무도 환한 사실이기 때문에 설명할 필요도 없다.

넷째는 국민 정신이 약한 것이다. 다른 말로 하면 역사적 타성이다. 언덕에서 낸 걸음을 멈출 수 없듯이, 이미 여러 백 년 고질이 된 우리 민족의 여러 가지 잘못된 버릇 때문이다. 위에 말한 세 가지 원인이 방해가 된 것은 사실이나 우리가 참말 굳센 정신을 가졌다면 그것을 물리칠 수 있었다. 그런데 그것을 하지 못한 데가 우리의 국민적으로 약한 데다.

다섯째는 국민적 판단의 잘못이다. 사람은 정신이요, 정신은 자유로운 것이다. 물질세계에서는 타성의 법칙이 있지만 정신세계에서는 그것을 능히 끊을 수 있는 것이 정신이 정신 된 점이다. 물론 어렵다. 그러나 하려고만 하면 된다. 우리가 정말 결심을 하였다면 수백 년 묵은 그 나쁜 버릇도 고칠 수 있었을 것이다. 그런데 그것을 하지 못하였다.

그러한 잘못의 실례를 한두 가지 든다면, 38선을 우리가 승인한 일이다. 우리를 제 마음대로 저의 표준으로 이용해먹으려는 열강은 제 마음대로 38선을 긋겠지만 우리는 그것을 거부하려면 할 수 있는 일이지 절대 불가능한 것이 아니었다. 그런데 그것을 못 하였다.

그다음은 외국 원조를 믿는 일이다. 외국의 원조 없이는 절대로 나라를 할 수 없는 것처럼 믿는 이 버릇은 해방 후에 생긴 그릇된 생각이다.

또 그다음 한일 교섭을 해방 직후에 하지 못한 일이다. 만일 한일 교섭을, 우리는 국민적 감격 속에 있고 그들은 전후 사상의 국민적 뉘우침 속에 있던 그때에 했더라면 우리와 저희를 위하여 다른 길로 갈 수 있었을 것이다. 그런데 그렇게 못 하였다. 그때에 못 했다면 이제는 천천히 우리 자세를 굳게 확립한 후에 하리라는 확신을 가져야 할 것이다. 그런데 그도 저도 못하고 중간적으로 급한 생각을 가져 덤비는 것은 국민적으로 볼 때에는 자신없어서 하는 잘못이다.

이와 같이 따지고 들어가면 결국은 국민이 깨닫지 못한 데 해방 후 역사가 뒷걸음질을 친 원인이 들어 있다. 그러므로 이제 가장 급하고 가장 중요한 것은 국민의 계몽이다. 가르쳐주는 일이다. 국가적 동행을 바로할 수 있는 올바른 지식을 주는 일이다. 이 잘못된 역사를 바로잡기 위하여 무엇보다 지성인의 활동이 필요하다는 것은 이 때문이다. 근대화, 근대화 하지만 근대화의 추진력은 국민 교육에만 있다. 말로 어찌 되느냐?

무엇보다도 이번 한일회담에 대한 싸움에서 절실히 이를 느낀다.

### 4·19와 5·16

4·19 후에 5·16이 온 것은 비극이다. 그것은 무슨 뜻인가? 4·19 후 왜 5·16이 왔나? 그것은 우연인가? 필연인가? 역사의 판단은 개인 도덕적인 데만 그쳐서는 못쓴다. 이승만의 잘못이 있다면 그의 잘못을 도덕적으로 시비만 해서는 안 된다. 물론 인간인 이상 도덕적인 판단을 받아야 마땅하지만 개인은 개인으로만 행동하는 것이 아니라, 그 뒤에 역사의 움직임이 있다. 그러므로 역사에서 필요한 것은 그 역사적 인물을 도덕적으로 비판하는 동시에 어찌하여 그런 인물이 그때 있어야만 했느냐 하는 역사적 필연을 붙잡아내야만 한다. 이승만의 잘못을 알 뿐 아니라, 이승만식의 인물이 있을 수밖에 없었던 까닭을 파악해내야만 참으로 역사적 반성을 한 것이요, 올바른 역사 이해에 이르렀다 할 것이다. 5·16이 4·19 이후에 온 것이 우연이 아니요, 필연이다. 필연적인 선이란 말이 아니라, 필연적인 악이란 말이다. 그전의 잘못으로 그럴 수밖에 없었다는 말이다.

한마디로 요약해서 4·19는 무엇이고, 5·16은 무엇이냐? 4·19는 지성의 발로요, 5·16은 물성(物性)의 발로다. 4·19 후에 5·16이 왔다는 것은 지성과 물성의 충돌이다. 그리고 물성이 한때 지성을 덮어누른 것이다.

지성·물성의 충돌이라니 다른 말로 하면 이상주의와 현실주의의 충돌이다. 5·16 이후 많아진 서구식 민주주의에 대한 시비, 민족적 민주주의, 정계 안정론, 실리 외교의 주장은 다 이것을 말하는 것이다. 뜻이 중요하냐, 먹는 것이 중요하냐 하는 싸움이다.

또 다른 말로 하면 정신 대 물질 싸움이다. 외국 원조를 바라는 버릇, 외자 도입을 주장하는 것들은 다 이것을 말하는 것이다. 해방 후 저지른 가장 큰 잘못은 국민정신 교육을 도무지 하지 않은 것이다.

그리하여 그 나타난 현상이 오늘날 보는 학생 대 군인의 대립이다. 첫 번째 싸움에서 군인은 후퇴했다. 4·19 때, 군인은 감히 학생에 대하여 총을 쏘지 못하였다. 국민적 양식이 아직 살아 있는 것이다. 5·16은 거기 대한 물력의 반발이다. 그러므로 그들의 표어는 민주당의 '무력'(無力)을 비난하는 것이었다. 힘의 숭배는 이렇듯 시작되었다. 그리하여 승승장구의 형세였다. 군정, 학원 난입, 정치 교수 축출로 내려왔다.

그럼 지성은 완전히 죽었나, 죽을 수 있는 것인가? 절대로 아니다. 위에서 말한 절대 진보의 신념이 필요한 것은 여기서다. 지성이야말로 불사조다.

지성의 패배는 결국 덕이 무너진 것을 말한다. 지(知)가 진 것은 능(能)에 대해서인데 지·능이 충돌되는 것은 인격 곧 덕의 부족을 말하는 것이다. 지와 능이 일치하는 것이 올바른 사람인데, 그것이 서로 싸우면 인격의 파멸이 온다. 인격이 통일을 잃었으므로 지·능의 충돌이 온다. 그러므로 이 비극을 회복하는 것은 덕성의 회복에 달렸다. 학생과 군인이 충돌하는 나라, 그것은 미친 나라다. 우리 국민 성격이 깨진 것을 증거하는 것이다. 이 의미에서 이것은 민족의 일대 위기다. 어떻게든지 이것을 극복해야 한다. 만일 이것을 극복 못한다면 우리나라나 민족은 망하고 말 것이다. 군인을 향해 돌을 던지는 학생은 이것을 아는가 모르는가, 그때에 지성이 살았는가 죽었는가, 자기를 잊은 반항은 망하는 반항이다. 또 학생을 짓밟는 군인은 제정신이 있는가 없는가, 그때에 정말 힘이 살았던가 죽었던가, 자기를 잊은 힘은 짐승의 힘이지 사람의 힘이 아니다.

이것을 고쳐야 한다. 덕성을 회복해야 한다. 덕을 회복하기 위하여 냉철한 이성을 활동시켜야 한다. 선각자의 계몽이 필요하다.

## 지성의 미래

사람마다 말마다 인물 빈곤을 말한다. 지도자 없음을 한탄한다. 우리의 지도자는 어떤 사람일까? 어디서 올까? 이러한 혼란기에 우선 필요한 것은 물론 유능한 인물이다. 의욕적이어야 할 것이다. 그러나 역사는 물건을 상대하는 것이 아니라, 지(知)·정(情)·의(意)의 인간을 상대하는 것이요, 더구나 현대는 스스로 자기를 아는, 알려는 주체성을 가진 씨올의 시대다. 그러므로 힘의 숭배만으로는 아니 될 것이 뻔하다. 옛날같이 단순한 사회가 아니다.

그러므로 능이 필요한 것은 사실이나 그 능(能)은 개인의 능이 아니라 대중의 능, 전체의 능이다. 천재가 독재를 하는 시대는 영원히 지나가고 말았다. 역사를 잘못 읽어서는 아니 된다.

중인(衆人)의 능, 전체의 능을 얻기 위해 필요한 것은 지식이다. 그러므로 지도자로서 능보다 더 필요한 자격은 지성이다. 그러나 그보다도 더 먼저 필요한 것은 덕이다. 덕은 무엇이냐? 자기 속에서 전체를 체험하는 일이다. 이것을 현대적으로 나타낸 것이 헌법이다. 옛날 임금의 덕이 발달하면 헌법이 되었다. 아무리 어질어도 자기의 의사를 고집하지 않고 국민 전체의 의지와 지혜로 표시된 헌법에 겸손히 복종할 만한 덕이 있지 않고는, 이 난국을 뚫고 나갈 수가 없다. 자신이 있어야 하지만, 잘못된 자신이 사람을 망친다. 이 의미에서 종교와 교육과 언론과 집회와 예술의 절대 자유를 보장하는 헌법은 절대로 필요하다.

우리나라와 같이 어려워진 나라에서는 결국 악순환인데, 가지가지 잘못이 서로 얽혀서 무엇부터 풀어야 할지를 알 수 없는데, 지혜와 용단은 그 어느 고리에서 자르느냐 하는 데 있다. 한 고리가 풀리면 전체가 풀릴 줄 아나, 그 어느 고리에서 자르느냐가 문제다. 모험이라면 다 모험이다. 그러나 마땅히 모험해야 하는 올바른 점은 지(知)에 있다. 나라를 바로잡기 위하여 한번 모험을 할 전략적인 지점이 셋이 있다 할 수 있다. 부(富)가 그 하나요, 권(權)이 또 하나요, 그다음은 지(知)다. 그러나 이 셋 중에 반드시 골라야 하는 것은 지라는 말이다.

모험이라면 다 모험이다. 잘못하다가는 나라를 송두리째 망친다. 부나 권으로서 하는 모험은 꼭 될 듯한데 반드시 패망에 이르고야 만다. 역사가 행진해온 큰길 좌우 옆 도랑에 수두룩한 백골이 다 부권(富權)을 가지고 자신만만하다면서 건곤일척(乾坤一擲)의 사업을 하다가 망한 것들이다. 안 될 듯하면서, 열어놓으면 홍수처럼 전국을 혼란에 담가버릴 듯하면서 사실 나라를 건지는 것은 지(知)의 문이다.

호모 사피엔스 아닌가. 앞으로의 역사는 점점 더 지성의 역사가 될 것이다. 칼을 꺾고 생각을 깊이 하자.

# 함석헌 연보

| | |
|---|---|
| 1901. 3. 13. | 평북 용천군 부라면 원성동 출생. |
| 1906. | 덕일소학교 입학. |
| 1914. | 덕일소학교 졸업. 양시 공립 보통학교 편입. |
| 1916. | 양시 공립 보통학교 졸업 및 관립 평양고등보통학교 입학. |
| 1919. | 3·1 운동에 참가하신 후 학업 중단. |
| 1921. | 오산학교 편입. 오산학교에서 이승훈·유영모 선생의 영향 받으심. |
| 1923. | 오산학교 졸업. |
| 1924. 4. | 동경고등사범학교 문과일부 입학. |
| 1928. 3. | 동경고등사범학교 문과일부 졸업. 이때 우치무라 간조 선생의 성서연구 집회에 참여. |
| 1928. | 귀국하시어 모교 오산학교에서 교편 잡으심. |
| 1934~35 | 동인지 『성서조선』에 「성서적 입장에서 본 조선역사」를 쓰시기 시작. |
| 1938. 3. | 창씨개명과 일본어 수업을 거부하시고 오산학교를 사임당하심. 이후 2년간 오산에서 과수원을 돌보시며 학생을 상대로 전도하심. |
| 1940. 3. | 평양 송산에 있는 송산농사학원을 김혁 선생으로부터 인수. |
| 1940. 8. | 동경에서 계우회(鷄友會) 사건으로 평양 대동경찰서에 1년간 구치. |
| 1940. 11. | 아버님 함형택 씨 별세. |
| 1942. 5. | 서울에서 '성서조선 사건'이 일어나 미결수로 1년간 복역. |
| 1943. 3. | 불기소로 출감. 농사에 종사. |
| 1945. 8. 15. | 해방을 맞아 고향에서 용암포 자치위원장. 용천군 자치위원장이 되심. |
| 1945. 9. | 평안북도 자치위원회 문교부장에 취임. |
| 1945. 11. 23. | 신의주 학생사건의 책임자로 소련군 사령부에 체포, 구금. 이 50일 동안 감방에서 시 「쉰날」을 쓰심. |
| 1946. 1. | 석방되시어 고향에서 농업에 종사. |

| 1946. 12. 24. | 다시 피검되시어 1개월간 옥고를 치르심. |
| 1947. 2. 26. | 월남. 이때부터 수염을 깎지 않으셨다고 함. |
| 1947. 3. 17. | 서울에 도착. 매주일 YWCA 강당에서 일요종교집회를 가지심. |
| 1950. 6. | 6·25가 발발하여 피난차 남하하심. |
| 1950. 7. | 부산에서 피난생활을 하시면서 『수평선 너머』를 발간하시고 성경연구종교집회를 계속하심. |
| 1953. | 겨울에 서울로 올라오심. |
| 1956. | 서울 용산구 원효로에 사택을 마련. 이때부터 『사상계』 집필 시작. |
| 1958. 8. | 『사상계』에 투고하신 「생각하는 백성이라야 산다」로 20일간 구금. |
| 1961. 7. | 5·16을 정면으로 공격하는 「5·16을 어떻게 볼까?」를 발표. |
| 1962. 2. | 미국 국무부 초청으로 3개월간 미국여행 및 10개월간 퀘이커 학교에서 공부. 이어서 영국, 네덜란드, 독일 등 3개국 시찰. |
| 1963. 6. 23. | 한국에서 사실상의 군정연장인 민정이양극이 이루어진다는 소식에 격분하여 인도, 아프리카 등의 여행을 중지하고 귀국하시어 강연하심. 월남언론상 타심. |
| 1970. 4. 19. | 잡지 『씨올의 소리』 창간호 내심. |
| 1970. 5. 29. | 『씨올의 소리』 제2호가 나온 후 정부가 인가취소통고를 하자 소송 제기. |
| 1971. 7. 6. | 『씨올의 소리』 대법원 판결에서 승소. 다시 나오게 됨. |
| 1971. 7. | 젠센기념관에서 노자 강의 시작. 1988년 5월까지 계속하심. |
| 1971. 8. | 삼선개헌반대투쟁위원회를 구성하여 활동하시는 한편 민주수호국민협의회를 조직하여 대표위원으로 1975년까지 활동. |
| 1971. 11. 13. | 전태일 1주기 추도회 및 강연회를 시작으로 씨올의 소리사 주최로 1975년까지 해마다 계속하심. |
| 1971. 12. 2. | 고희 축하모임 및 강연회에 참석. 월1회 부산모임에 참석하셔서 1988년 5월까지 계속하심. |
| 1973. 11. 25. | 주일 오후 성서강좌를 개설. 1978년까지 계속하심. |
| 1974. 11. | 윤보선·김대중과 민주회복국민회의를 만드시고 대표위원이 되심. |
| 1978. 5. | 사모님 황득순 여사 별세. |
| 1976. 3. 1. | 3·1민주구국선언에 참여. |

| | |
|---|---|
| 1976. 3. 22. | 3·1민주구국선언 사건으로 대법원에서 징역 5년, 자격정지 5년을 받으심. 그 후 형집행정지와 1980년 복권. |
| 1979. | 퀘이커 세계협회 초청으로 미국 종교대회 참석. 노벨평화상 후보로 추천. |
| 1979. 11. 23. | 명동 YWCA사건으로 계엄사 합동수사본부에 끌려가 15일간 구속. |
| 1981. | 8년간 모교인 오산학교의 동창회장으로 추대. |
| 1983. 6. | 단식을 시작하시어 민주화운동에 영향을 주심. |
| 1984. 11. | 남강문화재단 설립 |
| 1985. | 퀘이커세계협회 멕시코 종교대회에 참석, 두 번째로 노벨평화상 후보로 추천. 기구 캐나다 등지를 순회하시며 평화와 민주화를 외치심. |
| 1987. 7. 13. | 서울대학병원에서 대수술을 받으셨으나 기적처럼 다시 일어나 강연. 강의, 토론, 회견 등 맹활약을 하시며,『씨올의 소리』복간에 힘쓰심. |
| 1987. 10. 12. | 동아일보사 제정 제1회 인촌상 수상. 상금 전액을 남강문화재단 기금으로 기탁. |
| 1988. 8. | 암이 재발하여 서울대학병원에 입원하심. |
| 1988. 9. 12. | 제24회 서울올림픽평화대회 위원장으로서 서울평화선언 제창. 채택됨. |
| 1988. 12. 10 | 폐간 8년 만에『씨올의 소리』복간호가 나옴. |
| 1989. 2. 4. | 여든여덟의 나이로 세상을 뜨심. |

# 찾아보기

## ㄱ

가락(가라·가야) 150
간디 54, 86, 394, 413, 463, 464, 473, 482
갑신정변 387
갑오경장 387
갑자사화 288
강감찬 94, 199, 211
강호시대 324
강홍립 326
강화 220, 221, 327, 329
강희 345
개신교 378~380, 384
거란 99, 179, 191, 193, 197~199, 201, 204, 205, 211, 217, 218, 353
거북선 94, 312
건륭 345
건원 207
견훤 187, 188, 191
겸애설 49
경대승 216
경신학당 379
계급사관 48, 86, 88, 90
계백 120, 159, 234
고경명 317
고국천왕 121
고려자기 213, 215
고영창 204
고인돌 139

고종 367
공민왕 225
공산주의 77, 125, 425, 432, 434, 435
공산주의자 399, 406
공자 15, 28, 35, 76, 78, 115, 118, 166, 185
과거법 197
과학적 사관 79
곽재우 317, 320
광개토왕 113, 162
광개토왕비 161
광종 197
구가 146
구석기시대 75
국자감 197
궁예 187, 188, 190, 191, 196, 388
권람 263, 264
권상연 365
금 99, 104, 174, 205, 207, 210, 217
금성 159
기묘사화 288
기자 148, 149
기자동래설 149
기자조선 148~150, 155, 164, 358
김경서 326
김경손 219
김교신 11
김대건 366
김덕령 320

김부식 134, 135, 209, 210, 232
김성일 309, 310
김수로왕 145
김시습 283, 284, 296
김안 207, 209
김유신 120, 159, 234
김자점 333, 344
김종서 259, 264, 267, 269
김종직 294
김질 273, 275
김천일 317
김춘추 → 태종무열왕
김효원 305

ㄴ
나철 382
나폴레옹 86, 321, 324
낙랑(군) 153, 155, 164, 165, 175
남건 162, 172
남생 162, 172
남이 294~296
남이의 옥사 294
남한산성 329, 343
남효온 284
냉전 421
네안데르탈 사람 75
노자 28, 76, 78, 118
누르하치 → 청 태조

ㄷ
다보탑 94
다신교 140
단군 113, 133, 135, 137, 139, 140, 143, 144, 146, 162, 169, 172, 183, 229, 234, 243, 255, 374, 381, 409, 412

단군조선 99, 102, 143, 145, 151, 152, 358
단종 161, 263, 266, 267, 269, 272, 273, 278, 280~282, 284, 287~289, 461
단테 448
당 172, 175, 178, 195, 319, 350, 353, 388
당 태종 172
당나라풍 193
당쟁 117, 293, 294, 296, 297, 305, 374, 461
대각국사 199
대성학교 379
대영제국 84
대원 204
대원군 367, 375, 386
대조영 234
대종교 126, 381
덕천막부 324, 384, 389
도교 140, 381
도선 194, 373
도참설 208, 209
동명왕 113, 128, 148, 159, 161, 162, 209, 213, 234, 250
『동방삭 신이경』 117, 120
동지사 362, 363
동학 126, 378, 380, 381, 410

ㄹ
라마르셰예즈 448
러일전쟁 99
레닌 86, 406, 473
로마 제국 76, 85, 128, 321, 372, 426, 481
로제타석 44
롱펠로 68
루스벨트 396, 398, 423, 424
루터 87, 88

찾아보기 501

## ㅁ

마가 137, 146
마르크스 478
마의태자 178, 388
마치니 91, 96, 111, 394, 472
마하비라 76
마한 136, 150, 158, 159
마호메트 76
말갈 201
맥아더 422, 432
맹자 49, 118, 185, 474, 475, 489
메테르니히 111
명 225~227, 231, 259, 273, 308, 311, 316, 324~326, 333, 341, 361
명성황후 → 민비
명종 288
명치유신 383
모례 177
모방 366
모용 175
모헨조다로 134
모화사상 197
몽고 99, 179, 205, 217, 218, 220, 225, 238, 353, 388
묘청 209, 210
묘청의 난 206, 209, 213, 350
무교회신앙 18
무신론 54
무오사화 288
묵자 49
묵호자 177
문종 261, 262, 266, 267, 269, 276, 279
문화정책 403
미·소의 대립 432, 433 435
민비 375, 386~388

민성휘 327
민족자결주의 390, 431
밀턴 448

## ㅂ

박서 219
박팽년 272, 273
박혁거세 → 혁거세
『반계수록』 352
발해 162, 177~179, 189, 191, 198, 201, 204, 382, 448
배화학당 379
백수한 207, 209
백이·숙제 301
백제 120, 133, 157~159, 165, 171, 173, 188, 226, 238, 349
범신론 54
『베다』 448
변한 136, 150
병인양요 385
병자호란 90, 299, 329, 331, 336, 341, 353, 384, 428
부락생활제도 144
부여 98, 102, 136, 137, 146, 149, 159
북경사람 75
북벌론 207, 209, 226, 232

## ㅅ

사관 39, 47, 48, 50, 51
사대주의 156, 197, 202, 206, 375
사명당 322
사육신 274, 284
4·19 429, 493, 494
사직 197
사회주의 354

산업혁명 34, 359
『산해경』 115
『삼국사기』 133~135, 159, 209
『삼국유사』 133
『삼국지』 117
3·1운동 21, 390, 403
삼전도 330, 336, 339, 342, 343
38선 11, 100, 125, 154, 406, 423~428, 435, 492
삼학사 330, 343
삼한 150, 172, 233, 234
생생자 94
생육신 284, 286
샤머니즘 126
샤스탕 366
서거정 294
서경천도 208, 209
서재필 412
서희 198
석가 28, 35, 36, 76, 78
석굴암 94, 450
선비족 146, 175
선조 300, 306~308, 319, 320, 322, 325, 331
설인귀 172
설총 350
성경의 사관 50~52, 64
성담수 284
성리학 293, 352, 410, 444
성삼문 272, 279, 280
『성서조선』 11, 16
성종 283, 285, 286, 288, 290~292, 361, 461
세스페데스 361
세조 261~264, 266~269, 271~278, 282, 284, 285, 288~291, 372
세종 253, 256~258, 260, 261, 265, 266, 269, 276, 279, 284, 348, 372
셔먼 호 385
셸리 164
소동파 46
소수림왕 165
소정방 172
소크라테스 89
송병준 375
송시열 344
송학 → 성리학
쇄국주의 379
수양대군 → 세조
숙신 136
숙종 346, 347, 362
스탈린 86, 100, 396, 398, 406, 423, 424
신경준 352
신돈 225, 238
신라 120, 133, 150, 157~159, 165, 171~178, 184, 187, 190~195, 208, 226, 238, 243, 244, 349, 381, 388, 450, 461
신입 331
신숙주 264, 265, 269, 280, 285, 308
신시 137, 140
신채호 209
신탁통치 406
실사구시 356
실학 352, 356, 363, 384
심기원 333
심의겸 305
쌍기 197

ㅇ
아소카 왕 86, 184
안시성 싸움 90
안정복 352

안창호 412
알렉산드로스 324
앙베르 366
양길 187
양시양비론 301
여수·순천사건 429
여숙간 44
여진 174, 179, 201, 202, 203, 205, 206, 213, 259, 325, 353, 361
연개소문 162, 213, 234
연문학 346
연산 288~292
열국시대 146, 151, 166, 243, 369
열전 421
영웅사관 86, 88, 90
영조 347, 352, 362
예·맥 136, 150
예수 28, 37, 38, 47, 49, 76, 88
예종 296
오달제 330
오산학교 379
5·16 429, 439, 493, 494
옥저 147, 148, 150
온조왕 128, 144, 145, 172, 234, 250
왕건 187, 191~193, 196, 234, 250
왕도정치 63, 156, 253
왕도주의 → 왕도정치
왕방연 280
왜구 158, 225, 230, 233, 259, 389
외번 324
요 210
요임금 136
우가 137, 146
우사 137
운사 137

원 226
원교근공의 외교책 159
원호 284
원효 177, 350
위만 149
위만조선 150, 164
위씨조선 153
유대교 96
유득공 352
유리 이사금 41
유물사관 53, 54, 79
유성룡 308, 309
유성원 273
유엔 430~432, 438
유응부 273, 278
유자광 295, 296
유형원 352
6·25전쟁 17, 18, 20, 419, 422~425, 428~433, 435, 438, 439
육진 259, 260
6촌 150
윤관 202, 203, 234, 260
윤언 207
윤지충 365
윤집 330
율곡 → 이이
은나라 148
을사사화 288
을지문덕 94, 162, 213, 234, 374
읍락 146, 148
읍루 146, 148
의자왕 167
이가환 363, 366
이개 273, 279
이괄 361

504

이광수 113, 115, 127, 128
이긍익 352
이두 350
이만운 352
이맹전 284
이상재 412
이성계 → 태조
이세적 172
이순신 312, 336
이승만 410, 429, 493
이승훈 363, 365~367, 412
이완 344, 345
이완용 375
이의민 216
이이 293, 299~306, 308
이자겸의 난 212, 213
이정재 429
이조 98, 117, 124, 191, 193, 226, 238, 247, 253, 265, 350, 351, 372, 376, 381, 388, 444, 450, 461
이종무 259
이준 388
이준경 294, 302~305
이중환 352
이차돈 177
이화학당 379
이황 293
인도교 32, 33, 52, 96, 106, 166
인도주의 82
인조 322, 326~328, 334, 343, 361
임경업 16, 327, 329, 331, 334, 335, 340
임진왜란 299, 315, 322~326, 331, 336, 341, 353, 361, 384, 419, 428

## ㅈ

자라투스트라 76
자유당 429
자유주의 77
자코뱅당 90
장개석 425
전봉준 381
정두원 361
정몽주 238
정발 307
정약용 352, 363, 366
정약종 363, 366
정인지 232, 264, 265, 269, 280~282
정조 347, 352, 363, 365, 366
정중부 213, 216
정중부의 난 213, 215
정지상 207, 209, 210, 260
정항령 352
제수이트파 360, 410
제2차 세계대전 86, 390, 403, 421, 422, 430
제정일치 144
제주도사건 429
조로아스터교 28, 33
조만식 412
조선통신사 389
조여 284
조헌 310, 311, 317
졸본 128, 148, 150, 160
종교개혁 38, 87, 88, 359, 370
종교적 사관 49
종말관 57, 59
종묘 197
주몽 → 동명왕
주문모 366
주원장 225

찾아보기 505

중앙집권화 150
진시황 66, 86, 375, 426
진한 136, 150, 158
집현전 253, 254, 257, 260, 269, 279, 372

## ㅊ

채제공 366
척화론 343, 344
천도교 126
천주교 361~367, 370~373, 378, 379, 384
철종 366
청 99, 102, 174, 231, 326, 333, 345
청 태조 325, 327
청 태종 322, 329, 332, 333, 336, 339, 343
최남선 352
최승로 197
최영 226~238, 247, 252, 260
최웅 194
최인규 429
최제우 381
최충 199, 211
최충헌 216
최치원 178, 350
최항 269
칭기즈 칸 86, 324

## ㅋ

카니슈카 184
카이로 회담 398
카이사르 86
카타콤베 372
칸트 56
칼라일 86
쿠푸 136
크로마뇽 사람 75

## ㅌ

타고르 109
탄금대 331
탕평 346, 347
탕평책 366
태조 47, 227~234, 247~253, 276, 307, 327, 461
태종무열왕 113, 134, 159, 167, 172
테니슨 63

## ㅍ

팔관회 193~195, 198
팔만대장경 220
8조 148, 149
포츠담 조약 398
풍백 137
풍신수길 307, 309, 322, 323
프랑스 대혁명 168
피히테 472

## ㅎ

하멜 361, 385
하위지 273
한(漢) 76, 179
한명회 263, 264
한무제 149
한미조약 367
한사군 153, 154, 244, 374
한일합병 388
한일회담 20
한치윤 352
함흥차사 251
해방 17, 18 , 20, 391~399, 401, 402, 405, 410, 412,~416, 419~421, 426, 489~ 492
헌팅턴 84

혁거세 159, 234, 250
현종 352
혜공왕 178
홍경래 374~377, 384
홍두적 225
홍익한 330
화랑도 159, 178, 195, 410, 412
황국 신민화 403
황보인 264
황윤길 309, 310

황희 254
회회교 166
효종 344~346, 352, 361
후고구려 188, 190
후백제 188
『후한서』 117, 120
훈민정음 255
「훈요십조」 193, 194, 196
휘트먼 72
흥안령 136, 142, 174, 243, 459, 474